기업가정신과 창업(4판)

황보윤 장규순 지상철 공저

이프레스

머/리/말

최근 ChatGPT, Gemini, Claude, Copilot, Perplexity, Groc 등과 같은 생성형 AI와 이러한 인공지능을 탑재한 휴머노이드 로봇의 등장은 사람의 단순 반복 업무뿐만 아니라 복잡한 사무 업무에 이르기까지 인간의 일자리를 잠식할 것이라는 우려를 낳고 있다.

이러한 흐름 속에 기존의 안정적인 양질의 일자리는 점점 더 없어지고 있다. 기업가정신(Entrepreneurship)과 창업 활성화에 대한 관심은 새로운 일자리 창출 육성을 핵심 과제로 삼고 있는 정부 관계자들과 학자들뿐만 아니라 일반인들에게까지 점점 더 그 수요가 증가할 것으로 예견된다.

그러나 일자리 창출을 위해 창업을 강조하고 있지만, 창업 폐업률과 관련한 통계청(2022)과 중소벤처기업부(2023)의 통계를 살펴볼 때, 창업 후 5년 내 폐업률이 약 66%에 달한다는 것은 창업을 장려하거나 지원할 때 실패율을 감안하여 매우 전문적으로 접근하여야 한다는 준엄한 사실을 알려주고 있다.

미국에서 기업가정신 분야 최고 평가 대학인 뱁슨 칼리지의 론스타트 교수는 "창업 강좌에서 가르쳐야 할 것은 예비 창업자가 창업과정에서 넘어야 할 장애물과 그 장애물을 극복할 수 있는 방법을 찾도록 하는 것이다"라고 하였다(Ronstadt, 1987).

이 책은 대표 저자가 지난 20년간 대학에서 대학생과 일반인을 대상으로 '기업가정신과 창업'을 강의하면서 대학생들을 위해 창업 그 자체보다는 창업에 필수적인 '기업가정신'의 중요 요소들을 배우고 이해하며, 실습할 수 있도록 기획하고 저술하게 되었다.

또한 10년간의 창업 실전 경험과 12년간의 스타트업 보육 및 투자 경험을 바탕으로 '기업가적 사고'를 가질 수 있도록 교재 내용을 작성하였다.

이번 4판의 대표적인 수정 사항은 다음과 같다. 최근 '소셜마케팅'의 흐름이 '콘텐츠 마케팅'으로 변화되고 있는 것을 반영하여, 11장을 기존 소셜마케팅에서 '콘텐츠 마케팅'으로 전면 개정하였고, 최근의 법 개정 내용을 반영하여 9장 지식재산권 실무와 14장 정부 창업지원 자금조달과 R&D 자금조달의 내용을 수정하였다.

이 책의 많은 장점에도 불구하고 부족한 점들은 지속적인 개정을 통해 보완해 갈 것을 독자들에게 약속드린다.

끝으로 이 책을 활용하면서 저자들의 의도에 동참하는 강의자가 많이 배출되기를 기대하면서, 대표저자의 기획 의도에 공감해준 공동저자들과 이 책이 출간되도록 헌신적 노력을 아끼지 않은 출판사 대표와 편집인에게 깊이 감사의 말씀을 드린다.

2025년 9월

대표저자 황보 윤

차/례

CONTENTS

CONTENTS

CONTENTS

CONTENTS

CHAPTER 07 사업모델 실무

CHAPTER 08 창업 타이밍 분석

CHAPTER
09 지식재산권 실무

CHAPTER
10 창업마케팅

CONTENTS

CONTENTS

CONTENTS

CHAPTER 01

기업가정신의 정의와 필요성

학/습/내/용

1. 기업가정신의 정의 및 이론적 배경
2. 기업가정신의 중요성과 역할
3. 기업가정신의 확장

CHAPTER 01

기업가정신의 정의와 필요성

학습목표
1. 기업가정신의 정의 및 이론적 배경에 대해 이해할 수 있다.
2. 기업가정신의 필요성을 이해할 수 있다.
3. 기업가정신의 확장 분야를 이해할 수 있다.

1. 기업가정신의 정의 및 이론적 배경

최근 기업생태계를 살펴보면 창업(스타트업) 전성시대라고 할 정도로 창업에 대한 관심이 증가하였다. 아울러 기업가정신(Entrepreneurship)이라는 용어도 자주 접할 수 있다. 그 배경은 창업에 성공하면 기업으로 성장하게 되고, 이 과정에서 기업은 기업가의 사업 아이디어 중 창의성, 혁신, 기업가정신에 의해 구체적으로 성장하기 때문일 것이다. 기업가정신에 대해 알아보기 전에 기업가에 대해 먼저 알아보자.

1) 기업가(Entrepreneur)란 무엇인가?

(1) 시도, 수행, 모험으로 표현되는 기업가의 어원

① 기업가의 본질은 모험심과 도전정신의 수행

기업가라는 의미의 '앙트프러누어(Entrepreneur)'는 18세기의 경제학자 리샤르 캉티용(Richard Cantillon, 1680~1734)이 창업가를 모험적인 경제활동과 연관시켜 최초로 언급함으로써 시작되었다. 그는 저서 『일반 상업의 본질에 대한 소고』에서 앙트프러누어(Entrepreneur)를 '최종 생산물의 가격이 아직 불확실할 때 노동력과 원자재를 도입하는 위험을 부담하는 사람'이라고 하였다(성상기, 2016 재인용).

핵심 내용

기업가정신(Entrepreneurship)의 어원

기업가정신(Entrepreneurship)은 '시도하다, 수행하다, 모험하다'라는 의미의 '앙트러드랑(Entreprendre)'에서 유래되었고, 기업가는 새로운 사업을 진행하는 과정에서 '위험을 감수하는 사람'을 의미했다.
초창기의 'entreprendre'은 모험군인, 탐험가, 건축가, 상인들을 주로 지칭하는 용어였는데, 그 범위가 확대되어 기업가(Entrepreneur)를 통칭하게 되었다.

② 슘페터에게 기업가의 본질은 "창조적 파괴자"

20세기 기업가정신의 관련한 대표학자로 미국의 경제학자 슘페터(Joseph Schumpeter, 1883~1951)가 있는데, 그는 자본주의 경제발전에서 파괴적 혁신의 실행자로서 기업가가 중요하다고 하였다. 새로운 생산방법과 상품개발을 기술혁신으로 보고, 기술혁신을 통한 창조적 파괴에 앞장서는 기업가를 혁신자, "창조적 파괴자"로 보았다. 이후 산업발전과정에서 기업가들의 정신은 사회, 경제, 문화로 확산되었다. 이 과정에서 기업가정신 연구가 급증했고, 기업가정신은 연구자들에 의해 다양하게 정의되었다. 그러나 기업가정신의 개념은 많은 학자들이 연구했으나 일반화된 정의는 없는 상황이었다.

2) 기업가정신(Entrepreneurship)이란 무엇인가?

(1) 기업가정신의 정의와 이론적 배경

기업가정신 연구 대표학자로서 슘페터(Joseph Schumpeter, 1883~1951)는 새로운 생산방법과 새로운 상품개발을 기술 혁신으로 보고, 기술혁신을 통한 창조적 파괴에 앞장서는 기업가를 혁신자, 곧 창조적 파괴자로 보았는데, 그들의 정신을 기업가정신으로 보았다. 우리나라의 경우 김진수 등(2009)은 '위험과 불확실성이 있는 조건하에서 이윤과 성장을 추구하기 위한 목적으로, 창조적인 경제조직체(또는 네트워크)를 창설하는 행위로서 기업가의 사고, 신념, 성향 및 능력 그리고 행동양식의 총체이자 창업기업과 기존 기업의 새로운 경제적 가치를 창출하는 과정'이라고 정의했다. 〈표 1-1〉은 주요 연구자별 기업가정신의 개념을 정리한 것으로, 학자별로 정의가 다양함을 알 수 있다.

〈표 1-1〉 학자별 기업가정신의 정의 및 관점

학자(발표 연도)	연구자 정의 및 관점
Schumpeter(1934)	• 새로운 조합의 실행 : 신제품개발, 원재료의 새로운 원천, 새로운 생산방식, 새로운 형태의 조직 구축. 이와 같은 혁신적인 활동을 가능하게 하는 기업가의 재능 혹은 역량
Cole(1946)	• 불확실한 상황에서 수익지향적 사업을 시도하고 생산적 자원을 조정하며 혁신을 도입하는 기능
Miller(1983)	• 위험을 감수하고 진취적이며 혁신을 추구하는 조직활동
Stevenson(1983)	• 통제할 수 있는 자원에 구애받지 않고 기회를 추구하는 것
Gartner(1985)	• 벤처를 통해 창업을 하는 행위
Vesper(1990)	• 다른 사람들이 발견하지 못한 기회를 찾아 새로운 사업을 추진하는 것
Hisrich(1992)	• 재무적, 심리적, 사회적 위험을 가정하고 화폐적 보상과 개인적 만족의 결과를 수용하면서 필요한 시간과 노력을 투자하여 가치와 다른 무엇인가를 창조하는 과정
Timmons(1994)	• 가치 있는 어떤 것을 만들어 내는 창조적인 행동
Dollinger(1995)	• 위험과 불확실한 상황하에서의 이익 또는 성장을 위한 혁신적 경제조직의 창조
Shane & Venkataraman(2000)	• 미래상품과 서비스를 창출하기 위해 기회를 발견하고 평가하며 활용하는 과정
김진수 등(2009)	• 위험과 불확실성이 있는 조건하에서 이윤과 성장을 추구하기 위한 목적으로 창조적인 경제 조직체(또는 네트워크)를 창설하는 행위로서 기업가의 사고, 신념, 성향 및 능력 그리고 행동양식의 총체이자 창업기업과 기존 기업의 새로운 경제적 가치를 창출하는 과정
황보 윤(2016)	• 개인이나 조직이 불편해하고, 가치 있게 생각하는 것을 현재 조달가능한 자원의 범주를 뛰어 넘어서 그 해결점을 찾고 그 해결방법을 경쟁력 있는 방법으로 수행해 가는 데 필요한 자세나 행동, 그리고 그 과정

출처: 임진혁(2017)에서 재인용 및 수정.

카우프만과 던트(Kauffmann & Dant, 1999)는 기업가정신을 개인특성 관점, 과정 관점, 활동 관점 등의 세 가지 유형으로 분류하였다. 먼저 초기에는 기업가 개인의 특성을 주창한 연구인 특성론이 주로 연구되었다. 하지만 특성론으로 기업가적 성과가 창출되는 과정이 설명되지 않으며, 기업가적 활동에 소요되는 시간 및 활동단계에서의 영향력 차이를 설명할 수 없다는 비판을 받았다. 특히 가트너(Gartner, 1985)는 본인의 논문에서 선행연구에 나온 기업가의 특성을 종합하면 누구나 기업가의 특성을 보유한 것으로 간주되어 특성론은 무의미하다고 주장하면서 과정론(행태론)을 주장하였다.

과정론과 관련하여, 스티븐과 자릴로(Steven & Jarillo, 1990)는 기업가정신은 자원에 구애받지 않고 기회를 추구하는 과정이라고 했고, 셰인과 벤카타라만(Shane & Venkataraman, 2000)도 기업가정신에 대해 미래 상품과 서비스를 창출하기 위해 기회를 발견하고 평가하며 활용하는 과정이라고 정의했다. 카우프만과 던트가 언급한 활동적 관점에서의 기업가정신은 기업가들이 시장을 들여다보면서 결핍 상황을 확인하고 이를 충족시키는 행위로 설명된다고 한다.

핵심 내용

최근 학계에서 지지되는 정의

최근 학계에서 전 세계적으로 지지되는 기업가정신(Entrepreneurship)에 대한 광의의 정의로는 '개인 또는 조직이 현재 조달 또는 통제가능한 자원의 범주를 넘어 기회를 추구하는 행위'이다.

(2) 기업가정신 정의의 확대

기업가정신은 새로운 조직의 설립이나 창업만이 아니라 기회를 포착하여 가치를 창출하고 더 나아가 인생을 잘 살아가기 위한 기술(Life Skill)로까지 그 의미가 확대되고 있다(elab.businessinnovationfactory.com). 이와 같은 맥락에서 유럽연합(EU)에서는 지난 2006년 오슬로 아젠다(Oslo Agenda)를 통해 유럽의 청년들이 유럽 내 어떤 지역에 거주하더라도 지역사회에 적응하고 경제활동을 할 수 있으며 이를 통해 사회를 통합하기 위한 목적으로 초·중·고교에 기업가정신교육을 전면 도입하였다. 또한 EU에서는 기존 학교 교육만으로는 새로운 경제 패러다임에서 청년들이 경쟁력 있는 진로 및 취업 역량을 함양하는 것이 불가능하다고 보면서 능동적이고 적극적 경제활동능력의 함양은 기업가정신 교육을 통해 해결할 수 있을 것으로 기대하고 있다(박선영, 2015).

이처럼 기업가정신은 과거 소수의 기업가나 창업자를 대상으로 거론이 된 반면 최근에는 인사조직 분야를 비롯한 정규학교에서의 진로교육으로 확대되기에 이르러서, 미국의 뱁슨대학교(Babson College)에서는 기업가정신을 인생을 살아가는 삶의 기술(Life Skill)로까지 설명하고 있다(elab.businessinnovationfactory.com).

(3) 기업가적 지향성 5요인

기업가적 지향성(Entrepreneurship Orientation)은 기업가정신 문헌에서 가장 많이 연구된 주제이자 수십 년간 폭넓게 연구되어온 잘 정의된 개념이다(Rauch, Wiklund, Frese, & Lumpkin, 2009). 밀러(Miller, 1983)는 기업가적 기업들에 대해 제품-시장 분야에서 위험할 수 있는 계획을 세우고 혁신을 지향하며 경쟁자들을 물리치기 위한 시도로 선제적 행동을 하면서 혁신을 이루는 기업이라고 정의하였다. 이 정의에 따라 밀러는 혁신성, 위험감수, 선제적 행동(미래지향성 혹은 진취성)이라는 기업가적 기업의 3가지 특징(요인)을 제시했고(Covin & Slevin, 1989) 그 후 럼프킨과 데스(Lumpkin & Dess, 1996)는 경쟁적 적극성과 자율성을 추가하여 기업가적 지향성이 5요인으로 통용되고 있다.

① 혁신성

슘페터(Schumpeter, 1934)는 기업가정신에서 혁신을 핵심적인 개념으로 설명하면서 기업의 발전과 자본주의 경제과정을 향상시키는 핵심요소라고 강조하였다. 그는 '창조적 파괴(Creative Destruction)'라는 면에서 기업가적 과정에서의 혁신성(Innovativeness)의 역할을 설명하였는데 그가 제시한 혁신의 방식은 새로운 조합, 신제품 소개, 원재료의 새로운 생산방식 구현, 신시장 개척, 새로운 조직창출 등 신결합으로 설명된다(김범성, 2012). 밀러(1983)는 혁신에 대해 새로운 기회와 해결책을 찾고자 하는 기업의 노력으로 설명하면서 당면한 문제를 해결하고자 하는 기업의 욕구로 표현하기도 했다(유민형·이준우·송인암, 2016). 한편, 혁신성은 개인차원에서는 새로운 행동방식을 추구하는 의지와 관심(Patchen & Allen, 1965; 김범성, 2012)으로 나타나 개인의 자기효능감, 성취욕구, 내부통제 위치, 고차원적 욕구와 같은 개인의 성취지향성에도 긍정적인 영향을 미치는 것으로 확인되었다(Utsch & Rauch, 2000).

② 위험감수성

위험감수성(Risk-Taking)은 기업가정신의 핵심 구성요소 가운데 하나로, 조직차원에서의 위험감수성은 새로운 시장에 모험적인 진입이나 불확실한 결과에 대한 대범한 모험(Covin & Slevin, 1991)으로 설명된다. 또한 성과가 불확실한 상황하에서도 의사결정을 하는 행동을 취하며 자원을 투입하려는 경향(장지호·이병헌·김도형, 2006)이지만 위험을 감수하는 행위 그 자체가 의미 있는 것이 아니라 위험 가운데 기회를 포착하려는 태도에 의미가 있는 것(박상용, 2003)으로 설명된다. 경영진의 조직관리능력이 일정하고 어떠한 사업활동의 위험도 모든 기업들에 영향을 미치는 일반적이며 동일한 위험이라고 가정한다면 더 높은 위험을 감수할 수 있는 기업들이 더 높은 성과와 더 많은 보상을 수확할 가능성이 있다는 것이 합리적이라는 주장도 있다(Rauch et al., 2009).

③ 진취성

밀러와 프리젠(Miller & Friesen, 1978)은 진취성에 대해 선도자의 타고난 태도라고 설명하였고 벤카타라만(Venkataraman, 1989)은 새로운 기회를 인지하고 경쟁 상대에 앞서 새로운 제품들과 브랜드들을 도입하거나, 라이프 사이클상 성숙기나 쇠퇴기에 접어든 활동들을 전략적으로 제거하는 것이라고 소개하였다.

진취성은 경쟁자들에 앞서 기업가적 행동을 통하여 새로운 틈새시장을 찾아서 기회들을 탐색하는 것과 관련이 있는 개념이다(March, 1991). 이러한 성향은 기업가들에게 시장의 변화나 욕구를 예측할 수 있는 능력을 부여하기에 신규진입의 속도나 범위에 적극적이며(정대용·양준환, 2008), 기업 성과에 긍정적인 영향을 미치는 것으로 나타났다(윤종록·위홍복·최광신, 2003).

④ 경쟁적 적극성

경쟁적 적극성(Competitive Aggressiveness)은 새로운 제품을 출시하여 시장에 진입하고 가급적 초기에 시장을 점유 혹은 장악하려는 성향을 의미한다(Porter, 2008). 이를 위해 기업들은 저가전략을 구현한다던지, 이익을 포기한다던지, 때로는 과감한 투자를 통해 경쟁자를 이기려고 노력한다(MacMillan & Day, 1987).

한편 앞서 소개한 진취성은 기회들에 대한 반응인 반면 경쟁적 적극성은 위협들에 대한 반응으로 설명되기에(Lumpkin & Dess, 2001) 진취성은 탐색(Exploration)과 관련이 있고 경쟁적 적극성은 활용(Exploitation)과 더 밀접한 관련이 있는 것으로 설명된다(March, 1991).

이에 기업가적 기업들은 처음에 진취성에 대한 태도를 나타내며 매력적인 틈새시장을 찾은 후 경쟁적 적극성을 통하여 시장에서 경쟁력을 갖추게 된다.

⑤ 자율성

자율성(Autonomy)은 하나의 아이디어나 상상력을 통해 그것이 완성될 때까지 헤쳐 나가는 데 있어 한 개인이나 팀의 독립적인 행동으로 이해된다(Lumpkin & Dess, 1996). 버글만(Burgelman, 1983)는 사내 기업가정신 확립을 위해 자원들의 새로운 조합들을 창출하는 방법으로서 어느 정도의 자율적이며 전략적 행위가 필요하기에 자율성은 혁신적이고 기업가적인 행위의 기초들 중의 하나를 구성한다고 설명하였다.

3) 기업가정신의 발전과 국내 유래

(1) 기업가정신의 발전

1930년대 슘페터(Joseph Schumpeter, 1934)가 자본주의 경제발전에서의 파괴적 혁신의 실행자로서 창업가의 중요성을 최초로 언급한 이후 본격적으로 기업가정신(Entrepreneurship)에 대한 관심이 커진 것은 1980년 이후이다.

미국에서는 1980년 이후에 3,400만개의 새로운 일자리가 생겨나고 있었고, 이때 신생기업과 고속 성장하는 기업체들 중 5%가 새로 생긴 일자리의 77%를 만드는 현상이 나타났다.

이러한 배경에는 '인터넷 혁명'이 큰 역할을 하게 된 것이다. 이로 인해 1990년대에 들어서면서 중소기업과 별개로 독립적으로 기업가정신에 대한 연구가 본격화되었다.

2000년에 들어서 셰인과 벤카타라만(Shane & Venkataraman)은 'The promise of entrepreneurship as a field of research' 논문을 통해 기업가정신이 연구분야로서 독자적인 영역은 '기업가적 기회의 발견'으로 주장하였다. 이 논문은 그동안 독립적인 학문 분야로 인정받지 못했던 기업가정신(entrepreneurship) 연구에 대한 독자적인 개념적 틀을 제시했다는 데 그 의의가 있다.

셰인과 벤카타라만은 기업가정신을 '기회'와 '개인'의 교차점(individual-opportunity nexus)으로 정의하며, 새로운 재화와 서비스, 생산 방식 등을 창출하는 기회를 '어떻게, 누가, 어떤 효과로' 발견하고, 평가하고, 활용하는지에 대한 학문적 탐구라고 주장하였다.

저자들은 이 관점을 통해 기업가정신이 단순히 경영학, 경제학, 심리학 등 다른 분야의 하위 범주가 아니라, '아직 발견되지 않은 기회와 그 기회를 포착하는 개인'이라는 고유한 현상을 다루는 독립적인 학문 분야가 될 수 있음을 강조하였다.

2000년대 들어와서는 다양한 분야(대기업 내, 사회적 경제, 대학 등)에서 기업가정신(Entrepreneurship)이 강조되고 있으며, 그 핵심요소도 '혁신', '가치 창출', '위험감수', '기회', '행동' 등 다양한 시각에서 접근하고 있다.

(2) 기업가정신 정의의 국내 유래

우리나라에서 Entrepreneurship을 기업가정신(企業家精神)으로 번역 소개된 것은 일본의 영향을 받은 것으로 나타난다. 1980년대 '인터넷 혁명'으로 인해 나타난 신생기업의 높은 신규 일자리 창출 비율로 인해 미국 경영학자들에 의해 기업가정신 관련 연구 논문들이 증가하였고, 이러한 논문들이 일본 학자들에 의해 인용되고, 다시 일본어 논문을 한국 학자들이 소개하면서, 일본의 번역을 그대로 가져오게 된 것으로 보인다.

Entrepreneur를 기업가로 번역하는 데에는 무리가 없었으나, Entrepreneurship의 어미 '-ship'을 번역하는 과정에서는 처음 미국 학계에 Entreprereurship이 등장한 이래 지속적으로 강조되어왔던 '행동(behavior), 활동(activity), 그리고 과정(process)'에 대한 내용을 간과한 나머지 오히려 '태도나 자세(mind-set)' 중심으로 협의적(俠義的) 번역이 이루어진 것이다.

이러한 협의적 번역으로 인해 일본학계에서도 기업가정신 번역이 Entrepreneurship의 본질을 충실히 다루고 있지 못한다는 문제 제기가 이루어져 왔다. 일본 경제계(經濟界)라는 매체의 기고자인 요네쿠라 세이치와 시미즈 히로시는 이러한 번역상의 협의성을 바로잡기 위해서는 "Entrepreneurship은 기존의 경영 자원에 얽매이지 않고 비즈니스를 개척하는 기술"로써 재해석해야 함을 강조하기도 하였다(經濟界[連載] 世界で勝つためのイノベーション經營論(第23回) - 米倉誠一郎 & 清水洋).

2. 기업가정신의 중요성과 역할[1)]

1) 경제 기적을 창출한 한국의 기업가정신

미국 잉크메거진 편집장인 조지 젠드론이 피터 드러커에게 기업가정신 발휘에 있어서 세계 최고는 미국이 아니냐고 물었을 때, 피터 드러커는 세계 제일은 한국이라고 대답했다고 한다. 1964년 1억 달러의 수출국가가 2011년 5천억 달러의 수출을 이룬 경제 기적은 한국 기업인들의 기업가정신 성과라고 했다. 또한, 한국의 경제 기적을 창출할 수 있는 기업가정신은 과거는 물론 앞으로도 없을 것이라고 했다고 한다(피터 드러커, Next society).

2) 기업가정신의 경제적, 사회적 중요성

(1) 왜 기업가정신이 중요한가?

최근 들어 그 어느 때보다도 기업 환경이 급변하고 있다. 계속적인 신기술개발과 시장 개척, 기업 자원의 효율성 제고 등으로 기업들은 더욱 노력해야 생존할 수 있는 상황이 된 것이다. 개별 경제주체로서의 기업의 활성화는 곧바로 국가 전체적인 경쟁력 강화로 직결된다. 최근 들어 기업들의 이러한 경제적 어려움을 극복하기 위한 여러 가지 해결책 가운데 기업가정신(Entrepreneurship)이 새롭게 주목받고 있다. 경기불황을 극복하고 새로운 도약을 위한 방안으로 범국가적인 차원뿐만 아니라 개인과 기업의 활발한 기업가정신의 발휘가 요구되는 것이다. 기업 환경 변화에 따른 기업가정신의 대두, 기업가정신과 국가경쟁력 간의 관계에 대해서 보다 자세히 살펴보기로 한다.

(2) 기업가정신과 경제성장

최근 들어 세계 각국의 경제성장이 둔화되고 있는 상황에서 새로운 도약을 위한 돌파구를 마련하기 위한 일환으로 세계 각국이 기업가정신의 활성화에 관심을 높이고 있다.

---

1) 국민대학교 글로벌창업벤처대학원 황보윤 교수 강의자료에서 인용함.

미국과 영국 등 세계 선진국들은 매년 11월 세계기업가정신 주간(Global Entrepreneurship Week)을 선정하고 다양한 관련행사를 개최함으로써 국가적인 중요성을 알려나가고 있다(박종복, 2008).

[그림 1-1] Global Entrepreneurship Week 2017의 이미지

슘페터는 "끊임없이 새로운 제품을 개발하고, 신사업에 도전하며, 시장을 확장해 나가는 기업가적인 벤처(Entrepreneurial Venture)를 자본주의 경제를 움직이는 근본적인 엔진"이라고 하였으며(Schumpeter, 1942), 피터 드러커는 "기업가는 끊임없이 혁신을 추구해야 한다. 이러한 혁신의 중심이 바로 기업가정신"이라고 강조했다(Drucker, 1985).

기업가정신의 활성화를 통한 경제성장을 위해서는 공정한 경쟁과 자율적인 기업 활동이 보장되는 원활한 시장경제 시스템이 뒷받침되어야 한다. 기업가들은 신규제품을 개발하고, 고객을 찾아나서는 과정에서 자연스럽게 경쟁에 직면하게 되고, 더 나은 기업 활동을 위해 혁신과 새로운 가치 창출의 순환과정을 겪게 된다. 이러한 변화와 혁신의 과정이 곧 기업가정신의 핵심과정을 구성한다고 하겠다. 소비자에게 더 나은 제품을 공급함으로써 더 많은 이익을 창출하고자 하는 기업가의 자율적 열정과 의지는 새로운 부가가치를 창출하게 될 것이고 기업과 국가경제성장의 밑거름이 될 수 있다.

또한 슘페터는 1936년에 발표한 〈경제발전이론(The Theory of Economic Development)〉에서 한 경제가 하나의 균형 상태에서 다음의 균형 상태로 넘어가는 과정을 기술 변화의 관점에서 밝히려고 노력하였다. 그는 이러한 기술 변화가 일어나는 과정을 3단계의 과정으로 설명하는데, 첫 번째 단계인 창안단계(Invention)에서는 발명품이나 고안품이 창안되고, 두 번째 단계인 혁신단계(Innovation)에서는 발명되고 고안된 제품 중에서 상업성이 있는 것을 선택하여 개발을 통해 상업화되고, 세 번째 단계인 확산단계(Diffusion)에서는 상업화된 신기술이 경제 전체로 확산되어간다고 한다. 그리고 이 확산단계에서 기술 변화의 과실이 경제 전체에 확산되어 경제발전이 이루어지게 된다고 한다. 그리고 위 3단

계 중, 특히 기술혁신단계에 주목하면서 기술혁신과정에서 기업가 역할을 특별히 강조하였다. 기업가는 시장성을 판단하고, 그에 맞는 인력을 충원하고, 새로운 시장을 개척하는 혁신적인 역할을 통해 경제발전의 원동력이 될 수 있다고 한다. 기업가는 낡은 것을 파괴하고 새로운 전통을 창조하는 혁신가(Innovator), 즉 '창조적 파괴자(Creative Destructor)'라 할 수 있다(박상용, 2004 재인용).

미국의 보스턴대와 영국 런던경영대학원이 공동으로 수행하는 국가별 기업가정신 공동연구인 GEM(Global Entrepreneurship Monitor) 연구모델에 의하면 한 나라의 경제성장은 1/3이 기존의 기업들, 1/3이 새로운 창업활동, 1/3이 상호작용 및 기타 요인에 의해 달성된다고 한다. 이중에서 특히 선진국 G7국가의 경우 창업활동과 경제성장 간의 상관관계는 높은 비율을 나타내고 있다. 이런 외국 사례를 보더라도 우리 경제가 다시 한 번 재도약하고 발전하기 위해서는 새로운 가치관과 행동으로 무장한 기업가정신이 무엇보다 필요하다고 하겠다. 새로운 틈새시장을 찾아내고 끊임없는 기술개발을 통해 고부가가치 제품을 만들어낼 수 있는 도전적이고 진취적이며, 혁신적인 태도와 역량을 겸비한 기업가의 육성이 중요한 시점이다.

심화학습 GEM과 국가별 창업활동지수

GEM(Global Entrepreneurship Monitor, www.gemconsortium.org)은 영국의 런던 비즈니스 스쿨과 미국의 뱁슨 칼리지 주도로 전 세계 국가를 대상으로 각국의 창업활동 수준을 조사하여 그 결과를 발표하고 있다. 1997년에 구성되어 1999년에 첫 번째 조사 결과를 발표한 이래 매년 조사를 거듭하고 있다. GEM은 창업과 관련된 각국 성인들의 의견과 태도를 조사하는 것으로 각국에서 전화 인터뷰 등을 통해 조사한 데이터를 기초로 그 나라의 창업활동지수(Total Entrepreneurship Activity : TEA)를 발표하고 있다.

TEA지수는 Potential Entrepreneur–Conception–Nascent Entrepreneur–Start Up–Owner Manager of New Business–Owner Manager of an Established Business의 단계 중에서 Nascent Entrepreneur와 Owner Manager of New Business와 관련된 활동을 묶어서 초기창업활동(Early–Stage Entrepreneurial Activity)라 부르며 이 활동을 기준으로 창업활동지수를 계산하고 있다.

(3) 기업가정신과 국가경쟁력

오늘날 경제시스템은 관리적 경제에서 기업가적 경제로 이동하는 시대라고 한다(피터 드러커, 2002). 이제 기업들은 보유하고 있는 경영자원을 효율적으로 사용하는 것에만 몰두하는 기존의 경영시스템이 아닌, 새로운 가치를 창출하는 기업가형 조직으로 변해야만

할 것이다. 최근의 기업 경쟁은 날이 갈수록 더욱 치열해지고 있으며, 끊임없는 품질 향상과 기술개발을 통해 새로운 가치를 창출하는 기업만이 경쟁에서 살아남고 있다. 틈새시장을 찾아내고, 글로벌 전략으로 시장을 개척해 나가는 기업경영이 요구된다.

우리나라의 경우를 살펴보면, 지난 40여 년간 눈부신 경제성장을 이룩했다. GDP는 1953년 13억 달러에서 2007년 9700억 달러로 약 746배 증가했고, 1인당 GDP도 같은 기간 실질적으로 40배가 증가되었다. 그러나 2000년대 들어오면서 경제성장률과 설비 투자율이 점점 낮아지고 있다(설광언, 2008). 2000년대 초반의 범국가적인 벤처기업 육성 노력 또한 거품으로 붕괴되면서 우리의 경제는 새로운 동력을 찾아야만 하는 고민에 빠지게 되었다. 이와 더불어 까다로운 정부 규제와 경직된 노사관계, 부정적인 기업정서 등으로 인해 우리나라는 중장기적인 경제성장의 침체기를 맞고 있다고 할 수 있다.

위와 같은 총체적인 경제불황의 위기를 극복하기 위한 새로운 성장동력으로 기업가정신이 중요하게 논의되고 있다. 1990년대에 들어 기업가정신이 실제 경제성장에 미치는 영향에 대한 실증적 연구들도 나타나기 시작했다. 외국의 연구에 따르면 국민소득 2만 달러까지는 대기업이 국가경제성장의 주요 원천이 되나, 그 이상의 성장을 위해서는 튼튼한 중소기업과 기업가정신이 밑거름이 되어야 한다고 한다(Stel et al., 2004). 2008년 금융위기를 맞았던 미국이 21세기에 들어서도 경제 최강국의 지위를 유지해온 밑거름에는 끊임없이 도전하는 실리콘밸리의 기업가정신이 있었으며, 일본이 10년에 걸친 장기 불황을 극복하고 새로운 도약을 시작하는 원동력은 모노츠쿠리 정신, 즉 기업인들의 장인정신이 있었기 때문이다.

피터 드러커는 《Next Society》라는 책에서 '세계에서 가장 기업가정신이 높은 국가'로 우리나라를 지목한 바 있다. 하지만 IMF 외환위기사태를 계기로 기업들의 설비투자는 감소하고, 소비심리는 위축되기 시작하면서 기업가정신은 급격히 쇠퇴하기 시작했다. 따라서 현재의 경제위기를 극복하고 세계 경제 선진국으로 다시 한 번 도약하기 위해서는 기업과 국가의 미래를 위해 새로운 성장동력으로서의 기업가정신이 무엇보다 필요하다. 정부와 국민, 기업이 협력하여 과감한 투자와 기술개발, 인재육성 등을 실천해 나갈 때 새로운 국가경쟁력을 갖출 수 있을 것이다.

(4) 기업가정신과 성공 창업

최근 많은 사람들이 창업에 도전하고 있다. 수많은 아이디어가 쏟아지고 있고, 창업을 지원하기 위한 정부 및 기업의 지원도 이어지고 있다. 성공적인 창업을 이루기 위해서 많은 것들이 요구된다. 독특하고 차별화된 아이디어, 사업을 효과적으로 실행할 수 있는 경쟁력 있는 팀빌딩, 명확하고 구체적인 사업계획서와 이에 따른 자원조달 등을 준비해야 할 것이다. 하지만 이러한 준비에 앞서 창업가의 열정과 의지, 혁신적인 태도 등의 기업가정신이 무엇보다 성공창업을 위한 핵심요소라 할 수 있을 것이다.

창업가는 기존 시장의 경쟁자들과 차별화되는 아이디어를 개발해야 하며, 좋은 팀을 구성하고, 적절한 자금을 마련하기 위해서 수없이 많은 어려움을 극복해 나가야 한다. 때로는 견디기 힘든 과정에서 포기하고 좌절하기도 한다. 이처럼 치열한 창업과정에서 다양한 자원의 중요성도 간과할 수 없겠지만 많은 전문가들이 공통적으로 강조하는 것이 바로 기업가정신이다. 이러한 기업가정신이 실제로 성공적인 창업과정에서 결정적인 영향을 미친다는 사실은 많은 실증적 연구결과로도 나타나고 있다. 포기하지 않는 창업가의 열정과 태도를 기반으로 세상에 새로운 가치를 창출하고자 하는 강렬한 의지야말로 창업가들이 갖추어야 할 가장 중요한 창업준비 요소라고 할 것이다.

(5) 해외 선진국의 기업가정신 교육 강조

미국 또한 최근 침체되어 있어 국가 경제를 활성화하고자 다양한 기업가정신 교육을 활성화하고 있다. 통계자료를 살펴보면 미국 내 기업가의 비율은 10가구 중 1가구(11.1%)이며, 미국 전체 인구의 40%가 인생의 어느 시점에서 한 번은 창업을 실행한다고 한다. 이러한 중요성에 기반하여 1946년 하버드대학교를 시작으로 기업가정신 관련 강좌가 개설되면서 현재 가장 인기 있는 강좌로 자리매김하고 있으며, 스탠포드대학교의 경우 MBA 졸업생의 50% 이상이 기업가정신 강좌를 반드시 수강한다고 한다. 이렇듯 미국의 경우 초등학교시절부터 경제와 경영의 개념을 이해하고, 도전적이고 진취적인 기업가를 양성하고 있다.

유럽의 경우에도 유럽연합(EU)을 중심으로 2006년부터 초등학교를 비롯한 모든 교육기관에서 의무적으로 기업가정신 과목을 교육하고 있다. 현재 경제 불황을 극복할 수 있는 유일한 방법은 개인과 기업, 국가차원의 기업가정신 활성화뿐이라고 강조하고 있다.

(6) 기업가정신은 새로운 가치를 창출하는 기업가의 의지 또는 활동이다

흔히 우리는 기업가정신을 이야기할 때 '정신'이라는 단어로 인해 '기업가로써 갖추어야 할 도전적이고 진취적인 마인드 또는 혁신적인 사고'라고 제한적으로 이해하는 경우가 많다. 하지만 이러한 내용은 기업가정신의 올바른 의미를 충분히 설명하지 못하는 것이라고 할 수 있다. 기업가정신에 대한 일치된 명확한 정의는 없는 실정이지만, 단순히 기업가의 정신적인 상태나 심리적인 요소만을 의미하는 것이 아니라 기업가의 개인적인 태도(Attitude)와 역량(Ability), 가치 창출 행동 등을 총괄적으로 포함하는 의미라고 할 수 있다. 다시 말해 주어진 제한된 자원과 불확실성, 위험에도 불구하고 진취적이고 혁신적인 사고로써 '새로운 가치(Value)를 창출하고자 하는 기업가의 의지 또는 태도(Attitude) 및 행동양식'이라고 할 수 있을 것이다.

3. 기업가정신의 확장

일반적으로 기업가정신의 범위를 주로 예비 창업자의 창업 준비 또는 초기 벤처기업 운영의 영역에서만 언급하고 있으나, 최근에는 기업가정신이 개인 차원의 창업 준비 또는 초기 경영단계에서뿐만 아니라 이미 설립된 기존 조직에서의 변화와 가치 창출, 혁신적 인재 양성을 위한 사내 기업가정신(Corporate Entrepreneurship)으로 확대되고 있다. 아울러 사회 전반적인 변화와 혁신, 공존과 공생의 사회적 경제 등과 더불어 사회적 기업가정신(Social Entrepreneurship)으로도 확산되고 있다.

(1) 사내 기업가정신 : 변화와 혁신의 사내 기업가

기업가정신(Entrepreneurship)에 대한 연구와 관심이 최근 들어 기업과 조직으로 확대되고 있다. 본 장에서 서술된 기업 내 기업가정신(Corporate Entrepreneurship)은 초기 기업가의 개인적 특성과 역량에 대한 관심들이 발전하여 보다 큰 규모의 조직과 기업 형태에서 기업가정신이 충만한 관리자를 육성하고, 사내벤처 육성(Corporate Venturing)과 기업가적인 조직문화(Entrepreneurial Culture)를 조성해 나갈 것인지에 주목하게 된다. 갈수록 치열해져 가는 기업 경영환경에서 조직의 크고 작음을 떠나 기업가적인 태도(Entrepreneurial Attitudes)와 행동들이 점점 요구되고 있는 것이다.

국내에서는 아직 도입단계에 있는 개념으로 용어조차 사내 기업가정신, 조직 내 기업가정신, 기업 내 기업가정신 등으로 혼재되어 사용되고 있다. 본서에서는 사내 기업가정신(Corporate Entrepreneurship)으로 통일하여 사용하고자 한다.

최근 몇 년 동안 사내 기업가정신에 대한 관심이 증가했지만 정확하게 그 개념과 의미에 대해서 이해하고 있는 사람은 드물다. 해외 선진국의 대부분 연구자들은 이것이 기업의 혁신적인 성과를 창출하기 위한 조직적인 변화와 자원의 재배치 등을 포함하는 기업가적인 행동(Entrepreneurial Activity)과 연관된 개념이라는 데 의견을 일치하고 있다(Donald F. Kuratko, 1993). 사내 기업가정신을 고취시키는 것은 조직의 범위 내에서 기업가적인 마인드를 발전시키고, 혁신적인 조직 분위기를 장려하는 것이라 할 수 있다.

사내 기업가정신에 대한 다양한 의견들을 살펴보면 공통적으로 언급되는 핵심개념들을 파악할 수 있다. 혁신(Innovation)과 전략적 개선(Strategic Renewal), 그리고 사내 벤처(Corporate Venturing)의 장려 등이다(Pramodita & Chrisman, 1999). 혁신(Innovation)은 오늘날 글로벌 무한경쟁의 기업 환경 속에서 무엇보다 기업에게 요구되는 특성이다. 새로운 제품을 개발하고, 신시장을 개척해 나가는 조직적인 노력뿐만 아니라, 조직을 구성하는 혁신적인 개인(Innovator)과 전반적인 기업가적 문화(Entrepreneurial Culture)를 조성하는 제반 노력이 필요하다. 전략적인 개선이란 기업 전체 또는 구조적인 변화를 포함하는 조직적인 개선의 노력을 말한다. 그리고 마지막으로 기존 조직 내에서 별도의 비즈니스 조직을 창출하는 사내벤처팀 활성화(Corporate Venturing)가 필요하다.

본서에서는 사내 기업가정신(Corporate Entrepreneurship)은 "기존 기업 내에서 개인과 조직차원의 혁신과 전략적인 변화, 새로운 벤처팀 구성, 기업가적 문화 조성 등을 통해 기업의 경쟁력과 성과를 향상시키고자 하는 일련의 의지와 활동"이라 정의하고자 한다.

① 사내 기업가정신의 필요성

갈수록 경쟁이 심화되고 있는 오늘날의 기업 환경을 극복하기 위해 대다수의 기업들은 새로운 해결책으로 기업가정신 활성화(Corporate Entrepreneuring)의 필요성을 인식하기 시작했다. 새롭고 정교한 경쟁자들의 빠른 성장과 글로벌 기업 경쟁, 전통적인 기업 경영의 방법들에 대한 불신, 유능한 인재들의 조직 이탈과 독립, 효율적인 조직 구축과 생산성 향상 등을 위한 새로운 조직 성장의 동력으로 사내 기업가정신의 필요성은 점점 증가하고 있다.

무엇보다 현재의 기업들은 글로벌 경제 환경 속에서 이전보다 훨씬 더 강력하고 많은 경쟁자들의 위협을 받고 있다. 지난 수십 년 동안 일어났던 변화와 혁신 등이 이제는 불과 몇 년 만에 시장에서 빈번하게 발생하고 있다. 이제 기업들은 생존을 위해 더 나은 혁신을 할 것인지 아니면 오래된 퇴물로 역사 속으로 사라질 것인지 양자택일을 할 수 밖에 없다.

이외에도 예전처럼 기업이 개인의 평생직장으로서의 의미를 상실한 지금 유능한 인재들이 독립하여 기업을 떠날 가능성이 점점 높아지고 있다. 우리나라의 경우도 점점 창업과 관련된 다양한 교육과 정부 지원책들이 행해지고 있는데, 그러한 대부분의 예비 창업자들 가운데는 현재 기업에 근무하는 사람들이 예상외로 많다는 것을 살펴볼 수 있다. 이것은 기업에서 더 이상 자신의 미래를 보장받을 수 없게 되었고 언제든지 기업가로 독립하고자 준비하는 사람들이 늘어가고 있음을 말해주고 있는 것이다. 결국 기업의 입장에서 볼 때 역량 있는 인재를 기업에 충성하게 만들 필요성이 무엇보다 커진다는 것이다. 그들에게 조직 내에서 새로운 기회와 도전을 할 수 있게 해주고, 다양한 자원을 지원해주는 기업가적인 조직문화를 만들어 나간다면 오히려 기업 내에서 유능한 기업가들이 많이 양성되게 될 것이고 기업경쟁력 강화와 지속적인 성장에 도움을 받을 수 있을 것이다.

② 사내 기업가정신 활성화

사내 기업가정신을 활성화시키는 데 있어 기존의 전통적인 경영기법들과의 부조화로 인한 여러 가지 장애물이 나타날 수 있다. 비록 고의적인 것이 아니라 할지라도 기존의 관습들은 새로운 기업가적 행동들을 제약할 수 있기 때문이다. 혁신적인 기업 내 기업가들의 자발적인 노력을 지원하고, 새로운 사내벤처를 촉진하기 위해서 관리자들은 관련된 장애물들을 제거하고 새로운 경영방식을 추구할 필요가 있다. 기업이 성공적인 혁신을 거두기 위한 다양한 방법과 원리들을 인식하고 장려할 필요가 있다. 퀸(James B. Quinn)은 혁신적인 기업이 갖추어야 할 중요한 요소를 강조하였는데 자세히 살펴보면 다음과 같다(James B. Quinn, 1985).

- 분위기와 비전(Atmosphere & Vision)
  - 혁신적인 기업은 명확한 비전을 가지며, 혁신적인 분위기를 지원한다.

- 시장지향성(Orientation to the Market)
  - 혁신적인 기업의 비전은 현실적인 시장에 기반하고 있다.
- 작고 수평적인 조직들(Small & Flat Organizations)
  - 대부분의 혁신적인 기업들은 조직을 수평화하고 프로젝트 팀을 작게 유지한다.
- 다양한 접근방식들(Multiple Approaches)
  - 혁신적인 관리자들은 프로젝트를 발전시키기 위해 다양한 방식을 시도한다.
- 상호간의 학습(Interactive Learning)
  - 혁신적인 조직의 환경에서 상호 아이디어를 검증하고 배워 나간다.

위와 같은 요소들 이외에 기업은 혁신적인 관리자(Intrapreneur)에게 자율성을 부여하고 그들의 아이디어를 발전시킬 수 있도록 격려하여야 한다. 기존의 최고 경영자들은 그들의 아이디어를 어떻게 검증할 것인지에 관해 고민할 수도 있을 것이다. 하지만 혁신적인 관리자들은 그런 우려 속에서 그들의 잠재력을 충분히 발휘할 수 있도록 노력해야 한다.

(2) 사회적 기업가정신 : 사회적 가치를 창출하는 사회적 기업가

최근 들어 사회적 기업에 대한 관심이 증대되고 있다. 이러한 사회적 기업에 대한 이론적인 트대를 살펴보면 그 기본은 기업가의 윤리적인 의지와 기업의 사회적 책임의식에서 출발하고 있다. 경제적 이윤추구라는 기업의 본원적인 목적뿐만 아니라 사회적 가치를 포함하는 사회적 기업가정신(Social Entrepreneurship)의 결과물로서 사회적 기업이 주목받고 있다.

① 사회적 기업이란 무엇인가?

■ 사회적 기업의 정의와 기준

사회적 기업에 대한 정의는 국가별, 학자별로 다양한 견해가 있다. 우선 국제적으로 사회적 경제를 구성하는 여러 조직(협동조합, 협회, 상호조직, 비영리조직, 사회적 기업 등)의 개념에 대한 광범위한 합의가 존재하나, 사회적 기업에 대한 보편적인 정의는 부족한 것이 사실이다(Toby & Spear, 2006). 사회적 기업에 대한 공식적인 정의는 영국 정부에 의한 것이 최초인 것으로 보인다. 영국 정부는 사회적 기업을 '사회적 목표를 우선적으로 추구하는 기업으로서 주주와 소유주를 위한 이윤극대화를 추구하기보다 창출된 수익을 사회적 목표달성을 위해 주로 기업 자체 또는 지역사회에 재투자하는 기업'으로 정의하고 있다(조영복·곽선화 역, 2008). 학자별로 다양하게 나타나고 있는 개념에 대한 정의는 〈표 1-2〉와 같다.

〈표 1-2〉 사회적 기업에 대한 다양한 정의

구분	사회적 기업 정의
OECD (1999)	공익을 위해 모험 사업가적인 전략으로 조직화되어 조직의 목적을 수익의 극대화가 아닌 경제적 · 사회적 목표의 실현에 두고 사회적 소외와 실업문제에 대하여 혁신적인 해결책을 제시할 역량이 있는 비특정 민간기업의 활동
Social Enterprise London (영국, 1999)	사회적 목적을 갖는 사업의 형태이며, 사회적 기업은 사회적 경제성장의 한 부분
Campbell (1999)	사회적 목적을 갖는 사업으로 지역사회에서 필요로 하는 재화 및 서비스를 생산하고 부족한 재원을 지원하는 활동을 통해 이윤을 사회적으로 보편화하고자 하는 조직
Borzaga & Santuari (2001)	안정적 기업 경영방식으로 사회적 배제(Social Exclusion) 극복이 목적인 서비스 혹은 좀 더 일반적인 대인 · 지역서비스를 제공하고 있는 제3섹터 조직을 사회적 기업으로 기업적인 성향과 지역이라는 영역을 연관하여 해석
Jeantet (2006)	사회적 기업의 다양성과 역동성을 강조. 목적의 다양성, 참여진의 다양성, 재원의 다양성 등의 특징이 합쳐진 기업으로 정의
Auteri (2003)	순수한 사업에서 시도되어 순수한 박애주의적 기업으로 변환된 조직
Laville (2003)	지역사회 전체 이익을 보호차원에서 사회적으로 유용한 서비스의 제공기능을 수행하고 있는 기업형태로 사회적 기업을 정의

출처: 이광우(2008).

지금까지 살펴본 여러 가지 정의를 종합해 볼 때 사회적 기업은 사회적 경제 개념에 기초하여 이윤창출이라고 하는 기업의 '경제적 가치'와 공익성을 포함하는 '사회적 가치'를 동시에 추구하는 새로운 기업 형태라고 볼 수 있다.

현재 우리나라는 「사회적 기업 육성법」에서 사회적 기업을 정의하고 있다. 법 제2조는 사회적 기업을 '취약계층에게 사회서비스 또는 일자리를 제공하여 지역 주민의 삶의 질을 높이는 등의 사회적 목적을 추구하면서 재화 및 서비스의 생산·판매 등 영업활동을 수행하는 기업'으로 정의하고 있다.

■ 사회적 기업의 특징

지금까지 살펴본 사회적 기업의 개념과 기준을 종합해볼 때 사회적 기업은 정부 부문과 민간 기업 부문이 아닌 제3의 부문에서 나타나고 있으며 사회적 경제의 개념과 비영리조직의 특징을 결합하여 새롭게 발전된 실체라고 볼 수 있다(김성수, 2005). 아울러 사회적 기업에 대한 공통적인 특징들을 발견할 수 있다(조영복·곽선화 역, 2008).

- 기업적인 특징 : 사회적 기업은 자율성을 가지고 경제적 위험을 안고 활동하며 재화와 서비스를 제공한다. 또한 시장지향적이며 사업지향적인 특징을 가진다.
- 사회적 목표 또는 목적 : 사회적 기업은 사회적 목표를 달성하기 위한 것이며, 비경제적 효과를 생산한다.
- 비영리 목적의 분배 : 사회적 기업은 자신들을 통제·관리하는 사람들에게 수익을 분배하지 않으며, 창출된 모든 이익은 조직 또는 지역사회 내에서 보유하여야 한다. 수익금은 사회적 목표를 달성하고 구성원의 이익이나 좀 더 광범위한 이익을 위해 재투자된다.

이러한 공통적인 특징들을 살펴볼 때 사회적 기업은 첫째 기업가지향성(Entrepreneurial Orientation)을 가지고 있다. 이는 사회적 기업이 비록 사회적 목적을 추구한다고는 하나 재화를 생산하거나 서비스를 판매하는 지속적인 활동을 한다는 것으로 재정적인 지원이나 후원이 있을 때에만 한시적으로 운영되는 비영리민간기관이나 NGO단체와는 근본적으로 다르다. 이러한 사회적 기업의 지속적인 영업활동이나 위험감수적인 활동 등은 모두 기업의 시장지향적인 활동 중의 하나이며 최소한의 유급노동을 통하여 경영의 효율성을 추구하여 시장에서 지속가능하게 하는 것 역시 수익과 자립을 추구하는 기업으로서의 성격을 가지고 있는 것이다.

둘째, 사회적 기업은 사회적·환경적·윤리적 목적 등과 같은 다양한 목적을 동시에 추구하고 있다. 이는 사회적 기업이 자본주의의 기업 특성과는 다른 것으로 지역사회의 이익을 명시적으로 추구하거나 자본의 소유에 근거하지 않은 의사결정, 그리고 다양한 이해 관계자들이 의사결정에 참여하는 것 등이다. 이는 사회적 기업이 제한적인 이윤 분배를 통하여 그 성과를 사회적 목적에 재투자하는 등 사회적 목적을 위한 것임을 의미한다.

셋째, 사회적 기업은 사회적 소유의 개념을 가지고 있다. 즉 사회적 기업은 자본의 투자자가 소유하고 의사결정을 내리는 것이 아니다. 사회적 기업의 의사결정과 권한은 자본의 소유에 근거하지 않으며, 사회적 기업의 참여자 및 수혜자, 그리고 이해관계자들이 동시에 참여하는 의사결정 구조를 가지고 있다. 다만 이러한 사회적 소유나 참여적 혹은 민주적 의사결정과정이 기업으로서의 경제적 목적 달성에 효과적인 도구가 되는지에 대해서는 많은 논란이 있으며 영국과 같이 이해관계자들의 의사결정과정에의 참여를 사회적 기업의 특성이나 정의에 포함시키지 않기도 한다(조영복, 2009).

② 사회적 기업가정신의 개념과 구성요소

우리나라에서의 사회적 기업가정신은 2007년 사회적 기업육성법 제정 이후 정부주도의 사회적 기업인증제도를 기반으로 확대되면서 연구가 활발해지고 있다. 사회적 기업가정신은 '사회적(Social)'과 '기업가정신(Entrepreneurship)'의 복합어로 볼 수 있는데 사회적이란 사회적 가치지향성을 말하며 사회적 가치, 사회적 변화, 사회문제해결 등과 같은 공동의 이익과 이타심의 개념을, 기업가정신이란 불확실한 환경과 변화상황에서 조직의 목적을 달성하고 경쟁우위를 확보하며 새로운 사업 기회를 포착하기 위한 혁신적이고 진취적이며 위험을 감수하는 기업가적 행동의 개념을 포함하고 있다(정대용·김민석, 2010). 기업가정신의 구성요소로 혁신성, 진취성, 위험감수성이 있는데, 사회적 기업가정신의 구성요소는 〈표 1-3〉과 같이 정의할 수 있다.

〈표 1-3〉 사회적 기업가정신의 구성요소

구성요소	정의	관련학자
혁신성	새로운 프로그램과 가치를 창출하는 데 필요한 아이디어를 거발하고 융합하여 기회로 전환하여 성과를 창출하는 혁신과정	Schumpeter(1947); Lumpkin & Dees(1996)
진취성	사회변화를 새로운 시장수요 창출의 기회로 인식하고 미래지향적 변화를 시도하고 대응하는 구성원의 적극적인 활동	Kuratko & Hodgetts(2004)
위험 감수성	불확실한 미래상황에도 불구하고 성과를 극대화하기 위하여 기회로 활용하여 도전을 추진하는 구성원의 성향	Dess & Lumpkin(2005)
사회적 가치지향성	사회문제의 문제를 인지하고 사회적 가치(Social Value)를 창출하며 이해관계자들의 참여를 통해 지역사회에 기여하려는 활동	Weerawardena & Mort(2006); Ersson & Helm(2010)

출처: 김태현(2014).

③ 사회적 기업가정신과 기업가정신의 차이점

사회적 기업가정신과 기업가정신의 차이점에 대한 연구는 다양하다. 일반적으로 사회적 기업가정신은 기존의 기업가정신연구를 기반으로 하고 있으며, 불확실한 변화상황의 위험 속에서도 기회를 추구하며 혁신적이고 진취적으로 활동하려는 기업가적인 행동을 가지고 있다. 이에 추가적으로 사회적 미션인 사회적 가치지향성을 포함하는 것이 차별점인데 기업가정신과 사회적 기업가정신을 비교하여 정리하면 〈표 1-4〉와 같다.

〈표 1-4〉 사회적 기업가정신(사회적+기업가정신)의 차이점과 공통점

구분	사회적	기업가정신	사회적 기업가정신
목적	해결되지 않은 Social Needs 해결	Profit에 집중	Social Needs해결 및 Profit 창출
역량	집합적 지혜를 창출을 통한 협력 강화	개인적 지식기술창출을 통한 역량강화	개인의 지식기술역량과 공동체적 협력강화
역량 활용	풀기 어려운 사회문제해결을 위해 역량 사용	새로운 시장진입을 위해 역량 사용	시장진입방법을 활용하여 풀기 어려운 사회문제해결에 역량 사용
경영 환경	협력적 환경, 공익성과 공정성 강조	경쟁적 환경, 수익성과 신속성 강조	공익성과 수익성을 강조한 공정성, 신속성 강조
마켓	Community Support 만드는 데 주력	Market Forces에 관심	공공 Market에서 시작으로 일반 Market으로 확장
조직 관리	조직적, 개인적 신뢰에 의존하며 장기적 역량 향상에 초점	Financial Risk에 연관하여 단기적 재정적 수익에 초점	개인의 가치존중과 수익창출을 고려한 조직관리
이익 사용	사람들을 돕고 섬기는 데 활용	미래의 수익창출을 위한 투자	사람을 돕고, 지원하며 미래수익창출을 위한 투자
보상	집단적 공공재 생산/분배 및 보상	개인의 재정적 이득을 발생	성과창출의 기여도에 따른 개별적 보상과 집단적 공공이익을 위한 보상
성과	사회문제 해결	재무 목표 달성	사회적 가치와 재무적 가치 창출의 효과성, 효율성

출처: 김태현(2014).

연습문제 EXERCISE

객관식 문제

01 기업가적 지향성으로 부적절한 것은?

① 혁신성 ② 위험감수성 ③ 타율성
④ 경쟁적 적극성 ⑤ 진취성

02 피터 드러커가 1996년 저술한 넥스트 소사이어티(Next Society)에서 기업가정신이 가장 높은 국가는 어디인가?

① 영국 ② 미국 ③ 독일
④ 프랑스 ⑤ 한국

03 기업가정신(Entrepreneurship) 용어를 처음 경제용어로 사용한 경제학자는?

① 피터 드러커 ② 리샤르 캉디용 ③ 슘페터
④ 론스타드 ⑤ 칼 베스퍼

04 기업가정신의 발현 요소로 적합하지 않은 것은?

① 성공가능성 ② 혁신성 ③ 위험감수성
④ 진취성 ⑤ 자율성

05 과거의 지식이나 기술, 투자에 의한 결과물에 획기적인 방식으로 새로운 가치들을 부합시킴으로써 새로운 제품과 서비스를 창출하는 것이라는 의미를 가지는 경제학자 슘페터가 제시한 개념은?

① 창조적 파괴 ② 창조적 생산 ③ 창조적 도전
④ 창조적 가치 ⑤ 창조적 시스템

06 피터 드러커가 주장하는 기업가정신의 핵심은?

① 기업가정신은 혁신적인 활동을 가능하게 하는 재능이나 능력이라고 주장. 혁신성을 강조
② 언제나 변화를 탐색하고, 대응하며 그것을 하나의 기회로 활용하는 것임. 변화와 실행 그리고 자율성을 강조
③ 빨간 신호등 앞에서도 이를 무시하고 돌진하는 것과 같다고 비유하며 위험감수성과 진취성을 강조
④ 권위나 상식에 사로잡히지 않고 새로운 사업을 추진할 수 있는 해결사적 기업가 강조
⑤ 새로운 사업을 개척하고 혁신을 주도하는 추진력을 강조

07 기업가정신이 사회와 경제에 미치는 영향이라고 볼 수 없는 것은?

① 창업활동의 활성화　② 고용 창출　③ 경제활동에 기여
④ 일자리 창출　⑤ 복지향상

08 20C 이후 기업가정신이 다양한 분야(대기업 내, 사회적 경제, 대학 등)에서 강조되고 있는데 다음 중 그 핵심요소로 주장되지 않는 것은?

① 위험감수　② 기회　③ 가치 창출
④ 혁신　⑤ 사회적 책임

09 최근 학계에서 전 세계적으로 지지되는 기업가정신(Entrepreneurship)에 대한 광의의 정의로는 '개인 또는 조직이 현재 조달 또는 통제가능한 자원의 범주를 넘어 (　　　)을(를) 추구하는 행위'이다. 이때 (　)에 적합한 단어는?

① 도전　② 위험감수　③ 혁신
④ 기회　⑤ 수익

주관식 문제

01 사회적 기업가정신은 기존의 기업가정신의 3가지 구성요소인 혁신성, 진취성, 위험감수성에서 (   )을 포함하여 구성요소를 4가지로 보고 있다. (   )에 적합한 것은 무엇인가?

02 일반적으로 기업가정신의 범위를 주로 예비 창업자의 창업 준비 또는 초기 벤처기업 운영의 영역에서만 언급하고 있으나, 해외의 경우 기업가정신이 이미 설립된 기존 조직에서의 변화와 가치 창출, 혁신적 인재 양성을 위한 (   )으로 확대되고 있다. (   )에 적합한 것은 무엇인가?

03 기업이 이윤창출을 전제로 치열한 경쟁 시장 속에서 창의적, 적극적, 긍정적, 모험적 사고를 가지고 새로운 사업 분야나 시장에 도전하는 기업가가 갖추어야 할 자세나 태도를 (   )라고 한다. (   )에 적합한 것은 무엇인가?

04 창업은 과거의 지식이나 기술, 투자에 의한 결과물에 획기적인 방식으로 새로운 가치들을 부합시킴으로써 새로운 제품과 서비스를 창출하는 창조적 파괴(Creative Destruction)과정이라고 혁신성을 강조한 경제학자는? (   )에 적합한 것은 무엇인가?

05 기업가는 언제나 변화를 탐색하고, 대응하며 그것을 하나의 기회로 활용하는 변화와 실행 그리고 자율성을 강조한 경제학자는?

CHAPTER 02

일자리의 변화와 진로

학/습/내/용

1. 4차 산업혁명
2. 일자리 변화
3. 미래 진로

CHAPTER 02

일자리의 변화와 진로

학습목표

1. 4차 산업혁명의 의미를 이해하고, 개념과 구조를 설명할 수 있다.
2. 4차 산업혁명에 따른 일자리 변화를 이해하고, 미래의 일자리를 예측할 수 있다.
3. 미래 진로로서의 직업의 의미를 알아보고, 창직과 창업의 개념에 대해 이해할 수 있다.

1. 4차 산업혁명

4차 산업혁명이란 기업들이 제조업과 정보통신기술을 융합해 작업 경쟁력을 높이는 차세대 산업혁명을 가리키는 말이다. 1차 산업혁명은 증기기관, 2차 산업혁명은 전기동력 대량생산, 3차 산업혁명은 컴퓨터 제어 자동화로 인해 나타났다면, 4차 산업혁명은 제품, 설비, 인간이 연결되는 사물인터넷 혁명으로 인해 나타났다.

인간은 원시사회부터 삶의 질을 향상하기 위해 기술과 도구를 발전시켜 왔으며, 그 결과 생산력과 삶의 질에 획기적인 변화를 가져와 1, 2, 3차 산업혁명을 거쳐 지금은 인공지능, 무인자동차, 드론, 빅데이터, 웨어러블(Wearable) 컴퓨팅, 3D프린팅, 사물인터넷(IOT) 등이 실용화가 되는 4차 산업혁명시대가 도래하게 되었다.

1) 4차 산업혁명의 개념

핵심 내용

초연결화, 초지능화, 초생명화

4차 산업혁명시대는 기존의 일하는 방식이나 소비형태뿐만 아니라 생활방식 전반에 걸친 혁명적 변화가 가속화되는 시대가 도래할 것이다. 인공지능과 로봇, 빅데이터와 클라우딩, 3D 프린팅과 퀀텀 컴퓨팅, 나노 바이오기술 등이 미래 산업사회 전반에 걸쳐 모든 지식정보 분야에 걸친 놀라운 발전과 변화를 가져올 것이다.

1차 산업혁명은 18세기 후반에 시작되어 기계의 발명과 기술의 혁신으로 야기된 산업 모습의 큰 변화와 이에 따른 사회, 경제적 변화를 의미한다. 1차 산업혁명은 영국을 중심으로 일어나, 석탄과 철을 주원료로 삼고 면직물공업과 제철공업 분야의 혁신을 핵심적인 과제로 삼았다(네이버 백과사전).

2차 산업혁명은 1870년대 이후 유럽 및 미국에 걸쳐 일어나, 석유와 철강을 주원료로 삼고 화학공업과 전기공업 등 새로운 공업 분야를 중심으로 이루어져 20세기를 전후하여 산업의 중심이 경공업에서 중화학 공업으로 전환된 것이다. 산업구조가 소비재산업인 경공업 중심에서 부가가치가 큰 생산재 산업인 중화학공업으로 변화되었다. 더불어 자본주의 발전과 관료제의 발전, 효율성과 경제성을 검토하는 산업의 합리적 관리와 경영제도가 발전하였다. 그 결과 2차 산업혁명은 자본주의를 고도로 발달시켜 독점자본주의를 가져왔으며, 2차 세계대전을 거치면서 군사기술, 전자 합성 화학공업 등이 현저하게 발전하였다(네이버 백과사전).

3차 산업혁명은 인터넷 기술의 발달과 새로운 에너지 체계(재생에너지)의 결합이 수평적 권력 기반을 가져온 것을 말한다. 이같이 말한 미국 경제학자 제러미 리프킨 교수는 재생에너지는 모든 사람이 함께 누릴 수 있는 자원이며, 인터넷은 수많은 사람을 수평적으로 연결하기 때문에 3차 산업혁명은 소유를 중심으로 한 수직적 권력 구조를 공유를 중심으로 한 수평적 권력 구조로 재편한다고 주장한다. 그는 3차 산업혁명의 대표산업으로 사회적 기업을 언급하고, 주거형태는 주거지와 미니 발전소의 결합(빌딩의 발전소화), 협업경제, 분산 자본주의의 경제구조를 특징으로 삼고 있다(제러미 리프킨, 2012).

4차 산업혁명은 인공지능, 로봇기술, 생명과학이 주도하는 차세대 산업혁명을 말한다. 4차 산업혁명은 인터넷이 이끈 컴퓨터 정보화 및 자동화 생산시스템이 주도한 3차 산업혁명에서 벗어나 인공지능(AI)이나 로봇을 통해 실제와 가상이 통합해 사물을 자동적, 지능적으로 제어할 수 있는 가상물리시스템 구축이 일상화되는 디지털 행성 시대를 초래할 것이다. 디지털 행성은 원자와 비트의 최적 연계(물리적, 가상적 시스템의 초연결), 사람과 사물, 공간, 시스템의 초연결을 구축하고 물리적 인프라와 가상적 인프라의 초연결과 초지능화로 창조적인 사회구조(초연결화, 초지능화, 초생명화)가 생성될 것이다. 1, 2, 3차 산업이 인간의 육체적 기능을 확장하였다면, 4차 산업은 인간의 지능을 확장하게 될 것이다(하원규·최남희, 2015).

4차 산업혁명시대는 기존의 일하는 방식이나 소비형태뿐만 아니라 생활방식 전반에 걸친 혁명적 변화가 가속화되는 시대가 도래할 것이다. 인공지능과 로봇, 빅데이터와 클라우딩, 3D 프린팅과 퀀텀 컴퓨팅, 나노 바이오기술 등이 미래 산업사회 전반에 걸쳐 모든 지식정보 분야에 걸친 놀라운 발전과 변화를 가져올 것이다. 독일의 경제학자인 클라우스 슈밥은 저서에서 4차 산업혁명시대는 유비쿼터스 모바일 인터넷, 더 저렴하고 강력해진 센서, 인공지능과 머신러닝, 빅데이터를 이용한 의사결정 등이 산업의 특징으로 일상화될 것이라고 말한다(클라우스 슈밥, 2016).

[그림 2-1] 산업혁명의 역사적 변천과 4차 산업혁명

출처: 미래창조과학부(2016). 지능정보사회 중장기 종합대책.

2) 4차 산업혁명의 구조

핵심 내용

4차 산업혁명 구조

로봇, 인공지능(AI)과 사물인터넷(Internet of Thing : IOT) 등을 중심으로 산업을 발전시키는 4차 산업혁명은 인간의 육체적 노동, 정보의 이동속도와 범위, 지적 노동과 능력의 본질에 혁명적인 변화를 가져오는 산업구조를 창출할 것이다.

먼저 구글의 알파고로 대변되는 인공지능(AI)을 살펴보자. 인공지능(AI)은 인간의 지능이 구사하고 있는 것을 컴퓨터로 실현하는 기술이다. 이는 인간의 정보처리시스템을 모델화한 딥러닝 알고리즘을 적용한다. 인간의 뇌는 뉴런과 뉴런 간의 연결로 정보를 전달하는 시냅스로 구성되어 있다. 딥러닝은 바로 이런 뉴런과 시냅스로 이루어진 뉴럴 네트워크를 모델화한 기술이다. 딥러닝을 탑재한 컴퓨터는 인간의 조건, 특정 사물의 조건을 일일이 프로그램화하지 않아도 된다. 대량의 화상 등 데이터를 컴퓨터에 노출하면 그 데이터를 통해 인간과 사물의 조건을 컴퓨터 자신이 획득하여 문제를 처리한다. 인공지능(AI)에 의한 인지화 혁명에서는 인간의 지적 성장모델, 즉 인지발달모델(Cognitive Development Model)을 탑재한 로봇이 산업현장과 일상생활에 큰 영향을 미치게 될 것이다. 이런 로봇은 인간과 같이 자율적으로 인지능력을 발달시켜 지식을 습득하고 그 능력을 축적해 인지능력, 운동능력, 언어, 의미 이해능력의 향상을 통해 최적화해 나갈 것이다. 이런 인공지능 컴퓨터산업 및 관련 산업의 범위는 무한할 것이며, 전반적인 산업구조를 변혁시킬 것이다(하원규, 2016).

4차 산업혁명시대에는 인터넷의 발달로 시간과 공간의 제약을 초월하는 초연결형 사회, 즉 만물지능인터넷이 사회를 주도하는 디지털 행성(Digital Planet)이 탄생할 것이다. 인터넷 혁명 이전 인류의 삶의 원천은 물리적 행성에 한정되었다. 인터넷이 등장하면서 인류는 또 하나의 지구, 즉 사이버 행성을 갖게 되었다. 앞으로 인류는 사물인터넷을 통하여 초연결형 산업사회 속에서 삶의 질과 속도를 향상하고, 물리적으로 존재하는 현실세계와 논리적으로 작동하는 사이버 세계의 경계가 사라지는 복합시스템, 즉 산업 간의 물리적 벽을 허물게 될 것이다. 여기에서 디지털세계, 생물학적 영역, 물리적 영역 간 경계가 허물어지는 '기술융합'이 일어나게 될 것이다.

이런 기술융합은 사이버물리시스템(Cyber-Physical System)을 가져올 것이다. 로봇, 의료기기, 산업장비 등의 제품을 뜻하는 물리적 세계와 인터넷 가상공간을 뜻하는 사이버 세계가 하나의 네트워크로 연결돼 축적된 데이터 분석과 활용, 사물의 자동제어가 가능해질 것이다. 이렇게 되면 현실세계의 사물은 지능을 갖춘 '사물인터넷'으로 진화하고, 제품과 서비스가 전자동으로 연결되는 시스템을 갖추게 될 것이다. 4차 산업혁명의 시대는 사물지능컴퓨터 시대가 되기 때문에 연결성, 지능화, 자동화 시대가 꽃 피우게 될 것이다.

미래 기술혁명은 효율성과 생산성을 향상해 '공급자 기적'을 만들어낼 것이다. 운송과 광고, 통신비용이 줄게 되고 물류와 글로벌 공급망이 효과적으로 재편되어 교역비용이 절감될 것이다. 4차 산업혁명은 수요와 공급을 연결하는 기술기반의 플랫폼 발전으로 공유경제(Sharing Economic)가 부상하고, 기술 기반의 플랫폼을 이용한 다양한 서비스 및 사업모델이 증가할 것이다.

4차 산업혁명시대를 사정권에 넣은 산업구조의 기본형은 독일의 '인더스트리 4.0', 미국의 '산업인터넷', 일본의 '로봇신전략', 중국의 '제조 2025' 등 주요국의 신산업 혁신 플랫폼에서 그 공통속성을 찾을 수 있다. 특히 이들 차세대 산업 플랫폼에서는 견고한 IOT 구축, DB의 체계화, AI 기반 해석, 현실 세계로의 피드백 등과 같은 구성요소 간의 선순환 강화모델이 작동함을 알 수 있다. 동시에 제품과 서비스의 융합, 하드웨어와 소프트웨어의 연계, 네트워크와 현실 세계의 통합 등의 속성을 갖는다.

예를 들어 GE 등 미국의 거대기업들이 연합전선을 형성하고 있는 '산업인터넷' 플랫폼은 한마디로 클라우드 서비스의 범위와 구조를 확대 재생산하는 모델이다. 인터넷상의 정보와 현실세계의 생산설비·부품 등에 관한 데이터를 수집하고, 클라우드 서버에 데이터를 체계적으로 축적함과 동시에 이들 빅데이터를 인공지능으로 처리해 공장 등의 현장 관리자에게 적절한 조처를 하도록 지시한다. 이 경우 공장의 생산설비는 클라우드로부터 지령을 받아서 실행하는 저렴한 디바이스가 된다. 인터넷 서비스 플랫폼의 강점을 지렛대로 신산업생태계를 선점하고 자율자동차, 자립형 로봇 등 모든 산업영역으로 확장해 가는 전략이다. 구글, 아마존의 사업 확장 전략이 보여주듯이 네트워크에서 현실세계로 접근하는 클라우드 기반 산업구조를 확대 재생산한다.

독일의 인더스트리 4.0은 세계 최강의 현장 데이터 기반 제조업 혁신 플랫폼을 구축 및 운용하면서 2020년대 초반에 사실상의 글로벌 표준화를 도모하고 있다. 전국의 개별 공장·제품에서 창출되는 데이터를 기기 간, 기업 간, 공장 간에 공유하도록 하고, 이를 산업현장의 고성능 제조장치로 처리할 수 있게 하는 것이다. 이 과정에서 전국의 공장이 마치 하나의 가상공장처럼 작동하는 궁극의 제조업 생태계를 지향한다. 제조대국인 독일의 강점인 고성능 설비의 가치를 극대화할 수 있는 산업현장 기반 신산업구조를 완성해가고 있는 것이다(하원규, 2016).

일본은 경쟁 우위에 있는 로봇기술을 중점으로 두고 있다. 지난 2015년 1월부터 일본은 로봇신전략을 발표하고 제조업 현장에서 로봇을 활용하는 한편 간병, 인프라 등 다양한 분야에서 로봇을 이용해 데이터를 축적하고 인공지능기술까지 접목하겠다는 전략을 세웠다.

중국은 향후 10년 전략인 '제조 2025'를 발표하고 현재의 노동집약적인 제조방식에 IT를 더해 지능형 생산시스템을 실현하고 제조 강국 대열에 진입하겠다는 목표를 밝혔다. 이를 위해 중국은 연구개발에 1조3천312억 위안(약 240조 원) 등 막대한 투자금을 쏟아붓고 있다.

3) AI(인공지능)의 산업혁명

글로벌 금융위기와 코로나 보건위기를 겪은 글로벌 시장에서는 AI가 세계경제의 새로운 역사를 바꾸는 강력한 에너지로 작용하고 있으며, 이러한 트랜드가 창업시장에서도 창업아이템에서 AI가 차지하는 비중이 갈수록 늘어나고 있다.

지난 수십년 동안의 기술혁명이 경제위기를 극복하는 수단으로 활용되었다면, 최근 AI 기반의 기술기반 창업시장의 활성화는 새로운 경기 파동을 이끌어 가는 기술혁명의 수요 확대로 이어지고 있다.

최근 코로나19 충격으로 인해 세계적인 경기침체에도 불구하고, AI 기반의 기술창업은 새로운 경기 파동을 역동적으로 이끌어가는 새로운 동력으로 자리 잡아 가고 있다.

따라서, 기술기반의 국내외 창업시장에서도 "AI 신성장 사이클"이 주도하는 국가가 글로벌 경제를 지배하는 경향이 뚜렷해지고 있다.

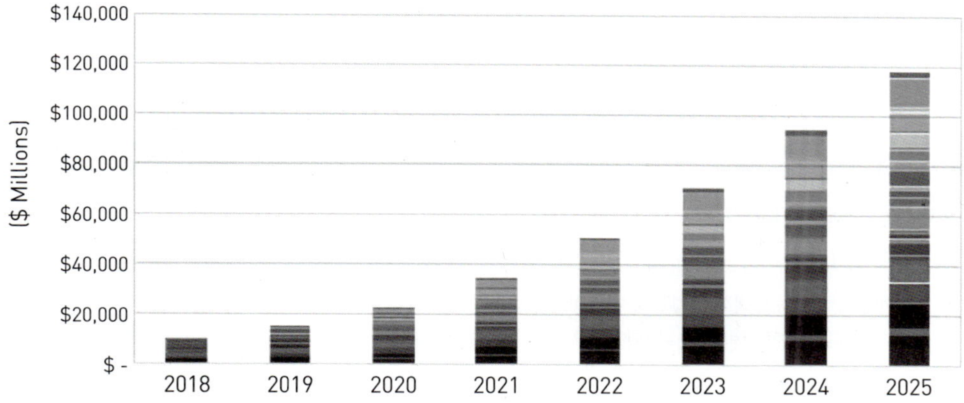

[그림 2-2] 연간 AI 소프트웨어 매출

출처: Tractica.

대표적인 AI 기술혁명은 생성형 AI 시대의 도래이다. 생성형 AI는 메모리 분야의 반도체 기술혁명도 필요로 하고 있지만 AI기반 S/W 기술혁명이 가장 주도적인 역할을 담당하고 있다. 따라서, 기술기반 창업시장에서도 AI기반 S/W 기술창업이 점차 확대되는 추세이다. 자본규모가 크지 않더라도 AI기반 S/W 창업은 창업을 준비하는 기술기반의 창업자들에게는 아주 매력적인 동기를 제공하고 있다.

생성형 AI는 우리에게 긍정적인 동시에 부정적인 환경을 제공하고 있다. 결국 생성형 AI에서 중요한 것은 활용에 대한 범위로 귀결된다. S/W만 가지고 기술창업이 가능한 AI 창업의 트랜드는 향후 수년 동안 그 시장의 규모는 충분히 새로운 트랜드를 만들어내는 가장 주목받을 기술창업시장이 될 것으로 보이며, 그 파급효과는 타 창업아이템보다 확산속도가 엄청날 것으로 보인다.

AI 수행비서와 같은 고객중심의 편리성은 결국 기존 포털 사이트의 대체로 이어질 것으로 보이며, 이는 기술인프라를 활용하여 AI 창업을 활성화하는 도화선이 될 수도 있을 것이다. AI 사용 빈도가 증가함에 따라 AI 모델의 학습량이 증가하게 되고 그러한 데이터가 축적되면 될수록 S/W 기반의 기술혁신형 창업은 거대한 파동을 가져오게 될 것이다.

2. 일자리 변화

1) 4차 산업혁명과 일자리

[핵심 내용]

4차 산업혁명에서의 일자리 변화

IT 리서치 및 자문 기업인 가트너(Gartner)는 로봇, AI, 초자동화(Hyperautomation) 기술이 발전하면서 단순 생산직, 운송, 판매, 사무직 등 반복적인 업무를 주로 하는 직업들이 자동화되어 해당 일자리는 감소할 것으로 예상했다. 또한 기술 융합과 디지털 전환이 가속화되면서 기존 지식을 활용해 새로운 가치를 창출하고, 변화에 빠르게 적응하는 능력을 갖춘 인재, 즉 '정보기술 융합형 인재'에 대한 수요는 증가할 것으로 전망했다.

4차 산업혁명 기술로 인해 AI 개발자, 데이터 과학자, 로봇 공학자, 클라우드 아키텍트 등과 같이 기술과 관련된 전문 직종이 급부상하고 있다.

가트너는 매년 주요 전략 기술 트렌드를 발표하며, 이는 미래 산업과 일자리를 예측하는 중요한 지표가 된다. 2025년 가트너가 선정한 주요 트렌드에는 AI 리스크 관리, 새로운 컴퓨팅 기술, 그리고 인간-기계 시너지와 관련된 기술들이 포함되었다.

AI 거버넌스 플랫폼과 같은 기술은 AI의 신뢰성을 높이고 법적 리스크를 줄이는 데 기여하며, AI는 기업 경쟁력의 핵심 인프라로 자리 잡을 것이며 이로 인해 AI의 일상화가 이

Future of Jobs Report 2025

Fastest growing and declining jobs by 2030

Top fastest growing jobs	Top fastest growing jobs
1 Big data specialists	1 Postal service clerks
2 FinTech engineers	2 Bank tellers and related clerks
3 AI and machine learning specialists	3 Data entry clerks
4 Software and applications developers	4 Cashiers and ticket clerks
5 Security management specialists	5 Administrative assistants and executive secretaries
6 Data warehousing specialists	6 Printing and related trades workers
7 Autonomous and electric vehicle specialists	7 Accounting, bockkeeping and payroll clerks
8 UI and UX designers	8 Material-recording and stock-keeping clerks
9 Light truck or delivery services drivers	9 Transportation attendants and conductors
10 Internet of things specialists	10 Door-to-door sales workers, news and street vendors, and related workers
11 Data analysts and scientists	11 Graphic designers
12 Environmental engineers	12 Claims adjusters, examiners and investigators
13 Information security analysts	13 Legal officials
14 DevOps engineers	14 Legal secretaries
15 Renewable energy engineers	15 Telemarketers

[그림 2-3] 2030년까지 가장 높고 낮은 성장률(%)을 보일 것으로 조사된 직업들

출처: World Economic Forum(2025). Future of Jobs Report 2025.

루어지고 있다.

공간 컴퓨팅은 가상현실(VR)과 증강현실(AR)을 통해 현실과 가상의 상호작용을 강화하며, 다기능 로봇은 인간과 협력하여 여러 업무를 수행하게 되며 인간-기계 간의 시너지가 발생하게 된다.

가트너는 2030년까지 IT 근로자의 상당수가 두뇌-기계 인터페이스(BBMIs)와 같은 기술에 의존하게 될 것으로 전망하며, 이는 인간의 인지능력과 수행능력을 향상시키는 역할을 할 것이다.

이제까지 기술혁신은 일자리를 축소하는 것이 아니라 생산성 향상으로 삶의 질을 끌어올려 새로운 수요를 창출했다. 4차 산업혁명 역시 마찬가지일 것이다. 중요한 것은 산업이 변화하는 만큼 사회와 경제, 정치시스템의 구조적인 변화도 따라와야 한다는 것이다. 4차 산업혁명 이후 인공지능을 통해 향상된 생산성으로 인한 풍요를 합리적인 분배시스템을 통해 누려야 할 것이다.

2) 4차 산업혁명의 사회상

역사적으로 산업과 사회시스템이 합리적으로 발전되면서 인간 삶의 질도 개선되어 왔다. 4차 산업혁명시대에서도 디지털, 물리적, 생물학적 영역의 경계가 없어지면서 기술이 융합됨에 따라 인간이 지금껏 경험하지 못한 새로운 시대를 접하게 될 것이다.

(1) 긍정적 영향

핵심 내용

4차 산업혁명의 긍정적 사회 변화

4차 산업혁명으로 인해 우리 사회는 경제적, 사회적 구조에 엄청난 변화를 가져올 것이다. 긍정적인 사회 변화로는 신기술개발에 따른 생산의 증가가 새로운 형태의 일자리를 창출할 것이고, 노동생산성의 향상으로 빠른 경제성장이 기대되고 삶의 질이 향상될 것이다.

이동통신의 발달로 주문자 경제(On Demand Economy)가 활발히 성숙하여 고객이나 소비자가 원하는 서비스나 제품들을 세계 어디서든지 실시간으로 구매할 수 있어 생활의 질이 높아질 것이다. 또 빅데이터를 활용하여 제품의 질을 향상시킬 수 있을 것이다. 협력을 통한 기술 혁신과 융합 과학의 발달로 새로운 기업 경영방식(인재주의, 고객중심, 플랫폼 전략, 생산-유통-소비구조의 초연결성과 파괴적 혁신을 통한 다차원적인 기업 간 협력, 산업 융합 등)이 등장할 것이며 생산성이 향상될 것이다(클라우스 슈밥, 2016).

지금은 저성장 경제시대이지만 신기술의 발달로 BT, NT, IT 분야 중심의 과학자와 기술자 등의 새로운 직업군이 생겨날 것이고, 디지털 혁명이 일어나면 한계생산비용이 '0'에 가깝기 때문에 '한계 체감의 법칙'이 적용되지 않는 놀라운 경제성장을 가져올 수 있다.

4차 산업혁명의 합성생물학 발달은 인류를 더욱 건강하고 오래, 더욱 더 능동적인 삶을 살 수 있게 만들 것이다. 합성생물학은 게놈 정보의 분석으로 질병과 장기이식, 유전자조작과 염기서열의 변화를 통하여 우수한 인간을 생산하고 수명을 연장할 것이다.

디지털혁명은 생산과 소비의 초연결성을 가져오게 되고, 기업의 파괴적 혁신을 유도하게 될 것이다. 민첩하고 혁신적인 역량을 갖춘 기업은 연구, 개발, 마케팅, 판매, 유통 부문에서 글로벌 디지털 플랫폼을 활용하게 되고 품질, 속도 그리고 가격 개선을 통해 그 어느 때보다 빠르게 거대기업으로 성장할 가능성이 크다. 중국의 알리바바, 미국의 우버 등이 그 사례이다.

이런 일련의 4차 산업혁명은 인류를 단순노동에서 해방시킴으로써, 좀 더 창의적이고 새로운 서비스에 집중할 수 있는 기회를 제공할 것이다. 인류는 과거에는 해결하지 못한 문제점들을 인공지능 등에 맡기고, 미래지향적인 업무에 종사할 수 있을 것이다. 전체적으로 인류에게 고품질의 제품과 서비스를 제공함으로써, 많은 사람에게 즐거움과 행복을 안겨줄 것이다.

(2) 부정적 영향

핵심 내용

4차 산업혁명의 부정적 사회 변화

앞으로의 고용시장은 교육받은 숙련된 노동자를 필요로 함으로써 상대적으로 교육을 덜 받은 노동자들이 불이익을 받거나, 구조조정의 칼날 앞에 놓일 확률이 높아질 것이다.

양극화 현상, 승자독식(부의 편중 현상), 권력 관계, 새로운 교육제도 등 4차 산업혁명이 지속된다면 노동시장의 양극화 현상이 일어날 것이다. 이런 면을 고려한다면 앞으로 사라질 직업군과 계속 지속할 새로운 직업군의 지속적인 교체가 이뤄질 것이며 향후 인공지능이 대체할 수 없는 감성형 높은 직업군만이 살아남을 것이다. 그 결과 개인의 소득격차는 점점 더 양극화될 수 있고, 사회적 불안, 대규모의 이주 현상, 폭력적 극단주의자들의 등장으로 국가 발전을 저해할 수 있다.

기계가 사람을 대체하면서 우려되는 노동시장의 붕괴, 기술격차 확대에 따른 계층 간, 국가 간, 지역 간의 불균형 초래 등 부정적 요소들도 존재한다. 예를 들어 로봇, 인공지능 등이 노동의 자동화를 이끌면서 '화이트칼라(사무직노동자)'의 일자리를 위협할 것이며, 2020년까지 로봇·인공지능·유전공학 등의 기술변화로 700만 개의 일자리가 사라지고, 200만 개의 일자리가 생길 것으로 예상되며, 결과적으로 5700만 개의 일자리에서 변화가 일어날 것으로 예측되고 있다. 더욱이 향후 노동시장은 '높은 기술·높은 임금'과 '낮은 기술·낮은 임금' 간의 격차가 커질 뿐만 아니라 일자리 양분으로 중산층의 지위가 축소될 가능성이 크다고 경고하고 있다. 이러한 노동시장과 사회계층 간의 양극화를 해소하기 위해서는 교육제도와 사회복지제도에 대한 새로운 대안들이 마련되어야 할 것이다.

이런 점을 고려해 볼 때 한국 노동시장의 재편에 대비하여 노동시장의 유연성을 높이고, 구조적 실업 해소를 위한 산업인력의 재교육 시스템을 새로이 구축하는 일이 필요하다. 차세대산업에 필요한 고급인력을 양성하기 위한 기초과학 육성방안을 수립하고, 산학연 연계 인재양성 프로그램을 마련하는 일도 시급하다. 또한 4차 산업혁명으로 인해 심화할 것으로 예견되는 계층 간, 지역 간의 빈부격차를 해소하고 사회적 불평등을 최소화할 수 있는 사회적 시스템을 보완하여야 한다.

4차 산업혁명시대에 대응하기 위해선 노동시장의 유연성 개선, 법적 인프라 구축, 교육시스템 개선, 기초과학 육성 등의 노력과 지원이 필요하다. 이를 위해 첫째, 노동시장의 부족한 고숙련 일자리 수요 충족을 위해 기존 인력의 재교육 및 장기적으로 교육시스템의 유연성 개선, 산학연 합동 프로그램 등 인재양성 정책이 필요하다. 둘째, R&D 투자 효율성 확대를 통한 고부가가치화, 기술경쟁력 제고, 소재 및 부품산업 육성 등의 전략을 마련해야 한다. 마지막으로, 글로벌 산업 재편에 대응하기 위해 국가 차원의 신성장동력 산업 육성, 제조업과 서비스산업 융합, 해외 M&A 활성화 등의 전략이 필요하다(정민, 2016).

또 새로운 디지털 미디어의 등장으로 인해 개인이 보다 쉽게 정보를 얻고 의사소통을 하고, 공동체를 꾸리는 등 시민생활에 참여하는 새로운 방법을 경험하게 된다. 개인은 미디어의 발달로 사생활이 공개되어 침해될 수 있지만, 집단으로 뭉쳐 권력을 얻을 수도 있다. 이런 점에서 개인은 사회적 네트워크를 통하여 사회적, 경제적, 문화적, 정치적인 면에서 경계를 초월하여 자신의 목소리를 내고 토론과 의사결정과정에 참여할 수 있다. 그러나 개인은 정보의 집중화를 통하여 정부와 기업, 이익집단에서 소외되는 현상이 나타난다. 즉 권력 잃은 시민 현상이 나타난다(클라우스 슈밥, 2016).

3) 4차 산업혁명과 메이커(Maker)의 등장

미래학자들은 각자의 저서들을 통해 4차 산업혁명의 시작을 2020년으로 예상한다. 하지만, 최근의 추세를 보면 그보다 좀 더 빠르게 이미 4차 산업혁명이 시작되었다고 보는 견해들이 많다. 기존 정보통신기술과 제조업의 융합에서 4차 산업혁명이 시작되고 있다고 본 것이다. 이를 잘 보여주고 있는 예가 세계적으로 열풍 조짐이 있는 이른바 '메이커 운동'이다.

핵심 내용

메이커 운동의 의미

메이커 운동은 제조업에서의 오픈소스 운동이라고 볼 수 있다. 스스로 필요한 것을 만드는 사람들 '메이커(Maker)'가 만드는 법을 공유하고 발전시키는 흐름을 통칭하는 말이다. DIY(Do It Yourself)가 개인적 취미생활에 가깝다면 메이커 운동은 개인의 취미부터 산업 영역까지 아우른다.

(1) 메이커와 메이커스페이스

메이커 운동이 등장한 배경은 크게 3가지로 볼 수 있다. 첫째, 제조업의 문턱이 낮아졌다. 제조업 분야에 컴퓨터가 적용되며 생산성이 획기적으로 높아진 것이다. 3D 스캐너, 3D 프린터 등 일반인이 접하기 힘들었던 기술이 보편화한 배경이 있다.

둘째, 협업이 쉬워졌다. 메이커는 프로그램 개발자의 오픈소스 문화를 빌려와 도면이나 제작 노하우를 인터넷에 공유해 제작기술과 결과물의 품질을 발전시킨다. 테크숍, 해커스페이스 등의 메이커스페이스라는 다양한 제조기구를 갖춘 물리적 협업공간도 발전하고 있다. 크라우드 펀딩 서비스의 등장으로 메이커가 불특정다수 투자자에게서 자금을 조달해 제작에 착수할 수 있는 길을 열어주었다는 점도 한몫했다.

셋째, 대량생산 공정이 유연해졌다. 소비자 기호가 다양해지고 유행이 빨리 변하면서 다품종 소량생산시대가 왔다. 시장에 본격적으로 진입하려면 어느 정도 규모를 갖추고 생산에 나서야 하는데, 요즘은 온라인으로 공장 생산라인을 가동할 수도 있고 도면을 보내 제작비를 결제하면 물건을 제작해 보내주기도 한다. 개인도 기업만큼 전문적인 생산력을 동원할 수 있게 된 것이다.

메이커들은 기존의 제조하는 사람, 만드는 사람의 경계를 뛰어넘어서 아이디어를 직접 구현하고 서로 연결된 네트워크를 통해서 그들이 개발과정에서 얻은 프로세스, 지식, 노하우를 서로에게 나눠준다. 서로 다른 사람들이 마치 한 사람처럼 각각 분업하여 아이디어를 현실로 만들어가고 있다. 메이커들의 등장과 함께 이들이 활동할 수 있는 공용 공간인 메이커스페이스도 늘고 있다. 메이커스페이스는 3D 모델 파일과 다양한 재료들로 소비자가 원하는 사물을 즉석에서 만들어(Printing) 낼 수 있는 작업공간을 말한다.

미국 최초의 메이커스페이스인 해커스페이스 설립자 미치 알트만은 해커스페이스가 창의적인 표현과 공동체를 결합한다고 했으며, 메이커들의 공동체가 산업과 노동의 미래가 될 것이라고 말한 바 있다. 그는 사고방식이 아주 다른 다양한 사람 간의 연계가 증가하고 이는 곧 폭발적인 혁신으로 이어진다고 보았다.

최근 산업성장은 IT 소프트웨어 중심에서 소프트웨어와 하드웨어 융합형 제조업 시대로 진입하고 있다는 특징이 있다. 한 예로 미국 웨어러블 기기인 핏빗 스마트밴드의 CEO 재미교포 1.5세 제임스 박과 에릭은 소프트웨어 전문가였다. 이들은 하드웨어 영역을 공부하여 핏빗을 개발했다. 핏빗 스마트밴드는 운동량, 심장 박동수, 수면 패턴 등의 데이터를 활용해 비즈니스 영역을 확장했다. 소비자 영역에서 의료 영역으로의 확장이었는데 이는 성공적이었다. 핏빗은 사용자 7백만 명의 데이터를 새롭게 가공해서 가치를 창출한다. 신체활동 데이터를 보험회사, 제약회사, 정부 보건기관, 의료기관 등에 활용하는 것이다. 이러한 사례에서 보듯이 현재 스타트업 비즈니스는 '연결중심'의 새로운 비즈니스모델의 등장을 예고한다. 또, 한국의 웨이웨어러블이라는 기업은 피부에 기기를 대는 것만으로 수분 등 피부상태를 체크해 주는 기기를 생산하고 있다. 이때 제품이 수집하는 피부 데이터를 피부 관련 의료기관, 화장품 기업, 미용산업 등에 활용할 수 있게 되는 것이다. 이 기업은 만드는 디바이스가 아니라 쌓이는 데이터 경쟁력으로 미래가치를 높게 평가받는다. 데이터의 가치로 인해 큰 기업이 작은 스타트업을 찾아오는 역전현상이 나타나기도 한다.

앞서 언급한 미국의 스타트업 핏빗은 창업 당시 테크숍이라는 메이커스페이스를 활용하여 시제품 및 개발에 필요한 수많은 비용을 절약했다. 테크숍은 회원제로 한 달가량의 장비 교육 후 이용이 가능하다. 메이커스페이스를 통해 큰 자본, 공장부지, 설비 없이도 원하는 것을 만들 수 있는 '1인제조업'이 가능하게 된 것이다.

(2) 오픈소스 하드웨어

메이커스페이스에서의 저비용 창업이 가능하게 된 데에는 '아두이노'로 대표되는 '오픈소스 하드웨어'가 큰 역할을 했다. 아두이노는 소형 컴퓨터 보드의 일종이다. 이를 통해 일반인도 다루기 쉽고 저렴한 비용으로 사물인터넷 시제품을 만들 수 있다. 과거 전문가들이 비싼 기기와 고난도 소프트웨어를 이용해 제품을 개발했다면 최근에는 아두이노, 3D 프린터 등 '오픈소스 하드웨어'가 등장하면서 시제품개발의 시간과 비용을 절감할 수 있게 됐다. 이는 아이디어가 있으면 곧바로 시제품을 만들어 볼 수 있는 새로운 생태계 형성으로 이어졌다. 기술의 발전 덕분에 새로운 도구와 기술로 물건을 만드는 게 쉬워져 제조의 민주화가 이뤄졌으며 제품 제조에 대한 개념을 바꿔놓았다. 지식은 매우 빠르게 무료화되었고 접근도 쉬워지고 있다. 따라서 어떻게 지식을 습득하고, 습득한 지식과 능력을 결부시켜 세상에 좋은 영향을 미칠 수 있게 하는 것인지에 대한 노력이 주요한 포인트가 되었다.

3차 산업혁명까지는 주로 대기업들이 큰 자본력과 정보력, 기술력을 바탕으로 시제품을 개발하고 시장을 점유해 왔으나 앞으로의 미래는 대기업이 아니라 개인이나 작은 기업(또는 스타트업)이 적은 자본력과 기본 기술력으로도 충분히 시작을 할 수 있는 시대가 되었고, 이러한 것 역시 4차 산업혁명의 한 현상이다. 내가 원하는 제품을 내가 즉석에서 만드는 시대가 온 것이다.

4) 4차 산업혁명과 채용

[핵심 내용]

4차 산업혁명시대 채용 변화

기업 입장에서 채용은 새로운 지식과 기술의 도입, 새 전략 수립, 매너리즘 쇄신, 노동이동의 유연성 등을 높인다. 4차 산업혁명시대에는 극단적으로 보면 과거의 지식이 불필요하다. 심지어 어저의 지식도 오늘은 필요 없는 지식이 될 수 있다.

업종과 국가에 따라 그 속도가 다를 수 있지만, 고용형태가 바뀌는 경향은 뚜렷하다. 2000년대 이후 단기성과가 중요한 시대가 되면서 기업은 정규직 채용을 최소화하는 대신

비정규직 고용을 확대해 왔다. 앞으로 이러한 변화는 더욱 심화되거나 아니면 정규직이나 비정규직의 의미 자체가 없는 시대로 변화할 가능성이 있다. 극단적으로는 대다수가 프리랜서인 시대가 될 것으로 보는 견해도 있다. 정규직을 고용하는 대신에 특정 프로젝트를 위해 해외에 있는 동료나 외부 컨설턴트, 아웃소싱업체의 도움을 받는 쪽으로 채용 시장이 변화할 거라는 것이다.

4차 산업혁명시대에는 기술의 발달로 저비용 고효율을 추구하려는 기업들의 경향이 뚜렷해질 것이다. 기술로 노동을 대체할 수 있는 영역이 생긴다면 기업 대부분에서 이를 도입할 것이다. 편의점 등 소상공 비즈니스에서의 도입이 더 빠를 것으로 예상되며, 대기업 등은 노조와의 협상 문제와 급격한 노동 구조 변화를 바라지 않는 국가 정책 등과 맞물려 점진적으로 노동을 기술로 대체해 나가게 될 것이다.

노동에 투입되는 인간의 시간은 줄어들 것이고, 재택근무도 점차 늘어나게 될 것이다. 인간의 노동 시간이 줄어들어 더 편한 근로 환경이 될 것이지만, 반대로 줄어든 노동 시간으로 인해 소득 역시 줄 것이기에 이를 보완할 정책적 마련이나 보다 부가가치를 낼 수 있는 새로운 직업군으로의 전직이 많이 일어날 것으로 예상된다.

고용효과

기존 일자리 변화

» 총 노동시간 중 **최대 49.7%** 자동화 예상

» 100% 대체되는 직업은 **0.3%**,
20% 이상 대체되는 직업은 **86%**

신규 일자리 창출

» 2030년까지 SW엔지니어 등
지능정보 분야에서 약 **80만명** 규모
일자리 창출

구 분	고용창출 효과
해외 AI 관련산업 종사자 예측 기반	10~45만명
외부기관 예측자료	60~80만명

일자리 영향 분석

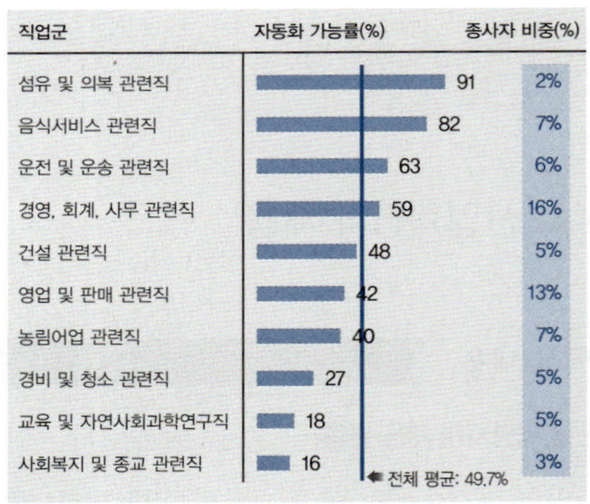

※ 국내 총 2,500만명 일자리 (414개 직종) 분석(맥킨지, '16)

[그림 2-4] 지능정보기술로 인한 국내 고용 효과

출처: 미래창조과학부(2016). 지능정보사회 중장기 종합대책.

3. 미래 진로

1) 나의 삶과 다양한 직업

(1) 인간의 삶과 직업

핵심 내용

인간과 직업

인간을 한자로 표기하면 '人'으로 이는 사람과 사람이 기대어 있는 모양을 표현한다. 인간의 삶은 혼자서는 영위될 수 없으며, 서로 다양한 관계를 맺으며 살아간다는 것을 보여주는 것이다. 사회라는 공동체 안에서 우리는 다양한 역할을 하며 살아가게 되는데, 다양한 역할은 '직업'이라는 명사로 표현될 수 있다.

우리는 공간 속에서 존재하고 있다. 잠을 자는 공간, 밥을 먹는 공간, 일하는 공간 등 공간이 존재하지 않으면 우리의 삶은 이루어질 수 없다. 우리가 살아가는 공간 또한 '직업'을 가진 인간이 만들어낸다.

내가 존재하는 수많은 공간을 만들어낸 것은 '어떤 직업인'이다. 잠을 잘 집을 만들어 주는 건축가, 실내를 디자인하는 실내 인테리어, 집에서 사용할 전기와 난방을 설치하는 배선 전문가 등 우리의 공간은 수많은 직업인의 땀과 노력으로 이루어진다. 집을 나와 학교로 가는 길에서 또한 직업인을 만날 수 있다. 내가 다니는 인도, 대중교통을 이용할 경우 차도, 대중교통이 원활히 움직일 수 있는 교통신호 체계, 차를 만든 사람, 운전하는 사람 등 '직업인'이 없이 우리의 삶이 이루어지기는 대단히 어렵다. 인간은 소비와 창조의 주체로써 삶을 살아가고 있는 것이다.

(2) 삶의 두 지향성

핵심 내용

삶의 두 지향성

이타적(利他的) 삶은 자기의 이익보다는 다른 사람의 이익을 꾀하는 삶을 의미하며, 자리적(自利的) 삶은 자신의 이익을 꾀하는 삶을 말한다. 이러한 삶의 특징을 '삶의 두 지향성'이라고 부를 수 있다.

인간의 삶은 혼자서 영위될 수 없고 '직업'을 통해 서로에게 도움이 되면서 살아갈 수 밖에 없다. 그렇다면 '직업'의 의미와 필연적 역할에 대해 이해할 필요가 있다. 보통 우리는 어른이 되어 '직업'을 갖게 된다. '직업'을 갖는 공통적인 이유는 나의 삶에 필요한 금전적 보상을 얻기 위함이다. 우리는 직업인이 되기 때문에 필연적으로 두 가지 삶을 살게 된다고 한다. 직업생활을 통하여 우리는 이타적(利他的) 삶과 자리적(自利的) 삶을 살게 된다(이홍우 외, 2003).

두 사람의 관계와 직업을 통해 이해해 보도록 하자. 한 병원에 의사와 환자가 있다. 의사는 환자의 병을 치료하여 낫게 하는 사람이다. 환자는 병원에서는 아픈 사람이지만 사회에서는 다른 직업인일 수 있다. '의사'들은 보통 사회적으로 금전적 보상이 높은 직업군에 속하고 인정받는 삶을 살아간다. 하지만 의사는 다른 직업인이 되는 것보다 오랜 시간 공부를 해야 하고 어려운 시험을 통과해야 한다. 의사라는 직업인이 되기 전에 많은 사례를 공부하고 실습해야 하므로 시행착오를 많이 겪게 된다. 그 결과 많은 금전적 보상을 받게 되고 풍요로운 삶을 살 수 있다. 하지만 의사는 환자가 없이는 존재할 수 없다. 의사의 역할은 환자를 잘 치료하여 고통에서 벗어나게 해주는 것이다. 의사 개인의 풍요로운 삶은 개인적 노력으로 획득된 부분도 있지만, 인간관계 속에서 환자에게 긍정적 역할을 하지 않으면 이루어질 수 없다. 즉, 의사 개인의 자리적 삶이 필연적으로 환자를 치료하는 이타적 삶으로만 영위될 수 있는 것을 알 수 있다. 따라서 직업은 인간의 삶에서 나와 남 모두에게 이익이 되는 두 가지 지향성을 가진다고 볼 수 있다.

지금까지 우리 삶을 이루는 다양한 직업인들, 그리고 직업인으로서 필연적인 삶의 두 지향성에 대해 살펴보았다. 다음은 삶을 살아가는 동안에 자기 자신과 다른 사람 모두에게 도움이 되는 나만의 직업은 무엇일까에 대해 생각해 보도록 하겠다.

2) 자기 발견과 진로 탐색

(1) 자기 발견

핵심 내용

나에 대한 발견

우리는 늘 무엇인가 궁금해 하며 살아간다. 내가 가장 좋아하는 친구가 무엇에 관심이 있는지 궁금하고, 내가 좋아하는 가수가 평소에 무엇을 하는지 궁금하기도 하며, 오늘 점심 메뉴는 무엇일까 궁금해 하기도 한다.
내 삶의 주체인 나에 대한 궁금함은 얼마나 가졌는지 생각해볼 필요가 있다. 나에 대해 알기 위해서는 자신을 향해 질문을 던져야 한다.

나는 무엇을 좋아하고 싫어하는지 알고 있는가? 내가 좋아하는 것이란 그 일을 생각하면 설레고, 하고 싶은 마음이 드는 것이다. 또한, 하고 있을 때 재미있고, 계속하게 되고, 누가 시키지 않아도 하게 되는 그런 일이다. 그렇다면 잘하는 것이란 어떤 것일까? 잘하는 것이란 그 일을 하면 남에게 인정받은 경험이 있거나, 좋은 결과를 얻어 칭찬을 받거나 스스로 기분이 좋았던 일을 말한다. 또한, 자신감 있게 할 수 있는 일이며, 반복해도 지치지 않게 할 수 있는 일이다. 내가 좋아하고 잘하는 일만 알아도 내가 별로 좋아하지 않고 잘 못하는 일이 어떤 일인지 알게 될 수 있다. 잘하는 것을 더 잘하기 위해 노력하고 잘못하는 것을 보완하기 위해 나의 어떤 장점을 활용하면 되는지만 알아도 크게 성장할 수 있다. 질문을 통해 자기 발견에 대한 답을 얻게 되면 내가 잘하고, 또 하고 싶은 일에 집중하여 미래에 할 수 있는 일을 연결해 볼 기회를 남보다 빨리 가지게 된다.

(2) 진로 탐색

핵심 내용

진로 탐색

자기발견을 통하여 미래에 자신이 할 수 있는 일이나 하고 싶은 일을 찾아 그 일을 하기 위해서 고민하고 노력해가는 일이 진로를 탐색하는 일이다. 자기 자신을 발견하고 미래의 목표를 세우는 것만으로는 꿈을 이룰 수 없다.

세계적인 베스트셀러 작가인 말콤 글래드웰은 《아웃라이어》라는 책에서 '1만 시간의 법칙'이라는 내용을 소개한 바 있다. '1만 시간의 법칙'이란 한 분야의 전문가가 되기 위해서는 1만 시간의 준비 시간이 필요하다는 뜻이다. 1만 시간은 대략 하루 세 시간, 일주일에 20시간씩 10년간 연습한 것을 의미한다. 어느 분야에서든 이보다 적은 시간을 연습해 세계 수준의 전문가가 탄생하는 경우는 없다고 한다. 연습은 잘하는 사람이 하는 것이 아니라 잘하기 위해서 하는 것이다.

목표를 이루기 위해서는 연습의 시간이 필요하다. 자신이 잘하는 것을 더 잘할 수 있도록 연습하고, 남보다 경쟁력을 가질 수 있으려면 오랜 시간의 노력을 들여야 한다. 남보다 빠른 진로 탐색은 자신이 현재 하는 학습과 미래를 연결함으로써 학습에 대한 몰입도와 학습 성과를 높이는 데 도움을 줄 수 있다.

3) 창직과 창업

(1) 직업의 탄생

세상을 이루는 수많은 물건과 공간들만큼 우리 사회에는 많은 직업이 존재한다. 직업은 사람들의 필요 때문에 만들어지는 경우가 많다. 기술의 발달은 우리 사회에 많은 편리를 가져오지만, 사람들의 생활에도 새로운 변화를 가져오며, 새로운 '직업'을 탄생하게 하기도 한다. 우리는 기술의 발달이 인간의 일자리를 빼앗아 갈 거라고 예견하곤 하지만 빼앗긴 일자리만큼 새로운 일자리도 만들어낼 수 있다는 사실을 알아야 한다. 이처럼 직업의 탄생은 우리 인류의 역사와 떨어뜨려서 생각할 수 없다. 지금 이 시각에도 끊임없이 많은 직업이 만들어지고 또 없어지고 있다.

(2) 창직(創職)이란?

어떤 분야의 직업이든 초기에 그 직업 시장에 진입하는 일은 쉽지 않다. 특히 남들이 원하는 인기가 많은 분야일수록 직업 시장에 들어가기 위해 많은 시간과 노력을 기울여야 한다. 대학을 졸업하고도 취업하기 위하여 2~3년의 세월이 필요하다는 것을 우리는 뉴스를 통해 자주 접할 수 있다.

생각의 전환이 필요한 시점이다. 원하는 곳에 들어가기 위해 몇 년을 준비하고 그곳에 들어가서 리더의 자리에 오를 때까지 주어진 일을 하면서 전문성을 길러 나가는 것이 과연 합리적인 선택일까? 아니면 스스로 새로운 직업을 만들어 자기주도적인 삶을 살아가는 것이 보다 나은 선택일까? 어떤 선택이든 자신의 선택에 대해 책임지기 위해서 많은 어려움이 있을 것이다. 지금 사람들이 다들 원하는 직업도 과거의 어느 순간에 '탄생'했던 시기가 있었을 것이다. 이러한 직업 탄생의 주인공이 되어 보는 것이 바로 '창직'이다.

핵심 내용

창직의 의미

창직이란 창조적 아이디어와 활동을 통해 스스로 새로운 직업을 발굴하고 이를 바탕으로 노동시장에 진입하는 것을 뜻한다.

우리 안에는 보이지 않은 수많은 가능성이 있다. 그 가능성은 누가 대신 발견해 주거나 찾아주지 않는다. 자기 자신을 발견하고 자신의 가치를 노력을 통해 쌓아가는 일은 일생을 통해 우리가 해내야 할 숙제이다. 아무것도 하지 않고 빈둥빈둥 놀기만 하는 삶이 좋아 보일 수 있지만 직접 해보면 따분하고 재미없는 삶일 수도 있다. 오늘부터 나 자신에게 질문을 던지고 내가 진짜 잘하고 좋아하는 일을 찾아내어 그 일이 사회적으로 가치를 가질 수 있도록 노력해 보면 어떨까? 작은 물음으로 내가 원하는 삶을 살아가는 이정표를 찾을 수 있을 것이다.

(3) 창업(創業)이란?

나만의 직업 또는 직장을 갖게 된다는 점에서 창직과 창업은 유사한 개념처럼 보인다. 하지만 두 용어는 엄밀히 말해 다른 개념이다. 창직은 기존에 없던 새로운 직업, 일자리를 만드는 것이고, 그것을 통해 자연스레 창업이 이루어진다고 볼 수 있다.

예를 들면 프리랜서로 활동하는 SNS 강사가 있다고 가정하자. SNS 강사는 불과 몇 년 전만 해도 없었던 직업이기에 창직에 해당한다. 그런데 이 강사가 강의 의뢰가 너무 많이 와서 도저히 혼자서는 일을 감당하기 어렵게 되어 SNS 교육을 전문으로 하는 기업체를 설립하게 되었다면 창업에 해당하게 되는 것이다.

창직은 기존에 없던 직업을 만들어내고, 이것을 통해 창업하게 되는 것이고, 창업은 직업의 개념보다는 창업의 기회가 포착되어 하나의 사업체를 만들게 되는 것을 말한다. 통상 창직을 했다면 이를 통해 사업화했을 경우 창업이 당연히 따라오는 것일 수 있겠지만, 창업했다고 해서 반드시 창직이 뒤따라오지는 않는다.

핵심 내용

창업의 의미

창업이란 제품이나 서비스를 생산 또는 판매하기 위하여 이제까지 존재하지 않았던 새로운 기업조직을 설립하는 행위를 말한다.

최근에는 새로운 기업조직을 설립하는 것뿐만 아니라 사내벤처처럼 기존의 기업이 새로운 제품을 생산하거나 새로운 사업부를 창출하는 것까지 창업으로 포함하는 경향이 있다. 창업이란 이제까지 경험하지 못했던 미지의 사업을 시작하는 것이며, 본질적으로 불확실성 아래에서의 의사결정이기에 창업가들은 일반 사람들과는 달리 진취적으로 창조적이며 위험을 기꺼이 감수하는 모험적인 성격을 가져야 한다.

창업하기 위해서는 창업자뿐 아니라 인적, 물적으로 여러 가지 요소들이 투입된다. 이 중에서 창업자, 사업아이디어, 그리고 자금이 중요하며 이를 창업의 3요소라 한다.

창업자는 창업자 개인은 물론 국가 경제적인 측면에서도 중요하다. 우선 개인적인 측면에서 보면 창업은 개인의 꿈을 실현하는 중요한 수단이 된다. 즉 창업을 통해서 자아실현을 이룩하는 것이다. 국가 경제적인 측면은 경제 발전에 중추적 역할을 담당하는 것이 기업이고, 그 기업은 창업을 통해서 탄생하는 조직이기 때문이다.

연습문제 EXERCISE

객관식 문제

01 다음 중 4차 산업혁명의 주요 기술이 아닌 것은?

① 인공지능(AI) ② 빅데이터 ③ 로봇공학
④ 레이저 프린터 ⑤ 3D 프린터

02 독일의 경제학자인 클라우스 슈밥이 저서에서 4차 산업혁명시더의 특징으로 설명한 것으로 맞지 않는 것은?

① 유비쿼터스 모바일 인터넷 ② E-mail
③ 더 저렴하고 강력해진 센서 ④ 인공지능과 기계학습
⑤ 빅데이터를 이용한 의사결정

03 다음의 ( )에 들어갈 용어는 무엇인가?

> ( )은 인간의 지능이 구사하고 있는 것을 컴퓨터로 실현하는 기술이다. 이는 인간의 정보처리 시스템을 모델화한 딥러닝 알고리즘을 적용한다.

① 인공지능(AI) ② 3D 프린터 ③ 사물인터넷
④ 클라우드 ⑤ 빅데이터

04 4차 산업혁명시대를 사정권에 넣은 각 국가별 산업구조 플랫폼에 해당하지 않는 것은?

① 독일의 '인더스트리 4.0' ② 미국의 '산업인터넷'
③ 일본의 '로봇신전략' ④ 중국의 '제조 2025'
⑤ 한국의 '경제개발 5개년 계획'

05 다음은 미국의 산업인터넷 플랫폼에 대한 설명이다. 다음 ( )에 들어갈 용어로 적절한 것은?

> GE 등 미국의 거대기업들이 연합전선을 형성하고 있는 '산업인터넷' 플랫폼은 한마디로 ( ) 서비스의 범위와 구조를 확대 재생산하는 모델이다.

① E-mail ② 클라우드 ③ 클라이언트
④ 서버 ⑤ 인터넷

06 다보스포럼에서 나온 컴퓨터에 대체될 고위험 직업에 해당하지 않는 것은?

① 세무사 ② 치과 기공사 ③ 정보시스템 설계 및 분석가
④ 신용추심원 ⑤ 택배원

07 다보스 포럼에서 말한 컴퓨터에 대체될 저위험 직업에 해당하지 않는 것은?

① 의사 ② 초등학교 교사 ③ 성직자
④ 관세사 ⑤ 데이터베이스 개발자

08 한국고용정보원이 2017년 발표한 향후 10년 일자리 증가 직업에 해당하지 않는 것은?

① 로봇공학기술자 ② SNS전문가 ③ 가상현실/증강현실전문가
④ 인공지능전문가 ⑤ 택시기사

09 4차 산업혁명으로 인해 가장 많이 위협받고 있는 일자리계층은 ( )컬러 계층이다. ( ) 안에 들어갈 용어로 적절한 것은?

① 레드 ② 블루 ③ 화이트
④ 블랙 ⑤ 그레이

10 4차 산업혁명이 가져올 긍정적 영향으로 적절치 않은 것은?

① 고객이나 소비자가 원하는 서비스나 제품들은 세계 어디서든지 실시간으로 구매할 수 있게 될 것이다.
② 협력을 통한 기술혁신과 융합과학의 발달로 새로운 기업경영방식이 등장할 것이다.
③ 인류의 단순노동이 더욱 증가할 것이다.
④ 합성생물학의 발달로 인류는 더욱 건강하고 오랫동안, 보다 더 능동적인 삶을 살 수 있게

될 것이다.

⑤ 디지털혁명이 생산과 소비의 초연결성을 가져올 것이다.

11 4차 산업혁명이 가져올 부정적 영향으로 적절치 않은 것은?

① 기존 노동시장의 붕괴

② 기술격차 확대에 따른 계층 간 불균형 초래

③ 기술격차 확대에 따른 지역 및 국가 간의 불균형 초래

④ 중산층의 지위 축소

⑤ 주문자 경제 발달

12 4차 산업혁명에 대응하기 위한 방향으로 적절치 않은 것은?

① 노동시장의 유연성 개선　② 기존 시스템 고수

③ 법적 인프라 구축　④ 교육 시스템 개선

⑤ 기초과학 육성

13 메이커 운동이 등장한 배경으로 적절치 않은 것은?

① 제조업 분야에 컴퓨터가 적용되며 생산성이 획기적으로 높아짐

② 메이커스페이스라는 물리적 협업 공간의 등장

③ 크라우드 펀딩 서비스의 등장

④ 온라인으로 공장 생산라인을 가동할 수 있는 등 대량생산 공정이 유연해짐

⑤ 협업이 어려워짐

14 '아웃라이어'라는 책을 통해 말콤 글래드웰이 소개한 전문가가 되는 법칙은 무엇인가?

① 1시간의 법칙　② 게임의 법칙　③ 머피의 법칙

④ 1만 시간의 법칙　⑤ 1백 시간의 법칙

주관식 문제

01 인공지능, 로봇기술, 생명과학이 주도하는 차세대 산업혁명을 무엇이라고 부르는가?

02 재생에너지는 모든 사람들이 함께 누릴 수 있는 자원이며, 인터넷은 수많은 사람을 수평적으로 연결하기 때문에 3차 산업혁명은 소유를 중심으로 한 수직적 권력구조를 공유를 중심으로 한 수평적 권력구조로 재편한다고 주장한 미국의 경제학자는?

03 아래의 예문이 설명하고 있는 용어는 무엇인지 쓰시오.

> 제조업에서의 오픈소스 운동이라고 볼 수 있다. 스스로 필요한 것을 만드는 사람들이 만드는 법을 공유하고 발전시키는 흐름을 통칭하는 말이다. DIY(Do It Yourself)가 개인적 취미생활에 가깝다면 이것은 개인의 취미부터 산업 영역까지 아우른다.

04 다양한 제조기구를 갖춘 물리적 협업 공간으로 사례로 미국의 테크숍, 해커스페이스 등이 해당하는 작업 공간을 무엇이라고 하는가?

05 다음 문장의 ( )에 들어갈 용어를 쓰시오.

> 과거 전문가들이 비싼 기기와 고난도 소프트웨어를 이용해 제품을 개발했다면 최근에는 아두이노, 3D 프린터 등 (　　　　)가 등장하면서 시제품개발의 시간과 비용을 절감할 수 있게 됐다.

06 다음 예문의 ( )에 들어갈 말을 차례대로 쓰시오.

> • (　　　　)이란 창조적 아이디어와 활동을 통해 스스로 새로운 직업을 발굴하고 이를 바탕으로 노동시장에 진입하는 것을 뜻한다.
> • (　　　　)이란 제품이나 서비스를 생산 또는 판매하기 위하여 이제까지 존재하지 않았던 새로운 기업조직을 설립하는 행위를 말한다.

CHAPTER 03

기업가 마인드셋

학/습/내/용

1. 기업가적 마인드셋의 개념
2. 기업가적 마인드셋의 거시적 환경 평가
3. 기업가적 마인드셋 국내외 사례
4. 기업가적 마인드셋 자가진단(측정)

CHAPTER 03

기업가 마인드셋

학습목표

1. 기업가적 마인드셋의 기본 개념에 대해 이해하고, 이러한 정신이 우리의 가치관을 어떻게 변화시킬 수 있는지 학습할 수 있다.
2. 기업가적 마인드셋에 영향을 주는 거시적인 요인을 확인할 수 있다.
3. 기업가적 마인드셋을 지닌 국내외 인물들에 대한 사례 학습을 통해 기업가적 마인드셋 개념에 대해 이해도를 높이며, 학습자 스스로 기업가적 마인드셋을 가졌는지 측정해 볼 기회를 제공할 수 있다.

1. 기업가적 마인드셋의 개념

기업가적 마인드셋은 단순히 창업을 위한 사고방식을 넘어, 현대 사회를 살아가는 모든 개인이 갖춰야 할 핵심 역량이다. 이는 변화하는 환경 속에서 새로운 기회를 발견하고, 창의적으로 문제를 해결하며, 불확실성을 기회로 전환시키는 종합적 사고체계이다.

기업가적 자세와 태도를 갖추게 되면 어떤 상황에서든 자신에게 도움이 되는 새로운 기회를 발견하는 능력이 생길 수 있다. 또한 어려운 문제에 부딪혔을 때 기존의 틀을 벗어나 새로운 방식으로 문제를 해결할 수 있다. 달성하고 싶은 목표가 생기면 어려움이 예상되더라도 열정과 추진력을 갖고 실행에 옮길 수 있으며, 장기적 관점에서 인내하며 지속할 수 있다. 이러한 기업가적 마인드셋을 함양하기 위해 기본적으로 기업가적 마인드셋의 정의와 개념에 대해 살펴보도록 하자.

핵심 내용

기업가적 마인드셋의 정의

- 불확실한 상황에서 기회를 빠르게 인식하고, 행동하고, 가용한 자원을 활용할 수 있는 능력
- 불확실한 상황에서 사업 기회를 발굴하는 사고방식

(1) 기업가적 마인드셋의 정의 및 개념

① 기업가적 마인드셋의 정의

기업가적 마인드셋이란 '불확실한 상황에서 기회를 빠르게 인식하고, 행동하고, 가용한 자원을 활용할 수 있는 능력(Ireland, R. D. 외 2명, 2003)', '불확실한 상황에서 사업기회를 발굴하는 사고방식(Dhilwayo & Vuuren, 2007)'을 말한다.

맥그래스와 맥밀란(McGrath & MacMilan, 2000)은 기업가적 마인드셋을 가진 사람을 다음과 같이 정리하였다. 기업가적 마인드셋을 가진 사람은 열정적으로 기회 탐색하며 거대한 원칙을 가지고 기회를 추구, 최상의 기회만을 추구, 상황에 맞는 실행을 중시, 모든 사람의 능력을 활용할 수 있다.

② 기업가적 마인드셋의 개념

기업가적 마인드셋의 개념을 구성하고 있는 불확실성(Uncertainty), 기회인지능력(Opportunity), 실행 능력(Act), 가용자원 동원(Mobilize)에 대해 알아보도록 하자.

- 불확실성(Uncertainty) : 불확실성은 어떤 상황을 판단하는 데 있어 두려움과 의구심을 유발하는 매우 중요한 요인이다. 기업경영뿐 아니라 정부도 새로운 정책을 시행할 때 이러한 불확실성을 경험하게 된다. 현대는 VUCA(변동성·불확실성·복잡성·모호성) 환경과 디지털 전환으로 인해 불확실성이 더욱 가속화되고 있다. 예측되고 잘 통제된다면 '시장 실패', '정책 실패'와 같은 단어는 이 세상에 없었을 것이다. 즉, 불확실성과 실패의 가능성이 존재하는 환경에서 기업가적 마인드셋이 필요하다.
- 기회인지능력(Opportunity) : 기업가정신과 관련된 많은 연구에서는 기회를 인식(Recognition)의 관점으로 해석한다. 즉, 누가 우리 주변에 있는 수많은 기회들을 잘 포착하고 활용하는가가 중요한 이슈이다. 최근에는 존재하는 기회를 인식하는 것을 넘어서 숨어 있는 기회를 발굴하거나 없던 기회를 창출하는 측면이 더욱 주목받고 있다. 현대적 접근으로는 데이터 분석을 통한 패턴 발견, 고객 경험 분석, 사회 문제 해결형 기회 모색 등이 있다.
- 실행능력(Act) : 불확실성하에서 기회를 인식·발굴·생성하였다고 할지라도 이를 실제 실행하는 능력이 없으면 기업가적 특성이 아니다. 기업가적 마인드셋을 지닌 사람들은 본인이 구상한 것을 실제 사업화할 수 있도록 현실과의 고리를 끊임없이 만들어내고 있다. 실행 방법으로는 MVP(최소기능제품)로 빠른 검증, 애자일 방법론을

통한 반복 개선, 린 스타트업(Lean Startup)의 가설 - 실험 - 학습 사이클 등이 활용되고 있다.

- 가용자원 동원(Mobilize) : 현대 사회는 매우 복잡하고, 경영 환경 역시 다양한 변화에 노출된다. 기업이 매우 다양한 인적·물적자원을 효과적으로 활용하는 것은 생존을 위해 필수적이다. 최근에는 데이터와 플랫폼 같은 디지털 자산, 네트워크와 파트너십, 브랜드 신뢰도 등 무형 자원의 중요성이 증대되었다. 또한 클라우드 기반 온디맨드 활용, 크라우드소싱을 통한 집단지성 활용, 플랫폼을 통한 자원 공유 등 새로운 자원 동원 방식이 등장하고 있다.

(2) 기업가적 마인드셋의 필요성

우리의 삶은 부모와 함께하는 의존적 삶에서 독립적 삶으로 나아가는 과정이다. 육체적 독립뿐만 아니라 정신적으로 독립하기 위해서는 정신적 성숙이 이루어져야 하는데 이러한 정신적 성숙을 위해서도 기업가적 마인드셋이 필요하다. 기업가적 마인드셋을 함양하게 되면 가치적 자율성과 자기효능감을 지니게 되는데 이는 우리의 불확실한 삶에서 자기 삶의 방향성을 찾는 데 도움이 될 수 있다. 또한 현대 사회는 급속한 기술 변화와 경제적 불확실성으로 인해 전통적인 안정성이 흔들리고 있어, 기업가적 마인드셋은 개인의 생존과 성장뿐만 아니라 사회 혁신을 위한 필수 역량이 되었다.

핵심 내용

기업가적 마인드셋의 필요성

1. 가치적 자율성
   ① 부모나 사회의 가치관과 구별되는 자신의 철학, 기준, 신념
   ② 인간이 자신감을 가지고 독립적인 삶을 살아가는 데 매우 중요한 요소
2. 자기효능감
   ① 어떤 상황에서 자신이 적절한 행동을 할 수 있다는 기대와 신념
3. 사회적 가치 창출
   ① 개인적 성취를 넘어 사회 문제 해결에 기여하는 마인드셋

① 가치적 자율성

'가치적 자율성'은 "부모나 사회의 가치관과 구별되는 자신의 철학, 기준, 신념"을 말한다(문요한, 2014). 이는 인간이 자신감을 가지고 독립적인 삶을 살아가는 데 매우 중요한 요소 중 하나이다. 이를 통해 '내가 잘하는 일', 내가 좋아하는 일, '세상이 필요로 하는 일'에 대해 생각해 볼 수 있기 때문이다. 현대 사회에서 가치적 자율성은 다양성과 개성이 중시되는 환경에서 더욱 중요해졌으며, 타인의 기대가 아닌 자신의 가치에 따른 진정성 있는 선택을 가능하게 한다.

② 자기효능감(Self-Efficacy)

자기효능감은 어떤 상황에서 자신이 적절한 행동을 할 수 있다는 기대와 신념을 말한다(Bandura, 1977). 자기효능감의 원천은 성공한 경험이다. 기업가적 마인드셋을 바탕이 되면 건강한 상태로 다양한 성공 경험을 하게 되며 이를 통해 사회적 설득력을 가지게 된다. 자기효능감을 가진 사람들의 다음과 같은 행동 패턴을 가진다.

- 긍정적 태도로 도전적인 상황에 대응한다.
- 실수를 통해 깨달음을 얻는다.
- 어려움을 직면함에 있어 지속적이고 끈기 있는 노력을 한다.
- 타인을 통해 배우고 의미 있는 관계를 형성한다.
- 성공을 그려보고 구체적인 목표를 설정한다.
- 허용 가능한 행동에 대해 스스로 결정한다.
- 창의적으로 문제를 해결한다.
- 스트레스가 있는 상황을 대처하는 법을 배운다.

이러한 경험이 누적되면 결과적으로 성공할 수 있는 에너지를 축적할 수 있게 되는 것이다.

(3) 사회적 가치 창출

현대 사회에서 기업가적 마인드셋은 개인적 성공을 넘어 사회적 가치 창출을 위해서도 필요하다. 기후 변화, 사회적 불평등, 고령화 등 복합적 사회 문제 해결을 위해 창의적이고 실행력 있는 사고방식이 요구되고 있다. 또한 ESG 경영의 확산과 함께 기업의 사회적 책임이 중요해지면서, 기업가적 마인드셋은 지속가능한 미래를 위한 필수 요소가 되었다.

〈표 3-1〉 기업가정신 마인드셋 구성요소

구분	기업가적 역량
헌신/몰입과 결단성 (Commitment and Determination)	결단성, 규율・원칙성, 끈기, 전적인 몰입, 자발적 희생
용기 (Courage)	도덕성, 두려움 없는 실험정신, 실패나 갈등을 두려워하지 않는 용기, 호기심
기회에 대한 집착 (Opportunity Obsession)	기회 파악능력, 고객욕구에 대한 지식, 시장지향성, 가치창조 및 확장에 대한 집착
위험, 모호성, 불확실성의 수용 (Tolerance of Risk/Ambiguity/Uncertainty)	계산된 위험감수, 불확실성과 비체계적 구조에 대한 수용・적응, 스트레스와 갈등의 수용, 문제해결 및 대안 조정능력
창의력, 자생력, 적응력 (Creativity, Self-Confidence, and Ability to Adapt)	비전통적인 열린 사고, 수평적 사고, 혁신성, 현 상태에 머물지 않고 끊임없는 변화 추구, 적응력, 개념화 능력과 꼼꼼함
남보다 앞서려는 동기 (Motivation to excel)	목표・결과 지향성, 성취와 성장에 대한 강한 욕구, 타인에게 경쟁자보다 지원자라는 인식을 주는 능력, 자신의 강점・약점 파악 능력, 자신의 주관과 유머감각
리더십 (Leadership)	솔선수범, 내재론자(남의 탓보다 자신의 책임으로 생각하는 사람), 성실성과 정직성, 신뢰감, 인내력, 팀을 구축하고, 구성원들에게 영감을 주고, 영웅을 만드는 능력

출처: Jeffry A. Timmons, & Stephen Spinelli, Jr. (2009). New venture creation : Entrepreneurship for the 21st Century. McGraw-Hill Irwin.

2. 기업가적 마인드셋의 거시적 환경 평가

(1) 글로벌 기업가정신 모니터(Global Entrepreneurship Monitor)

글로벌 기업가정신 모니터(Global Entrepreneurship Monitor : 이하 GEM)는 런던 경영대학(London Business School)과 미국의 뱁슨대학교(Babson College)가 협력하여 진행하는 기업가적 활동의 연례조사이다. 1999년 프로젝트를 시작한 이래로 연간 200,000명 이상의 조사자 및 100개국 이상이 조사에 참여하고 있다. 매년 세계 각국의 기업가정신 현황을 조사를 통해 기업가적 활동을 촉진하거나 방해하는 요소, 기업가정신에 대한 사회적 인식, 개인적 성향, 생태계와 같은 요소를 밝혀낸다. 이를 통해 기업가정신이 경제성장에 미치는 영향을 평가하며, 기업가적 역량을 강화하기 위한 정책적 시사점을 도출한다.

(2) 기업가정신의 평가 항목

GEM의 기업가정신 평가 항목 확인을 통해서 국제적으로 어떤 기준에 따라 기업가정신을 파악하고 있는지 알 수 있다. 평가 항목별로 한국의 구체적인 지수를 확인함으로써 향후 우리가 발전해 나가야 하는 방향에 대한 계획을 세울 수 있다. GEM의 기업가정신 평가 항목은 태도(Attitude), 활동(Activity), 열망(Aspiration) 세 가지로 구성된다.

① 태도(Attitude)

기업가정신 평가 항목 첫 번째는 태도 영역이다. 태도 영역을 파악하기 위한 구체적 측정지표로는 기회인식(Perceived Opportunities), 능력인식(Perceived Capabilities), 기업가적 의도(Entrepreneurial Intentions), 실패에 대한 두려움(Fear Of Failure Rate), 직업 선택 시 창업 선호도(Entrepreneurship As Desirable Career Choice), 언론에 노출된 창업 관련 주제에 대한 관심도(Media Attention For Entrepreneurship)가 있다. 최근에는 디지털 기술에 대한 자신감과 활용 능력, ESG와 사회적 가치 창출에 대한 관심도, 온라인/오프라인 네트워킹 능력과 활용도 등이 중요한 측정 요소로 부상하고 있다.

〈표 3-2〉 기업가정신 평가 항목 : 태도

측정지표	설명
기회인식 (Perceived Opportunities)	18~64세 인구 중 해당 지역에서 사업을 시작하기에 좋은 기회라고 생각한 인구의 비율
능력인식 (Perceived Capabilities)	18~64세 인구 중 사업을 시작할 기술과 지식을 가지고 있다고 생각한 인구의 비율
기업가적 의도 (Entrepreneurial Intentions)	18~64세 인구 중 3년 이내에 사업을 시작하려는 의도를 가진 인구의 비율
실패에 대한 두려움 (Fear Of Failure Rate)	18~64세의 창업 기회에 대해 긍정적인 인식을 가진 인구 중 실패에 대한 두려움 가진 비율
직업 선택 시 창업선호도 (Entrepreneurship As Desirable Career Choice)	18~64세 인구 중 해당 국가에서 대부분의 사람이 창업을 선호하는 직업으로 생각한다는 것에 동의한 인구의 비율
언론에 노출된 창업관련 주제에 대한 관심도 (Media Attention For Entrepreneurship)	18~64세 인구 중 해당 국가에서 공공매체를 통해 자주 성공적인 창업에 대한 이야기를 듣는다는 것에 동의한 인구의 비율

출처: GEM (2013). Global Entrepreneurship Monitor 2013 Global Report, Babson Universidad del Desarrolle. University Tun Abdul Razak.

② 활동(Activity)

기업가정신의 바로미터는 바로 창업활동이 얼마나 활발하게 이루어지고 있는가를 통해 확인할 수 있다. 조사를 통해서 개인이 삶에서 기업가정신을 실천하고 있는지를 확인하는 것은 매우 주관적 결과밖에 도출될 수 없는 부분이 있기 때문이다. 기업가정신을 바탕으로 실제 창업활동이 얼마나 이루어졌는지 평가함으로써 개인의 태도가 실행으로 얼마나 연결되었는지 확인할 수 있다.

기업가정신 평가 항목 두 번째는 활동 영역이다. 활동 영역을 파악하기 위한 구체적 측정지표로는 태동기 창업활동 비율(Nascent Entrepreneurship Rate), 창업기업의 소유 비율(New Business Ownership Rate), 초기 창업활동 비율(Total Early-Stage Entrepreneurial Activity : TEA), 안정기 기업의 소유 비율(Established Business Ownership Rate), 총 창업활동 비율(Overall Entrepreneurial Activity Rate), 사업중단 비율(Business Discontinuation Rate)이 있다.

〈표 3-3〉 기업가정신 평가항목: 활동

측정지표	설 명
태동기 창업활동 비율 (Nascent Entrepreneurship Rate)	18~64세 인구 중 신생기업을 창업한 인구의 비율
창업기업의 소유 비율 (New Business Ownership Rate)	18~64세 인구 중 새로운 사업을 소유하고 있는 인구의 비율
초기 창업활동 비율 (Total Early-Stage Entrepreneurial Activity : TEA)	18~64세 인구 중 초창기 창업활동 수행하는 전체 인구의 비율
안정기 기업의 소유 비율 (Established Business Ownership Rate)	18~64세 인구 중 현재 설립 후 안정화된 기업을 소유하고 있는 인구의 비율
총 창업활동 비율 (Overall Entrepreneurial Activity Rate)	18~64세 인구 중 창업 초창기/안정기에 있는 인구의 비율
사업중단 비율 (Business Discontinuation Rate)	18~64세 인구 중 지난 12개월 이내에 사업을 중단한 경험(판매 · 생산 · 사업 중단, 경영 · 소유의 중단)이 있는 인구의 비율
생계형 창업활동 (Necessity-Driven Entrepreneurial Activity)	초기창업활동에 속하는 사람 중 별다른 직업 선택의 여지가 없어 창업을 선택한 사람의 비율
기회추구 창업활동 (Opportunity-Driven Entrepreneurial Activity)	새로운 사업 기회를 추구하고자 창업을 선택한 사람의 비율
개선형 창업활동(Improvement-Driven Opportunity Entrepreneurial Activity)	자유롭게 독립성을 높이거나, 더 높은 소득을 추구 등 개선 기회를 추구하는 사람의 비율

출처: GEM(2013). Global Entrepreneurship Monitor 2013 Global Report, Babson Universidad del Desarrolle. University Tun Abdul Razak.

③ 열망(Aspiration)

기업가정신의 태도를 바탕으로 활동하면서 결과에 대한 기대 및 발전 방향에 대한 부분을 파악하기 위하여 '열망' 영역에 대한 평가가 필요하다. 열망 영역을 파악하기 위한 구체적 측정지표로는 초기 창업기업의 고성장에 대한 절대적 기대 정도(High-growth Expectation Early-stage Entrepreneurial Activity : HEA), 초기 창업기업의 고성장에 대한 상대적 기대 정도(High-growth Expectation Early-stage Entrepreneurial Activity : Rrelative Prevalence), 초기 창업활동의 신제품·신시장지향성(New Product-Market Oriented Early-stage Entrepreneurial Activity), 글로벌 시장지향적 창업활동(Entrepreneurial Activity with International Orientation), 기술집약적 영역의 초기 창업활동(Early-stage Entrepreneurial Activity in Technology Sectors)이 있다.

〈표 3-4〉 기업가정신 평가항목: 열망

측정지표	설 명
초기 창업기업의 고성장에 대한 절대적 기대 정도 (High-growth Expectation Early-stage Entrepreneurial Activity : HEA)	18~64세 인구 중 태동기 /초창기 창업가이면서 5년 후에 최소 20명 이상의 인원을 고용하고 있을 것으로 예상하는 인구의 비율
초기 창업기업의 고성장에 대한 상대적 기대 정도 (High-growth Expectation Early-stage Entrepreneurial Activity : Relative Prevalence)	초창기 창업가 중에서 5년 후에 최소 20명 이상의 인원을 고용하고 있을 것으로 예상하는 인구의 비율
초기 창업활동의 신제품 · 신시장 지향성 (New Product-Market Oriented Early-stage Entrepreneurial Activity)	초창기 창업가 중에서 자신의 제품을 제공하는 사업체가 그리 많지 않다고 대답한 비율
글로벌 시장 지향적 창업활동 (Entrepreneurial Activity with International Orientation)	25% 이상의 매출이 해외에서 일어난다고 대답한 인구의 비율
기술집약적 영역의 초기 창업활동 (Early-stage Entrepreneurial Activity in Technology Sectors)	초기단계 창업활동에 속하는 사람 중 OECD(2003)에서 정의한 '하이테크(high technology)' 또는 '미디엄테크(Medium Technology)' 분야의 사업에 종사하는 인구의 비율

출처: GEM(2013). Global Entrepreneurship Monitor 2013 Global Report, Babson Universidad del Desarrolle. University Tun Abdul Razak.

OECD에서도 기업의 생성 및 소멸, 고용 창출 및 기업 성장, 기업의 성과에 대한 구체적 지표를 통해 국가별 기업가정신 정도를 확인하고 있다.

〈표 3-5〉 OECD의 기업가정신을 보여주는 지표

구분	지표
기업의 생성 및 소멸	• 창업률, 폐업률, 창업기업 증가율 • 창업기업의 3~5년 내 생존율 • 전체 기업대비 3~5년 동안 생존한 창업기업의 비중
고용 창출 및 기업 성장	• 고속성장기업(가젤형 기업)의 종업원 비중 • 경제활동인구 중 창업주 비중 • 창업기업의 종업원 비중 • 3~5년의 업력을 가진 기업의 고용수준 및 평균기업규모
기업의 성과	• 초고속성장기업(가젤형 기업)의 매출액 비중 • 초기 기업의 부가가치, 생산성, 혁신성과, 수출성과

출처: OECD(2012). OECD Economic Surveys: United States, OECD.

3. 기업가적 마인드셋 국내외 사례

1) 기업가적 마인드셋 국내 사례

(1) 이수진(야놀자 창업자 · CEO)

이수진 대표는 고등학교 졸업 후 생계를 위해 모텔 청소, 프런트 업무, 야간 근무 등 숙박업 현장에서 오랜 시간을 보냈다. 그 과정에서 그는 숙박업소 운영의 비효율과 정보 비대칭 문제를 몸소 체험했다. 고객은 숙소 정보를 사전에 제대로 알 수 없었고, 업주는 빈방을 채울 기회를 놓치는 일이 많았다. 이수진은 이러한 현장의 문제를 해결할 수 있는 방법을 고민하기 시작했다.

2005년, 그는 무료 숙박 정보 커뮤니티 '야놀자'를 만들었다. 처음에는 단순한 정보 공유 사이트였지만, 점차 숙소 예약 기능, 가격 비교, 실시간 예약 서비스 등을 갖춘 플랫폼으로 발전했다. 이후 그는 '단순 예약 앱'에 머무르지 않고, 여행·레저·교통까지 아우르는 종합 여가 플랫폼으로 사업을 확장했다.

그의 기업가적 마인드셋은 다음과 같다.

- 현장 경험에서 문제 발견 : 직접 부딪히며 겪은 불편과 시장의 공백을 비즈니스 기회로 전환

- 디지털 전환 주도 : 전통적인 숙박 예약 방식을 모바일 중심으로 혁신, 산업 구조 자체를 바꿈
- 리스크 감수와 글로벌 확장 : 소프트뱅크 비전펀드로부터 대규모 투자를 유치해 동남아·중동 등 해외시장에 진출
- 사업 다각화 : 숙박에 국한되지 않고 레저, 교통, 여행 콘텐츠까지 확장하며 '슈퍼앱' 전략을 추진

이수진의 이야기는 현장에서 문제를 발견하고 이를 기술과 플랫폼으로 해결하는 것이 어떻게 글로벌 기업으로 가는 발판이 되는지를 보여준다.

(2) 김봉진(배달의민족 창업자, 우아한형제들 의장)

김봉진 의장은 시각디자인을 전공한 디자이너였다. 2010년, 그는 당시 전화 주문이 주를 이루던 배달 시장에서 '배달 정보의 디지털화'라는 기회를 발견했다. 당시 배달 전단지는 정보가 제한적이고, 사용자 경험도 불편했다. 김봉진은 "주문 과정을 더 직관적이고 즐겁게 만들자"는 목표로 '배달의민족' 앱을 출시했다.

그는 단순한 주문 기능을 넘어서, 브랜딩과 디자인을 차별화 요소로 삼았다. 배민체 폰트, 위트 있는 광고 문구, 감각적인 캠페인으로 '배달앱'이 아니라 '문화 브랜드'로 자리매김했다.

그의 기업가적 마인드셋은 다음과 같다.

- 브랜딩과 디자인 혁신 : 경쟁 서비스와 차별화된 브랜드 아이덴티티 구축으로 시장 점유율 확대
- 고객 경험 중심 전략 : 직관적인 UI/UX 설계와 감성 마케팅으로 사용자 충성도 확보
- 리스크 감수 : 초기에는 수익 모델 없이 사용자 확보에만 집중, 장기 성장을 목표로 함
- 글로벌 확장 발판 마련 : 2019년 독일 딜리버리히어로에 인수되어 글로벌 진출 가능성 마련

김봉진의 사례는 차별화된 브랜드 경험과 고객 중심 사고가 치열한 경쟁 시장에서 생존·성장하는 핵심 전략임을 보여준다.

2) 기업가적 마인드셋 해외 사례

(1) 샘 알트먼(Sam Altman, OpenAI CEO, ChatGPT 공동창업자)

샘 알트먼은 1985년 미국 미주리주에서 태어났다. 스탠퍼드 대학 컴퓨터과학과에 입학했지만, 2학년 때 자퇴하고 위치기반 소셜 네트워크 앱 'Loopt'를 창업했다. 이 서비스는 큰 상업적 성공을 거두진 못했지만, 알트먼은 이를 통해 창업과 투자 유치, 경영의 실제를 체험했다.

이후 그는 세계적인 스타트업 액셀러레이터인 Y Combinator의 대표로 취임해 수백 개의 스타트업을 지원하며 실리콘밸리의 핵심 인물로 성장했다. 2015년, 그는 엘론 머스크, 그렉 브록먼 등과 함께 인류의 이익을 위한 인공지능 연구소 OpenAI를 공동 설립했다.

2022년 11월, OpenAI가 출시한 ChatGPT는 불과 2개월 만에 1억 명의 사용자를 확보하며 전 세계적으로 AI 대중화를 촉발했다. 알트먼은 기술 혁신뿐 아니라 AI 안전성, 규제, 윤리에 관한 글로벌 담론을 주도하고 있다.

그의 기업가적 마인드셋은 다음과 같다.

- 미래 지향적 비전 : 인공지능을 인류 전체의 이익에 부합하게 발전시키겠다는 사명 설정
- 리스크 감수와 대규모 투자 유치 : 비영리 구조를 수익형으로 전환, 마이크로소프트 등에서 수십억 달러 투자 유치
- 시장 타이밍 포착 : 생성형 AI 기술이 대중에게 도달할 수 있는 최적의 시점에 ChatGPT 출시
- 윤리와 혁신의 균형 : AI 안전성·투명성 논의에 적극 참여하며 산업 전반의 규범 형성에 기여

샘 알트먼의 사례는 첨단 기술 분야에서의 기업가정신이 단순한 기술 개발을 넘어, 사회적 영향력과 책임을 포함해야 한다는 사실을 보여준다.

(2) 브라이언 체스키(Brian Chesky, 에어비앤비 공동창업자 · CEO)

브라이언 체스키는 미국 로드아일랜드디자인스쿨(RISD)을 졸업한 산업디자이너였다. 2007년, 그는 룸메이트 조 게비아(Joe Gebbia)와 함께 샌프란시스코의 비싼 월세를 감당하기 어려운 상황에 놓였다. 마침 도시에 대규모 디자인 콘퍼런스가 열리는데, 호텔은 이미 전부 예약이 끝난 상태였다. 체스키와 게비아는 이 상황에서 '집 거실에 에어 매트리스를 깔고 아침 식사까지 제공하면, 숙박이 필요한 사람들이 올 것'이라는 아이디어를 떠올렸다. 이것이 'AirBed & Breakfast(에어비앤비)'의 시작이었다.

처음엔 단순한 생계형 아이디어였지만, 이용자들이 보내는 긍정적인 반응은 그들에게 확신을 주었다. 체스키는 "사람들이 집을 잠깐 비워줄 수 있다면, 전 세계가 하나의 거대한 호텔이 될 수 있다"는 비전을 세웠다. 하지만 사업화 과정은 순탄치 않았다. 초창기 투자자들은 '낯선 사람 집에서 자는 서비스'에 회의적이었고, 신뢰 문제를 지적했다. 자금난에 시달리던 체스키는 대선 시즌을 이용해 '오바마 오즈(Obama O's)'와 '캡틴 매케인(Cap'n McCain)' 시리얼을 만들어 판매했고, 이를 통해 모은 3만 달러로 사업을 이어갔다.

그의 기업가적 마인드셋은 다음과 같이 나타난다.

- 생활 속 문제를 기회로 전환 : 월세 부담과 호텔 부족이라는 일상의 불편을 새로운 시장 창출로 연결했다. 기존 숙박업이 해결하지 못한 '유연한 숙소 제공'이라는 틈새를 공략했다.
- 창의적 위기 극복 능력 : 전형적인 투자 유치 방식 대신, 시리얼 판매라는 이색적인 방법으로 언론과 대중의 관심을 끌며 동시에 운영 자금을 마련했다. 이는 단순히 돈을 번 사건이 아니라, 문제를 유머와 창의성으로 돌파한 사례였다.
- 신뢰 기반 인프라 구축 : 낯선 사람 간 거래에서 발생할 수 있는 불안을 해결하기 위해, 사용자 리뷰, 신원 인증, 호스트 보호 프로그램, 보험 등을 도입했다. 이로써 '안전성'이 낮다는 초기 인식을 극복하고, 공유경제의 기반을 다졌다.
- 글로벌 확장과 지속적 혁신 : 서비스 범위를 숙박에서 '현지 체험(Experiences)'으로 확대해 여행 전반을 아우르는 플랫폼으로 진화시켰다. 현재 190여 개국, 1억 명 이상이 이용하는 세계 최대 공유 숙박 플랫폼으로 성장했다.

체스키의 이야기는 자신이 처한 환경의 제약을 불편으로만 보지 않고, 새로운 가치 창출의 출발점으로 삼는 것이 기업가정신의 핵심임을 보여준다. 또한 위기를 창의적으로 돌파하고, 신뢰를 기반으로 한 장기 성장 전략이 얼마나 중요한지 잘 보여주는 사례다.

4. 기업가적 마인드셋 자가진단(측정)

다음의 자가진단을 통해 자신의 기업가적 마인드셋 수준을 스스로 확인해 보자.

기업가적 마인드셋 진단	평가표

*** 기업가적 자질, 기질, 행동(Entrepreneurial Attributes Temperaments, Behaviors)**

단계 1. 각 항목의 장점을 평가하라. 아래의 각 항목에서 당신의 기업가적 태도가 어느 정도인지를 평가하고 빈칸에 1, 2, 3, 4 또는 5점 척도를 써 넣어라.

척 도

1	2	3	4	5
없음	낮음	중간	약간 높음	매우 높음

자질과 기질

___ 1. 창의성

___ 2. 문제해결능력(어떤 문제점의 해결점이나 새 아이디어 짜기를 좋아함)

___ 3. 혼자 일할 수 있는 능력(다른 사람의 도움 없이도)

___ 4. 성취욕구(성공에 대한 높은 의욕)

___ 5. 남들의 의견을 요청하고 활용하는 능력(전문가나 멘토에게 의견 청취)

___ 6. 시장분석능력(시장의 필요와 요구에 맞춰 미래를 계획함)

___ 7. 불확실한 상황을 즐기는 성향(불확실한 상황을 흥미로운 자극으로 간주)

___ 8. 강한 체력과 열정(Energy)

___ 9. 강한 의지(희망이 없는 일도 포기하지 않음, 역경을 잘 이겨내고 회복함)

___ 10. 계산된 위험 감수 성향

행동

___ 1. 창업에 필요한 기회를 찾기 위해 주의를 기울인다.

___ 2. 협력이나 투자를 찾는 데 설득력이 있다.

___ 3. 자신의 경험을 통해 배우기 위해 깊이 생각하는 시간을 갖는다.

___ 4. 일을 효율적으로 하기 위해 목표지향적이다.

___ 5. 결단력이 있다.

___ 6. 환경의 불확실성과 유동성을 줄이기 위해 철저히 현실적이다.

기업가적 마인드셋 진단	평가표

___ 7. 성공하든지 실패하든지 자신감이 있다.

___ 8. 비즈니스 핵심 요소(재고, 비용, 현금) 관리능력이 있다.

* **기업가적 기술**(Entrepreneurial Skills)

단계 2. 자신을 평가하라. 아래 각 번호의 항목에 대해서, 빈칸에 1, 2, 3, 4 또는 5점을 써서 당신이 가진 기술의 정도를 표시하라.

척 도

1	2	3	4	5
없음	낮음	중간	약간 높음	매우 높음

___ 1. 재무예측, 분석과 현금흐름 관리

___ 2. 마케팅과 판매 - 시장분석, 광고, 판매촉진, 영업과 거래처 관리

___ 3. 경영 - 계획, 리더십, 의사소통과 문제해결

___ 4. 기술적 전문지식- 문서 작성 능력(워드, 엑셀), S/W, 인터넷

___ 5. 운영관리 - 생산, 품질관리와 행정관리

단계 3: 장점을 확인하라. 위의 기업가적 자질과 기질, 행동, 기술들 중에서 자신이 어떻게 평가하였는지 검토하고 어느 것이 당신의 장점인지 확인하라.

기업가적 마인드셋 진단	평가표

단계 4: 부족한 부분은 보완하기
위의 평가한 항목 중에서 미래에 창업하기 위해 보완하면 가장 나에게 유익할 것으로 판단되는 3가지 항목을 찾아서 증진시키거나 강화하는 데 필요한 방법을 두 단계로 작성하시오.

사 례 1. 비즈니스 핵심 요소 관리 능력 (Value the Appropriate Control Systems)	1. 회계와 예산 기획과정을 잘 이해할 수 있는 수업을 듣는다.
	2. 예산을 세우고 이해하는 데 도움을 줄 수 있는 회계사를 찾는다.
1.	1.
	2.
2.	1.
	2.
3.	1.
	2.

연습문제 EXERCISE

객관식 문제

01 다음 중 대표적인 기업가의 특성이 아닌 것은?

① 열정적으로 기회 탐색
② 거대한 원칙을 가지고 기회 추구
③ 최상의 기회만을 추구
④ 상황에 맞는 실행 중시
⑤ 정해진 인력풀만을 활용

02 기업가적 마인드셋의 구성요소 중 아래에 해당되는 것은?

- 어떤 상황을 판단하는 데 있어 두려움과 의구심을 유발하는 매우 중요한 요인
- 새로운 정책을 실행하였을 때 그 실효성을 미리 장담하기 어려움
- 미리 예측되고 잘 통제된다면 '시장 실패', '정책 실패'는 없었을 것

① 불확실성
② 기회인지능력
③ 실행능력
④ 가용자원 동원
⑤ 확실성

03 GEM의 기업가정신 평가 항목 중 기업가정신의 행동 영역 측정지표가 아닌 것은?

① 태동기 창업활동 비율
② 초기 창업활동 비율
③ 기회추구 창업활동
④ 글로벌 시장지향적 창업활동
⑤ 개선형 창업활동

04 불확실성하에서 기회를 인식 · 발굴 · 생성하였다고 할지라도 이를 (　　　　)이 없으면 기업가적 특성이라 할 수 없다. 기업가적 마인드셋을 지닌 사람들은 (　　　　)을 통해 본인이 구상한 것을 실제 사업화할 수 있도록 노력한다. (　) 안에 알맞은 것은 무엇인가?

① 기회인지능력
② 실행능력
③ 불확실성
④ 가용자원 동원
⑤ 계획성

05 현대 사회는 매우 복잡하고, 경영 환경 역시 다양한 변화에 노출된다. 기업이 매우 다양한 인적 · 물적자원을 효과적으로 활용하는 것은 생존을 위해 필수적이다. 최근 '정보'라는 무형의 자원의 중요성 증대되었다. 유 · 무형의 (   )이 기업이 기업가가 기본적으로 갖추어야 할 능력 중 하나이다. (   ) 안에 알맞은 것은 무엇인가?

① 기회인지능력 ② 실행능력 ③ 불확실성
④ 가용자원 동원 ⑤ 계획성

06 기업가적 마인드셋의 구성요소 중 아래 역량에 해당되는 것은?

• 결단성, 규율 · 원칙성, 끈기, 전적인 몰입, 자발적 희생

① 헌신/몰입과 결단성 ② 용기
③ 기회에 대한 집착 ④ 위험, 모호성, 불확실성의 수용
⑤ 창의력, 자생력, 적응력

07 기업가적 마인드셋의 구성요소 중 아래 역량에 해당되는 것은?

• 도덕성, 두려움 없는 실험정신, 호기심

① 헌신/몰입과 결단성 ② 용기
③ 기회에 대한 집착 ④ 위험, 모호성, 불확실성의 수용
⑤ 창의력, 자생력, 적응력

08 기업가적 마인드셋의 구성요소 중 아래 역량에 해당되는 것은?

• 기회 파악능력, 고객욕구에 대한 지식, 시장지향성 • 가치창조 및 확장에 대한 집착

① 헌신/몰입과 결단성 ② 용기
③ 기회에 대한 집착 ④ 위험, 모호성, 불확실성의 수용
⑤ 창의력, 자생력, 적응력

09 기업가적 마인드셋의 구성요소 중 아래 역량에 해당되는 것은?

- 계산된 위험감수, 불확실성과 비체계적 구조에 대한 수용·적응
- 스트레스와 갈등의 수용, 문제해결 및 대안 조정능력

① 헌신/몰입과 결단성
② 용기
③ 기회에 대한 집착
④ 위험, 모호성, 불확실성의 수용
⑤ 창의력, 자생력, 적응력

10 기업가적 마인드셋의 구성요소 중 아래 역량에 해당되는 것은?

- 비전통적인 열린 사고, 수평적 사고, 혁신성
- 현 상태에 머물지 않고 끊임없는 변화 추구, 적응력, 개념화 능력과 꼼꼼함

① 헌신/몰입과 결단성
② 용기
③ 기회에 대한 집착
④ 위험, 모호성, 불확실성의 수용
⑤ 창의력, 자생력, 적응력

11 기업가적 마인드셋의 구성요소 중 아래 역량에 해당되는 것은?

- 목표·결과 지향성, 성취와 성장에 대한 강한 욕구
- 타인에게 경쟁자보다 지원자라는 인식을 주는 능력
- 자신의 강점·약점 파악능력, 자신의 주관과 유머감각

① 헌신/몰입과 결단성
② 용기
③ 리더십
④ 남보다 앞서려는 동기
⑤ 창의력, 자생력, 적응력

12 기업가적 마인드셋의 구성요소 중 아래 역량에 해당되는 것은?

- 선수범, 내재론자(남의 탓보다 자신의 책임으로 생각하는 사람)
- 성실성과 정직성, 신뢰감, 인내력
- 팀을 구축하고, 구성원들에게 영감을 주고, 영웅을 만드는 능력

① 헌신/몰입과 결단성
② 용기
③ 리더십
④ 남보다 앞서려는 동기
⑤ 창의력, 자생력, 적응력

13 국가별 기업가정신 정도를 확인할 수 있는 지표로 국가별 기업가적 활동을 촉진, 방해하는 요소, 기업가정신에 대한 사회적, 개인적 인식, 기업가적 생태계 확인할 수 있는 것은 무엇인가?

① 글로벌 기업가정신 조사(GER) ② 글로벌 기업가정신 모니터(GEM)
③ 기업가정신 인덱스(EI) ④ 세계 기업가정신 인덱스(WEI)
⑤ 세계 기업가정신 조사(WER)

14 GEM의 기업가정신 평가 항목 중 기업가정신의 태도 영역 측정지표가 아닌 것은?

① 기회인식 ② 능력 인식 ③ 기업가적 의도
④ 미래지향성 ⑤ 직업 선택 시 창업 선호도

15 다음 중 기업가적 마인드셋을 함양하기 위한 실천 방법으로 가장 적절하지 않은 것은?

① 시장 변화와 기술 동향을 지속적으로 관찰한다.
② 실패 경험을 학습 자원으로 삼는다.
③ 불확실성을 피하기 위해 변화보다는 안정적인 환경만을 고집한다.
④ 다양한 네트워크를 활용해 자원을 확보한다.
⑤ 작은 실험을 통해 아이디어를 검증한다.

16 다음 중 가용자원 동원 능력의 구체적 예시에 해당하는 것은?

① 고객의 불편사항을 발견하고 해결책을 기획함
② 기존 보유 장비와 인력을 재배치하여 신규 프로젝트 추진
③ 장기 비전 수립 및 단계별 로드맵 작성
④ 경쟁사보다 빠른 시장 진입을 위해 과감히 리스크를 감수함
⑤ 창의적인 아이디어로 제품 디자인 개선

17 기업가적 마인드셋을 가진 사람의 특징 중, 변화하는 환경 속에서 문제를 창의적으로 해결하고 기회를 발견하는 종합적 사고체계로 가장 적합한 것은 무엇인가?

① 전통적 경영 마인드 ② 기업가적 마인드셋 ③ 분석적 사고
④ 관리 중심 사고 ⑤ 기술 중심 마인드

18 기업가적 마인드셋의 거시적 환경 요인에 해당하지 않는 것은 무엇인가?

① 경제적 요인
② 사회·문화적 요인
③ 정치·법률적 요인
④ 기후 변화와 자연재해 요인
⑤ 개인의 취미와 여가활동

19 기업가적 마인드셋을 개발하기 위해 필요한 개인적 차원의 활동으로 가장 적절한 것은 무엇인가?

① 새로운 경험과 지식을 지속적으로 습득하는 학습
② 기존 성공 방식을 반복하는 습관 유지
③ 실패를 피하기 위해 위험을 최소화하는 선택만 하기
④ 경쟁사를 모방하는 전략 사용
⑤ 단기 수익을 위해 장기 비전 포기

20 다음 중 기업가적 마인드셋의 미시적 환경 요인에 해당하는 것은 무엇인가?

① 정부 규제 변화
② 가계 소득 수준
③ 시장 내 고객 요구 변화
④ 정치·법률적 안정성
⑤ 국가 간 무역 정책

주관식 문제

01 불확실한 상황에서 기회를 빠르게 인식하고, 행동하고, 가용한 자원을 활용할 수 있는 능력은 무엇인가?

02 국가 · 사회 차원의 거시적인 틀에서 기업가정신을 평가하기 위해 뱁슨 칼리지(Babson College)가 제시한 요소 3가지는 무엇인가?

03 기업가적 마인드셋을 가진 사람은 열정적으로 (   )를 탐색하며 거대한 원칙을 가지고 (   )를 추구, 최상의 (   )만을 추구하며, 상황에 맞는 실행을 중시하고 모든 사람의 능력을 활용할 수 있다. ( ) 안에 알맞은 것은 무엇인가?

04 성공한 경험이 원천이 되며, 어떤 상황에서 자신이 적절한 행동을 할 수 있다는 기대와 신념은 무엇인가?

05 부모나 사회의 가치관과 구별되는 자신의 철학, 기준, 신념으로 인간이 자신감을 가지고 독립적인 삶을 살아가는 데 매우 중요한 요소 중 하나인 이것은 무엇인가?

06 기업가정신과 관련된 많은 연구에서는 기회를 인식의 관점으로 해석한다. 우리 주변에 있는 많은 기회들을 잘 포착하고, 존재하는 기회를 인식하는 능력은 무엇인가?

07 빠르게 변화하는 경영 환경에서 기업가가 불확실성과 위험을 관리하기 위해 사용하는 '작게 시도하고, 빠르게 학습하는' 접근방식을 무엇이라고 하는가?

08 시장 기회를 발견했더라도 이를 사업화하기 위해 필요한 인력, 자본, 기술 등을 외부에서 찾아 확보하는 능력을 무엇이라고 하는가?

09 기업가적 마인드셋을 함양하면 어려운 문제에 부딪혔을 때 기존의 틀을 벗어나 새로운 방식으로 문제를 해결할 수 있다. 이러한 능력은 무엇과 밀접하게 관련되어 있는가?

10 변화하는 환경 속에서 불확실성을 기회로 전환시키고, 장기적 관점에서 인내하며 지속할 수 있는 태도와 자세를 의미하는 것은 무엇인가?

CHAPTER 04

아이디어 발상과 창업 기회

학/습/내/용

1. 아이디어 발상
2. 창업 기회
3. 오페라(OPERA) 회의 기법을 활용한 팀빌딩 실습

CHAPTER 04

아이디어 발상과 창업 기회

학습목표
1. 창의적 아이디어 발상에 대해 이해하고, 설명할 수 있다.
2. 창의적 아이디어 발상법의 종류와 방법에 대해 이해할 수 있다.
3. 창업 기회 창출과 탐색방법에 대해 파악할 수 있다.

1. 아이디어 발상

1) 창의적 아이디어 발상에 대한 이해

창의성이란 새로움에 이르게 하는 개인의 사고 관련 특성으로 새롭고 적절한 것을 만들거나 생각해내는 것이다. 창의적 산출물뿐만 아니라 동기, 노력, 과정 등을 모두 포함하는 의미이다. 이와 같이 창의성은 고정관념에서 탈피하고 남과 다른 생각과 행동을 과감하게 하는 데에서부터 비롯된다.

〈표 4-1〉 창의성의 다양한 정의

연구자	정 의
스텐버그	가치가 없다고 여겨지는 것을 의미 있고 중요하며 가치가 있는 아이디어로 개발하는 것
어번	주어진 문제나 감지된 문제로부터 통찰력을 동원하여 새롭고, 신기하고, 독창적인 산출물을 내는 능력
칙센트미하이	어떤 주어진 체제(System) 내에서 독창적(Original)이고 가치(Valuable)가 있으며 실천할(Implemented) 수 있는 사고

2) 창의적 아이디어 발상의 영향 인자

(1) 창의성에 영향을 미치는 여러 요인

이제까지 창의성에 영향을 미치는 요인들에 대한 다양한 연구가 진행되어 왔다. 최근에는 전체적이고 통합적 접근방법으로 창의성을 설명하는 입장이 우세한데, 연구에 따르면 창의성은 사고과정, 개인적 성향, 동기 유발 등 여러 요소들의 상호작용에 의해 발휘된다고 한다. 이는 창의성의 발휘가 구성요소들 가운데 한두 가지에 의해 결정되기보다는 여러 구성요소들의 상호작용에 의해 나타난다는 것을 의미한다.

(2) 창의성의 구성 요소

창의성을 이루는 구성요소는 4가지로 분류할 수 있다. 우선 과제영역인 지식으로 문학, 예술, 수학, 과학 등의 관련된 지식정보가 바탕이 되고, 잠재적인 창의적 능력(지능, 사고력)과 창의적 성격(인성, 성격, 동기)이 구성요소로서 작용하며, 개인적인 환경이 영향을 줄 수 있다.

- 지식 : 모든 아이디어는 지식을 바탕으로 나타난다. 새로운 아이디어를 산출하기 위해서는 두뇌 속에 저장된 정보를 다양하게 하고 정보들을 인출하고 결합하는 능력이 필요하다.
- 사고 : 창의적인 아이디어를 생성하는 도구로서 실제적으로 창의성이 이루어지는 과정이다.
- 성격 : 지식과 사고를 활용하려는 의욕이다. 창의성은 태어날 때부터 인간의 보편적인 능력이므로 결국 이러한 창의성 발휘는 인성에 의해 좌우된다고 본다.
- 환경 : 인간의 사고는 환경적인 자극과 상호작용하여 나타나기 때문에 환경은 생명력을 촉발시키는 근거이다.

3) 창의적 인재에 대한 사회적 통념

(1) 창의성에 대한 오해

창의성에 대한 잘못된 인식 중 하나가 창의성은 타고나는 것, 선천적인 것이라고 생각하는 것이다. 일정부분 선천적일 수 있으나 대부분은 후천적인 학습과 지속적인 관심을 통해 개발된다.

(2) 아이디어발상과 지능의 관계

[그림 4-1] 스텐버그의 성공지능

지적인 능력으로서의 지능(IQ)을 한 개인의 능력으로 보는 시각이 많지만, 실제 지능은 개인의 총제적인 능력을 일컫는다. 스텐버그의 성공지능이론에 의하면 특정 분야에서 성공한 사람들의 지능은 분석적, 창조적, 실천적 측면이 잘 연결되어 있음을 주장하며 이를 성공지능이라고 표현했다.

지능(IQ)과 아이디어 발상의 상관관계는 없었지만 아이디어 발상법을 교육받은 집단이 그렇지 않은 집단에 비해 성과가 더 높게 나타났다는 연구보고가 있다(서구원·이두희·이인호, 2006). 이는 창의성의 표출이라 할 수 있는 아이디어 발상법에 대한 교육과 훈련이 아이디어의 질을 높이는 데 기여한다는 뜻이다.

(3) 창의성은 선천적인 것인가

창의성에 대한 또 다른 오해로서 창의성은 완전히 새로운 것이고, 노력을 하지 않아도 창의적인 생각이 떠오른다고 생각하는 것이다. 그리고 신비하고 알 수 없는 것이어서 교과서 밖에서 답을 찾아야 하는 경우가 많다고 여긴다. 그러나 창의성은 지적 노력의 결과이며 개인의 행동이나 의식에 의한 결과가 아니라 특정 분야나 사회단체, 아이디어나 콘텐츠를 발산하는 문화적 영역, 그리고 그 영역 속에서 변화를 주도하는 개인의 3요소가 상호 작용하는 사회적 시스템에서 발현된다(Csikszentmihalyi, M., 1988).

4) 창의적인 아이디어 발상법

(1) James Young의 5단계 아이디어 발상법

아이디어 발상의 기본원리를 제공한 것으로, 창의적 사고의 일반화 모형을 모색하는 차원에서 5단계의 발상법을 제시했다.

섭취 → 소화 → 부화 → 조명 → 증명

- 섭취 : 관련 정보를 다양하게 수집하고 탐색해 자기 것으로 만드는 단계이다.
- 소화 : 자료의 내용들을 '마음의 촉수'로 느껴 보는 단계이다. 많은 자료를 수집하고 섭취하는 것 못지않게 그것들을 충분히 소화하여 자기 것으로 만드는 소화단계가 필요하다. 이 과정에서 슬쩍슬쩍 아이디어의 단서가 떠오르기도 한다.
- 부화 : 업무에서 벗어나 무의식 상태에서 망각하는 단계이다. 자신이 애써 찾은 아이디어에서 떨어져 객관성을 갖는 무장해제가 필요하다.
- 조명 : 숙성을 거친 후 최종 아이디어를 창출하는 단계이다. 그동안 생각해 온 아이디어가 서서히 빛을 발하며 떠오른다. '번쩍' 하는 그 순간은 그냥 오지 않고 계속해서 아이디어를 생각해 온 사람에게만 불현듯 찾아온다.
- 증명 : 선택한 아이디어가 콘셉트를 극적으로 구현한 것인지 아니지를 평가한다. 정해진 아이디어를 다각도로 검토해 완성도를 높여야 한다.

(2) 김병희의 에디슨(EDISON) 발상법

아이디어 발상을 하는 사람은 창의적인 산출물을 사용할 사람들이 어떻게 반응할 것인가에 관심을 가질 필요가 있다. 이러한 사용자들의 반응을 고려하여 아이디어 발상을 단계적으로 설명한 사고과정을 '에디슨 발상법'이라고 한다.

탐색	→	발견	→	부화	→	구조화	→	조망	→	연결
Exploration		Discovery		Incubation		Structuring		Outlook		Network

- 탐색 : 아이디어 발상을 위한 준비단계로서 사용자에게 유익한 자료를 널리 수집한다. 적절하고 도움이 되는 정보만 탐색해야 한다.
- 발견 : 사용자에게 깊은 울림을 주는 인상적인 혜택을 발견해야 한다. 공감할 수 있는 것을 찾아 감동을 주는 혜택으로 바꾸는 통찰력을 발휘해야 한다.
- 부화 : 초벌 아이디어들을 사용자들이 믿을만한 아이디어로 발전시키되 정교하게 공들여 완성도를 높여야 한다. 아이디어 발상자가 심사숙고할 수 있도록 한다.
- 구조화 : 사용자가 놀라운 반응을 일으키도록 아이디어를 통일성 있게 발전시킨다. 독특하고 새로운 접근법을 적용하고 자신감을 가져야 한다.
- 조망 : 사용자에게 간단명료한 메시지로 다가가도록 솜씨를 발휘하되 분명한 메시지로 발전시켜야 한다. 아이디어를 더욱 이해하기 쉽고 분명하며 간결하게 표현한다.
- 연결 : 마무리하는 단계로 해당 분야는 물론 그 밖의 여러 분야에 적용할 만한 아이디어인지 여러 맥락에서 적용가능성을 고려한다.

5) 일상에서 창의적 아이디어 발휘하기

탁월한 아이디어가 어느 순간에 갑자기 나타나는 것이 아니라 시간이 흐르면서 진화하고 주변의 여러 환경과 상호작용을 통해 발전하며 생성된다. 아이디어는 보호하는 것이 아니라 연결함으로써 더 발전적이 되며, 연결, 융합, 재결합의 개념적인 경계를 가로지르며 재발명되는 것이다. 다음의 여러 가지 패턴을 통해 탁월한 아이디어는 탄생하고 발전해왔다.

(1) 주변 환경에서 가능성 발견

① 주변 환경

좋은 아이디어는 현존하는 '부분들'로부터 만들어지고 구성요소들은 시간이 지나면서 확장된다. 그러므로 둘러싸고 있는 환경에서 가능성을 발견하여야 한다.

사례

신생아 인큐베이터는 프랑스 산부인과 의사 스테판 타르니에가 동물원 구경 중 따뜻하게 해주는 병아리 부화기를 보고 아이디어를 얻어 발명했다.

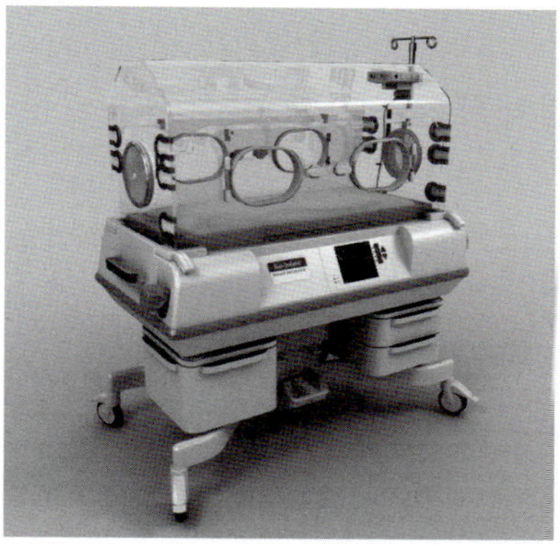

[그림 4-2] 신생아 인큐베이터

② 용도 변형

하나의 물체가 한 가지 특정 용도에 적합하게 사용되지만 이후에 그 특성이 전혀 다른 기능으로 이용될 수 있다.

사례

인류 문명의 발달에 크게 기여한 구텐베르크의 인쇄기 발명은 독일의 라인 강 주변에서 포도를 압착하는 데 사용된 나사압착기에서 시작됐다. 구텐베르크의 천재성은 무에서 완전히 새로운 기술을 생각해낸 것이 아니라 전혀 다른 분야에서 성숙한 기술을 빌려와 문제를 해결했다.

[그림 4-3] 구텐베르크의 인쇄기

(2) 정보교류를 통해 점차적으로 진화

① 자유로운 정보교류

인접한 분야에서 교류하는 사람이나 아이디어에 관심을 기울여야 한다. 그곳에서 자유로이 넘쳐나는 정보를 공유하는 것이다. 아이디어는 곧 네트워크이다. 연결은 지혜를 얻기 위한 열쇠다. 우리의 마음속에서 생각을 가능하게 하는 것은 단지 뉴런의 숫자가 아니라 뉴런들 사이에서 형성된 무수한 연결들이다.

② 직관의 점차적 진화

대부분 위대한 아이디어는 처음에는 불완전한 형태이고, 유동적 네트워크를 통해 다른 직관과 연결되는 환경이 조성되어 천천히 진화된다. 번뜩이는 생각을 망각하지 않고 살려 두려면 기록이 필요하다.

사례

유리병 속에 박하 식물을 넣고 '식물이 산소를 만들어 낸다'는 위대한 사실을 입증한 18세기의 과학자 조지프 프리스틀리는 20년 전 어린 시절부터 유리병 속에 거미를 가두고 놀 때의 예감이 기초가 되었다.

(3) 실수와 뜻밖의 발견

① 실수

'돌연변이'를 발견한 것처럼 좋은 아이디어는 어느 정도의 잡음과 실수를 포함하고 있는 환경에서 나타날 가능성이 더 높다. 예상하지 못한 결과를 낳은 실험들이 얼마나 많은가! 거기에서 나오는 실수들을 오염으로 묵살하지 말고 새로운 방향의 단서나 신호로 생각할 수 있는 것이다.

사례

알렉산더 플레밍이 페니실린의 의학적 효능을 발견한 것은 실험실의 배양균에 곰팡이가 침투하면서 생긴 일이다.

② 뜻밖의 발견

뜻밖의 발견은 분명 행복한 우연에서 만들어지지만, 그 우연을 행복하게 만드는 것은 자신이 지니고 있던 예감과 연결되어 그 예감을 완성해 줄 때이다. 외부세계로부터 새로운 아이디어를 흡수하는 방식으로 뜻밖의 발견을 할 수도 있다. 독서는 외부세계로부터 아이디어를 얻는 좋은 수단이 될 수 있다.

6) 오페라 회의 기법

(1) 브레인스토밍 노트 일종

핵심 내용

오페라 회의 기법

오페라 기법은 민주적 의사결정을 돕는 방법론으로 다양한 의견을 가진 참여자들 사이에서 중요 이슈를 선정하는 방법이다. 이 과정을 통해 사람들이 불편해하는 문제를 공유하며 새로운 기회로 사업계획을 구상할 수 있도록 팀을 구성할 수 있는 팀빌딩의 훌륭한 방법이 될 수 있다.

(2) 중요 이슈 선정과정

① Own idea : 각자 스스로 생각하는 시간을 갖는다. 회의할 목적 사항을 종이에 자신만의 아이디어로 5가지 써본다.

② Pair : 자신의 아이디어를 짝을 이뤄 논의한다. 2명씩 짝을 지어 둘이 합친 10가지 아이디어를 5가지로 줄여서 종이 한 장에 한 아이디어씩 쓴다.

③ Presentation : 2명 중 1명이 나와서 종이를 벽에 붙이고 소개하는 시간을 갖는다.

④ Cross evaluation : 각자가 참여해 점수를 주고 선별한다. 벽에 붙여진 5가지 항목들 중에 마음에 드는 것을 5개만 (+) 표시를 한다. 단, 내가 쓴 것은 1개만 (+), 남이 쓴 것에는 4개 (+) 표시를 한다.

⑤ Analysis : 유사한 카테고리에 묶일 수 있는 아이디어를 정렬한다. 같은 아이디어 종류(내용)별로 종이를 위에서부터 내려서 정리해 붙인다. 가장 많이 (+) 표시된 것이 어떤 아이디어 내용인지 분석해 본다.

(3) 팀빌딩 진행방법

시작 전에 참여자 수의 2.5배수만큼의 A4 용지, 참여자 수만큼의 마커펜(검정색), 플라스틱 테이프 등을 준비한다. 먼저 본인이 생각하는 유망한 사업 기회나 사람들이 불편해하는 문제를 활용하여 '향후 자신에게 적합하고 시장에서 필요로 할 것'으로 판단되는 주제나 문제를 정하여 각자 자신의 아이디어나 문제를 빈 종이(A4)에 2개씩 작성한다. 이후 둘씩 짝을 이뤄 각자가 작성한 유망사업 아이디어를 토론하여 2명이 가장 유망하다고 생각되는 2개의 사업 기회로 합의하여 줄인다. 인원 수가 10명이 넘을 경우에는 4명이 한 조가 되어 다시 2개의 사업 기회로 합의하여 줄인다.

다음은 4명이 한 팀이 된 조에서 합의된 2개의 사업 아이디어를 A4 용지에 검정색 마커펜을 사용하여 큰 글씨로 한 장에 한 아이템씩 두 장을 작성한다. 그리고 작성된 아이템을 프레젠테이션하기 위해 강의장 앞쪽 또는 양 옆쪽의 참가자들이 쉽게 접근할 수 있는 벽 또는 보드에 붙인다. 붙여진 각 아이템에 대해 아이디어를 냈던 참가자가 30초 내에 그 사업 아이디어에 대해서 설명한다. 이때 참가자들은 기존 구성된 팀을 잊어버리고 벽 또는 보드에 붙여진 아이디어 중에 어떤 아이템이나 문제해결에 참가할 것인지를 마음속에 정하도록 한다.

그 다음으로는 벽 또는 보드에 붙여진 사업 아이디어 중 참가자 본인이 참여하고 싶은 아이디어에 자신의 이름을 검정색 마커펜으로 쓴다. 이때 아이디어를 낸 사람은 이름 앞에 별 표시를 하여 창업주임을 밝힌다. 또한, 참가자들의 수가 창업주를 포함하여 4명을 넘지 않도록 사전에 공지하여 한 팀당 4명 이하로 구성되도록 작성하게 한다. 이어 벽 또는 보드에 붙여진 사업 아이디어들을 보고 몇 개의 팀으로 구성되었는지를 확인한다. 만일 팀 수가 1명 또는 2명으로 구성된 조가 많이 발생한 경우에는 4명 미만으로 이루어진 팀으로 이동하도록 지도한다.

이후 각 팀별로 자리를 배치하도록 옮기게 하고 각 조별로 팀원들의 이름을 A4 용지에 적어서 제출토록 하고 모둠활동을 마친다.

7) 다양한 아이디어 발상법

(1) 브레인스토밍

브레인스토밍은 1939년 오스본(Osborn)이 창안한 기법으로 두뇌(Brain)에서 폭풍(Storming)이 휘몰아치듯이 아이디어를 많이 도출해내는 발상법을 말한다. 그룹별 아이디어 발상과정에서 '좋다', '나쁘다' 같은 식으로 아이디어 수준을 판단하지 말고, 최대한 다양하고 많은 아이디어를 내고 토의를 거쳐 가능성 있는 아이디어를 도출해 내는 것이다. 조직 내 상하 관계도 무시한 채 어떤 생각이라도 말하게 하는 자유로운 분위기를 조성하는 것이 중요하다.

① 브레인스토밍 규칙

브레인스토밍은 무작정 구성원이 모여 진행하면 실패 확률이 높다. 몇 가지 정해진 규칙대로 브레인스토밍을 진행하는 것이 바람직하다. 브레인스토밍을 할 때는 타인을 비판하는 발언은 삼가해야 한다. 아무리 하찮은 아이디어라도 생각한 사람의 입장에서는 나름대로 이유가 있기 마련이기 때문이다. 자유분방한 분위기를 유도하는 것도 중요하다. 하찮은 아이디어라도 다른 사람에게 영감을 주어 놀라운 아이디어로 발전될 수 있다고 생각해야 한다. 브레인스토밍에서는 아이디어의 질보다는 아이디어의 양을 중요시해야 한다는 것도 명심해야 한다. 한 사람이 무작정 많은 아이디어를 내라는 측면이 아니라 되도록 일정 이상의 아이디어를 내도록 하는 게 좋다는 의미이다. 통상 한 사람당 8~15개를 요구할 때 가장 안정적이다. 각자 다양한 아이디어를 제안했다면, 다른 사람의 아이디어에다 각자의 아이디어를 결합해 새로운 아이디어가 나올 수 있도록 한다.

② 브레인스토밍 진행 절차

먼저 진행자 1명과 기록자 1명을 포함한 5~7명으로 팀을 구성해야 한다. 진행자는 회의 주제를 충분히 숙지해 회의를 주재하고 필요한 때마다 적절한 질문을 해서 자연스러운 반응을 유도해야 한다.

- 오리엔테이션 단계 : 참석자 입장에서는 과제에 필요한 정보를 수집하는 단계다. 참석자에게 다음 회의 때까지 준비할 아이디어의 목표 수치를 구체적으로 제시해야 한다.
- 개별 발상단계 : 각자 개인적으로 아이디어를 내는 단계이지만, 집단 전체가 모여 있는 상태에서 개인별로 아이디어를 낸다는 점이 중요하다.
- 집단토론단계 : 각 개인은 순서대로 같은 수만큼 아이디어를 제시하고, 더 이상 아이디어가 없으면 집단토론에 들어간다. 나온 아이디어 중 비슷한 아이디어끼리 분류하고, 이질적인 아이디어라도 둘 이상을 합치면 더 좋아지는 것끼리 결합시켜 아이디어를 발전시켜야 한다.
- 평가단계 : 집단토론에서 곧바로 평가할 수도 있으나, 좀 더 객관화하기 위해 하루쯤 지난 다음에 해도 좋다. 최종 선정된 아이디어가 최적일 수도 있으나, 경험 많은 선배의 견해를 들어보고 아이디어를 발전시키는 것도 바람직하다.

③ 브레인스토밍의 한계

브레인스토밍은 다음과 같은 한계를 갖고 있다.

- 남의 아이디어를 듣고 있는 동안 아이디어 발상이 막히게 되는 경우가 발생한다.
- 자신의 아이디어는 내지 않고 다른 사람들 틈에서 적당히 얹혀가는 무임승차가 있을 수 있다.
- 자신의 아이디어를 남들 앞에서 평가받아야 하는 심리적 두려움이 있을 수 있다.
- 아이디어가 뛰어난 몇 사람이 전체 분위기를 지배하는 '소수의 지배'가 발생할 수 있다.

(2) 여섯 색깔 모자 사고 기법

1985년 에드워드 드 보노(Edward Debono)가 제시한 방법이다. 다양한 생각을 가진 참여자들로 하여금 역할(유형)을 나눠 회의를 진행함으로써 자유스러우면서도 방향을 잃지 않고 보다 집중해서 의견을 제시할 수 있다.

회의를 할 때 순서대로 특정 색의 모자를 지정하고 어떤 둔제에 접근하는 여섯 가지 역할과 방법을 규정하는 창의적 사고방법이다. 주어진 문제에 대해 한꺼번에 뒤섞인 채 사고하지 않고 한 번에 한 가지 유형의 사고만 할 수 있게 유도하는 효율적인 기법이다.

여섯 색깔 모자 사고 기법은 다음과 같은 효율적 사고방법을 제시한다.

- 한정된 역할을 제시한다. 모자를 쓰면 자아 손상 없이 자유롭게 사고하고 말할 수 있다. 마치 광대 복장을 하면 광대역을 마음껏 할 수 있는 것과 같다.
- 사고에서 주의집중을 유도한다. 하나의 사고 양상에서 다른 사고 양상으로 주의를 환기시켜 둘 수단이 있어야 하는데 여섯 개의 모자가 그 역할을 한다.
- 사용의 편리성이 있다. 다른 색의 모자가 다른 사고를 유도하는 상징적인 방법이 된다. 모자를 쓰라는 말로써 한 가지의 창의적 사고를 요구할 수 있다.
- 서로 다른 색의 모자들이 뇌 속의 화학물질을 유도하는 근거가 될 수 있다.
- 사고를 위한 게임 규칙을 설정할 수 있게 해준다.

핵심 내용

각 모자가 나타내는 의미

- 파란 모자 : 목표, 개관, 순서, 규율 선정, 결론 및 요약
- 흰색 모자 : 중립적이고 객관적인 정보와 사실
- 빨간 모자 : 감정, 느낌, 직관, 육감
- 노란 모자 : 긍정적 측면, 희망적 측면
- 검은 모자 : 부정적 판단, 실패할 만한 이유, 잠재된 위험요소
- 초록 모자 : 창의적 아이디어, 새로운 해결책

(3) 스캠퍼(SCAMPER)

질문 목록에 따라 체계적으로 새로운 아이디어를 자극하는 방법이다. 오스본이 아이

디어를 이끌어 내는 질문을 9개로 정리한 것을 에벌(Eberle)이 다시 재조직한 것이다. 아이디어를 발전시켜야 할 문제를 정한 다음, 체크리스트에 따라 질문하며 답을 찾아가면 된다.

〈표 4-2〉 SCAMPER 체크리스트

질문 목록	설 명
대체하기 (Substitute)	재료, 인물, 성분, 과정, 에너지의 대체
결합하기 (Combine)	기능의 결합 또는 단위의 결합 - 두 가지 이상을 결합하여 새로운 것을 찾는 질문
적용하기 (Adapt)	주어진 조건의 목적에 알맞게 조정할 수 있을까? - 다른 것에 어떻게 응용할 수 있을까?
변경, 확대/축소하기 (Modify, Magnify/Minify)	크기나 빈도, 밀도의 변화, 간소화, 생략 - 형태나 품질을 바꿔보면 어떨까?
용도 바꾸기 (Put to Other Use)	다른 용도로 사용 - 기존의 방법을 바꿔 다르게 처리하는 방법은 없을까?
제거하기 (Eliminate)	없애거나 부품 수를 줄임 - 가볍게 하면 어떨까? 생략하면 어떨까?
역방향, 재배열 (Reverse, Rearrange)	역할과 위치, 원인과 결과를 바꿈

〈표 4-3〉 스캠퍼 기법 적용 예시

질문 목록	기존의 물건	새로운 아이디어
대체하기 (Substitute)	스테인리스 칼	세라믹 칼
결합하기 (Combine)	전화, 사진기	사진기 기능을 갖춘 휴대전화
적용하기 (Adapt)	야생풀	밸크로
변경, 확대/축소하기 (Modify, Magnify/Minify)	대형 컴퓨터 30% 카카오 초콜릿	개인용 컴퓨터 99% 카카오 초콜릿
용도 바꾸기 (Put to Other Use)	자꾸 떨어지는 접착력이 약한 풀	포스트잇 풀에 활용
제거하기 (Eliminate)	안경	콘택트렌즈
역방향, 재배열 (Reverse, Rearrange)	교수중심의 수업	학습자중심의 수업

(4) 만다라트 발상법

만다라트 발상법은 생각의 연꽃이라 불리는 기법이다. 일본의 디자이너 이마이즈미 히로아키가 개발한 발상법으로 마인드맵의 형식처럼 한 가운데 중심 개념을 넣고 생각을 확장해 나가는 방식이다. 생각의 연꽃이라고도 불리며, 두뇌의 빈 곳을 채우려는 특성을 활용하여 한눈에 전체를 보면서 아이디어를 추가 확산할 수 있다.

만다라트 발상법의 진행방법은 다음과 같다.

- 가로 세 개와 세로 세 개(3×3)로 짜인 아홉 칸의 형식이 만다라 문양처럼 펼쳐져 나가는 형태의 빈칸이 이어진다.
- 아홉 칸의 중심에 핵심 개념을 적고, 관련되어 파생된 아이디어(1, 2, 3, 4, 5, 6, 7, 8)를 그 주위에 적어 나간다.
- 이렇게 여덟 개의 만다라트를 채워 나가면 관련되는 아이디어를 무려 64(8×8)개나 얻을 수 있다.

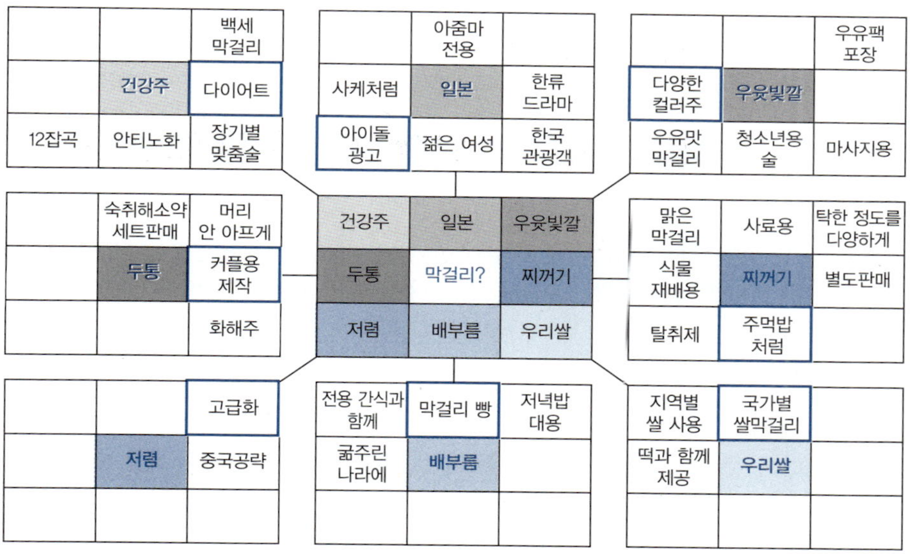

[그림 4-4] 만다라트 분석법 사례

2. 창업 기회

사람마다 창업하는 이유는 다양할 것이다. 어느 날 우연히 창업 기회가 발생하여 하게 되는 경우도 있을 것이고, 어쩔 수 없이 창업을 해야 하는 상황이 되어 창업을 하는 경우도 있을 것이다. 그 시작이야 어찌되었든 간에 모든 창업자들은 그들의 창업이 성공적으로 안착하기를 바랄 것이다. 그렇다면 창업을 성공적으로 이끌기 위해서는 무엇이 있어야 할까? 획기적인 창업 아이디어, 창업자 역량, 우수한 조직, 풍부한 자금 등 창업을 성공적으로 이끌기 위해서는 여러 가지 요소와 변수가 존재한다. 그러한 것들 중에서 창업 기회의 발견은 성공적인 창업에 있어서 매우 중요한 요소이다.

1) 아이디어와 창업 기회 창출

사업 기회의 창출은 창업에서 매우 중요하다. 창업 기회를 발견하고, 이를 활용하는 것은 창업기업가(또는 창업 팀) 및 창업자원과 더불어 창업의 핵심요소이다.

핵심 내용

실패한 기업가와 성공한 기업가의 차이

대개 실패하는 사업가들은 아이디어와 기회를 똑같은 것으로 보지만, 성공한 기업가들은 아이디어와 기회는 분명히 차이가 있다는 것을 알고 있다. 기회를 신중하게 선별하여 선택하는 것이 무엇보다 중요하다는 것이다. 좋은 기회를 포착하는 것은 중요하지만 기회에는 반드시 위험의 문제가 따른다는 것도 명심해야 한다.

사업 아이디어 중에서 좋은 기회를 선별하는 과정은 매우 어렵다. 예로 스콧 쿡(Scott Cook)은 인튜이트(Intuit)라는 새로운 소프트웨어 회사를 창업하기 위해 벤처캐피탈에게 사업제안서를 제출한 이후 39차례 거부된 후에 투자유치에 성공했다고 한다. 이는 그만큼 사업 기회를 잡는 것이 어려움을 보여준다.

아이디어에서 좋은 기회를 포착하는 과정은 어렵다. 애벌레 상태인 아이디어를 벤처라는 찬란한 나비로 바꾸는 여정과 기준을 살펴보도록 하겠다. 사업계획서는 아이디어라는 평범한 애벌레가 벤처라는 찬란한 나비로 변신하도록 창조적으로 변화시키는 과정의

산물이다. 좋은 아이디어는 창업자의 한 손에 쥐어 있는 도구에 불가하다. 아이디어만 가지고 새로운 사업이 성공하는 경우는 드물다. 많은 발명가들이 자신의 발명품인 신제품에 대한 쥐덫 오류(Mousetrap Fallacy)에 빠지기 쉽다는 것이다. 이와 같이 기술이나 아이디어 자체가 성공을 결정짓지는 못한다.

아이디어는 사업을 위한 도구(Tools)이므로 성공적인 창업을 위해 필요하다. 이러한 아이디어를 포착하는 데는 경험이 매우 중요하다. 경험 많은 창업자는 기회를 신속하게 인지하는 능력이 있다. 무엇보다 중요한 것은 이러한 아이디어를 어떻게 기회로 만드는가에 있다. 기회는 많은 사람들이 관심을 갖고, 오랜 기간 동안 유지되고, 그 시기가 맞아야 한다는 특징이 있다. 또한 기회는 구매자 내지는 최종 소비자에게 가치를 창조해줄 때 비로소 기회가 된다. 기회는 아이디어와 창업자의 창조성을 활용함으로써 창출되거나 육성된다. 아이디어는 현실세계의 조건과 그 시점에서 창조력과 상호작용을 한다. 이 상호작용의 산물이 기회이고, 이 기회로 벤처가 태어난다. 또 기회는 시장 상황의 변화, 혼돈, 혼란, 불일치, 정보격차 등이 있을 때 발생한다.

시간적으로 볼 때 창업 기회는 일정한 기간 동안에만 포착되고 활용되는 한시적인 것이다. 창업자가 사업 기회를 포착하기 위해서는 이러한 기회의 창(Window of Opportunity)이 열려 있어야 하며, 그것도 충분히 오랫동안 지속되어야 한다.

핵심 내용

기회의 창

기회의 창이 얼마동안 열려 있느냐가 창업기업의 적절한 시장 진입 시점과 수확의 시점을 결정하고, 나아가 사업의 성패를 좌우하는 중요한 요소이다.

주어진 기회의 창에서 사업 기회를 적절히 포착하는 기업은 성공하고, 그렇지 못한 기업은 실패할 것이나 성공과 실패의 그 소요기간에 큰 차이를 보인다. 이는 벤처업계에서 말하는 "레몬(실패기업)은 2~3년이면 익고, 진주(성공기업)는 7~8년이 걸려야 성숙한다."라는 말에 잘 나타난다. 설립 3년 이내인 경우 실패기업이 훨씬 많은 반면 시간이 지날수록 레몬의 비율이 줄어들어 설립 7년 이후에는 진주만이 살아남는 것이다.

2) 기회 탐색 정보수집

(1) 아이디어 탐색

기회가 될 가능성이 있는 좋은 아이디어를 찾는 요소들은 대부분 적재, 적소, 적시의 문제이다. 어떻게 성공한 창업가가 될 수 있을까? 성공 창업 아이디어를 떠올리는 데 도움이 될 만한 많은 정보처들이 있다. 예컨대, 기존사업, 프랜차이즈, 특허권, 제품 라이선싱(Product Licensing), 기업, 비영리 연구기관, 대학, 업계 및 무역 관련 접촉, 전 직장의 고용주, 전문가 접촉, 상담, 네트워킹 등이다.

(2) 자신의 기회를 구체화하기

창업자는 자신의 아이디어가 하나의 기회로 구체화되도록 주도면밀하게 조사해야 한다. 시장 특성과 경쟁사 등에 대한 유용한 데이터들은 가끔 그 기회가 지닌 실제적인 잠재력과는 반대의 결과를 줄 수 있다. 즉, 이미 시장에 공개된 자료가 있고, 그 자료가 가능성이 있다고 보이면 많은 경쟁자들이 시장에 진입할 것이고, 그만큼 기회는 줄어드는 것이다. 간행물 정보원, 안내 및 회보정보, 인터넷 등의 정보처는 기회를 구체화하는 데 도움이 될 수 있다.

3) 창업 기회의 원천과 포착

창업 기회는 기술발전, 가치관과 생활양식의 변화, 정부규제의 변화, 천재지변 및 신자원의 발견 등에서 원천을 찾을 수 있다. 그렇다면 창업 기회는 어떻게 발견할 것인가? 직장 경험, 취미활동, 계획적 탐색 등을 통해 창업 기회를 포착할 수 있다.

(1) 직장 경험

직장 경험은 아이디어를 얻는 데 매우 중요한 기능을 한다. 미국 창업 전문잡지인 INC가 1989년 500대 고속성장 기업을 대상으로 기업가들에게 사업아이디어를 처음 어디에서 얻었는지를 조사한 적이 있다. 그 결과 응답자 중의 43%가 자신의 직업에서 얻었다고 답하였다. 또, 실리콘밸리에 있는 회사의 85% 이상 창업자들이 자기가 이전 재직했던 기업에서 제조한 것과 '유사한 제품'을 생산하거나 '유사한 기술'을 이용하거나 '유사한 시장'에서 판매하고 있다. 직장 경험은 기술능력과 경영능력뿐 아니라 사업에 관한 지식을 부여해 준다는 것을 유념해야 할 것이다.

(2) 취미활용

새로운 분야는 초기에 시장이 형성되어 있지 않기 때문에 사업적 관심보다는 지적 호기심이 강한 사람들에 의해 취미로 접근하게 되는 경우가 많다. 취미생활 가운데 전문적 지식을 습득하게 되고 사업의 가능성을 발견하게 되어 창업에 이르게 되는 것이다. 예로 델(Dell) 컴퓨터의 마이클 델(Michael Dell)은 어린 시절부터 컴퓨터에 취미를 가졌고, 애플 컴퓨터(Apple Computer)의 창업도 공동창업자인 스티브 워즈니악(Steve Wozniak)이 취미로 만든 개인용 컴퓨터가 사업의 계기가 되었다.

(3) 계획적인 탐색

내면적인 사업동기가 강하여 그것을 실현하기 위해 철저한 분석과 계획을 통해 창업 기회를 만드는 과정을 말한다. 이 방법에서는 기회의 발견보다는 기회 창출을 위한 철저한 분석과 준비가 중요하다. 계획적인 탐색의 대표적인 사례는 소프트뱅크의 손정의 사장 사례를 들 수 있다. 그는 미국에서 대학을 다니면서 게임소프트 판매 및 소규모 소프트웨어 개발회사인 유니온 월드를 창업하였다. 학교 졸업과 동시에 회사를 200만 불에 동업자에게 넘긴 후, 일본으로 귀국하여 제2의 사업을 위해 자신의 열정을 쏟을 수 있는 사업 분야를 모색하였고 최종 소프트웨어 유통사업을 시작했다.

3. 오페라(OPERA) 회의 기법을 활용한 팀빌딩 실습

1) 오페라(OPERA) 회의 기법

오페라(OPERA) 회의기법은 수업 참가자들의 토의를 통하여 유망한 아이템을 찾을 수 있도록 도움이 되는 회의 기법 중 하나이다.

오페라(OPERA)는 Own Idea의 'O', Pair discussion의 'P', Presentation의 'E', Cross evaluation의 'R', Analysis의 'A'의 알파벳을 하나씩 조합하여 만들어진 말이다.

여러 사람들이 하나의 주제에 대해 토론하고 주제에 대한 선호도를 표시하고, 그 주제의 결론을 도출할 수 있는 효율적이고 효과적인 회의 기법 중 하나이다.

오페라 회의를 위해 준비할 것은 참가자 수의 1.3배 정도의 회의용 종이(A4)와 참가자 수만큼의 검정색 마크펜, 그리고 회의 결과 내용을 회의장 벽에 붙일 수 있는 스카치테이프가 필요하다.

2) 오페라(OPERA) 회의 기법을 활용한 팀빌딩

① OWN IDEA : 토의 주제는 사람들이 불편해해서 해결하고 싶은 아이디어 또는 필요로 하는 아이디어, 혹은 앞으로 유망할 것으로 생각하는 아이디어를 각자 2가지를 종이(A4)에 써 본다.

② Pair Discussion : 2명씩 짝을 지어 둘이 합친 4가지 아이디어를 토의를 통해 2가지로 줄여서 종이에 써 본다. 다시 4명씩 짝을 지어 4명이 합친 4가지 아이디어를 2가지 아이디어로 줄여서 종이 한 장에 한 아이디어씩 굵은 마크펜으로 크게 쓴다. 예를 들어 '반려동물 로봇'이라고 쓸 수 있다.

③ Presentation : 4명 중 아이디어를 낸 사람이 나와서 종이를 강의장 벽면에 스카치테이프를 활용하여 붙이고 발표한다. 이때 듣고 있는 수강생들은 그동안 토의했던 팀은 잊고, 나에게 가장 적합하고, 앞으로 더 유망할 것이라고 생각되는 아이디어를 마음속으로 정해둔다.

④ Cross evaluation : 벽에 붙여진 아이디어 중 마음속으로 가장 나에게 실행하기에

적합한 아이디어로 생각한 아이디어에 이름을 쓴다. 이때 그 아이디어를 처음 생각해낸 사람은 이름 옆에 (창)이라고 표시한다. 한 아이디어당 4명까지만 쓸 수 있다.

⑤ Analysis : 아이디어가 적힌 종이에 쓰여진 이름이 4명이 넘는 아이디어는 선착순으로 후순위 사람이 4명이 부족한 아이디어로 이동한다. 또한 4명이 부족한 아이디어에 속한 사람은 가장 적은 사람이 적힌 아이디어부터 다른 아이디어로 이동하여 이름을 쓴다. 예를 들어 3명이 적힌 아이디어가 있다면, 상대적으로 2명이 적힌 아이디어, 또는 1명이 적힌 아이디어에서 이동하여 4명이 한 팀이 되도록 인원수를 맞춘다.

연 습 문 제 EXERCISE

객관식 문제

01 다음과 같이 창의성에 대하여 정의한 학자는 누구인가?

> 가치가 없다고 여겨지는 것을 의미 있고 중요하며 가치가 있는 아이디어로 개발하는 것

① 스텐버그 ② 어번 ③ 칙센트미하이
④ 구텐베르크 ⑤ 제임스 영

02 다음 중 창의성의 4가지 구성 요소에 해당하지 않는 것은?

① 지식 ② 사고 ③ 성격
④ 환경 ⑤ 습관

03 김병희의 에디슨 발상법의 순서로 올바른 것은?

① 탐색 → 부화 → 발견 → 구조화 → 조망 → 연결
② 탐색 → 발견 → 부화 → 구조화 → 조망 → 연결
③ 탐색 → 발견 → 구조화 → 부화 → 조망 → 연결
④ 탐색 → 발견 → 부화 → 조망 → 구조화 → 연결
⑤ 탐색 → 발견 → 부화 → 구조화 → 연결 → 조망

04 신생아 인큐베이터는 주변 환경에서 창의적 아이디어가 발현된 대표적인 사례이다. 동물원 구경 중 따뜻하게 해주는 병아리 부화기를 보고 아이디어를 얻어 신생아 인큐베이터를 발명한 사람은 누구인가?

① 제임스 영 ② 구텐베르크 ③ 스페판 타르니에
④ 조지프 프리스틀리 ⑤ 알렉산드 플레밍

05 다음이 설명하고 있는 아이디어 발상법은?

> 1939년 오스본(Osborn)이 창안한 기법으로 두뇌(Brain)에서 폭풍(Storming)이 휘몰아치듯이 아이디어를 많이 도출해내는 발상법을 말한다. 그룹별 아이디어 발상과정에서 '좋다', '나쁘다' 같은 식으로 아이디어 수준을 판단하지 말고, 최대한 다양하고 많은 아이디어를 내고 토의를 거쳐 가능성 있는 아이디어를 도출해 내는 것이다. 조직 내 상하관계도 무시한 채 어떤 생각이라도 말하게 하는 자유로운 분위기를 조성하는 것이 중요하다.

① 오페라 기법　② 만다라트 발상법　③ 여섯 색깔 모자 사고 기법
④ 브레인스토밍　⑤ 스캠퍼

06 다음 중 브레인스토밍의 진행 절차에 해당하지 않는 것은?

① 오리엔테이션 단계　② 개별발상단계　③ 집단토론단계
④ 평가단계　⑤ 개인토론단계

07 다음 중 여섯 색깔 모자 사고 기법에서 각 모자가 나타내는 의미로 잘못된 것은?

① 파란 모자 : 창의적 아이디어, 새로운 해결책
② 흰색 모자 : 중립적이고 객관적인 정보와 사실
③ 빨간 모자 : 감정, 느낌, 직관, 육감
④ 노란 모자 : 긍정적 측면, 희망적 측면
⑤ 검은 모자 : 부정적 판단, 실패할 만한 이유, 잠재된 위험 요소

08 일상에서의 창의적 아이디어를 발휘하는 방법으로 적절치 않은 것은?

① 주변환경에서 발견　② 용도 변형　③ 폐쇄적인 정보교류
④ 예감의 점차적 진화　⑤ 실수

09 다음 중 아이디어 발상법 중 하나인 스캠퍼의 질문 목록에 해당하지 않는 것은?

① 대체하기　② 나누기　③ 적용하기
④ 용도 바꾸기　⑤ 제거하기

10 스텐버그의 성공지능에 해당하는 것으로 맞는 것은?

① 창조적 지능
② 감성적 지능
③ 논리적 지능
④ 개연적 지능
⑤ 필연적 지능

11 다음 문장의 ( ) 안에 공통적으로 들어간 단어로 맞는 것은?

> 대개 실패하는 사업가들은 아이디어와 ( )는 똑같은 것으로 보지만, 성공한 기업가들은 아이디어와 ( )는 분명히 차이가 있다는 것을 알고 있다. ( )를 신중하게 선별하여 선택하는 것이 무엇보다 중요하다는 것이다. 좋은 ( )를 포착하는 것은 중요하지만 ( )에는 반드시 위험의 문제가 따른다는 것도 명심해야 한다.

① 위험
② 이익
③ 기회
④ 위기
⑤ 손해

12 다음 문장의 ( ) 안에 들어갈 숫자로 맞는 것은?

> "레몬(실패기업)은 ( )년이면 익고, 진주(성공기업)는 ( )년이 걸려야 성숙한다."라는 말이 있다. 이는 설립 ( )년 이내인 경우 실패기업이 훨씬 많은 반면 시간이 지날수록 레몬의 비율이 줄어들어 설립 ( )년 이후에는 진주만이 살아남는다는 것을 의미한다.

① 1~2, 3~4, 2, 3
② 1~2, 10~15, 2, 10
③ 3~4, 9~10, 4, 9
④ 2~3, 7~8, 3, 7
⑤ 7~8, 10~15, 8, 10

13 미국 창업 전문잡지인 INC가 1989년 500대 고속성장 기업을 대상으로 기업가들에게 사업아이디어를 처음 어디에서 얻었는가를 조사한 적이 있다. 그 결과 응답자 중의 43%가 어디에서 얻었다고 답하였는가?

① 직장 경험
② 여행 경험
③ 연애 경험
④ 결혼 경험
⑤ 범죄 경험

14 창업 기회를 포착하는 방법으로 틀린 것은?

① 창업자의 이전 직장 경험에서 포착할 수 있다.
② 창업은 어떠한 개인의 취미활용에서부터 시작되기도 한다.
③ 내면적인 동기가 강하여 그것을 실현하기 위한 철저한 분석과 계획 탐색과정에서 포착된다.
④ 직장 경험은 기술능력과 경영능력 외에 사업에 관한 지식도 부여해 준다.
⑤ 취미로 접근해서 사업으로 이어지는 경우는 없다.

주관식 문제

01 새로움에 이르게 하는 개인의 사고관련 특성으로 새롭고 적절한 것을 만들거나 생각해내는 것을 말한다. 여기에는 산출물뿐만 아니라 동기, 노력, 과정 등을 모두 포함하는 의미이다. 무엇을 설명한 것인가?

02 다음은 제임스 영(James Young)의 5단계 아이디어 발상법 순서도이다. (　) 안에 들어갈 단계는 무엇인가?

섭취 → 소화 → 부화 → 조명 → (　　　)

03 이 회의 기법은 민주적 의사결정을 돕는 회의방법론으로 다양한 의견을 가진 참여자들 사이에서 중요 이슈를 선정하는 방법을 말한다. 이 과정을 통해 사람들이 불편해하는 문제를 공유하며 새로운 기회로 사업계획을 구상할 수 있도록 팀을 구성할 수 있는 팀빌딩의 훌륭한 방법이 될 수 있다. 어떠한 회의 기법을 말하는 것인가?

04 다음이 설명하는 아이디어 발상법은 무엇인지 쓰시오.

회의를 할 때 순서대로 특정 색의 모자를 지정하고 어떤 문제에 접근하는 여섯 가지 역할과 방법을 규정하는 창의적 사고방법이다. 주어진 문제에 대해 한꺼번에 뒤섞인 채 사고하지 않고 한 번에 한 가지 유형의 사고만 할 수 있게 유도하는 효율적인 기법이다.

05 생각의 연꽃이라 불리는 아이디어 발상법이다. 일본의 디자이너 이마이즈미 히로아키가 개발한 발상법으로 마인드맵의 형식처럼 한 가운데 중심개념을 넣고 생각을 확장해 나가는 방식이다. 이 아이디어 발상법은 무엇인가?

CHAPTER 05

디자인경영과 디자인 씽킹

학/습/내/용

1. 디자인경영의 이해
2. 디자인 씽킹

CHAPTER 05

디자인경영과 디자인 씽킹

학습목표

1. 디자인경영(Design Management)을 이해한다.
2. 아이디어를 혁신적인 비즈니스로 전략화하는 능력을 개발한다.
3. 컬러마케팅을 이해하고 컬러코디네이션 방법을 습득한다.
4. 디자인 씽킹을 이해하고 사업화 전략 훈련을 체험한다.

1. 디자인경영의 이해

1) 창조경쟁사회의 필수요소, 디자인경영의 이해

(1) 디자인경영(Design Management)의 필요성

급속히 변화하는 정보화 사회의 새로운 패러다임은 '지식경쟁사회'를 넘어선 '창조경쟁사회'이다. '정보화', '복합화(Multi)', '다기능화(Multi-Play)'라는 메가트렌드의 급물결 속에서 글로벌 경제에 패러다임을 변화시키며 현대의 산업구조도를 바꾸어 버린 4차 산업혁명시대가 도래하였다. 곧, 창의성 중심의 지식의 보편화로 경제 및 산업 등 모든 분야에 영향을 미치는 다양한 신기술로 설명되기에 적절한 산업적 대응이 필요하고 디자인경영의 측면에서도 이러한 트렌드 변화에 민감하게 대처할 수밖에 없다.

국내의 창조경쟁산업의 지도자들은 기술이 융합되는 각 분야 속에서 창의적인 열정과 리더십, 디자인경영의 마인드 속에서 미래를 예측하는 명확한 비전과 목표를 가지고 성장하여 왔다. 이러한 창조경쟁사회에서 필수요소로 등장한 혁신적인 융합적 사고의 디자인경영(Design Management)을 학습해 보고자 한다.

핵심 내용

디자인경영의 정의

새로운 제품이나 서비스의 기획에서부터 개발과 유통 등 혁신의 전 프로세스를 디자인 마인드로 관리하여 경영전략적 수단으로 디자인을 활용하여 새로운 비전과 가치를 창출함으로써 총체적으로 기업의 경쟁력을 제고시켜 주는 경영활동을 말한다.

(2) 디자인경영의 정의

디자인경영(Design Management)이란 소비자의 미적 만족 추구 경향이 강해지면서 디자인을 경영전략적 수단으로 활용하여 새로운 비전과 가치를 창출함으로써 조직의 목표를 달성하고, 생활문화를 창달하기 위해 경영자, 디자이너, 그리고 관련 분야의 전문가들이 활용할 수 있는 지식체계를 연구하는 것이다(한경 경제용어사전, 한국경제신문).

곧, 디자인경영은 새로운 제품이나 서비스의 기획에서부터 개발과 유통 등 혁신의 전 프로세스를 디자인 마인드로 관리하여 경영전략적 수단으로 디자인을 활용하여 새로운 비전과 가치를 창출함으로써 총체적으로 기업의 경쟁력을 제고시켜 주는 경영활동을 말한다.

(3) 디자인경영의 문제점

디자인은 브랜드 가치, 차별화, 그리고 많은 기업 제품의 품질에 전략적 자산으로 떠오르고 있다. 따라서 기업은 디자인 관련 활동에 주력하고 더 나은 기업의 경영전략 프로세스와 디자인을 연결하는 디자인경영을 적용해야만 한다.

① 트렌드 분석 능력의 부족

글로벌 경제에 패러다임을 변화시키며 현대의 산업구조도를 바꾸어 버린 4차 산업혁명 시대 속에서 창의적인 아이디어를 지식과 기술, 제품과 결합 및 융합시켜 정량화할 수 없는 가치를 구현하는 혁신적인 비즈니스 마인드가 필요하다. 예전의 제품중심의 경영트렌드에서 이제는 혁신적이고 차별화된 브랜드 이미지 중심의 디자인경영 트렌드를 인식해야만 한다.

② 소비자의 요구 성향, 시장동향분석 예측능력 부족

신규 고객을 확보하는 데에는 기존 고객을 유지할 때보다 6배 이상의 비용이 든다고 한다. 4차 산업혁명시대 속에서 소비자의 요구 성향을 민감하게 파악하고, 시장동향분석 예측능력을 키워야 한다.

③ 기업 및 브랜드의 차별화전략 부족

Corporate Identity 결여, Brand Identity 결여, Store Identity 결여 속에 기업 및 브랜드의 차별화된 전략이 제시되어야 한다.

④ 고부가가치 디자인전략 부족

디자인의 기본 상식과 트렌드에 따른 감각이 없는 경영자라면 먼저 디자인을 깨닫고 차별화된 전략 수립에 나서야 한다.

⑤ 창의적 아이디어 및 제품 이미지 정체성의 결여

4차 산업혁명시대는 물리적, 생물학적, 디지털적 세계를 새로운 가치와 사업 창출로 제시되어야 하기에 미래의 기업 경쟁력은 바로, 차별화된 기업이미지와 제품디자인이 좌우한다는 현실을 결코 잊어서는 안 될 것이다.

(4) 디자인이란

21세기 주요 성장 동력은 디자인(Design), 디지털(Digital), DNA인 3D로, 이들이 국가경쟁력을 좌우한다(LG경제연구원, 새로운 소비코드 5가지). 특히, 이 가운데 '디자인'이 주목받는 것은 기술에 비해 투자대비 효과가 빠르고 위험부담은 적기 때문이다. 국가경쟁력을 좌우하는 미래적 주요 성장 동력이라고 제시한 3D 안에는 바로 디자인(Design)이 포함되어 있다. 디자인은 인간의 양쪽 두뇌를 사용하는 창조적인 사고의 가장 대표적인 능력이다.

이 시대가 요구하는 디자이너만 보더라도 한 가지만의 전문지식만이 아닌 예술가의 감수성을 지녀야 하고 창의적인 아이디어 발상으로 인한 문제해결, 인체공학이나 과학적인 이론에 대한 분석력, 심지어는 마케팅 능력까지도 갖추어야 하는 다재다능한 인재를 요구하고 있는 것이다.

핵심 내용

디자인이란

디자인(Design)의 사전적 의미로는 '현대사회의 의상, 공업제품, 건축 등 실용적인 목적을 가진 조형 작품의 설계나 도안'으로 명시되어 있으나 광의의 개념으로서의 디자인은 상업적 측면에서 판매와 유통의 목적을 지닌 제작물로 전달되어 인식되기도 한다.

① 디자인의 정의

디자인은 창의력 없이는 존재하지 않는다. 디자인은 가장 쉽게 표현하자면 '어떤 아이디어나 작업계획을 구체화시켜 나타내는 과정'이라고 말할 수 있다. 디자인(Design)의 사전적 의미로는 '현대사회의 의상, 공업 제품, 건축 등 실용적인 목적을 가진 조형 작품의 설계나 도안'으로 명시되어 있으나 광의의 개념으로서의 디자인은 상업적 측면에서 판매와 유통의 목적을 지닌 제작물로 전달되어 인식되기도 한다.

② 디자인의 필요조건

디자인의 필요조건은 적합성(的合性), 심미성(審美性), 독창성(獨創性), 경제성(經濟性)의 4가지이다. 이 중에는 바로 무에서 유를 만들어내는 새로운 창조능력과 수준 높은 창의성, 즉 독창성(獨創性)이 필수이다. 디자인의 목적은 합리적이고 인간공학적이며 무엇보다도 객관적인 사고로 설정되어야 하고 기능성 및 실용성을 충족시켜야 하기에 적합성(的合性)이 있어야 하고, 디자인에서의 미(美)는 인간 본연의 감성적이고도 이성적인 가치로 대중에 의하여 수용되고 공감되는 미(美)로 새롭게 정립되어야 하므로 심미성(審美性)이 필수적이다. 또한, '최소의 비용으로 최대의 효과'라는 경제원리가 디자인에도 적용되어 최소의 재료와 경비 및 추진력으로 최상의 효과를 얻어 내는 경제성(經濟性)이 중요하지만, 그래도 차별화 능력으로 구분되는 가장 큰 필수적 요인은 독창성, 창의력으로 그 가치를 극대화시킬 수 있다.

③ 디자인의 원리

디자인 창의력은 디자인의 원리에 의거하여 아이디어가 개발되어야 한다. 지금까지의 모든 연구자들은 디자인의 원리를 조화, 통일, 균형, 비례, 대칭 등 각각의 요소로 분류하였으나, 필자는 디자인의 원리를 새롭게 [그림 5-1]과 같이 정리하였다. 디자인은 조화라는 베이스 위에 통일과 변화라는 두 가지 기본 원리로 크게 분류될 수 있다. 이 중 통일의 기본 개념 속에서 균형, 비례, 대칭, 리듬으로 분류되고 이 리듬 속에 반복이 포함된다. 또한 변화라는 기본 개념 속에서 강조, 대비-대조, 비대칭, 리듬으로 나눠지며 여기에서의 리듬에는 점진과 교체가 포함된다.

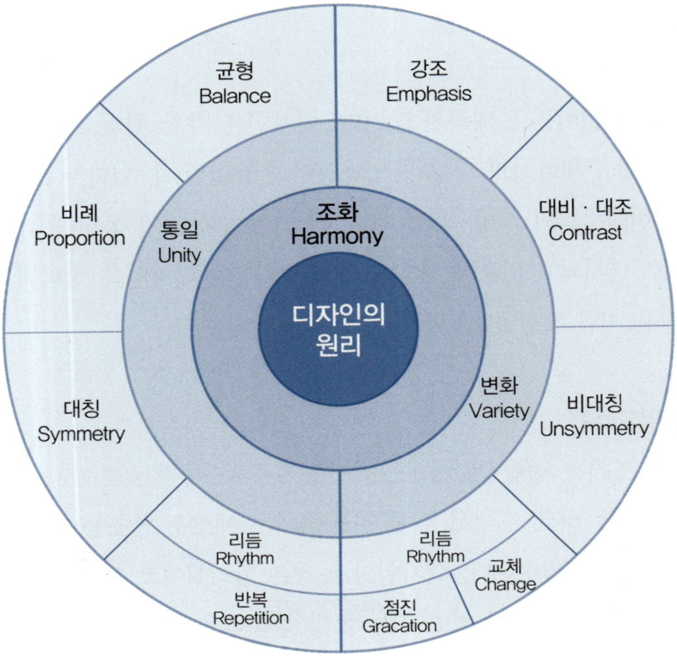

[그림 5-1] 디자인의 원리

출처: 장규순(2017). 디자인 크리에이터. 한국디자인크리에이터협회 출판부.

즉 디자인의 원리는 조화(Harmony)라는 베이스 위에 통일과 변화라는 두 가지 기본 원리로 분류되고 통일의 기본 개념 속에서 균형, 비례, 대칭, 리듬 속 반복이 포함되고, 변화라는 기본 개념 속에서 강조, 대비-대조, 비대칭, 리듬 속 점진, 교체가 포함된다.

④ 디자인의 분류

- 표현 형식에 따른 분류 : 디자인을 표현 매체의 차원에 따라 분류하는 방법으로 평면으로 하는 2차원 디자인(평면 디자인), 입체와 공간을 활용하는 3차원 디자인(입체 디자인), 그리고 디지털효과, 영상, 소리, 움직임 등을 동반하는 시간과 연관된 4차원 디자인으로 분류된다.

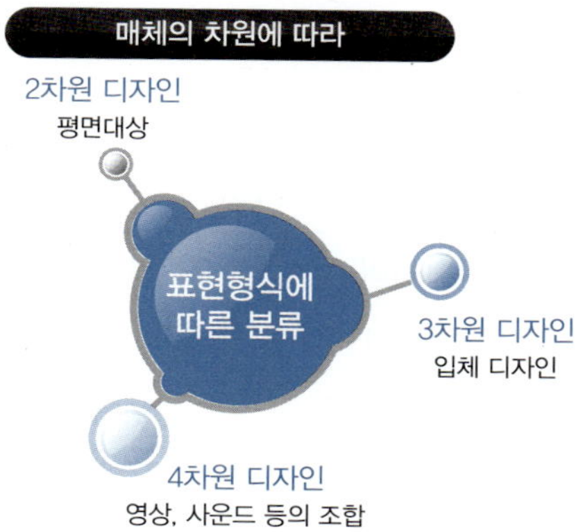

[그림 5-2] 디자인의 표현 형식에 따른 분류

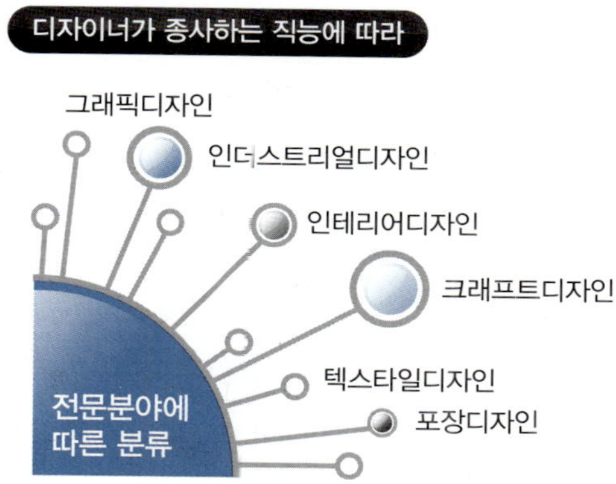

[그림 5-3] 디자인의 직능에 따른 분류

- 전문 분야에 따른 분류 : 디자이너가 종사하는 직무에 따라 그래픽 디자인, 디스플레이디자인, 패션디자인, 산업디자인, 인테리어디자인, 크래프트디자인, 텍스타일디자인, 포장디자인 등으로 세부 전문분야에 따라 분류하는 방법이다.
- 인간의 생활을 중심으로 한 분류 : 생활양식에 따른 기능이나 목적에 따라 상업공간·주택·가구·의상·액세서리·공예 등으로 분류하는 방법이다.

이외에 현대 정보화사회의 논리에 입각한 2분법에 따른 분류가 있는데, 비주얼디자인과 프로덕트디자인으로 분류한다.

[그림 5-4] 디자인의 생활용도에 따른 분류

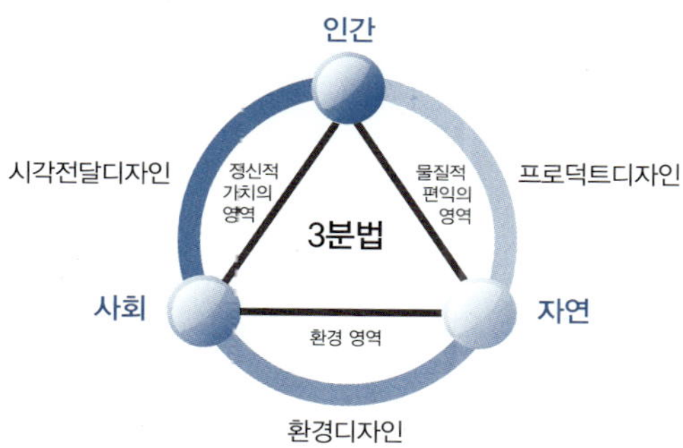

[그림 5-5] 디자인의 영역에 따른 분류

(5) C.I 디자인이란

① C.I 디자인의 정의

C.I 디자인은 기업이나 단체의 이미지를 시각적으로 체계화, 또는 단일화·통일화하기 위한 전략적 커뮤니케이션 시스템이다. 곧, 기업의 좋은 이미지의 형성 및 기업의 존재감, 주체의 명시, 기업 표시의 통일성 전략, 그리고 기업의 얼굴이라고 할 수 있다.

CI는 정보화시대로 전환되면서 기업의 정체성 표현뿐 아니라 적극적인 마케팅 활동 및 경영환경을 개선하여 나가는 데 필수적인 것으로 기업의 이미지를 통합하는 작업을 가리키며 CIP(Corporate Identity Program)라고도 한다.

② C.I, B.I, S.I

C.I는 정보화시대로 전환되면서 기업의 정체성 표현뿐 아니라 적극적인 마케팅 활동 및 경영환경을 개선하여 나가는 데 필수적인 것으로 기업의 이미지를 통합하는 작업이라면 S.I, 즉 스토어 아이덴티티에 있어서 매장연출 작업은 기업과 브랜드의 기획의도 및 디자인 콘셉트에 대한 정확한 전달을 통하여 매장(현장)과 본사와의 밀착된 연계가 매우 중요하다.

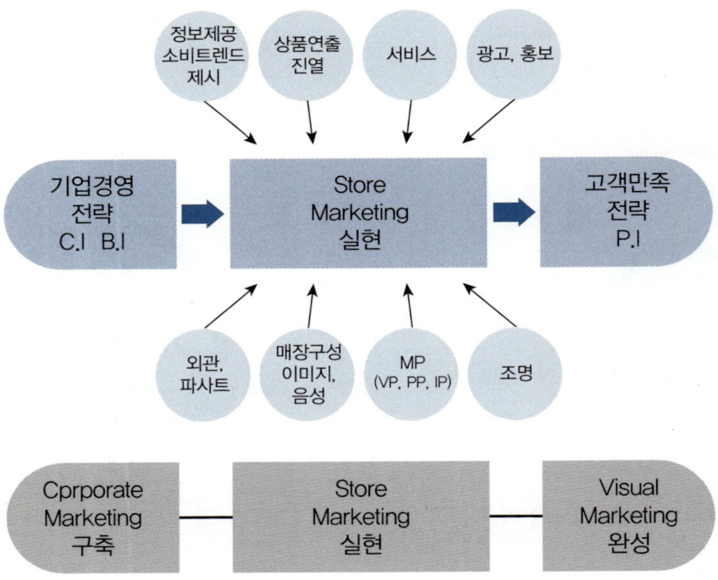

[그림 5-6] C.I, B.I, S.I, VM의 전략적 프로세스

출처: 장규순(2017). 디자인 크리에이터. 한국디자인크리에이터협회 출판부.

또한, 지점이나 매장(현장)에서의 상황이나 문제점, 요구사항 등을 본사에 빠르게 피드백할 수 있는 시스템을 갖추고 있어야 하며, 문제 발생 시 적절히 대처할 수 있도록 하는 일종의 가교역할을 할 수 있도록 준비되어야 한다.

③ 비주얼머천다이징(VM)

디자인경영에서 비주얼머천다이징(VM) 전략은 매우 중요하다. 브랜드의 경쟁력은 고객의 니즈에 따라 효율적으로 비주얼머천다이징을 확립한 매장 연출 환경의 차별화로 평가되는 중요한 관건이라 할 수 있다.

비주얼머천다이징이란 '시각상품기획' 또는 '상품 전략의 시각화'로 매장구성의 기본이 되는 상품기획, 디스플레이, 판촉, 서비스, 홍보 등 주요 요소들을 시각적, 기술적으로 구체화시켜 상품을 보기 쉽고 선택하기 쉽고 구매하기 쉽게 연출하는 총합적 시각 표현기술전략을 말한다.

비주얼머천다이징(VM) = Visual(시각화) + Merchandising(상품기획)

[핵심 내용]

비주얼머천다이징(VM)의 정의

시각상품기획 또는 상품 전략의 시각화로 매장구성의 기본이 되는 상품기획, 디스플레이, 판촉, 서비스, 홍보 등 주요 요소들을 시각적, 기술적으로 구체화시켜 상품을 보기 쉽고 선택하기 쉽고 구매하기 쉽게 연출하는 총합적 시각 표현기술전략을 말한다.

디자인경영에 있어서 매장구성에 도입한 구매심리의 두 가지 전통적인 법칙이 있다. 바로 AIDMA법칙과 AIDCA법칙이다.

[핵심 내용]

고객의 5단계 구매법칙

A(Attention) 주의, 관심, 주목 → I(Interest) 흥미유발 → D(Desire) 욕구 자극 → M(Memory) 및 C(Conviction, Confidence) 기억에 남고 확신을 주는 단계 → A(Action) 및 S(Satisfaction) 행동, 만족

2) 디자인경영의 성공비결

(1) 21세기 생각의 속도가 결정한다

빌 게이츠는 《21세기 생각의 속도가 결정한다》라는 책에서 다음과 같이 주장했다. "디지털 도구는 지구상에서 우리 인간만이 가진 능력-사고능력, 사고를 체계화할 수 있는 능력, 체계화된 사고를 행동에 옮기기 위해 협력할 수 있는 능력을 확대해 준다. 기업들이 문제를 해결하기 위해 종업원들에게 힘을 부여하고, 그들을 위해 강력한 도구를 제공한다면 놀라운 창의력과 독창성의 꽃이 활짝 피어날 것이라고 나는 확신하고 있다."(빌게이츠, 이규행 역, 1999: 469). 생각의 속도는 정보의 속도이고 생각은 혁명이다.

(2) 멀티크리에이터(Multi Creator)가 되자

《멀티스페셜리스트》(공선표 저)의 책에서 보면 스페셜리스트(Specialist)와 제너럴리스트(Generalist), 멀티스페셜리스트(Multi Specialist)를 명확히 구분하여 제시해 주고 있다(공선표, 2011).

스페셜리스트(Specialist)는 한 분야의 오래된 경력자라면, 제너럴리스트(Generalist)는 조직 내의 다양한 부문에 '경험하며 얻은 지식'을 가진 경험자이다. 그러나 멀티스페셜리스트(Multi Specialist)는 경험은 해보지 않았지만 다양한 분야와의 '통합에서 나오는 새로운 지식'을 만들어내는 자, 즉 다양한 분야(Multi)의 지식을 통합해서 새로운 지식영역을 개척하는 전문가(Specialist)를 말한다.

필자는 21세기 창조경쟁사회의 새로운 패러다임으로 제시되는 '창의력을 생활화하는 멀티크리에이터(Multi Creator)가 되자'라고 제안하고 싶다. 멀티크리에이터(Multi Creator)는 제너럴리스트(Generalist), 멀티스페셜리스트(Multi Specialist)를 뛰어 넘는, 오직 창의력으로 새로운 도전을 제시하고 시대가 요구하는 미래지향적인 안목으로 승부할 수 있는, 그 누구도 예측할 수 없는 그 무엇을 열어나가는 창조적 인재일 것이다.

(3) 프로액티브 이미지네이션의 필요를 인식하라.

프로액티브 이미지네이션은 사전대처적인 상상을 의미하는 것으로 칼 페이스 워지가 주장한 내용이다. 바로 노력으로 결과를 만들어 내기 위해 전진하는 것, 다음 단계를 예측하고 준비하는 것을 말한다. 여기에는 상상력과 창조성 개발이 필수적이다.

(4) 어크날리지먼트(Acknowledgement) 전략을 활용하라

어크날리지먼트(Acknowledgement)는 코칭기술의 일종으로 상대의 존재를 인정하는 행위와 언어를 모두 포함하는 개념을 말하며, 승인을 통해 의욕을 증진시키는 효과를 가지고 있다. 어크날리지먼트는 상대를 인정하고 수용하는 가운데 그 강점을 파악하여 역량을 강화시키는 방법으로 전공과 전공의 통합, 업종과 지식의 결합 등 새로운 방법을 모색하는 것이다.

(5) 기회 포착을 위해 준비하기

세상에서 성공을 하려면 언제 어느 때에 다가올지 모르는 '기회'를 잡아야 한다고 필자는 믿고 있다. 중요한 것은 예측할 수 없는 때에 올 수 있는 기회를 잡기 위해 항상 준비된 자가 되어야 하는 것이다.

3) 컬러마케팅

(1) 컬러마케팅이란

컬러마케팅이란 컬러로 소비자의 구매욕구를 자극하는 마케팅기법으로 기업의 차별화 전략, 감성마케팅 측면에서 필수적인 요소이다. 특히, 제품이나 기업의 특성화된 선택기준으로 트레이드 컬러의 선별은 필수이고, 시각적 효과로 독특한 브랜드이미지 전달 및 감성을 전달하여 매출 창출을 이루기 위한 기본 수단인 것이다. 컬러마케팅 전략이 실제 매출증대에 많은 영향력으로 좌우됨에 따라 기업에서는 상품기획부터 생산, 사후관리까지 종합적인 컬러마케팅에 주력하고 있다.

(2) 컬러마케팅의 배경

① 고객의 라이프스타일 변화

- 소비자 구매 마케팅에서 생활자 소비 마케팅으로의 전환 : 라이프스타일의 향상, 가치관의 변화, 삶의 질 추구에 따라 소비자로서의 구매 마케팅에서 생활자로의 소비 마케팅으로의 전환으로 볼 수 있다.
- 소비자의 다양한 욕구에 따른 세분화 전략이 중요 : 소비자의 라이프스타일의 변화에 따른 새로운 시장세분화(Market Segmentation) 기준으로써 본질적 효용에서 부가적 효용(감성, 개성표현)으로 변화에 민감한 전략제시가 중요하다.

② 소비변혁시대의 새로운 세대 등장

신세대의 독특한 소비형태로 새로운 소비혁명의 시대가 열렸다. 다양한 소비경험, 인터넷을 통한 풍부한 상품 정보 교류 등 소비의 주체로 변화되어 컬러세대, 개성주의세대, 패션세대로 새로이 등장하였다.

(3) 컬러마케팅의 성공 3원칙

컬러마케팅을 성공적으로 이루기 위한 3원칙은 다음과 같다.

① 가치부여의 원칙

컬러는 그 고유의 심리적인 특징이 있다. 컬러심리에 따른 컬러코디네이션을 통하여 특정 색의 의미 부여 및 스토리텔링을 통한 가치를 부여하여 컬러 선정의 차별화된 콘셉트를 정립하여야 성공적인 컬러마케팅을 완수할 수 있다. 곧, 컬러 고유의 이미지에 특별한 가치나 아이덴티티를 부여하는 원칙이다.

② 일관성의 원칙

컬러의 감성은 인간의 주관적 현상에 기초하여 심리적인 현상을 제공해 준다. 그 존재성을 주장하기 위하여 컬러가 부여할 수 있는 커뮤니케이션 중요 매체를 통하여 일관성을 가지고 반복적으로 오랜 시간을 홍보 및 주입을 통해 소비자들에게 컬러 연상작용을 하여 각인시켜 주어야 한다.

③ 트렌드 변화수용의 원칙

급속한 정보화시대에 발 빠르게 대처하기 위해서는 트렌드의 변화에 민감해야 하며 그러기 위해서는 다양한 트렌드 변화를 수용하여 이에 적합한 컬러의 콘셉트를 신속히 대입시켜야 한다. 곧 트렌드 포착의 원칙으로 시대의 흐름을 파악하고 상황에 따라 조화시키는 유연성을 말한다.

실무 필수 내용

컬러마케팅의 성공 3원칙

1. 가치부여의 원칙 : 컬러 고유의 이미지에 특별한 가치나 아이덴티티를 부여
2. 일관성의 원칙 : 컬러를 반복적으로 오랜 시간을 노출하여 각인시키는 것
3. 트렌드 변화수용의 원칙 : 시대의 흐름 따라 조화시키는 유연성

④ 트렌드의 4가지 분류

서울대 생활과학연구소 소비트렌드 분석센터에서 지속적인 시간적 길이, 동조하는 소비자의 범위에 따라 트렌드를 4가지 분류로 세분화하여 발표하였다.

① 마이크로 트렌드(Micro-trend) : 즉 단기간 동안 소수의 소비자가 동조하는 작은 변화

② 패드(Fad) : 마이크로 트렌드보다 동조의 범위가 넓고 지속시간이 조금 더 긴 일시적 유행, 1년 이내 비교적 짧게 지속

③ 트렌드(Trend) : 단순한 유행을 넘어 1~5년까지 지속, 상당수 소비자들의 동조

④ 메가트렌드(Megatrend) : 사회 대다수의 동조, 10년 이상 지속되는 경향

(4) 컬러마케팅의 효과

실무 필수 내용으로서 컬러마케팅의 효과는 다음과 같다.

① 기업 및 브랜드의 이미지 차별화전략 효과

② 소비자의 기억을 연상시키고 홍보를 강화시키는 효과

③ 고객만족의 컬러적 감동을 부여하는 효과

④ 판매촉진의 효과

⑤ 타 기업과의 경쟁력 강화의 효과
⑥ 기업 활동 촉진의 효과
⑦ 제품이미지의 향상 효과

(5) 컬러코디네이션의 원리와 방법

컬러코디네이션, 흔히 얘기하는 배색이란 어떤 특별한 목적과 기능에 적합한 심미적 효과를 얻기 위하여 두 가지 이상의 색이 조화를 이루도록 조성하는 것을 말한다. 컬러 배색 시 제일 중요한 주의사항으로는 첫째, 사용하고자 하는 목적과 환경조건을 고려해야 한다, 둘째, 컬러가 코디네이션되는 면적의 크기와 효과를 파악해야 한다. 셋째, 색의 기본 3요소인 색상, 명도, 채도의 세 가지 성질을 고려해야 한다. 색상(Hue)은 빨강, 파랑, 노랑, 녹색, 보라와 같이 다른 색과 구별되는 색의 고유한 특성을 말하고 명도(Value)는 색의 밝고 어두움을 나타낸다. 배색하기 쉽지만 제일 까다로운 것은 바로 채도(Chroma)로 색의 순도를 말하는데, 즉 색의 맑고 탁함, 선명한 정도를 말한다는 것을 기억하여 컬러의 아름다움을 배가시키는 코디네이션 적용이 중요하다. 넷째로는 컬러가 채색되는 곳의 재질 및 형태의 파악이 중요하다. 매끈함과 거친 재질감은 컬러 느낌의 차이가 크기 때문이다.

컬러코디네이션의 4가지 원리는 첫째, 질서·조화의 원리로 질서 있는 계획에 따라 선택된 색의 조화로운 배색을 말하고 둘째, 친숙의 원리로 일상을 통한 자연에서 느꼈던 친숙함의 배색을 말한다. 셋째, 유사의 원리로 공통적인 성질과 상태를 갖는 배색, 넷째, 명료성의 원리로 애매모호하지 않고 명료성이 있는 효과적인 배색을 말한다.

【실무 필수 내용】

컬러코디네이션의 4가지 원리

1. 질서 · 조화의 원리 : 질서 있는 계획에 따라 선택된 색의 조화
2. 친숙의 원리 : 일상을 통한 자연에서 느꼈던 친숙함의 배색
3. 유사의 원리 : 공통적인 성질과 상태를 갖는 배색
4. 명료성의 원리 : 애매모호하지 않고 명료성이 있는 배색

컬러코디네이션의 기본 응용방법은 동일색상배색, 유사색상배색, 그러데이션배색, 보색(반대색상)배색, 분리배색, 악센트배색, 반복배색의 총 7가지로 나누어진다.

- 동일색상배색 : 동일한 색의 배색은 제일 위험도가 없는 배색으로 정적, 간결성, 차분함, 시원함, 솔직함이 보이고 부드럽고 온화한 조화로움이 느껴짐
- 유사색상배색 : 유사한 색상의 배색은 온화하고 부드러우며 서로 색상간의 협조적인 특성이 나타나며 명도차, 채도차의 조절에 따라 특별한 조화로움 연출이 가능
- 보색(반대색상)배색 : 빨강, 파랑의 조화 등 반대색상의 배색은 강렬함, 예리함, 동적이고 자극적이며 강한 대비효과가 나타며 조화로운 컬러배색의 위험도가 높음
- 그러데이션배색 : 연속효과에 의한 배색으로 점진적인 효과로 보여지며 색상, 명도, 채도에 다양한 톤의 효과로 표현이 가능함
- 분리배색 : 세퍼레이션배색으로 배색의 관계가 모호하거나, 대비가 너무 강한 경우에 색과 색 사이에 분리되는 색을 삽입해서 조화를 이룸. 특히, 무채색(흰색, 검정, 회색톤)이 분리배색으로 활용 시 효과가 나타남
- 강조배색 : 악센트배색을 말하며 주조색에 대조적인 색상이나 톤을 사용하여 특별히 강조하거나 두드러지게 함
- 반복배색 : 레피티션배색으로 2색 이상을 사용하여 일정한 질서에 따라 조화를 부여함으로 통일감이나 융화감을 이끌어내는 배색기법

또한, 색채에는 7가지의 감정이 부여되는데 주관적 현상에 기초하여 심리적인 현상을 제공한다.

- 색채의 온도감 : 색에서 느껴지는 따뜻함과 차가움에 따라 그 영향력이 다르다.
  - 따뜻한 색 : 장파장의 색, 빨강, 다홍, 주황 등의 난색계열
  - 차가운 색 : 단파장의 색, 파랑, 남색, 청록 등의 한색계열
  - 온도감 없는 중성색 : 초록, 보라, 회색
- 색채의 중량감 : 색의 무겁거나 가벼운 느낌을 말하며, 명도의 영향을 가장 많이 받는다. 기업의 트레이드컬러를 설정할 때 반영할 수 있다.
  - 가벼운 느낌 : 고명도의 색, 흰색, 노랑
  - 무거운 느낌 : 저명도의 색, 짙은 회색, 검정

- 색채의 경연감 : 색의 딱딱하고 부드러운 느낌으로, 명도와 채도가 함께 작용한다.
  - 딱딱한 느낌 : 진한 톤, 채도가 높고 명도가 낮은 색, 한색계열이 많음
  - 부드러운 느낌 : 연한 톤, 채도가 낮고 명도가 높은 색, 난색계열이 많음
- 색채의 진정감과 흥분 : 사람의 감정과 직접 연결된 것으로 색상과 채도의 영향을 크게 받는다.
  - 진정색 : 한색계열의 채도가 낮은 색(파랑, 청녹, 남색 등)
  - 흥분색 : 난색계열의 채도가 높은 색(빨강, 주황, 다홍 등)
- 색채의 시인성 : 색을 멀리서 바라보면 선명하게 잘 보이는 색과 희미하게 보이는 색의 현상으로 명도-채도-색상의 순으로 영향을 준다.
  - 시인성이 높은 색 : 명도가 높으면서 채도가 높은 색
  - 시인성이 낮은 색 : 명도가 낮으면서 채도가 낮은 색
- 색채의 강약성 : 색 자체의 강함과 약함을 인지할 수 있는데 색채의 시인성과 색채의 진정감과 흥분성과도 연결된다.
- 색채의 시공간성 : 색채와 시공간성은 색상과 채도의 영향력이 크다.
  - 장파장(난색) : 속도감이 빠르고, 시간이 길게 느껴짐
  - 단파장(한색) : 속도감이 느리고, 시간이 짧게 느껴짐

2. 디자인 씽킹

1) 디자인 씽킹의 필요성

디자인 씽킹(Design Thinking)은 지금까지 디자인 과정에서 디자이너가 활용하는 창의적인 사고이고 전략이었다. 그러나 4차 산업혁명시대를 살아가면서 디자인 씽킹은 전문적인 디자인 관행보다 창업전문분야에서 문제를 숙고하고, 문제를 더 창의적으로 해결할 수 있도록 응용할 수 있는 접근법으로 최근 산업과 사회적 문제에 적용되고 있다.

35년간 디자인을 전공하고 디자인 실무에 몸담고 가르친 경력에 비추어 본다면 디자인 프로세스를 통한 실무능력의 기초가 바로 디자인 씽킹이었고, 이 디자인 씽킹 과정을

통하여 특허 등 지식재산권을 취득하게 되었으며 이 지식재산권은 곧 창업의 아이템으로 연결되어 창업 시작의 디딤돌이 되었다. 이러한 경험에 의한 디자인 씽킹을 제시해 보고자 한다.

2) 디자인 씽킹의 정의

디자인 씽킹은 문제를 발견하고 바라보는 분석과 직관의 조화를 꾀하는 사고방식 중의 하나이다. IDEO의 CEO인 팀 브라운(Tim Brown)은 "디자인 씽킹은 디자이너의 감각과 도구를 활용하여 사람들의 필요를 충족시킬 수 있도록 기술적으로 타당한 것이 무엇인지, 그리고 어떠한 사업 전략이 고객의 가치와 시장의 기회를 성공가능하게 하는지를 찾게 해주는 훈련이라고 표현할 수 있다."라고 정의하였다(Tim Brown, 2008). 또한 디자인 씽킹은 "디자인에 관한 것이나 디자이너가 갖추어야 하는 새로운 소양이 아니라 더 바람직한 상태를 만들기 위한 학습방식을 다양하게 적용시키는 것이다."라고 정의되기도 한다(http://story.pxd.co.kr/1065).

로저 마틴(Roger Martin)은 《디자인 씽킹》(2009)에서 "분석적 사고와 직관적 사고는 둘 다 최적의 경영을 위해 필요하지만, 하나만으로는 충분하지 않다. 생각의 가장 완벽한 방식은 분석적 사고에 기반을 둔 완벽한 숙련과 직관적 사고에 근거한 창조적 역동성이 역동적으로 상호작용하면서 균형을 이루는 것이다."라고 말하였다.

디자인 씽킹은 2008년 세계적인 '창의적 문제해결'의 전 세계적 디자인경영 그룹인 미국 IDEO사의 CEO인 팀 브라운(Tim Brown)이 하버드 비즈니스 리뷰(Harvard Business Review)에 'Design Thinking'을 기고하면서 알려지기 시작했고, 2009년 독일 경영 솔루션 그룹 SAP사의 설립자인 하소 프랫너(Hasso Plattner)가 스탠포드 대학교 기계공학 전공학부에 d. School 설립을 후원하면서 확산됐다(이투데이뉴스, 2015.7.14). IDEO는 애플과 마이크로소프트, 펩시콜라, JP모건, 삼성전자, LG전자, 토요타, NASA 등의 초거대기업들을 대상으로 혁신방법을 제공하고 있다.

미국 스탠포드 대학교 내에서 운영되는 Design School의 학습방법 중 하나인 디자인 씽킹은 기업가정신(Entrepreneurship)을 교육하는 전 세계 교육기관에서 매우 관심이 높아지고 있는 과정이다. 특히 실리콘 밸리 벤처기업들이 문제해결을 위한 접근방식으로 디자인 씽킹이 활용되고 있는 것으로 알려져 있다.

곧, 디자인 씽킹(Design Thinking)은 문제를 발견하고 해결하는 분석적 사고에 근거한 창의적 사고방식을 말한다. 디자인 씽킹은 예전에는 디자인 분야에서 아이디어 발상법으로 활용되었으나 최근 창업분야에서 아이템 개발 및 창의적인 사고방법, 문제해결방법의 하나로 활용되고 있다. 디자인 씽킹의 특징은 첫째, 타깃 고객과 비즈니스모델을 빠르게 해결하게 만드는 매우 창의적인 문제해결방법이라는 점이다. 둘째, 경쟁자들과 차별화 전략을 개발할 수 있는 효율적 방법이다. 셋째, 디자인 씽킹의 출발이 고객중심의 마인드셋이므로 고객의 입장에서 문제를 해결하게 하고 고객의 만족감을 높이는 차별적 방법을 찾아내도록 도와줌으로써 고객들의 만족감을 높인다.

스탠포드 디자인 씽킹은 창의적인 혁신을 촉진하는 일련의 과정이라고 할 수 있는 Empathize, Define, Ideate, Prototype, 그리고 Test의 총 5가지의 단계를 반복하여 가장 바람직한 상태를 만들고 다양하게 적용시키는 학습방식이다.

그러나 이 책에서 새롭게 조성한 디자인 씽킹(Design Thinking)은 공감하기(Empathize), 문제 정의하기(Define), 해결점 도출하기(Ideate), 최종결과 확정하기(Confirm Result), 시제품 만들기(Prototype), 시장 테스트(Test)의 총 6단계로 제시하고자 한다. 다음에서 제시하는 디자인 씽킹의 구조와 학습과정은 스탠포드 대학교에서 제공한 훈련과정의 사례를 참고하여 새롭게 조성한 디자인 씽킹 내용으로 소개하고자 한다.

실무 필수 내용

디자인 씽킹(Design Thinking)의 6단계

1. 공감하기(Empathize)
2. 문제 정의하기(Define)
3. 해결점 도출하기(Ideate)
4. 최종결과 확정하기(Confirm Result)
5. 시제품 만들기(Prototype)
6. 시장 테스트(Test)

3) 디자인 씽킹의 구조

스탠포드 대학교에서 제시하는 디자인 씽킹의 구조는 사람에게 필요한 가치와 비즈니스적 타당성, 그리고 기술적 실현가능성, 이 세 가지를 기본 구조로 두고 있다. 그러나 이 기본 구조를 기반으로 필자의 디자인 실무경력과 27가지의 특허 등 지식재산권 등록 경력, 이를 기반으로 한 교수창업경력을 활용하여 새로운 디자인 씽킹의 구조도를 제시하고자 한다. 여기에 바로 트렌드에 따른 혁신을 가장 기본적인 요인으로 제시하여 새로운 디자인 씽킹의 구조도를 [그림 5-7]에 나타내었다.

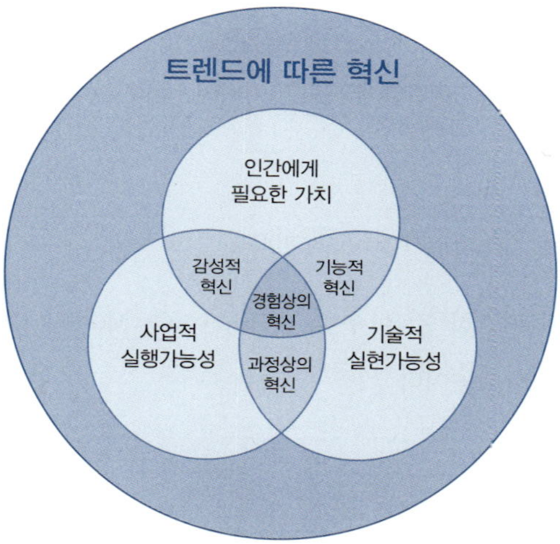

[그림 5-7] 디자인 씽킹의 구조도

(1) 인간에게 필요한 가치(Human Value)

사람에게 필요한 가치에는 사용편리성(Usability), 디자인적 우수성(Aesthetics), 심리적 충족(Psychology)을 들 수 있는데, 이 심리적 충족(Psychology) 안에 환경친화성(Sustainability)이 포함된다.

[그림 5-8] 인간에게 필요한 가치(Human Value)의 구조

(2) 사업적 실행가능성(Business Viability)

사업적 실행가능성에 필요한 것은 수입 모델(Revenue Model), 자금 조달(Financing), 회사 구조(Company Structure) 등이다.

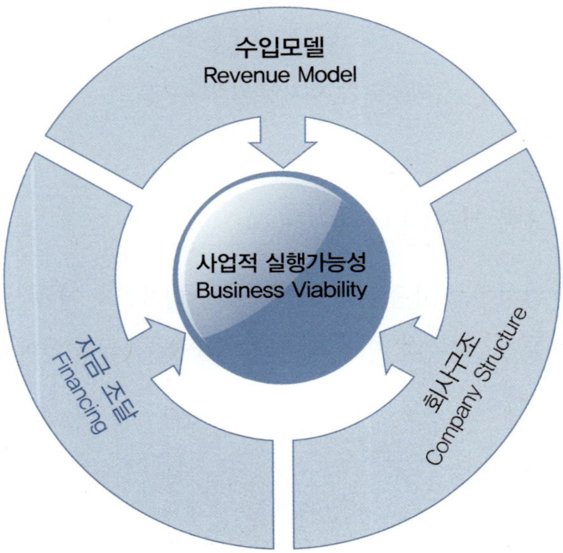

[그림 5-9] 사업적 실행가능성(Business Viability)

(3) 기술적 실현가능성(Technology Feasibility)

기술적 실현가능성은 핵심기술력(Core Technology) 보유, 제조방법의 독특성(Manufacturing Methods), 지식재산권(Intellectual Property) 등이다.

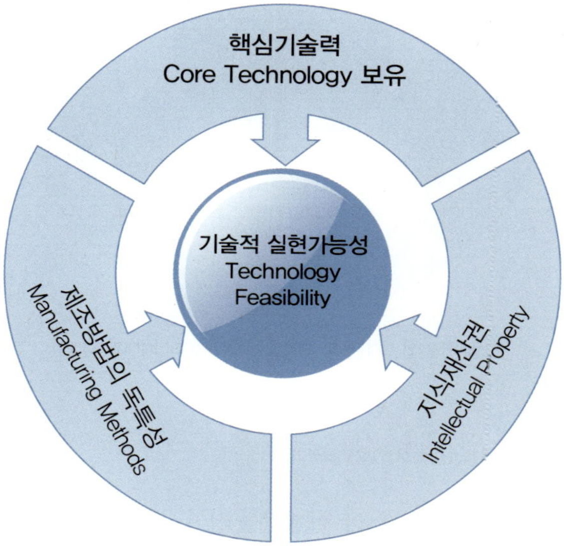

[그림 5-10] 기술적 실현가능성(Technology Feasibility)

(4) 기능적 혁신(Functional Innovation)

사람에게 필요한 가치와 실현가능한 기술이 공통적으로 만족시키는 부분을 기능적인 혁신이라고 할 수 있다. 기능적 혁신에 필요한 것은 제품의 구체적 사양(Product Specifications)과 사용자들과의 상호작용 또는 교류(User Interaction), 그리고 재료의 선택(Materials Selection)이다.

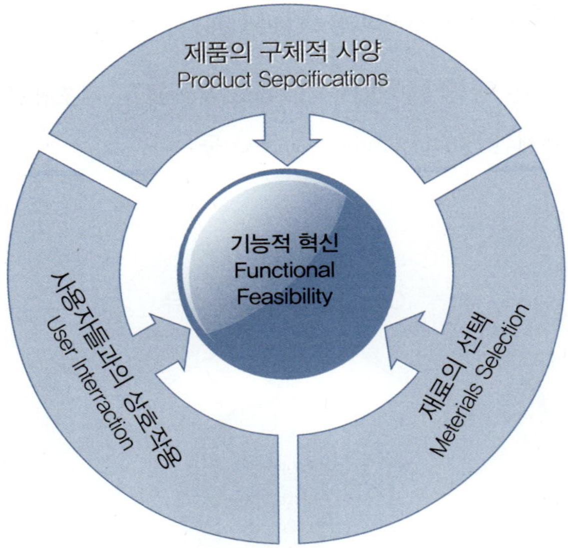

[그림 5-11] 기능적 혁신(Functional Innovation)

(5) 감성적 혁신(Emotional Innovation)

사람에게 필요한 가치와 비즈니스의 실행가능성이 공통적으로 충족시키는 부분은 감성적 혁신(Emotional Innovation)이다. 여기에는 브랜드 만들기(Branding), 고객과의 관계 형성(Relationships), 그리고 마케팅(Marketing)으로 구성된다.

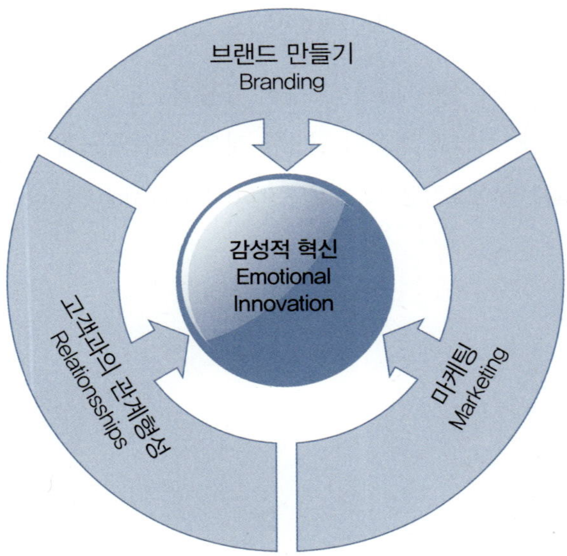

[그림 5-12] 감성적 혁신(Emotional Innovation)

(6) 과정상의 혁신(Process Innovation)

비즈니스의 실행가능성과 기술적 실현가능성이 공통적으로 충족하려면 과정상의 혁신(Process Innovation)이 필요하다. 여기에는 물류의 혁신(Logistics), 원료수급 관리방법의 혁신(Supply Chain Management), 그리고 조립라인의 개선(Assembly Line Improvements) 등으로 구성된다.

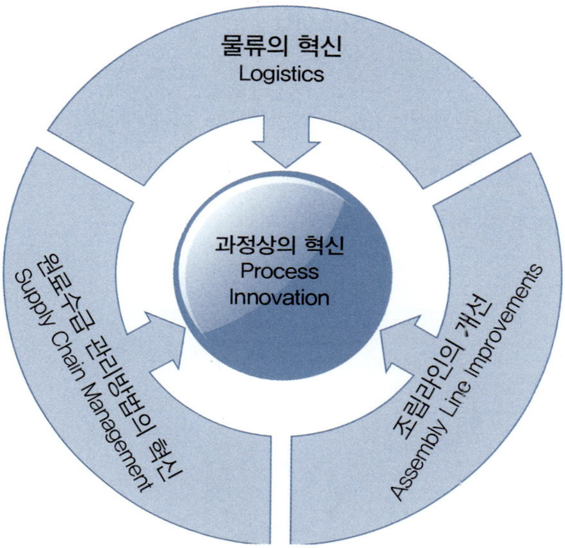

[그림 5-13] 과정상의 혁신(Process Innovation)

(7) 경험상의 혁신(Experience Innovation)과 디자인 씽킹

디자인 씽킹의 세 가지 구조인 사람들에게 필요한 가치, 비즈니스의 실행가능성과 기술적 실현가능성을 모두 만족시키는 영역을 경험혁신(Experience Innovation)이라고 하고 이 영역이 디자인 씽킹에서 추구하고자 하는 부분이다.

(8) 트렌드에 따른 혁신(Trend Innovation)과 디자인 씽킹

4차 산업혁명의 시대와 예측불허의 글로벌경쟁의 심화 속에서 트렌드를 읽지 않으면 사회 전반에서 발생하는 시대의 흐름을 이해할 수 없고 사회의 다양한 변화뿐 아니라 기업의 거대한 마케팅 전략 속에서 시대혁신과 이데올로기를 유추해낼 수가 없다. 이와 같이 트렌드는 소비자의 라이프스타일에 의미와 가치를 부여하는 '혁신흐름'을 주도적으로 이끌어 나감으로써 이 과정의 동기부여에 대한 해답이 될 수 있다.

4) 디자인 씽킹의 사고체계적 특성

디자인 씽킹은 문제를 숙고하고, 이 문제를 창의적으로 해결할 수 있도록 활용되는 접근법으로 모든 분야의 문제해결의 공통적 프로세스이다. 디자인 씽킹은 당면한 도전과제 속에서도 창의적이면서도 분석적 사고에 기반을 둔 숙련과정과 직관적 사고에 근거한 창조적 역동성이 새로운 기회로 변형하는 체계를 만들어 준다. 다음은 디자인 씽킹 사고체계적인 특성을 제시하고자 한다.

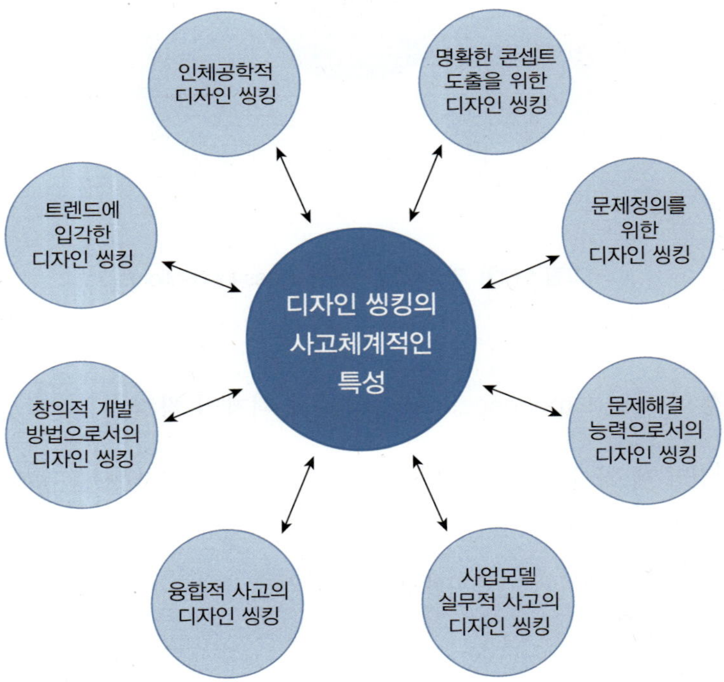

[그림 5-14] 디자인 씽킹 사고체계적인 특성

(1) 인간공학적 디자인 씽킹

디자인 씽킹이란 인간중심의 디자인 방법론으로 사용자의 니즈와 공감(Empathy)에서 시작되고 이를 원동력으로 삼아 행동하는 역동적 혁신이다.

(2) 트렌드에 입각한 디자인 씽킹

이 시대가 요구하는 트렌드 키워드를 분석해서, 트렌드를 어떻게 적용하여 사용자의 니즈를 읽고, 이에 따른 방법론의 단계까지 입각한 사고체계가 필요하다.

(3) 창의적 개발방법으로서의 디자인 씽킹

아서 밀러는 "창의성도 훈련이다"라고 주장했다. 이 말의 의미는 창의력 개발은 단기적인 교육에 의한 결과가 아닌 끊임없이 노력하고 개발해야 하는 훈련적인 능력이 요구되는 것을 강조하고 있다. 디자인 및 발명분야에서 습득한 창의력 개발방법 16가지를 제시해 보면 다음과 같다.

- 창의력 개발방법1 : 호기심과 문제의식, 문제해결능력이다.
- 창의력 개발방법2 : 나 자신을 사랑하고 인정하고 칭찬하라.
- 창의력 개발방법3 : 관찰력이다.
- 창의력 개발방법4 : 감수성 함양과 감정표현의 극대화이다.
- 창의력 개발방법5 : 도전력과 사고의 전환이다.
- 창의력 개발방법6 : 집중력, 즉 몰입력이다.
- 창의력 개발방법7 : 정보활용력이다.
- 창의력 개발방법8 : 작문과 낙서이다.
- 창의력 개발방법9 : 표현력이다.
- 창의력 개발방법10 : 끊임없는 연습으로 승부하는 것이다.
- 창의력 개발방법11 : 인내이다.
- 창의력 개발방법12 : 통합력, 결합력이다.
- 창의력 개발방법13 : 생각의 가속도를 즐겨라.
- 창의력 개발방법14 : 다음 단계를 예측하고 준비하는 프로액티브 이미지네이션의 필

요를 인식하라.

- 창의력 개발방법15 : 상대를 인정하고 수용하는 가운데 그 강점 파악하여 역량을 강화시키는 어크날리지먼트(Acknowledgement) 전략을 활용하라.
- 창의력 개발방법16 : 기회 포착을 위해 준비하라.

(4) 융합적 사고의 디자인 씽킹

'향후 10년간 사람들은 자신의 전문분야와는 완전히 다른 새로운 영역으로 경계를 넘어 생각하고 일하도록 요구받을 것이고 사람들은 이러한 경계를 넘어 기회를 규명하고 서로 다른 분야끼리 관계를 맺을 수 있어야 한다. 사람들은 다중렌즈를 통해 문제를 바라봐야 할 뿐만이 아니라 다중모드에서 일하고 훈련할 수 있는 능력을 갖춰야 한다.'라고 제시한 클레멘토 모크의 주장과 같이, 개인의 전공분야, 직무라는 일안렌즈의 시각으로 생각하고 생활했던 범주에서 벗어나 다중렌즈라는 통합과 결합 속에 새로운 일자리를 창출해 내고 차별화된 전략으로 글로벌 무한경쟁시대에서 성공하기 위한 전략으로 '융합적 사고의 디자인 씽킹'은 선택이 아닌 필수요소라고 생각된다.

(5) 명확한 콘셉트 도출을 위한 디자인 씽킹

명확한 콘셉트 도출할 때나 어떤 문제를 해결할 때에는 혼자서 생각하는 것도 중요하지만 타인들과의 다양한 생각을 공유하고 나눌 때 더 좋은 아이디어들이 배가된다. 디자인 씽킹 다양한 인간들의 관점으로 시작하기 때문에, 타인들의 의견과 생각에 마음이 개방되고 수용하도록 노력하고 이 과정을 통해 본인의 창의성도 더욱 계발되는 계기가 될 수 있다.

(6) 문제정의를 위한 디자인 씽킹

인간들의 중요한 니즈나 문제를 재정의하기 위해서는 다양한 정보를 통합해 보고자 하는 능력과 당면한 문제를 재구성해 보고 이에 따라 무엇이 얼마나 중요한지를 결정해야 하는 문제도출의 디자인 씽킹이 필요하다.

(7) 문제해결 능력으로서의 디자인 씽킹

조직의 문제점이나 인간들의 중요한 니즈에 대한 문제해결책을 찾아내기 위해서는 가능한 다양한 해결책을 생각해 내는 것이 중요하다. 문제에 대한 해결책을 깊이 있고 폭넓게 찾아낸다. 수많은 문제해결책을 다양하게 도출하기 위해서는 명확한 솔루션에 서로의 공감되는 혁신적인 답을 플러스하거나 마이너스를 하는 방법이 있다. 이러한 그 해결책들의 가능성을 상상해 보는 디자인 씽킹이 중요하다.

(8) 사업모델 실무적 사고의 디자인 씽킹

디자인 씽킹 기법을 활용한 창의적 문제 발견 및 비즈니스모델 개발은 매우 중요하다. 제품과 서비스를 만들기 전에 가장 중요한 과정은 고객을 이해하고, 공감하며, 경청하고, 소통하며 체험하는 시간이 필수적이다. 각 개인별 환경과 관점, 라이프스타일에 심리적인 스타일분석과 창업자의 비즈니스모델이 가진 가치를 발견하고 프로토타입 제작 및 개선 등 검증하는 단계까지의 디자인 씽킹이 중요하다.

5) 디자인 씽킹의 프로세스

디자인 씽킹의 프로세스 6단계는 공감하기(Empathize), 문제 정의하기(Define), 해결점 도출하기(Ideate), 최종결과 확정하기(Confirm Result), 시제품 만들기(Prototype), 시장 테스트(Test)로 구성된다.

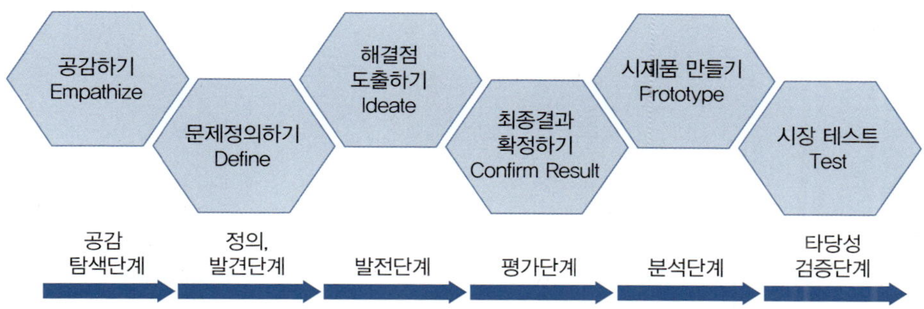

[그림 5-15] 디자인 씽킹의 프로세스 6단계

디자인 씽킹 프로세스의 각 단계에서의 특징은 [그림 5-15]의 육각형 도형과 같이 각 단계별로 이루어진다. 첫째, 폭넓게 생각하여 아이디어를 확산(Flare)시키고, 정리단계에서 핵심 아이디어로 초점을 맞추는(Focus) 특징을 가지고 있다.

둘째, 디자인 씽킹은 둘 간의 직접적으로 연관성을 같은 단순한 선형(Linear) 관계를 보이지 않는다. 즉 두 요인 간에 복잡하고 다양한 요소들로 상호 작용하며 어느 한쪽이 다른 한쪽에 일방적으로 영향을 주거나 또는 원인이 되거나 하는 관계를 형성하지 않는다.

셋째, 디자인 씽킹은 초기 조사단계에서는 불확실성과 다양한 패턴이 존재하고, 통찰력이 필요한 영역에서 시제품 콘셉트 만들기, 디자인에 이르는 과정으로 갈수록 그 개념이 명확히 되고, 하나의 콘셉트로 초점을 맞추게 되는 특징이 있다.

넷째, 디자인 씽킹의 핵심은 협업(Collaboration)에 있다. 서로 전문분야가 다양한 사람들 또는 맡고 있는 부서가 다양한 사람들과 함께 협업하여, 한 조직이나 사람들의 문제를 해결하고자 한다면 다양한 시각에서 그 문제를 접근할 수 있으며, 다양한 방법의 해결점을 찾을 수 있도록 한다.

위에서 제시한 디자인 씽킹의 사고체계적 특성에 따라 디자인 씽킹의 프로세스를 연계하여 보면 트렌드에 입각한 디자인 씽킹, 그리고 창의적 개발방법으로서의 디자인 씽킹이 공감(Empathize)하기에 해당되고, 명확한 콘셉트 도출을 위한 디자인 씽킹과 문제정의를 위한 디자인 씽킹이 문제 정의하기(Define) 단계에 포함되며, 문제해결능력으로서의 디자인 씽킹, 인간공학적 디자인 씽킹, 융합적 사고의 디자인 씽킹이 해결점 도출하기(Ideate)와 최종결과 확정하기(Confirm Result) 단계에 해당된다. 사업모델 실무적 사고의 디자인 씽킹이 시제품 만들기(Prototype), 그리고 시장 테스트(Test)에 연계되어 [그림 5-16]과 같은 프로세스가 진행된다고 볼 수 있다.

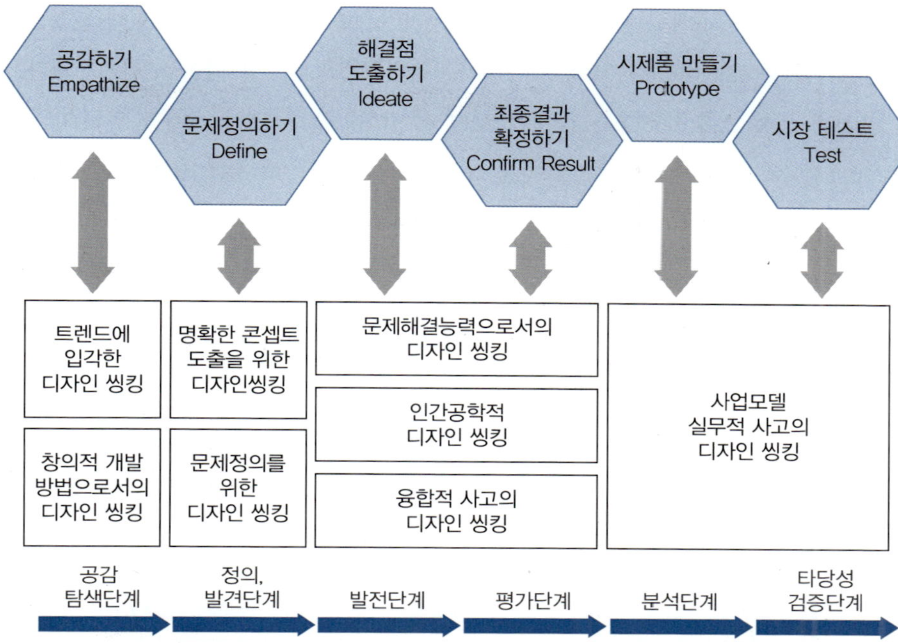

[그림 5-16] 디자인 씽킹의 사고체계적 특성에 따른 씽킹의 프로세스 5단계

(1) 문제를 공감하기(Empathize with Your User)

공감하기(Empathize)란 스스로 다른 사람들의 이야기나 반응을 찾는 것을 말한다. 이를 위해서는 첫째, 대상의 조직이나 사람들의 경험을 관찰하고(Observe Experiences), 둘째, 그들의 환경에 직접 참여하여 경험해 보고(Immerse in Environments), 셋째, 사용자들의 이야기를 들어보는 것(Listen to Your User)이 필요하다.

공감하기 위한 테크닉(Techniques for Empathy)으로는 첫째, 스토리보드 만들기(Storyboard), 둘째, 사용자의 환경에 직접 몰입하여 경험해 보기(Immersion), 셋째, 인터뷰하기(Interviewing) 등이 있다.

① 스토리보드 만들기(Storyboarding)

스토리보드를 만들기 위해서는 먼저 사용자의 경험을 처음부터 끝까지 따라해 보고 각 과정별로 그림을 그려본다. 그리고 각 단계에서의 사용자들의 반응이 어떤지 살펴본다. 즉 감정적으로 어느 단계에서는 고조되었다가 어느 단계에서는 흥분을 가라앉히기,

또한 어떤 스토리로 전개되는지를 관찰하는 것이다. 예를 들어 감기가 심해 습도조절을 위해 가습기를 틀고 싶다는 가정하에 다음과 같은 스토리보드를 만들어 볼 수 있다.

이 과정에 대한 스토리보드를 작성해 보면 사용자들은 가습기 구매를 위하여 기능이나 가격비교를 하는 단계에서 불편함으로 느끼는 것으로 나타났다. 또한 가습기 사용을 위한 세팅 과정 중 기능이나 청결도 측면에서 불편함을 느끼는 것으로 관찰되었다.

■ **스토리보딩(Storyboarding) 방법**

1. 사용자로서 실제 경험을 공감할 수 있는 주제를 선정한다.
2. 6단계를 표현하는 빈칸을 만든다.

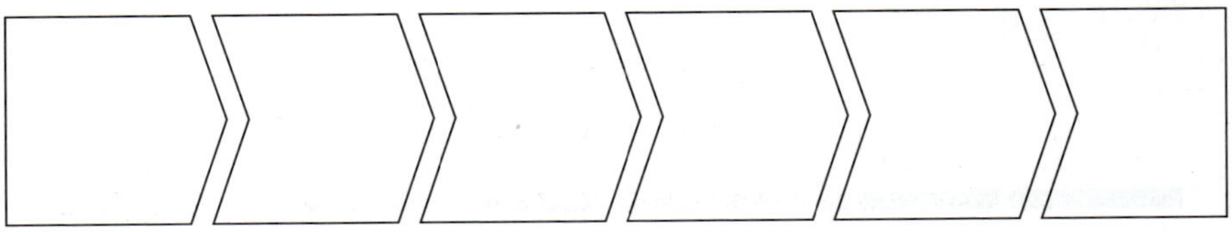

[그림 5-17] 스토리보딩 6단계

3. 6단계 과정의 경험 위주의 텍스트를 기입한다.

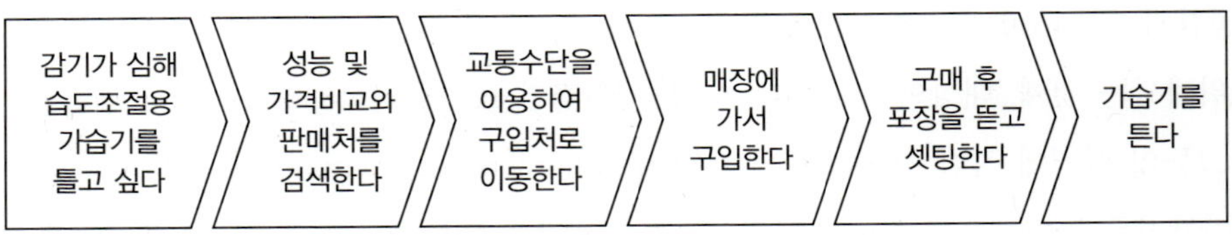

[그림 5-18] 스토리보딩 6단계 사례

4. 6단계별 과정에서 느낀 점들을 그림 또는 사진으로 이미지화한다.

[그림 5-19] 스토리보딩 6단계 이미지 사례

5. 사용자로서 실제경험을 공감할 수 있는 주제 선정에 적합한 프로세스가 완성되었는지 피드백해 보고 소비자의 경험을 더욱 효과적인 방법도출을 위하여 다시 한 번 단계별로 점검하여 스토리보드를 보완한다.

② 사용자의 환경을 경험해 보기(Immersion)

사용자의 환경에 직접 몰입하여 경험해 보기(Immersion) 위해서는 상대방의 입장이 되어서 직접 경험해 보는 것이다. 그리고 그 경험하는 동안 어떤 느낌이 드는지에 대해 관찰해 보는 것이다.

예를 들어 어린 아이들은 채소가 들어간 반찬을 먹기 싫어하여 편식을 하게 된다. 이러한 아이들의 편식을 고치기 위해 채소형태의 캐릭터 가면이나 애니메이션을 통해 채소와의 친근감을 주고 채소가 보이지 않은 선호하는 비주얼의 음식을 개발하여 줌으로써 즐거움을 더해 주는 방법이다.

또 하나의 예를 든다면 소아과 병동에서 어린 아이들을 대상으로 영상의료기기들을 활용하여 검사하려 할 때 어린 아이들은 매우 불편함을 느낀다. 왜냐하면 MRI나 CT촬영을 하려면 장시간 동안 무서워 보이는 통 속에 갇히는 듯한 공포감을 감수해야 하고, 일정시간 동안 움직이지 않고 가만히 있어야 하는 불편함을 이겨내야 한다.

이러한 아이들의 불편함을 해소시키기 위해 영상의료기기 촬영과정을 해적놀이과정처럼 바꾸어서 아이들이 공포감과 불편함을 해소하였다. 이 해적놀이를 통해서 아이들은 자신이 해적의 캡틴이 되어서 '보트가 암초에 걸리는 것을 피하기 위해 움직이지 말아야' 하고, '그 사이에 물고기들이 지나가도록 어느 정도 가만히 멈춰 있어야' 하는 놀이를 진행하면서 MRI나 CT촬영을 재미있게 마치게 된다.

③ 인터뷰하기(Interviewing)

인터뷰를 할 때는 첫째, 다른 사람들이 그들의 경험을 당신에게 이야기하도록 해야 한다. 둘째, 다른 사람의 얘기를 들어주면서 그들을 이해하려고 해야 한다.

인터뷰 시 요령은 다음과 같다.

- 좋은 질문 작성이 필수이다. '그렇게 생각하는 '증거'를 보여 주세요'라고 요구한다.
- '왜 그렇게 빨리 그리고 자주' 그러한지 물어본다.
- 말로 표현하지 않는 어떤 단서를 관찰해 보라.

- 진실되고 정확한 이야기를 들으려고 하라.
- 고객의 입장에서 이해하고 공감과 호응을 사용한다.

(2) 문제를 정의하기(Redefining the Problem or Need)

문제나 사람들의 니즈를 재정의하기 위해서는 첫째, 정보를 통합해 보고(Synthesize Information), 둘째, 문제를 재구성해 보고(Reframe the Problem), 셋째, 무엇이 중요한지를 결정해야(Decide What is Iimportant) 한다.

예를 들어, 네팔에서는 갓난아기들의 사망률이 높게 나타난다. 그 이유는 네팔 농촌에 사는 임산부들은 병원을 찾으려면 5시간 정도 걸리는 위치에 살고 있기 때문이다. 따라서 병원에서는 농촌에서 갓난아기를 병원까지 데려오는 시간 동안 그 아이들을 따뜻하게 유지하여 데려올 수 있는 값싼 방법이 필요했다. 이에 착안하여 갓난아기를 따뜻하게 유지하게 하는 보온 도구(일종의 보온 포대기)를 개발하게 되었다.

문제를 정의하기 위한 테크닉(Techniques for Definition)은 관점(Point of View)에 있다. 관점에서는 첫째, 사용자(User)의 관점에서 생각해야 하며, 둘째, 사용자들의 현장에서의 필요(Need)가 무엇인지, 셋째는 왜 그러한 필요가 생겼는지에 대한 이유를 그들의 입장에서 이해(Insight)하여야 한다.

(3) 해결점 도출하기(Ideate)

조직의 문제나 사람들의 니즈에 대한 해결책을 찾아내기 위해서는 첫째, 가능한 많은 해결책을 생각해낸다. 둘째, 그 해결책들의 가능성을 상상해 보라. 셋째, 다양한 선택방법들을 만들어 본다. 해결책을 찾는 방법의 테크닉을 살펴보면 다음과 같다.

① 브레인스토밍(Brainstorming)

해결점에 대해 생각나는 대로 포스트잇을 활용하여 작성해 보라.

[그림 5-20] 포스트잇 작성 사례

효과적인 브레인스토밍을 위해서는 다음과 같은 규칙이 있다.

- 아이디어의 질보다 양에 치중하라.
- 아이디어에 대해 지적하거나 판단하지 마라.
- 가능한 수많은 아이디어를 만들어 내어라.
- 한 번에 한 개의 생각을 얘기하라.
- 독특하고 이상한 아이디어를 무시하지 말고 인정해 주어라.
- 그림이나 도식화로 시각적 효과를 주어라.
- 제목을 달아 보아라.
- 주제에 충실하라.

② 마인드맵(Mindmap)을 활용하라

마인드맵이란 문자 그대로 '생각의 지도'란 의미로 본인의 생각을 편하게 지도를 그리듯 이미지화하여 창의력, 사고력. 기억력, 상상력, 지두력을 한 단계 높인다는 두뇌개발기법을 말한다. 일종의 시각화된 브레인스토밍 방법으로 영국의 두뇌학자 부잔(T. Buzan)은 1970년대 초, 두뇌 활동이 주로 핵심 개념들을 상호 관련시키거나 통합하는 방식으로 이루어진다는 연구결과를 바탕으로 시각적사고 기법인 마인드 매핑(Mind Mapping)을 개발하였다(특수교육학 용어사전, 2009).

부잔은 일부 사람들은 그림과 상징물을 활용해 배우는 것이 훨씬 더 효과적이라는 생각으로 '마인드 맵'을 고안해 냈다고 하는데 마인드맵은 유기적으로 연결되는 일련의 생각을 훌륭하게 상기시켜준다. 학습법과 기억력뿐 아니라 기업 업무능력 향상 등에도 효과가 있는 것으로 알려져 각국의 학교들뿐만 아니라 IBM, 골드만삭스, 보잉, GM 등 우수한 기업체들이 마인드맵 이론과 교재를 사원교육에 활용 중이다(시사상식사전, 박문각).

마인드맵을 활용하면 첫째, 복잡한 것을 조직화하는 데 도움이 된다. 둘째, 관계성을 보여준다. 셋째, 다른 사람들에게 생각을 전달할 때 빠르고, 시각화하여 색상도 보여줄 수 있다.

마인드맵을 사용하는 방법은 다음과 같다.

1. 종이의 중앙에 중심적 아이디어를 기입하고 시작하라.
2. 처음에 생각하는 것을 쓰고 그것으로부터 연결되는 각 가지들을 작성해 보라.
3. 주가지에는 문장보다는 핵심단어로 작성해 나간다.
4. 부가지에는 기호, 그림, 문장 등 표현력을 동원하여 작성한다.
5. 시간이 다할 때까지 각 가지들에서 계속 아이디어를 생각해 보라.

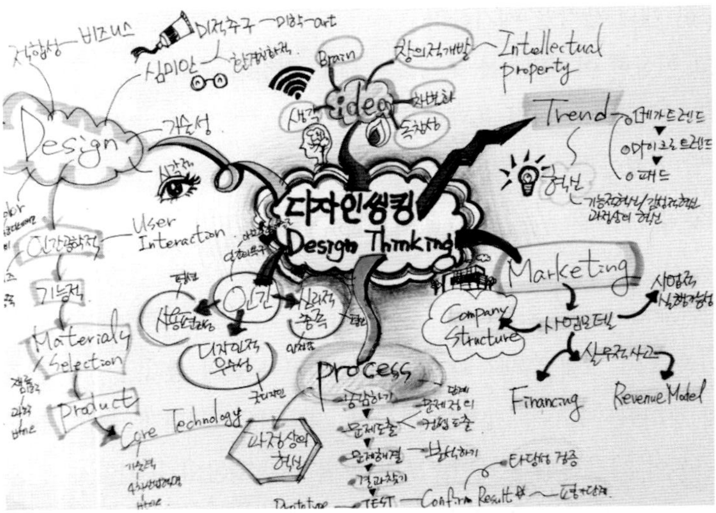

[그림 5-21] 마인드맵 사례

(4) 최종결과 확정하기(Confirm Result)

해결점 도출하기(Ideate) 단계를 통하여 가능성 있고 다양한 많은 해결책을 생각해 내었다면 문제해결방법의 실현으로 최종결과 확정하기(Confirm Result)의 단계가 매우 중요하다. 전 단계의 해결방법의 재평가를 통하여 최선의 해결방법을 선택하고 새로운 제품의 요구에 대한 검토뿐만이 아닌 자세한 조형, 모델 작성, 세부 그림 등 해답의 단계를 거쳐야 한다.

이 단계에서는 디자인 해결방법에 대한 분석이 행해지고 검증된 결과에 기초하여 의사 결정이 내려지며 변화와 수정을 거쳐 채택되는 가장 중요한 전략을 수립하는 합리적 해결책 수립단계이다.

(5) 시제품 만들기(Prototype)

시제품을 만드는 단계에서는 그 가치를 경험하고 검증하는 단계, 바로 해결책을 현실화하는 단계이다. 이 단계에서는 해결책을 가시화하면서 제작과정에서 몰랐던 것을 배우며, 다른 사람들과 그것을 공유하게 된다. 시제품을 만들 때는 먼저 최소한의 해결점을 갖는 가공품을 만들어야 한다. 그것이 물체이든지 아니면 컴퓨터상의 스케치 단계이든지 빠르게 만들고 큰 노력을 들이지 말아야 한다. 왜냐하면 매우 초기의 프로타입일지라도 거기에서 어떻게 생각을 개선하고 발전시킬 것인지, 경우에 따라서는 직접적인 답을 얻을 수 있다. 둘째, 물리적 환경에서 당신이 어떤 역할을 할 것인지에 대해 시나리오를 만들어서 만든 시제품을 사람들이 경험해 보게 하라.

다음은 시제품을 만드는 방법들을 소개해 본다. 이 방법들 중에서 해결책과 적합한 방법을 선택해 보면 된다.

① 스토리보드 만들기 : 해결책에 대한 전반적인 경험과정들을 그림이나 만화, 스케치 또는 간단한 말풍선 등으로 시각화해 보라. 포스트잇을 활용하거나 개별 노트를 활용하여 제작하고, 나중에 그 순서를 바꾸어 볼 수 있도록 하면 더욱 좋다.

② 도표로 표현해 보기 : 아이디어의 구조, 네트워크, 프로세스 등을 지도로 나타내 본다.

③ 이야기 만들기 : 미래의 상황을 가정하고 해결책이 어떤 경험이 될 것인지를 설명해 본다. 해결책을 소개하는 신문기사를 써 보는 것도 방법이다. 또는 그러한 직업을 소개하는 글을 써 보거나, 학부모에게 보낼 편지를 써 보는 것도 한 방법이다.

(6) 시장 테스트하기(Test)

시장 테스트하기는 시제품에 대해 피드백을 구해 보는 것을 말한다. 사용자들로부터 배우게 되고 아이디어를 재구성하게 되고, 시제품을 다시 수정하게 된다.

이를 위해서 첫째, 사람들에게 시제품을 사용하게 해 본다. 그리고 그들의 반응을 들어 본다. 둘째, 사용자들이 어떻게 경험하는지, 그리고 어떻게 느끼는지에 대해 이야기 하게 해 본다. 사용자 테스트와 시장구현단계의 검증이 중요하다.

6) 디자인 씽킹의 장점과 한계

(1) 디자인 씽킹(Design Thinking)의 장점

디자인 씽킹(Design Thinking)의 장점은 다음과 같다. 첫째, 타깃 고객과 비즈니스모델을 빠르게 해결하게 만드는 매우 창의적인 문제해결방법이다. 둘째, 경쟁자들과 차별화 전략을 개발할 수 있는 효율적 방법이다. 셋째, 디자인 씽킹 출발이 고객중심의 마인드셋이므로 고객의 입장에서 문제를 해결하게 하고 고객의 만족감을 높이는 차별적 방법을 찾아내도록 도와줌으로써 고객들의 만족감을 높인다.

(2) 디자인 씽킹의 단점

디자인 씽킹의 단점은 다음과 같다. 첫째, 공감을 위하여 끊임없이 조사하고 만나며 전략을 만들어내는 단계를 지나치게 하다 보면 생각의 다양성에 문제가 발생할 수 있다. 너무 많이 생각하는 것도 힘들지만 너무 적게 생각하는 것도 좋지는 않다. 둘째, 모든 문제들이 달라서 디자인 씽킹의 방법을 표준화하는 어떤 방법이나 툴킷이 존재하지 않는다. 셋째, 고객에게 이득을 주는 혁신적인 아이디어일수록 하나의 아이디어에서 출발한 실현가능한 비즈니스 전략을 요구한다. 하지만 현실적으로 고객 이득도 높이면서 실현가능한 비즈니스 전략을 찾는 것이 쉽지 않을 때가 있다.

따라서 디자인 씽킹을 진행하면서 유의해야 할 주요 사항은 다음과 같다. 첫째, 디자인 씽킹은 문제를 해결하기 위한 사용자중심의 접근방식이므로 공감하는 단계가 핵심이다. 둘째, 디자인 씽킹은 불명확한 문제에 특별히 도움이 된다. 셋째, 디자인 씽킹은 여러 번 반복과 피드백이 필요한 점진적 단계적인 과정이다. 넷째, 디자인 씽킹은 실행 그 자체가 중요한 것이다.

7) 디자인 씽킹의 적용 결과

디자인 씽킹의 기본원리를 창업교육에 적용시켜 본 결과 다음과 같은 시사점을 얻게 되었다.

첫째, 창의적 사고는 융합형 인재 양성교육을 위해 도움을 줄 수 있다.

둘째, 창업자에게 사용자중심 관점에서 아이템 도출을 하는 데 유용한 툴이다.

셋째, 그룹 활동을 통해 협업과 창의력을 향상시키는 데 도움을 주었다.

넷째, 제한된 시간 내에 다수의 아이디어를 생성하는 데 좋은 기법이다.

다섯째, 교수자 중심이 아닌 교수와 학습자 쌍방향 소통으로 즐거움에 참여율이 높다.

여섯째, 아이디어 창업뿐만 아니라 기술창업에도 적용될 수 있는 다양한 창업교육 프로그램 개발이 필요함을 각인시켜 준다.

일곱째, 정해진 시간 내에 전략과 효율을 통해 공감의 소통방법으로 효과가 매우 크다.

여덟째, 창업자에게 필요한 고객관계, 파트너와의 커뮤니케이션에 유연한 사고를 제공한다.

아홉째, 학습자뿐 아니라 창업전문교수의 역량 개발이 필수적임을 알 수 있다.

지금까지는 디자인 씽킹을 창업교육에 적용한 사례가 적어 보다 폭넓은 사례를 연구하고 분석함이 필요한 시점이다. 5차 산업혁명시대를 준비하기 위하여 창의적인 문제해결방법의 접근법으로 이 시대의 산업과 사회적 문제에 적용되고 고객 가치와 시장 기회를 바꿀 수 있는 실행가능한 사업전략으로서의 디자인 씽킹 교육이 실행되기를 기대해 본다.

연습문제 EXERCISE

객관식 문제

01 다음 중 괄호 안에 들어갈 용어를 고르시오.

> (　　　　)는(은) 새로운 제품이나 서비스의 기획에서부터 개발과 유통 등 혁신의 전 프로세스를 디자인 마인드로 관리하여 경영전략적 수단으로 디자인을 활용하여 새로운 비전과 가치를 창출함으로써 총체적으로 기업의 경쟁력을 제고시켜 주는 경영활동을 말한다.

① 브랜드 아이덴티티(Brand Identity)　② 디자인경영(Design Management)
③ 어크날리지먼트(Acknowledgement)　④ 코퍼레이트 아이덴티티(Corporate Identity)
⑤ 비주얼머천다이징

02 다음 중 컬러마케팅의 3원칙을 모두 고르시오. (복수선택)

① 가치부여의 원칙　② 일관성의 원칙　③ 아이덴티티의 원칙
④ 트렌드 변화 수용의 원칙　⑤ 비주얼머천다이징의 원칙

03 다음과 같이 주장한 학자는 누구인가?

> "향후 10년간 사람들은 자신의 전문분야와는 완전히 다른 새로운 영역으로 경계를 넘어 생각하고 일하도록 요구받을 것이다. 사람들은 이러한 경계를 넘어 기회를 규명하고 서로 다른 분야끼리 관계를 맺을 수 있어야 한다."

① 에이브러험 매슬로　② 워렌 버핏　③ 페이스 팝콘
④ 클레멘토 모크　⑤ 존 트레인

04 창의력으로 새로운 도전을 제시하고 시대가 요구하는 미래지향적인 안목으로 승부할 수 있으며, 그 누구도 예측할 수 없는 차별화된 아이디어를 창출해 낼 수 있는 미래적 지식영역을 개척하는 전문가를 무엇이라고 하는가?

① 스페셜리스트　② 제너럴리스트　③ 멀티스페셜리스트
④ 멀티크리에이터　⑤ 스타일리스트

05 '창의성이란 통합적 사고와 상상력에서 나온다', '창의성도 훈련이다'라고 주장한 학자는 누구인가?

① 에이브러험 매슬로　② 워렌 버핏　③ 페이스 팝콘
④ 클레멘토 모크　⑤ 아서 밀러

06 21세기는 정보화사회의 새로운 패러다임 속에서 '지식경쟁사회, '창조경쟁사회'로 전환되었다. 이러한 '정보화'와 '복합화(multi)', '기능화'의 물결 속에서 21세기의 대표적인 미래적 트렌드 키워드는 무엇인가?

① 정보력　② 변화능력　③ 추리력
④ 창의력　⑤ 관찰력

07 상품의 시각적 연출 기획을 말하는 것으로 상품의 이미지를 알기 쉽고 고르기 쉽게 연출하여 고객의 구매의욕을 높이는 전략을 무엇이라고 하는가?

① 브랜드 아이덴티티　② 마켓리서치　③ 패션이벤트기획
④ 패션스타일링　⑤ 비주얼머천다이징

08 고객의 5단계 구매법칙, 또는 5단계 기법의 순서가 올바른 것은?

① 주의(Attention) → 관심(Interest) → 욕구(Desire) → M(Memory) 및 C(Conviction) → 행동(Action), 만족(Satisfaction)
② 주의(Attention) → 욕구(Desire) → 관심(Interest) → 행동(Action) → M(Memory)
③ 관심(Interest) → 주의(Attention) → 욕구(Desire) → 행동(Action) → C(Conviction)
④ 관심(Interest) → 욕구(Desire) → 주의(Attention) → 행동(Action) → M(Memory)
⑤ 만족(Satisfaction) → 주의(Attention) → 관심(Interest) → 욕구(Desire) → 행동(Action)

09 다음 중 괄호 안에 들어갈 용어를 고르시오.

(　　　　)는(은) 코칭기술의 일종으로 상대의 존재를 인정하는 행위와 언어를 모두 포함하는 개념을 말하며, 승인을 통해 의욕을 증진시키는 효과를 가지고 있다. 상대를 인정하고 수용하는 가운데 그 강점을 파악하여 역량을 강화시키는 방법으로 전공과 전공의 통합, 업종과 지스의 결합 등 새로운 방법을 모색하는 것이다.

① 브랜드 아이덴티티　② 코퍼레이트 아이덴티티　③ 어크날리지먼트 전략
④ 마켓 리서치　⑤ 비주얼머천다이징

10 프로액티브이미지, 곧 사전대처적인 이미지를 제시하며 항상 다음 단계를 예측하고 준비하는 자세를 주장했던 학자는 누구인가?

① 칼 페이스 워지　② 에이브러험 매슬로　③ 알포트
④ 클레멘토 모크　⑤ 워렌 버핏

11 디자인 씽킹 문제해결과정 순서 중 올바른 것은 무엇인가?

① Empathize - Ideate - Test - Prototype - Define - Confirm Result
② Define - Ideate - Test - Prototype - Empathize - Confirm Result
③ Empathize - Define - Ideate - Confirm Result - Prototype - Test
④ Confirm Result - Empathize - Ideate - Define - Prototype - Test
⑤ Define - Confirm Result - Empathize - Ideate - Prototype - Test

12 관찰과 공감을 통해 특정 이슈를 인간중심으로 해석, 숨겨진 니즈를 발견하고 최적의 임팩트를 창조하는 혁신방법은 무엇인가?

① KJ mapping　② 브레인스토밍　③ QFD
④ 마인드맵　⑤ 디자인 씽킹

13 다음 중 디자인 씽킹 문제해결과정이 아닌 것은?

① 논리성과 합리성을 최우선적 가치 목표에 두고 문제를 해결한다.
② 인간의 감성에 초점을 두고 문제를 해결한다.
③ 경험에 초점을 두고 문제를 해결한다.
④ 빠른 실행으로 개선하고 평가한다.
⑤ 협업적이고 네트워크에 중심을 두고 문제를 해결한다.

14 효과적인 브레인스토밍을 위한 규칙이 아닌 것은?

① 아이디어의 양에 치중하라.
② 아이디어에 대해 판단하지 마라.
③ 정답이라고 느끼는 소수의 아이디어만을 만들어 내어라.
④ 그림이나 도식화를 그려라(Bevisual).
⑤ 독특하고 이상한 아이디어를 북돋아줘라.

주관식 문제

01 새로운 제품이나 서비스의 기획에서부터 개발과 유통 등 혁신의 전 프로세스를 디자인 마인드로 관리하여 경영전략적 수단으로 디자인을 활용함으로써 새로운 비전과 가치를 창출하며 총체적으로 기업의 경쟁력을 제고시켜 주는 경영활동을 무엇이라고 하는가?

02 코칭기술의 일종으로 상대의 존재를 인정하는 행위와 언어를 모두 포함하는 개념을 말하며, 승인을 통해 의욕을 증진시키는 효과를 가지고 있다. 상대를 인정하고 수용하는 가운데 그 강점을 파악하여 역량을 강화시키는 방법으로 전공과 전공의 통합, 업종과 지식의 결합 등 새로운 방법을 모색하는 것은 무엇인가?

03 다음은 고객의 5단계 구매법칙의 순서이다. 괄호 안에 들어갈 단어를 쓰시오.

주의(Attention) → 관심(Interest) → 욕구(Desire) → (   ) → 행동(Action), 만족(Satisfaction)

04 프로액티브 이미지, 곧 사전대처적인 이미지를 제시하며 항상 다음 단계를 예측하고 준비하는 자세를 주장했던 학자는 누구인가?

05 컬러마케팅의 3원칙을 모두 쓰시오.

06 디자인 씽킹의 프로세스 6단계는 무엇인가?

CHAPTER 06

창업 기회 포착

학/습/내/용

1. 창업과정과 기회
2. 기회의 창(Window of Opportunity)
3. 존 뮬린스의 7가지 사업 기회 포착법
4. 창업기회 포착 성공 사례 분석 : 마윈 vs 레이쥔

CHAPTER 06

창업 기회 포착

학습목표
1. 창업과정에서의 기회의 역할을 이해한다.
2. 유망한 사업 기회 포착 기법을 이해한다.
3. 사업 기회 포착 7가지 기법을 이해한다.
4. 성공 사례 분석을 통해 창업 기회 포착을 이해한다.

1. 창업과정과 기회

1) 창업과정에 관한 티몬스 모형

기업가정신 연구분야에서 대표적인 학자인 티몬스의 모형(Timmons Model)에서는 기회가 기업가정신 발현의 핵심으로 등장하고 있다. 창업은 기회의 포착과 구현인데, 신기술의 발달, 정부지원제도의 확대 및 엔젤 투자의 확산으로 문제의 해결이 쉬워지고 있다. 결과적으로 창업의 중심이 기회의 발굴로 이동하게 되는 것이다(이민화, 2016).

뱁슨 대학(Babson College)의 제프리 티몬스(Jeffry A. Timmons)는 그의 저서 《New Venture Creation》에서 "창업과정의 첫 원동력은 기회이다. 돈, 전략, 네트워크(인맥), 경영팀, 사업계획서가 아니다."라고 주장하였다(Jeffry A. Timmons, 2001).

진정한 기회는 팀의 재능이나 능력 혹은 초기에 이 팀에 제공될 수 있는 자원들보다 훨씬 중요하며, 창업가와 그 팀의 역할은 급변하는 환경 속에서 창의력을 발휘하는 것이 그 주된 역할이며, 또한 자원은 절약적이고 창의적으로 활용되어야 한다.

최근 린 스타트업(Lean Startup)에서 강조되고 있는 최소가능제품(Minimum Viable Product : MVP)의 개념은 자원을 절약적이고도 창의적으로 활용해야 한다는 개념과 맥을 같이 한다고 볼 수 있다.

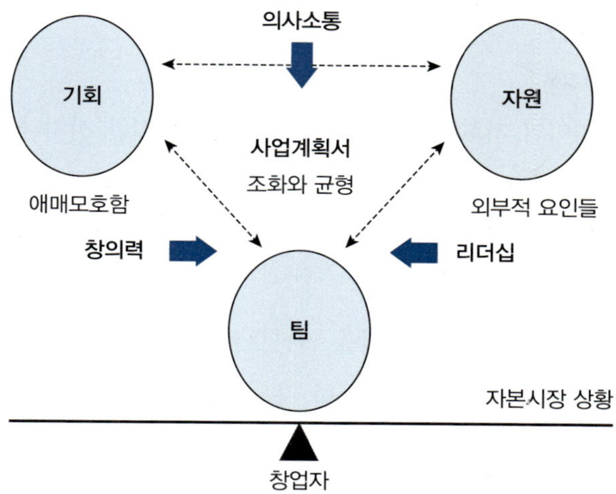

[그림 6-1] 티몬스 모형

예를 들어 MVP에서는 창업자가 보유한 자원이 100이 있다고 가정한다면, 최초 시제품을 만들 때 20 정도만 사용하여, 시제품을 만들고 나서 잠재 고객 또는 타깃 고객들을 대상으로 제품/서비스를 테스트해 보고 나서 추가수정 요구들을 조사한 후 나머지 남아있는 자원들을 점진적으로 사용할 것을 강조하고 있다. 창업과정은 이러한 테스트 과정을 거쳐서 성공가능성이 높은 기회를 추구해 나가는 과정이라고 할 수 있다.

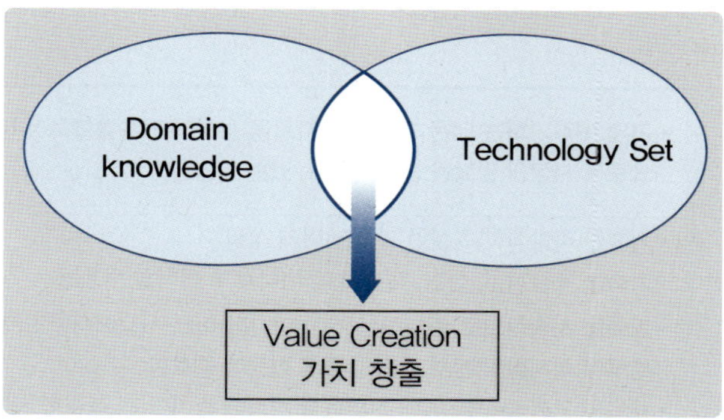

[그림 6-2] 가치 창출 모형

2) 기회란 무엇인가?

일반적인 사전적 의미의 기회란 '어떠한 일을 하는데 적절한 시기나 경우'를 말하며, 창업에서의 기회란 '바람직하고 실현가능한 미래상황'으로 정의된다. 이는 특정시간 또는 상황에 따라 보다 우수한 가치를 전달하기 위한 자원의 창의적 결합을 통해 시장 수요를 충족시키는 과정이라고 할 수 있다.

기회는 '미래 고객들이 추구하는 가치를 기반으로 시장이 원하는 것'이며, 이러한 기회는 기술과 독특한 보유 지식 및 역량을 통한 자원의 사용으로 나타나게 된다. 즉, 가치를 만들어낼 수 있는 역량을 통해 기회를 이끌어낼 수 있다(이민화, 2016).

기회를 발견하는 것은 창업의 제1의 조건이며, 신규사업을 위해 적절한 기회를 확인하고 선택하는 것은 성공한 기업가에게 있어서 중요한 역량 중 하나이다. 기업이 새로운 가치 창출과 이익의 기반이 되는 창업 기회를 어떻게 발전, 활용하여야 하는지를 제시하는 매우 중요한 부분이다.

조금 더 구체적으로 언급하자면, 기회는 아직은 명확하게 드러나지 않은 시장의 필요한 니즈나 아직 사용되지 않은 자원 또는 역량 등이 갑자기 나타났을 때를 의미한다. 아직 사용되지 않은 자원 또는 역량이란 시장이 미처 깨닫지 못한 기술, 발명 또는 제품이나 서비스의 아이디어를 일컫는다(문수영·황보윤, 2011).

〈표 6-1〉 기회의 정의

Schumpeter(1934) Kirzner(1973) Casson(1982)	• 기업가적 기회는 넓은 의미에서 자원을 창의적으로 결합하여 더 나은 가치를 전달함으로써 시장의 필요를 충족시킬 수 있는 가능성
Stevenson(1994)	• 기회란 바람직하고 실현 가능한 미래 상황 • 기회는 특정시간, 상황, 개인에 따라 다르게 인식될 수 있음
Timmons(1994)	• 기회는 지속적으로 존재하는 것이 아니라 어느 시점에서만 의미가 있기 때문에 기회 추구의 적시성이 벤처 기업의 향후 성장에 중요함 • 새로운 기회 추구를 위해 신제품을 시장에 출시할 때 적절한 시기를 고려해야 함
Ardichvili, Cardozo & Ray(2003)	• 기회는 미완성에서 시작하여 시간을 통해 점차적으로 더 개발, 완성되는 범의의 개념 • 처음에는 단순한 개념에 불과한 것을 기업가가 더 정교하게 개발해간다는 의미로 기업가의 역할을 강조

(1) 창업 기회 분석 매트릭스

아이디어를 기회로 전환하는 과정에서 사용하는 기회 분석 매트릭스는 굉장히 유용하게 사용된다. 기회 분석 매트릭스는 수요(Demand, 기회)와 공급(Supply, 역량)을 거시적(Macro)·미시적(Micro) 관점에서 분석함으로써 핵심역량(Core Completence)을 발굴하고, 이것이 진정한 기회인지를 평가하는 데 목적이 있다. 이를 통해 기회를 더욱 실현가능하고 경쟁력 있는 사업 기회로 전환시킬 수 있는 것이다(이민화, 2016).

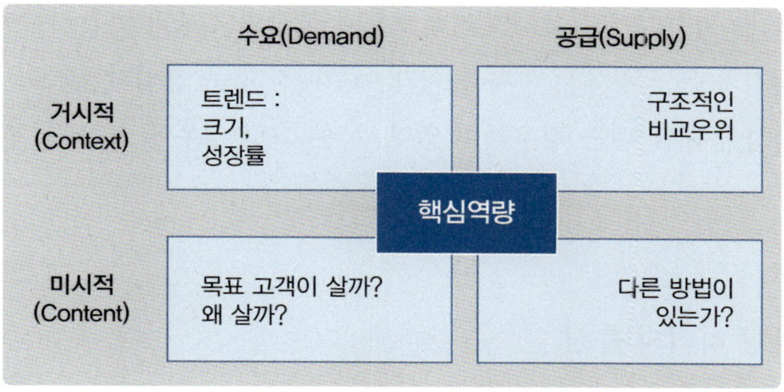

[그림 6-3] 창업 기회분석 매트릭스

(2) 시장의 수요는 기회를 측정하는 데 중요한 요인이다.

첫째, 기회의 원천은 시장이다. 즉 시장의 수요는 기회를 포착하는 중요한 원천인 것이며, 따라서 기회의 조건 중 하나는 '그 기회가 시장의 필요소비자를 쉽게 확보할 수 있는가?'이다.

둘째, 기회의 조건은 '기회 원천인 그 시장이 연 20%의 성장률을 가지고 그 20%의 지속력을 가지고 있는가?'이다.

셋째, 기회의 조건은 '시장의 구조와 규모가 부상하는가?'이다. 중요한 것은 현재 시장이 부상하고 있는 것이 아니라 그 잠재적 가능성에 중점을 두어야 한다는 것이다.

기회와 단순한 아이디어의 차이를 구별하도록 하는 것은 수익분석의 결과에 따라 나타낸다. 수익분석에서 중요한 판단 중에 하나는 제품 서비스가 '저비용으로도 공급할 수 있는가?'이며, 또한 제품/서비스를 공급하기 시작하여 '1~2년 내에 손익분기점을 넘어설 수 있는가?이다.

(3) 절약적이고 창조적인 자원활용

창업과정에서 자원이란 주로 물질적 자원, 즉 현금이 대표적인 자원이 된다. 이러한 현금자원은 창업과정 내내 적절히 배분하고 통제하에 사용되어야 한다. 또한 현금으로 구매 또는 소유하게 된 자원들은 가급적 창의적이면서 절제적인 전략을 수립하여 구매하여야 한다.

오히려 창업기업들이 흔히 겪게 되는 최악의 상황 중 하나는 창업기업이 너무 일찍 너무 많은 자금을 갖게 되는 것이다. 예를 들어 창업 초기에 사회의 분위기 등으로 인하여 기업의 제품 또는 서비스가 시장 소비자들로부터 충분히 검증받거나 기업 내부의 역량이 충분히 준비되지 않은 상황에서 투자 유치가 이루어질 경우 창업기업으로서의 본질을 잊어버리고 대기업 흉내를 내는 경우들이 있다. 물론 그럴 경우에 불 보듯 뻔한 결말을 맞게 된다.

(4) 창업가형 리더의 특성

창업가형 리더의 특성은 창업가의 성격, 설득능력, 대인 관계 능력, 재능과 자신감 및 자기훈련과 대화의 기술 등이다. 창업가의 리더십은 타고 나는 것이 아니라 훈련을 통해 습득하는 것이다. 남보다 빠르게, 그리고 더 잘 배우고 가르치며, 역경을 잘 이겨내는 능력이 필요하다. 도덕성, 신뢰성, 정직성을 갖추어 기업 문화와 조직을 이끌어야 한다.

(5) 창업 팀

1인 창업을 할 수도 있지만, 팀을 구성하여 창업을 할 경우 많은 장점을 누릴 수 있다. 지금은 기술과 사업가, 돈, 벤처 캐피탈 회사가 넘쳐 나는 시대이며, 단지 부족한 것은 훌륭한 팀이다. 훌륭한 창업 팀을 어떻게 잘 구성하느냐가 성공의 핵심 요소이다.

핵심 내용

우수한 팀의 특성

관련 분야의 경험과 경력 보유, 남보다 뛰어나려는 동기부여, 헌신, 몰입, 그리고 투지, 위험과 불확실성에 대한 인내심, 적응력, 리더십, 의사소통, 기회에 대한 강박관념을 가질 정도의 몰입이 필요하다.
첫째, 팀 구성은 일정 수준의 역량을 보유해야 한다. 각각의 구성원을 보더라도 팀 전체의 수준을 보여주는 데 무리가 없어야 한다.
둘째, 팀 구성원이 공통으로 추구하는 가치관을 가져야 한다. 이런 감정교류는 팀 구성원 간에 신뢰를 쌓게 한다.
셋째, 팀 구성원들 간의 소통이 중요하다. 협력하는 과정에서 발생하는 다양한 문제를 빠르게 해결할 수 있기 때문이다.
넷째, 팀 구성원 간의 협력이다. 신뢰가 기반이 된 협력만이 팀을 발전시킨다.

2. 기회의 창(Window of Opportunity)

너무 이른 창업 시 충분한 고객을 확보하기 전에 재정적 어려움에 직면하게 된다. 시장이 눈에 띄게 커지고 구조화되는 시점에서 창문이 열리고, 시장이 성숙되는 시점에서 창문이 닫히기 시작한다. 또 창업이 너무 늦을 경우에는 충분한 수익을 올리기 전에 시장이 퇴조하게 된다.

시장규모는 시간의 흐름에 따라 성장하게 되며, 시장이 충분히 커지고 구조화되었을 때 기회가 존재하기 시작한다. 시장의 성장률이 변화하여, 시장이 빨리 커지면 더욱 더 많은 기회가 존재한다. 이러한 때에 사업을 시작하면 좋은 기회를 얻을 수 있다.

시장이 성숙기에 접어들었을 때는 기회가 사라지기 시작하며, 시장이 느리게 성장하면 그만큼 적은 기회가 존재하고 투자 회수와 충분한 이익을 남기기 힘들어진다.

기회의 창(Window of Opportunity)은 평균적으로 시장이 어느 정도 커지기 시작하는 5년 이후에 열리기 시작하고, 시장이 성숙하여 구조화되고 대규모화되는 시점인 12년 정도에 닫히게 된다. 산업에 따라 시장규모나 시장속도가 틀리기 때문에 각 산업별로 시장 성장 정도를 잘 이해해야 한다.

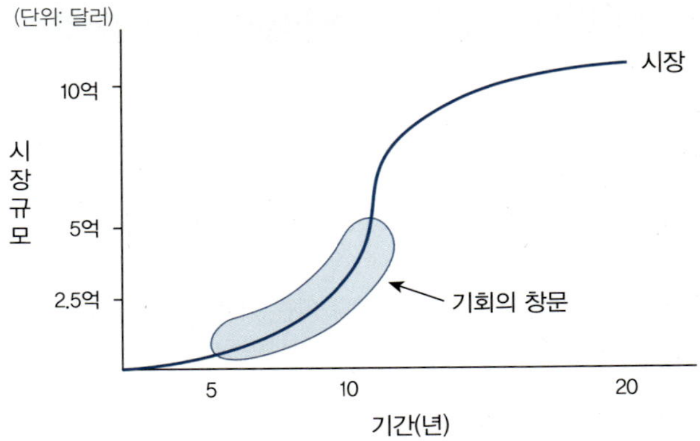

[그림 6-4] 기회의 창

1) 유망사업 기회 포착 기법

새로운 고객가치 창출과 미래 수요 트렌드 예측을 통해 신사업 기회를 포착할 수 있으며, 기술 진화 예측 등을 통해서도 유망사업 기회를 포착할 수 있다.

(1) 고객가치의 패러다임 변화

고객가치가 과거에는 소유 중시에서 경험가치의 중시 방향으로 변모하였으며, 나아가 기능과 같은 이성적 측면에서 감성적 측면 중시 경향으로 변모하였다. 또한 획일화된 제품/서비스에서 개인에게 최적화된 맞춤형 제품/서비스 요구 경향이 증가하고 있고, 가격탄력적 소비 패턴에서 가치소비중심(가격비탄력적)으로 변모하였으며, 자신이 중시하는 가치를 구현하는 제품/서비스에 기꺼이 높은 가격을 지불하고자 한다.

(2) 고객 경험 사이클 분석

소비자들은 어떤 제품/서비스 사용 니즈 발생 시 탐색/구매 → 배달 → 사용 → 보완 → 유지/보수 → 폐기의 6단계 경험 사이클 과정을 통해 구매를 진행한다.

① 탐색/구매는 정보에 접근하는 시간이나 단계를 단축하려는 시도로 정보탐색/접근의 용이하며 보다 적은 노력으로 풍부하고 실효성 있는 정보 획득이 가능하다. 다

양한 제품구색 확보를 통한 선택의 폭이 확대된다. 예를 들어 온라인상의 e-market place 등이 있다.

② 배달은 제품의 인도/배달 스피드가 고객이 추구하는 핵심 가치가 되어가면서 다양한 유통채널들 간의 경쟁을 통해 배달 스피드가 향상되었다. 예를 들어 백화점이 고객 접근이 쉬운 편의점으로 배송을 진행한다.

③ 사용은 온·오프라인 유통채널의 다변화로 고객 입장에서는 폭넓은 선택이 가능하다.

④ 보완은 시간/장소의 제약 없이 보다 편리한 방법으로 보완재 획득이 가능해졌으며, 보완재 구입비용 또한 저렴하다.

⑤ 유지/보수는 편의성·적시성 향상 및 제품 설치·A/S 서비스 등이 확대되고 있다.

고객이 경험하는 각 사이클 단계에서 고객이 느끼는 불편이나 중요하게 여기는 가치를 해결해 주거나 충족시켜 줄 때 사업의 기회가 생긴다.

(3) 체험/감성요소 가미

제품/서비스가 자신의 생활양식에 적합한지, 체험을 제공하는지 여부가 매우 중요해졌다. 예를 들어 보졸레누보는 신선한 포도주의 세계 동시 출시 이벤트를 진행하였으며, 스타벅스는 커피만이 아닌 우월감 고취, 독특한 매장 및 안락함 등의 문화를 판매하고 있다. 구체적인 상품보다는 테마, 상징, 컬트, 체험 등 추상적 가치를 구매하려는 경향이 늘어나고 있다.

(4) 산업 간 컨버전스를 통한 기회 활용

컨버전스는 다양한 산업이나 사업에서 이미 검증된 기술, 아이디어 등을 창조적으로 재조합하여 새로운 가치를 창출하는 것이며, 다양화, 고도화되어가는 고객니즈를 충족시키기 위한 보다 효과적인 방법이다. 산업 간 컨버전스를 통해 생성되는 신사업 기회들이 블루오션이 될 가능성이 많으며, 기존 사업 내 제품/서비스로는 창출하기 힘든 새롭고 획기적인 고객효용가치를 만들어 낼 수도 있다. 예를 들어 자동차와 IT의 만남, 위치기반 서비스, 전기자동차 등이 있다.

(5) 와해성 기술적용을 통한 패러다임 전환

기존 기술과는 단절적이고 차별적인 효용제공으로 일시에 경쟁판도가 변화가능한 와해성 기술에 대한 분석이 필요하다. 예를 들어 자동항법 에어택시는 항공기 회사 장벽을 와해시켰으며, 전자/자동차 회사 진입을 가능케 하였다.

(6) 솔루션의 활용

솔루션은 현재 드러나 있거나 혹은 잠재되어 있는 고객의 문제점을 정확히 포착하여 기존 제품/서비스와 새로운 서비스 간 결합을 통해 이를 해결함으로써 고객의 성과를 향상시키는 것을 의미한다.

솔루션은 소프트한 지식비즈니스로 고객과의 상호작용을 통해 기업과 고객 모두에게 혜택이 돌아가는 공동의 가치를 창출한다는 특징이 있으며, GE는 가전제품 판매에 리스·할부금융 서비스를 결합하여 시장을 확대하였다.

(7) 창업 기회의 신중한 검증

향후, 산업의 패러다임은 당분간 기존 사업의 레드오션화가 급속히 진행될 것이며, 경영/산업의 패러다임 또한 극심한 변동이 예상된다. 고객들의 관심사가 기존 제품/서비스 차원을 벗어나면서 새로운 제품/서비스 또는 가치를 찾아 이동하는 현상이 두드러질 것이다.

창업가 입장에서는 기존 사업이나 제품/서비스 중심의 사고에서 벗어나 새로운 고객가치를 발굴하고, 충족시켜 블루오션을 창출하는 것이 생존을 위해 반드시 필요하다. 그리고, 다른 사람들이 깨닫지 못한 사업적 기회를 간파하여 포착한 기회가 정말 가치 있는지 확인해야 할 필요가 있다.

창업 기회의 검증은 아이디어가 정말 사업화할 만한 가치가 있는지 판단하며, 창업 후 시장에서 살아남을 수 있는지를 예측하는 중요한 판단기준이 될 것이다.

2) 미래 수요 트렌드와 유망사업 기회

(1) 미래 수요환경 변화 요인

미래 수요환경을 변화시키는 요인으로는 크게 4가지로 설명할 수 있다. 첫째, 인구구조의 변화, 둘째, 사회 추구 가치의 변화, 셋째, 사람들의 라이프스타일의 변화, 넷째, 글로벌 환경의 변화이다. 이 4가지의 핵심요인들이 수요 트렌드의 변화를 일으킨다고 볼 수 있다.

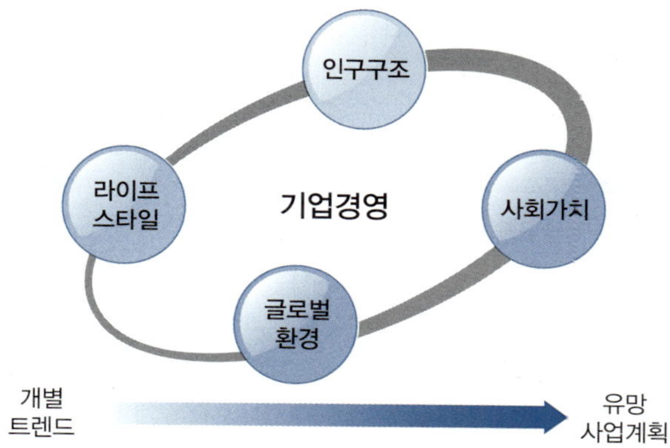

[그림 6-5] 수요 환경 변화요인

(2) 미래 수요 트렌드의 변화

① 인구 구조의 근본적 변화 : 인구구조는 고령화 사회로 진입하고 있으며, 핵가족 재분화 현상이 뚜렷하게 나타나고 있고, 신 모계제 사회가 도래하고 있다. 신 모계제 사회란 여성들의 사회진출이 증가하면서, 여성을 위한 제품/서비스가 증가하는 것을 의미한다.

② 삶의 질 추구 중심의 사회 가치 변화 : 생활 속 웰빙 실현을 중요시하고 있으며, 경험, 감성중심의 소비 패턴으로 변화하고 있다.

③ 개인주의 라이프스타일 만연 : 사이버 인구의 증가로 디지털/온라인화가 급속하게 증가하고 있고, 전통적 가족 개념이 해체되어 자기중심적 사고가 사회적으로 팽배해졌다.

④ 환경·자원이 지배하는 글로벌 환경 : 상품교역 및 자본 이동이 자유로워졌고, 환경

규제와 자연보호 문제가 전 세계적인 화두가 되었다.

⑤ 개인의 효용가치를 중시하는 소비 패턴 : 건강한 삶, 쾌적한 환경, 편리하고 재미있는 생활, 원활한 커뮤니케이션, 깨끗한 자원활용 등이 주요 소비 패턴으로 자리 잡았다.

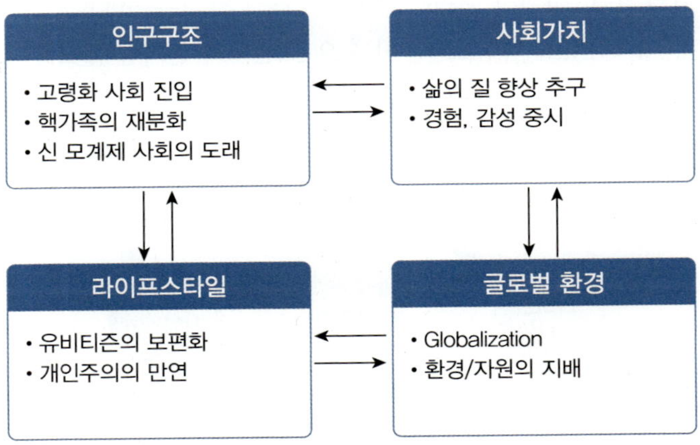

[그림 6-6] 미래 수요 트렌드의 변화

(3) 예측가능한 유망사업

수요 동인	주요 트렌드	주요 유망 사업 기회
인구 구조	고령화 사회 진입	- 시니어 타운(노인 주거 공간 및 의료/레저 서비스 등 제공) - 라이프케어 서비스(노인 자산 관리 등), 노인 전문 병원, 노화방지 센터 - 홈 헬스케어 기기 및 서비스(상시 원격 건강 모니터링, 건강 카운슬링 등) - 시니어형 맞춤 레저/여행 서비스, 맞춤형 리모델링
	핵가족의 재분화	- 지능형 홈 시큐리티 단말/시스템 및 서비스, 유아 Edutainment, 애완동물 전문몰 - 인력 공급 서비스(베이비시터, 조무사, 간병인, 가정부 등)
	신 모계제 사회의 도래	- 가사용 로봇, 홈 네트워킹 기기 및 서비스, 가사 지원 관련 각종 용역 서비스 - 도시 시큐리티 관련 제품/서비스 - 성형 클리닉, 피부관리 클리닉(화장품 판매 및 피부 진단/관리)
라이프 스타일	유비티즌의 보편화	- 웨어러블 컴퓨터, 디지털 시네마 솔루션, U-지갑/명함 - 모바일 블로그, 온·오프라인 게임 테마파크, 온라인 가드(온라인상 시큐리티 서비스) - 스마트카드, DRM(Digital Right Management)
	개인주의의 만연	- 명품 리스, 맞춤형 주택 및 리모델링, 개인별 맞춤식 식단 관리, 맞춤형 U-레저 - U-Learning, 복고풍 유희 콘텐츠, 다문화 퓨전공간

사회 가치	삶의 질 향상 추구	- 복합리조트형 테마파크, 개인용 멀티플렉스 영화관, 아트센터 체인 - 개인 맞춤형/자가진단 헬스케어기기, 수륙 양용 버스/택시(교통 혼잡 회피, 여가 등)
	경험, 감성 중시	- 가상체험 공간, 3차원 TV(홀로그램 이용 3차원 입체 영상/음향), 디지털 인테리어 - 산업디자인 아웃소싱, 공연 예술, 체험 관광
글로벌 환경	Glocalization	- 컬처 파크(국내 고유문화와 해외의 다양한 문화를 융합하여 관광 자원으로 개발) - Conglo-Media(범국가적인 글로벌 미디어)
	환경/자원 지배	- 친환경 주택(태양열, 연료전지 등 주택), 열병합 발전, 대체에너지(태양열, 풍력, 연료전지) - 친환경 자동차(연료전지, 수소 자동차), 온실가스 격리/고정 시스템 - 폐가스/폐전기 재활용 설비/시스템, 재난/재해 예방 및 관리 시스템

(4) 아이디어 약점 파악방법의 예

위와 같은 유망한 분야에서 검토한 제품/서비스 아이디어라도 〈표 6-2〉의 아이디어 검증 체크 포인트를 통과하지 못한다면 현실적으로 좋은 아이디어라고 볼 수 없다. 좋은 아이디어의 검증방법은 첫째, 현실적 실용가능성 여부, 둘째, 시장성, 셋째, 재정적인 매력, 넷째, 경쟁 정도, 다섯째, 기업가와의 적합한 정도이다.

〈표 6-2〉 아이디어 검증 체크 포인트

현실적 실용가능성	제품이나 서비스 아이디어가 매우 가치가 있기는 하지만, 실제로는 현실적인(또는 법적) 타당성이 없거나 개발하는 데 너무 많은 비용이 들어가는 경우
시장성	일부 사람들이 그 제품이나 서비스에 대한 욕구는 있지만, 규모가 충분치 않거나 구매하기가 용이하지 않아 이윤을 남기기 어려운 경우. 따라서 시장성을 판단하는 것은 시장규모와 소비자의 구매력임
재정적인 매력	그 사업에서 약간의 이윤을 남길 수 있을지도 모르지만, 투자를 정당화시킬 정도로 충분하지 않은 경우. 재정적인 매력을 가지려면 회사는 집입장벽을 가지고 있어야 함
경쟁 정도	투자 초기에는 어느 정도 매력적이라고 판단되지만, 경쟁력이 있는 기업들이 시장에 조기 진입함으로써 수익이 급격히 감소할 가능성이 있는 경우
기업가와의 적합한 정도	아이디어가 성공할 가능성이 있어도 창업자 자신에게 적합하지 않은 경우. 따라서 창업자는 창업아이템에 극적 경험(Peak Experience)이 있어야 함

3. 존 뮬린스의 7가지 사업 기회 포착법

1) 고객의 편익제공과 고통을 해소할 수 있는 틈새시장을 파악하라

런던 비즈니스 스쿨의 창업학(Entrepreneurship) 교수인 존 뮬린스는 사업기회 포착 첫 단계로 고객의 편익제공과 고통을 해소할 수 있는 틈새시장을 파악하라고 한다.

이를 위해서는 첫째, 시장과 산업을 구분할 줄 알아야 한다.

시장은 자신의 특별한 욕구와 니즈를 충족시키기 위해 제품/서비스를 구매할 의사와 능력을 갖춘 현재 및 잠재 고객들로 구성된다. 즉, 시장은 제품이 아니라 구매자(사람, 조직, 그들의 니즈)로 구성되며, 예를 들어 근무 중에 스낵을 먹고 싶어 하는 직장인들로 이루어진 '직장인 스낵 시장'이 있을 수 있다.

산업은 비슷하거나 대체재가 되는 제품(또는 제품 부류)을 제공하는 판매자들(대개는 조직들)로 이루어져 있다. 예를 들어, 직장인 스낵시장에서의 산업은 생산의 측면에서는 크래커산업, 캔디산업, 신선식품산업 등을 들 수 있고, 유통측면에서는 슈퍼마켓산업, 레스토랑산업, 자판기산업, 커피숍산업 등을 들 수 있다.

둘째, 자신의 제품/서비스가 고객의 어떤 고통을 해결해 줄 수 있는가 하는 것이 중요하다. 고객들을 끌어들일 수 있는 분명한 편익을 제공할 수 있고, 더 나아가 고객들이 기꺼이 지불하려는 가격으로 그들의 고통을 해결해 줄 수 있는 타깃 시장 세그먼트가 존재하는가, 창업자가 그 시장으로 진출할 수 있는가 하는 질문에 분명히 'Yes'라고 답할 수 있어야 한다.

제품/서비스가 더 낫든, 빠르든, 싸든, 어떤 식으로든 간에 여타 솔루션들에 의해 현재 제공되고 있는 것과 비교해서, 이러한 편익이 고객들의 마음속에서 차별화되고, 우월하게 느껴진다고 판단되어야 한다.

고통을 느끼는 고객들은 정확히 누구인가? 당신은 그들이 누구이고, 어디에 살고 있고, 어디에서 사업을 하며, 무엇을 하고 지내는지 등에 관한 세세하고 정확한 정보를 갖고 있어야 한다.

또한, 당신의 제품이 여타 솔루션들이 제공하지 못하는 편익을 제공하며, 당신이 제공하려는 상품을 고객들이 살 것이라는 명확한 증거를 갖고 있는가?

당신의 타깃 시장이 성장 잠재력을 갖고 있다는 명확한 증거를 제시할 수 있는가 하는 질문에 증거를 제시할 수 있어야 한다.

셋째, 제공하려는 상품(서비스)과 관련하여, 편익을 얻을 수 있는 또 다른 세그먼트들이 존재하는가이다.

현재의 세그먼트로의 진입이 우리가 앞으로 타깃으로 삼고자 하는 다른 세그먼트로의 진입을 얼마만큼 보장해 주는가? 즉 한 세그먼트에서 다른 세그먼트로 이전 가능한 역량을 개발할 수 있는가 하는 문제이다.

시장 세그먼트를 규정하는 세 가지 방법은 다음과 같다.

첫째, 고객들을 B2C 부문의 경우 나이·성별·교육·소득과 같은 인구 통계학적 특성에 의해 구분하는 것이다. B2B 부문의 경우에는 고객들이 어떤 산업에서 사업을 하고 있고, 회사의 규모 등 회사의 특성은 어떠한지 등에 의해 구분된다.

둘째, 고객들이 어디에 위치해 있는가에 의한 방법이다. 즉 지리적 특성에 의한 규정이다.

셋째, 고객들이 어떻게 행동하느냐에 의한 방법이다. 즉 행동적 특성이나 라이프스타일 특성에 의한 구분이다. B2B 부문의 경우에는, 행동에 의거한 시장 분할이 제품 사용방식에서의 차이를 구체적으로 드러내준다. 펌프 제조업자들은 어떤 물질을 퍼내느냐, 즉 액체·가스·점성도 등의 구분에 의거하여, 그리고 어떤 상황에서 사용하고 있는가로 구분한다. 예를 들어 추운 시베리아 툰드라 지역 유전에서 사용하느냐, 엄격한 위생조건이 필요한 낙농시설에서 사용하느냐에 의거하여 상당히 다양한 세그먼트에 필요한 펌프들을 제공하게 된다. 각기 다른 시장 세그먼트는 각각 다른 니즈를 갖고 있고, 따라서 요구되는 솔루션도 각각 다르다. 사업가가 성공하는 이유 중 하나는 시장을 세그먼트 하는 새로운 방법을 행동방식에 근거하여 찾아내고, 그럼으로써 자신이 지배할 수 있는 새로운 세그먼트를 창출해 냈기 때문이다.

2) 크고 성장하는 시장을 타깃으로 정하고 소비자 욕구와 트렌드를 간파하라

두번째, 존 뮬린스는 "기회 포착방법으로 크고 성장하는 시장을 타깃으로 정하고 소비자 욕구와 트렌드를 간파하라"고 한다.

즉, '어떤 사업을 하고 싶은가?'를 정할 때 거대 사업체로 성장할 잠재력을 지닌 사업인가? 즉 많은 경쟁업체들이 서로 방해가 되지 않으면서 각기 다른 세그먼트에 상품 공급이 가능할 만큼 현재 시장이 충분히 큰 시장을 선택해야 한다.

아니면 틈새시장에서 활약하는 작은 '라이프스타일'(생계형) 사업이므로 다른 분야로 진출하기 위해 현 사업체를 급히 매각하고 시장에서 빠져 나와야 한다. 트렌드를 파악하기 위해서는 이 시장의 과거 단기(6개월, 1년, 2년) 성장률은 어떠했고, 예측치는 어떠한가를 점검해야한다. 아울러 이 시장의 과거 장기(3년, 5년, 10년) 성장률은 얼마가 빨랐고, 예측치는 어떠한가도 점검해야 한다.

첫째, 당신은 어떠한 경제·인구 구조·사회문화·기술·규제·자연적인 트렌드가 시장에 영향을 미치고, 그러한 트렌드들이 자신의 사업에 좋든 싫든 어떤 효과를 미칠 것인지 확인할 수 있어야 한다. 시장 트렌드정보는 박람회, 출판물, 웹 등의 2차 자료나, 잠재 고객들·공급자들·경쟁자들과의 대화를 통해 얻을 수 있다. 만일 당신이 투자자를 구한다면 당신의 시장이 거대하거나 빠르게 성장하고 있지 않다면 투자자를 유치하는 일은 쉽지 않은 일이 될 것이다.

둘째, 이 기회가 라이프스타일 비즈니스(생계형 사업)를 위한 기회인가, 아니면 상당히 규모가 큰 사업체를 설립할 수 있는 기회인가를 점검한다.

셋째, 거시 트렌드 중에서 자신의 장래 사업에 결정적으로 중요한 트렌드로는 어떤 것들이 있는가? 또한 당신이 수집해서 조사한 데이터 전반을 근거로 볼 때 진출하려는 시장은 얼마나 유망한가를 점검해야 한다.

3) 유망한 산업을 선택하고 참여하라

마이클 포터는 산업의 유망성을 평가하는 5가지 질문(Michael Eugene Porter's 5 Forces Model)을 〈표 6-3〉과 같이 정리하였다.

〈표 6-3〉 산업의 유망성 평가 5가지 질문

5가지 요인	물어야 하는 질문	신규사업가가 원하는 대답
진입장벽 (Entry Barriers)	타 사업체들이 이 산업에 진입하기 쉬운가 어려운가?	되도록 빨리 산업에서 빠져나올 계획을 갖고 있는 신규 사업가는 진입장벽이 낮은 산업을 선호한다. 오래 지속되는 사업을 하기 원하는 사업가는 진입 장벽이 높아 추종자들의 진입이 어려운 산업을 선호한다.

공급자의 힘 (Bargaining Power of Suppliers)	이 산업의 공급자들이 계약과 조건을 정할 힘을 갖고 있는가?	사업가는 공급자의 힘이 약할수록 좋다.
구매자의 힘 (Bargaining Power of Buyers)	구매자가 계약과 조건을 정할 힘을 갖고 있는가?	사업가는 구매자의 힘이 약할수록 좋다.
대체품의 위협 (Threat of Substitutes)	대체품이 시장을 잠식하기 쉬운가, 어려운가?	사업가는 대체품의 위협이 작을수록 좋다.
대항하는 경쟁력 (Industry Competitors)	경쟁이 치열한가, 미미한가?	사업가는 경정이 미미할수록 좋다.

4) 지속가능한 경쟁우위를 확보하라

존 뮬린스는 네번째 기회 포착단계로 '지속가능한 경쟁우위요소를 확보하라'고 한다.

시장경쟁우위는 자신의 제품이 경쟁자들의 제품보다 고객에게 더 좋고, 더 싸고, 더 빠른 차별화된 편익을 제공할 때 발생한다. 그러한 경쟁우위는 다음과 같은 경우에 지속될 가능성이 높다.

이러한 경쟁우위요소는 특허, 영업비밀과 같이 다른 회사들이 복제하거나 모방하기 어려운 독점적인 요인들을 갖추고 있는 것이다. 또는 경쟁자들이 복제하거나 모방하기 어려운, 조직의 뛰어난 프로세스, 장래성·자원을 갖추고 있다. 아울러 회사의 사업 모델이 경제적으로 생존가능한 것이어야 한다. 즉 회사의 현금이 급속히 고갈되지 않는 모델이다. 이 경제적 생존가능성은 다음의 요소들에 주로 의존한다.

① 요구되는 투자 자본 및 획득가능한 마진과 관련하여 예상수입이 적절해야 한다.

② 고객을 끌어들이는 데 필요한 고객 획득 및 보유비용을 갖고 있으며, 거기에 도달하는 시간까지 생존가능해야 한다.

③ 공헌 이익이 사업운영에 필요한 총고정비를 충당하기에 적절해야 한다.

④ 운용 현금 사이클의 특성이 우호적이어야 한다. 사업에서 발생하는 마진과 비교하여, 얼마나 많은 현금을 얼마나 오랜 기간 동안 재고와 같은 운전자본에 묶여 있어야 하는가, 고객들이 얼마나 빨리 지불할 것인가 및 공급자와 종업원들에게는 얼마나 천천히 지불할 수 있는가 하는 문제들이다.

〈표 6-4〉의 이베이의 비즈모델을 살펴보면 지속가능한 경쟁우위 열쇠가 무엇인지를 알 수 있다.

〈표 6-4〉 이베이 비즈모델

경제적 생존가능성의 열쇠	이베이의 해답
요구되는 투자자본과 획득가능한 마진에 비추어 수입이 적절해야 한다.	많은 수입-고객들은 거래에 부과되는 요금을 기꺼이 지불한다. 과도한 투자를 하지 않는다.
고객의 획득 및 보유에 드는 비용을 갖고 있으며, 거기에 도달하는 시간까지 생존가능해야 한다.	고객들은 입소문을 듣고 몰려온다. 마케팅 비용이 거의 필요하지 않다. 판매할 아이템을 갖고 있는 사람들이 끝없이 줄을 잇고 있다.
공헌 이익이 사업 운영에 필요한 총고정비를 적절히 충당할 수 있어야 한다.	고객들이 재화를 보유하고, 거래에 종이가 필요 없어 재화 판매에 사실상 전혀 비용이 들지 않는다. 즉 거대한 공헌 이익과 최소의 고정비용
다음의 요소를 포함하여 운용 현금 사이클의 특성이 우호적이어야 한다. - 얼마나 많은 현금이 얼마나 오래 재고와 같은 운전자본에 묶여 있어야 하는가? - 고객들이 얼마나 빨리 지불할 것인가? - 공급자와 종업원들에게는 얼마나 천천히 지불가능한가?	판매자들이 등재 비용을 사전에 지불하고, 거래가 완료되면 거래 비용을 낸다. 따라서 외상 거래가 발생하지 않는다. 또한 이베이의 고객들, 즉 판매자들이 재화를 소유하므로 재고 비용도 전혀 들어가지 않는다.

5) 기업가적 사명과 열망, 위험 성향을 가져라

다섯 번째로, 존 뮬린스는 기회 포착을 위해 '기업가적 사명과 열망, 위험성향을 가져라'라고 강조한다.

이를 위해 다음과 같은 질문에 답할 수 있어야 한다.

당신의 사업가로서의 사명은 무엇인가?

- 특정 시장에서 공헌하는 것인가?
- 특정 산업을 변화시키는 것인가?
- 특정 제품을 시장에 내놓는 것인가?
- 실제 거기에서 어떤 열정을 느끼는가?

당신은 자신의 사업에 어떤 열망을 갖고 있는가?

- 자신과 가족을 위해 일하는 것인가?

- 자그마한 것인가, 커다란 것인가?
- 직접 발로 뛰는 것인가? 관리하는 것인가? 이끄는 것인가?
- 어떤 식으로든 세상을 변화시키는 것인가?

당신이 기꺼이 감수할 수 있는 위험과 감수할 수 없는 위험은 무엇인가?

- 현재 직장에서 받는 월급과 같은 안정을 포기할 수 있는가? 얼마나 오래 포기할 수 있는가?
- 자신의 사업 실패에 따른 위험을 감수할 수 있는가?
- 자신의 돈을 투자할 수 있는가? 얼마나 많이 투자할 수 있는가?
- 자신의 집, 또는 가족이나 사랑하는 이들과 보내는 시간을 포기할 수 있는가?
- 사랑하는 이들이 당신이 감수하려는 위험을 기꺼이 분담하려 할 것인가?

6) 결정적 성공요인을 파악하고 그것을 실행할 팀을 조직하라

여섯 번째로 존 뮬린스는 '결정적 성공요인을 파악하고 그것을 실행할 팀을 조직하라'라고 한다.

당신의 사업에서 다섯 손가락 안에 꼽히는 결정적인 성공요인(Critical Sucess Factor : CSF)들로는 무엇이 있는가? 정확히 요인들을 파악했다고 할 수 있는 증거들을 제시할 수 있는가?

당신의 팀이 함께 뭉치면 이 CSF들에 입각하여 실행할 수 있음을 단지 말로써가 아니라 과거 실제 행위로 보여줄 수 있는가?

당신의 팀이 어떤 CSF에 대해 제대로 준비를 갖추지 못했고, 그 공백을 메우기 위해 어떤 도움을 받을 필요가 있다고 판단되는가? 사업팀에는 종업원 이외에도 사업에 필요한 금융기관, 공급자, 유통업자 또한 고려되어야 한다.

7) 모든 가치사슬에서 효율적인 네트워크를 구축하라

일곱번 째는 모든 가치사슬에서 효율적인 네트워크를 구축하는 것이다.

당신과 당신의 사업팀은 자신과 경쟁자들의 공급자가 될 수 있는 가치사슬 위 누구를 알고 있는가? 당신의 산업에 대체품을 제공할 다른 사업의 공급자들은 어떠한가? 그 이름, 직책, 추적 정보를 갖고 있는지 확인해야 한다.

당신과 당신의 팀은 가치사슬 아래 유통업자와 오늘이든 내일이든 당신이 타깃으로 삼게 될 고객 중에서 누구를 알고 있는가? 그 이름, 직책, 추적 정보를 작성해 보아야 한다.

당신과 당신의 팀은 가치사슬 옆으로 자신의 경쟁자와 대체품 업체 중에서 누구를 알고 있는가? 역시 그 이름, 직책, 추적 정보를 조사해 보아야 한다.

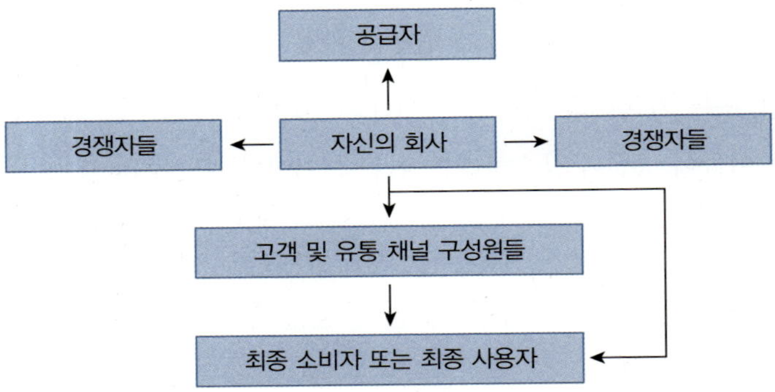

[그림 6-7] 모든 방향으로의 연결성

8) 피해야 할 5가지 함정

창업자들이 흔히 갖게 되는 5가지 함정들이 있다.

① 함정 1 : 큰 시장의 오류

"시장이 엄청 커요. 그 10%만 가져도 우리 모두 부자가 될 겁니다." 큰 시장, 즉 빠르게 성장하는 큰 시장은 다른 사업가들도 좋아한다는 게 문제이다. 큰 시장은 경쟁자들이 확고한 지위를 확보하고 있거나, 자금력이 큰 기업들까지 진입하려고 할 것이다. 특히 진입 장벽이 낮은 산업의 경우, 큰 시장은 오히려 사업하기에 어려운 곳이다. 중요한 점은 제품이 타깃으로 삼은 고객들에게 진정한 편익을 제공해야 한다.

② 함정 2 : 더 좋은 신기술의 오류

더 좋은 기술, 또는 신기술이라고 해서 반드시 더 좋은 고객 솔루션은 아니다. 기술에 대한 수요가 불확실한 테크노 사업가들에게 핵심 질문은 "누가, 왜, 이것을 원하는가?" 이다. 자신의 기회가 기술 기반일 때, 이 함정을 피해가는 최선의 방법은 적절한 고객들을 확인하고 기술을 이용해서 그들의 니즈를 만족시키는 것이다.

③ 함정 3 : 지속 불가능한 비즈니스모델

타깃 고객 그룹이 기꺼이 지불할 수 있는 비용과 의도된 제품/서비스가 경제적으로 생존가능한 비용 구조 사이의 관계가 지속가능해야만 한다. 즉 판매가격 대비 원가가 충분히 낮아야 한다.

④ 함정 4 : 일단 끼고 보자(The Me-Too Trap)

신규 참여자가 진입장벽(거시 수준의 산업요소)이 낮은 산업에 지속가능한 경쟁우위(미시 수준의 산업 요소)를 갖추지 못한 채 뛰어들면, 같은 기회를 추구하는 경쟁자들 때문에 순식간에 실패하고 만다.

이 두 가지를 견딜 수 있는 유일한 사업가는 '경쟁자들의 레이더망을 피해 일하는 틈새시장 사업가' 뿐이다.

⑤ 함정 5 : 오만

과거에 사업에 성공한 사업가들이 항상 성공하는 듯 보이나, 그들은 대개 치명적 결함이 없는 기회를 선택해 효율적으로 실행하기 때문에 성공한 것이다. 그러나 과거의 성공이 함정이 되기도 한다. 왜냐하면 과거 성공 방법이 항상 옳다고 생각하는 오류가 생기기 때문이다. 함정을 피해가는 방법으로는 오만에 빠지지 말고 기회 포착의 7가지 원칙에 주의를 기울여야 한다.

4. 창업기회 포착 성공 사례 분석 : 마윈 vs 레이쥔

창업의 성공은 단순한 아이디어의 발견을 넘어, 시대의 흐름을 읽고 문제를 해결하며 전략적으로 실행하는 데 달려 있다. 중국을 대표하는 두 명의 창업자 알리바바의 마윈(馬雲, Ma Yun)과 샤오미의 레이쥔(雷軍, Lei Jun)의 사례를 통해 창업기회를 어떻게 포착하고,

이를 통해 어떻게 세계적인 기업으로 성장시켰는지를 살펴보자.

1) 마윈 : 기회를 창조한 창업자

알리바바(Alibaba)의 창업자 마윈(馬雲, Ma Yun)은 창업 기회를 '발견'하는 것이 아니라 '창조'하는 것으로 접근했다. 그는 인터넷이 막 보급되던 시기, 중국의 중소기업들이 겪는 정보 격차와 유통의 비효율성을 문제로 인식했고, 이를 해결하기 위한 온라인 거래 플랫폼을 구상했다. 그 결과, 알리바바는 세계적인 전자상거래 기업으로 성장하게 된다.

(1) 문제 인식과 해결 중심의 접근

- 마윈은 인터넷 도입 초기 중국에서 정보 접근의 불균형과 유통 구조의 비효율성을 핵심 문제로 파악했다.
- 이를 해결하기 위해 중소기업을 위한 온라인 B2B 거래 플랫폼을 설계했고, 이것이 알리바바의 출발점이 되었다.

(2) 기회 포착의 핵심 전략

- 시대적 흐름을 읽고, 인터넷 보급 초기의 틈새시장인 온라인 B2B 플랫폼에 집중했다.
- 사용자 중심의 서비스 설계를 통해 기술보다 사용자의 편의성과 신뢰를 우선시했다.
- 중국 내 성공에 안주하지 않고, 글로벌 시장으로 빠르게 확장하는 전략을 구사했다.

(3) 실패를 통한 학습

- 마윈은 여러 번의 창업 실패와 취업 좌절을 겪으며 끈기와 문제 해결 능력을 키웠다.
- 이러한 실패 경험은 문제 인식 능력을 강화시켜, 창업 성공의 밑거름이 되었다.

(4) 전략적 실행

- B2B에서 B2C, 그리고 금융과 클라우드 서비스로 유연하게 사업 영역을 확장했다.
- 알리페이, 타오바오, 알리클라우드 등 다양한 플랫폼을 통해 디지털 생태계를 구축했다.
- 중국 정부와의 협력을 통해 규제 환경을 이해하고 전략적으로 대응했다.

2) 레이쥔 : 시대의 흐름을 읽는 창업자

샤오미(Xiaomi)의 창업자 레이쥔(雷軍, Lei Jun)은 창업기회를 포착하는 데 있어 '시대의 흐름을 읽는 통찰력'을 가장 중요한 요소로 강조한다. 그는 애플의 아이폰을 보고 모바일 인터넷 시대가 도래할 것이라 판단했고, 이에 따라 샤오미를 창업했다.

(1) 시대 흐름을 읽는 통찰력

- 레이쥔은 "노력보다 중요한 것은 시대의 흐름에 순응하는 것"이라고 말한다.
- 모바일 인터넷이라는 거대한 변화의 물결을 정확히 포착하여 샤오미를 창업했다.

(2) 기술 트렌드에 대한 민감한 반응

- 스마트폰 시장의 성장가능성을 인식하고, 고품질 저가격 전략으로 빠르게 시장을 점유했다.
- 이후 사물인터넷(IoT)의 가능성을 예측하고, AIoT 생태계 구축에 집중 투자했다.

(3) 팬덤 기반의 마케팅 전략

- '미펀(Mi Fan)'이라는 팬덤을 형성하여 제품 개발과 마케팅에 고객을 적극적으로 참여시켰다.
- 창립 6개월 만에 150만 명의 고객을 확보했고, 5년 만에 1억 5천만 명의 충성 고객

을 확보했다.

(4) 조직과 사람 중심의 경영 철학

- 제품보다 조직과 인재를 중요시하며, 창의적인 인재 발굴에 80%의 시간을 투자했다.
- "손해 보는 사람이 되라"는 철학을 바탕으로 신뢰 기반의 관계를 구축했다.

(5) 전략적 실행

- 고품질 저가격의 가성비 중심 제품 전략으로 시장을 빠르게 장악했다.
- 팬덤 마케팅을 통해 브랜드 충성도를 강화했다.
- 직접 공장을 세우기보다 스타트업에 투자하여 생산을 위탁하는 방식으로 유연한 생산 전략을 구사했다.

〈표 6-5〉 마윈 vs 레이쥔 : 창업기회 포착 비교 분석

항목	마윈	레이쥔
기회 포착 시점	인터넷이 중국에 막 도입되던 시기	스마트폰과 모바일 인터넷이 급성장하던 시기
기회 인식 방식	시장의 공백(중소기업의 해외진출 어려움)을 발견	기술 트렌드(모바일, IoT)의 폭발적 성장 예측
시장 접근 전략	B2B → B2C → 핀테크로 확장하며 생태계 구축	스마트폰 → AIoT로 확장하며 기술 중심 생태계 구축
창업 철학	고객 중심, 장기적 생태계 구축	시대 흐름에 순응, 빠른 실행과 기술 혁신
실패 경험의 활용	초기 인터넷 사업 실패 후, 고객 중심 전략으로 전환	첫 창업 실패 후, '태풍의 길목' 철학으로 방향 재설정
팀 구성 방식	교육자 출신으로 비즈니스 감각보다 비전 중심 인재 선호	기술 전문가 중심으로 실무 능력과 실행력 중시
리더십 스타일	카리스마와 스토리텔링 중심	실용적이고 전략 중심의 리더십
기술에 대한 태도	기술보다 사람과 시장의 연결에 집중	기술을 핵심 경쟁력으로 삼고 제품 혁신에 집중

연습문제 EXERCISE

객관식 문제

01 산업환경분석 중 산업매력도(산업구조분석: 5 Force Model)에 대한 설명으로 잘못된 것은?

① 일반적으로 수요자의 교섭력이 클수록 해당 시장의 매력도는 낮아짐
② 산업구조분석의 목적은 산업의 수익성과 매력도를 파악하고 미래 산업환경을 예측하는 것
③ 시장의 진입장벽이 높을수록 시장매력도도 높음
④ 일반적으로 공급자의 교섭력이 클수록 시장의 매력도는 높아짐
⑤ 대체제가 많을수록 시장의 수익성이 낮아지고 매력도 또한 낮아짐

02 티몬스(Timmons) 모형에서 창업과정의 첫 원동력은 다음 중 어느 것인가?

① 자금 ② 전략 ③ 기회
④ 사업계획서 ⑤ 창업팀(인력)

03 다음 중 사업 아이디어의 약점을 파악하는 기준의 예로 알맞지 않는 것은?

① 현실적 실용가능성 ② 시장성 ③ 경쟁 정도
④ 혁신성 ⑤ 재정적 매력

04 다음 중 존 뮬린스의 7가지 사업기회 포착법에 속하지 않는 것은?

① 1단계 : 고객의 편익제공과 고통을 해소할 수 있는 틈새시장을 파악하라.
② 2단계 : 크고 성장하는 시장을 타깃으로 정하고 소비자 욕구의 트렌드를 간파하라.
③ 3단계 : 매력적인 산업을 선택하고 참여하라.
④ 4단계 : 산업 내에서 지속적인 경쟁우위를 확보하라.
⑤ 5단계 : 시장과 산업을 구분하여 전략을 세워라.

05 존 뮬린스의 7가지 사업기회 포착법에서 산업과 시장을 구분하는 설명으로 맞지 않는 것은?

① 시장은 자신의 특별한 욕구와 니즈를 만족시키기 위해 제품/서비스를 구매할 의사와 능력을 갖춘 현재 및 잠재고객들로 구성된다.
② 시장은 제품이 아니라 구매자, 즉 사람, 조직, 그들의 니즈로 구성된다.
③ 산업의 예를 들면 근무 중 스낵을 먹고 싶은 사람들로 구성된 산업은 직장인 스낵산업이다.
④ 산업은 비슷하거나 대체재가 되는 제품 또는 제품 부류를 제공하는 판매자들, 대개는 조직들로 이루어진다.
⑤ 산업의 예를 들면, 근무 중 스낵을 먹고 싶은 사람들로 구성된 시장에서의 산업은 크래커 산업, 캔디산업, 슈퍼마켓산업, 자판기산업 등을 들 수 있다.

06 다음 중 티몬스의 창업과정 모형에 대한 부문별 설명에서 틀린 것은?

① 진정한 기회는 팀의 재능이나 능력 혹은 초기에 이 팀에 제공될 수 있는 자원들보다 훨씬 중요하다.
② 창업가와 그 팀의 역할은 급변하는 환경 속에서 창의력을 발휘하는 것이다.
③ 리더십은 사업계획서 작성 중에 창의력을 이끌어 내게 하는 것이다.
④ 자원을 절약적이고 창의적으로 활용되어야 한다.
⑤ 사업계획서란 기회, 자원, 팀이라는 세 가지 원동력들과 이들 간의 조화와 균형의 질에 대해서 의사소통을 가능하게 하는 언어이며 암호이다.

07 다음 중 기회의 창(Window of Opportunity)에 대한 설명에서 틀린 것은?

① 시장이 충분히 커지고 구조화되었을 때 시장의 기회가 존재하기 시작한다.
② 시장의 성장률이 변화하여, 시장이 빨리 커지면 더욱 더 많은 기회가 존재한다.
③ 기회의 창은 산업에 따라 시장규모의 성장속도가 틀리기 때문에 산업의 시장성장 정도를 잘 이해해야 한다.
④ 시장이 성숙기에 접어들었을 때는 시장 기회도 성숙해진다.
⑤ 시장이 느리게 성장하면 그만큼 투자회수와 충분한 이익을 남길 수 있는 기회가 적어진다.

08 다음 중 최근 고객가치의 패러다임 변화에 대한 설명에서 틀린 것은?

① 소유 중시에서 경험 가치의 중시 방향으로 변모하였다.
② 기능과 같은 이성적 측면을 중시하는 경향이다.
③ 획일화된 제품에서 개인에게 최적화된 제품을 요구한다.

④ 가격탄력적 소비 패턴에서 자신이 중시하는 가치를 구현하는 제품을 기꺼이 높은 가격에 지불하고자 하는 가격 비탄력적 소비 경향이다.

⑤ 서비스도 맞춤형 서비스를 요구한다.

09 시장기회 포착법 중 미래 수요 트렌드의 변화에 대한 설명에서 틀린 것은?

① 인구 구조는 고령화 사회로 진입과 핵가족 재결합의 현상이다.

② 삶의 질 추구 중심의 사회 가치 변화로 웰빙 추구, 감성중심의 소비 패턴이다.

③ 개인주의의 라이프스타일이 만연되고 있다.

④ 컬처파크로 대표되는 글로컬라이제이션과 환경과 자원이 지배하는 글로벌 환경이다.

⑤ 여성들의 사회 진출 증가로 여성의 사회적 지위 및 영향력이 향상되는 신 모계제 사회가 도래하고 있다.

10 존 뮬린스의 사업기회 포착 7가지 기법 중에서 4단계인 지속가능한 경쟁우위를 확보하는 열쇠에 대한 설명에서 다음 중 틀린 것은?

① 특허, 영업비밀과 같이 다른 회사들이 복제하거나 모방하기 어려운 독점적인 요인들을 갖추고 있어야 한다.

② 경쟁자들의 복제 또는 모방이 어려운 조직의 뛰어난 프로세스, 장래성, 자원을 갖추고 있어야 한다.

③ 고객들은 천천히 지불해도 공급자나 종업원에게는 빨리 지불하는 사업운영 형태여야 한다.

④ 회사의 사업모델이 경제적으로 생존가능한 것이어야 한다.

⑤ 공헌이익이 사업운영에 필요한 총고정비를 충당하기에 적절해야 한다.

11 새로운 고객가치에서 신사업 기회를 포착하는 방법 중 고객이 탐색하고 구매 후 배달, 사용, 보완, 유지 및 보수, 폐기까지 일련의 과정에서 고객의 불편사항이나 고객이 원하는 새로운 요구를 찾는 방법은 다음 중 어느 것인가?

① 미래 수요 트렌드 예측에서 찾는 유망사업 기회

② 새로운 소비자 니즈 창조에서 찾는 유망사업 기회

③ 기술 진화 예측을 통한 유망사업 기회

④ 산업 간 컨버전스의 기회 활용

⑤ 고객경험 사이클 분석

12 아이디어 검증 체크 포인트 중에서 기업가와의 적합한 정도는 아이디어가 성공할 가능성이 있어도 창업자 자신에게 적합하지 않은 경우 성공하기 어려우며, 창업자에게 적합한 정도는 창업아이템에 (　　　)이(가) 있어야 한다. (　)에 적합한 단어는 무엇인가?

① 열정　　② 일방적 경쟁 우위　　③ 해결책
④ 차별성　　⑤ 극적 경험

13 다음 중 유망한 비즈니스 아이디어가 갖추어야 할 요소가 아닌 것은?

① 명확한 고객 가치　　② 적절한 규모의 시장　　③ 충분한 혁신
④ 실행가능성과 수익성　　⑤ 경쟁자가 없는 시장

14 다음 중 기회 포착에 유능한 창업가들의 기회 인식 및 식별에 영향을 미치는 요인 4가지 중 아닌 것은?

① 기업가적 기민성(Alertness)　　② 기술 및 시장에 대한 정보
③ 인적 네트워크　　④ 선천적 기질
⑤ 자신감에 기반한 긍정적 마인드

주관식 문제

01 기회의 창(window of opportunity)은 시장이 어느 정도 커지기 시작하는 (　　　　)년 이후에 열리기 시작하고, 시장이 성숙하여 구조화되고 대규모화되는 시점인 (　　　　)년 정도에 닫힌다. (　) 안에 알맞은 말을 채우시오.

02 존 뮬린스의 사업기회 포착 7가지 기법 중 피해야 할 5가지 함정은 (　　　　　　　), (　　　　　　　), 지속 불가능한 비즈니스모델, 일단 끼고 보자(the me-too trap), 과거 사업 성공의 오만이다. (　) 안에 알맞은 말을 채우시오.

03 티몬스의 창업과정 모형은 아래와 같다. (1) (2) (3) 순서에 맞게 ( )를 채우시오.

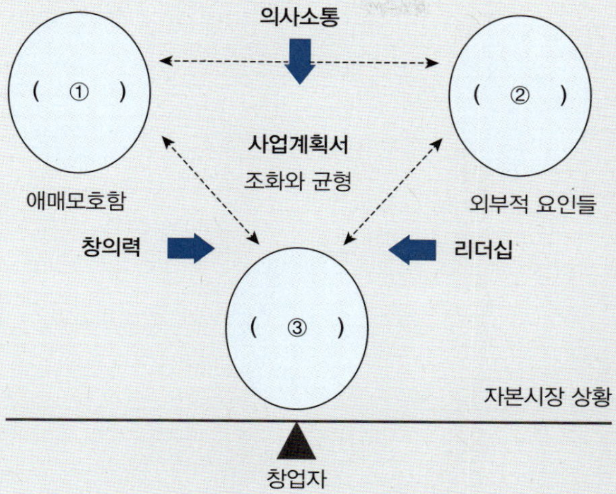

04 기회 포착 기법의 한 형태로서 다양한 산업이나 사업에서 이미 검증된 기술, 아이디어 등을 창조적으로 재조합하여 새로운 가치를 창출하는 것으로, 예를 들면 자동차와 IT의 만남, 위치기반 서비스, 전기자동차 등으로 대별되는 기회 포착법은 ( )의 기회 활용이다. ( ) 안에 알맞은 말을 채우시오.

05 미래 수요 트렌드 예측에서 찾는 창업 기회 포착법에서 미래 수요 트렌드 변화를 분석하는 중심이 되는 축 4가지는 무엇인가?

06 최근 고객 가치의 패러다임 변화 중 하나로서 자신이 중시하는 가치를 구현하는 제품/서비스라면 가격이 높더라도 기꺼이 지불하는 소비 패턴을 무엇이라고 하는가?

CHAPTER 07

사업모델 실무

학/습/내/용

1. 비즈니스모델 이해
2. 비즈니스모델 캔버스
3. 비즈니스모델 캔버스 활용

CHAPTER 07

사업모델 실무

학습목표

1. 사업모델, 즉 비즈니스모델의 중요성과 개념을 이해한다.
2. 비즈니스모델의 구성요소를 이해한다.
3. 비즈니스모델 캔버스의 도출과정과 9가지 블록을 이해한다.
4. 린 스타트업의 개념을 이해한다.
5. 린 캔버스의 구성요소를 이해한다.
6. 비즈니스모델 캔버스와 린 캔버스의 차이점을 이해한다.
7. 비즈니스모델 캔버스 작성을 통해 사업모델에 대한 한층 더 가까운 접근을 이끌어 내도록 한다.

1. 비즈니스모델 이해

사업모델, 즉 비즈니스모델이란 기업이 고객을 위한 가치를 어떻게 창조해 전달하고, 어떤 방법으로 수익을 획득하는가를 설명하는 '하나의 스토리'다(Teece, 2010).

비즈니스모델이라는 개념은 인터넷 전자상거래가 등장하면서 아마존 같은 기존과는 전혀 다른 사업 모델이 출현하자, 1988년 티몬스가 이를 유형별로 체계적으로 분류하면서 시작되었다. 이후 비즈니스모델은 신제품이나 신기술 없이도 기존 자원을 새롭게 재구성하여 차별화된 사업모델을 의미하는 개념으로 사용되었다(교육부, 한국연구재단, 청년기업가정신재단, 2014).

1) 비즈니스모델의 정의

비즈니스모델이란 '기업 업무, 제품 및 서비스의 전달방법, 이윤을 창출하는 방법을 나타낸 모형'을 말한다. 기업이 지속적으로 이윤을 창출하기 위해 제품 및 서비스를 생산하고, 관리하며, 판매하는 방법을 표현한 것이다. 또한 비즈니스모델은 제품이나 서비스를 소비자에게 어떻게 제공하고 마케팅하며, 돈을 벌 것인지 계획하거나 사업 아이디어를 말한다(Laudon, Kenneth, C. & Jane, P., 2015).

비즈니스모델에 관해 많은 학자들이 연구하고 정의를 내렸는데 일부 학자들의 의견은 다음과 같다.

- 알렉산더 오스터왈더와 이브스 피그뉴어 : 어떻게 조직이 가치를 창출하고, 전달하고, 획득하는지 논리적으로 정리한 것이다.
- 스티브 블랭크 : 어떻게 기업이 창조, 전달, 포착한 가치를 묘사하는지에 대한 방법이다. 이것은 제품을 고객에게 어떻게 전달할 것인가와 회사가 어떻게 수익을 얻을 것인가를 포함한다.
- 폴티머스 : 제품, 서비스 및 정보의 흐름이며, 다양한 참여자들의 잠재적인 이익과 수익원천을 설명해 주는 청사진이다.
- 콜과 미첼 : 어떤 조직단체에서 그들의 고객에게 제품과 서비스를 제공하고, 자원과 능력을 개발하기 위하여 "What", "Who", "When", "Where", "Why", "How", "How much"의 사용가능한 조합이다.
- 티몬스 : 다양한 사업 참여자와 그들의 역할을 포함하는 제품, 서비스, 정보흐름의 구조이며, 다양한 참여자들의 잠재적인 이익과 수익 원천을 설명해 주는 청사진이다.

실무 필수 내용

많은 학자들의 연구를 종합한 정의

비즈니스모델은 사업 아이디어를 가지고, 어느 시장에서, 누구에게, 어떤 가치를, 어떤 방법으로 전달하고, 어떻게 수익을 창출할 것인지에 대한 전반적인 방향과 방법이라고 할 수 있다.

2) 비즈니스모델의 개념

비즈니스모델은 전략모델, 운영모델, 수익모델의 3가지 모델이 필요하며 각 모델들은 서로를 뒷받침해야 비즈니스가 가능하다(중소기업청, 2001).

- 전략모델 : 고객에게 자사가 제공하는 것이 무엇인가를 표현하는 모델로 운영모델에

의지해서만 비로소 실현될 수 있다. 또한, 수익모델이 뒷받침되지 않으면 비즈니스가 될 수 없다.

- 운영모델 : 전략을 지원하기 위한 운영의 기본구조와 그 전제를 표현하는 모델로 운영모델 역시 수익모델이 뒷받침되지 않으면 비즈니스가 될 수 없다.
- 수익모델 : 사업활동의 대가를 누구에게 어떤 식으로 얻는지 그 전제를 표현하는 모델이다.

[실무 필수 내용]

비즈니스모델은 '가변적'이다

- 비즈니스모델은 비즈니스 환경 변화와 고객에 따라 항상 가변적이다.
- 수요변화에 빠르게 적응하고 더 좋은 비즈니스모델로 발전가능하다.

[실무 심화 내용]

비즈니스모델과 사업계획서의 차이점

구분	비즈니스모델	사업계획서
내용	• 사업의 목적, 근거, 구체적인 계획까지는 다루지 않음 • 사업 아이디어를 활용하여 수익을 창출하는 방법	• 어떤 비즈니스의 목적, 그것이 달성한다고 믿는 근거, 그리고 이를 위한 구체적인 계획이 포함된 공식 문서 • 비즈니스모델의 구체적인 실행계획
	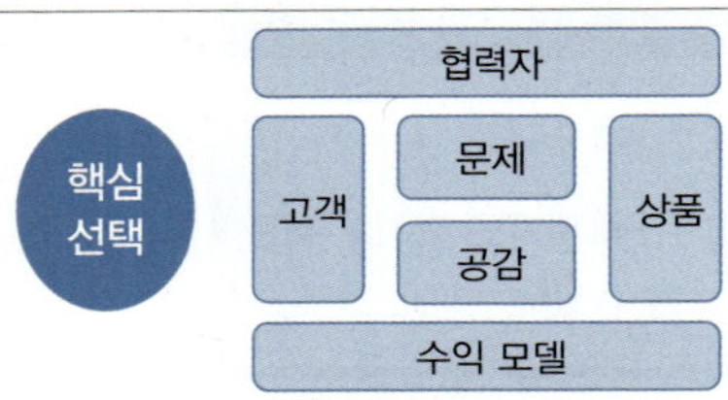 	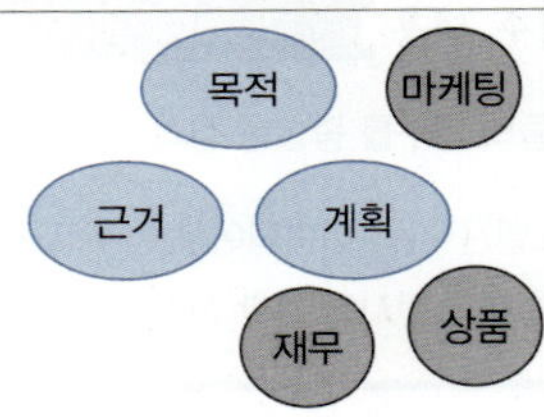

출처: 조용호(2013). 비즈니스모델의 정의와 종류.

3) 비즈니스모델의 구성요소

비즈니스모델의 구성요소는 가치제안, 목표 고객, 가치사슬/조직, 전달방법 설계, 수익

흐름으로 제시할 수 있다. 즉 제품과 서비스를 제공할 목표 시장을 선정하고, 목표 시장의 고객에게 자사의 제품과 서비스를 구입해서 얻게 되는 혜택인 고객 가치를 명확히 하여 고객이 기꺼이 돈을 지불하고 구매하도록 유도하는 전략을 수립하는 것이라고 할 수 있다.

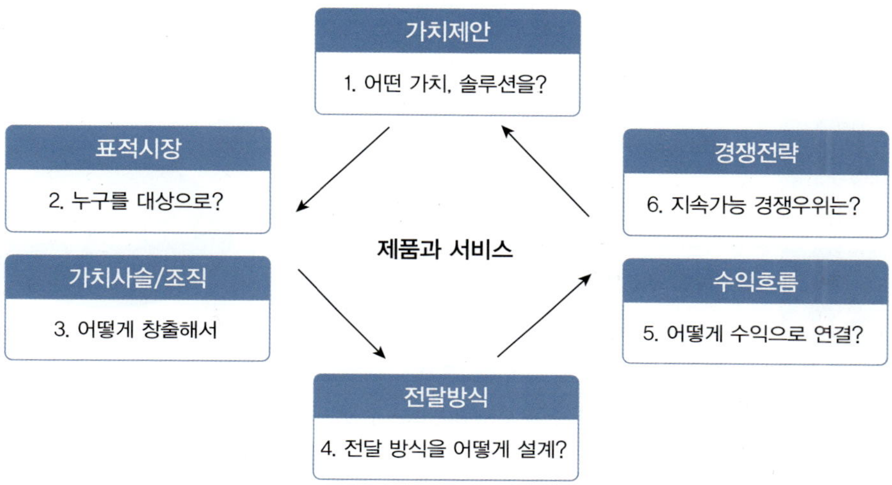

[그림 7-1] 비즈니스모델의 구성요소

각 구성요소들을 좀 더 자세히 살펴보면 다음과 같다.

- 가치제안 : 고객의 관점에서 바라본 상품이나 서비스의 가치와 상품이 고객의 니즈를 어떻게 충족시킬지에 관한 것이다.
- 표적시장 : 세분화별로 소지자는 다양한 니즈를 지니고 있고, 다른 시장의 소비자들과는 구분되는 고유한 방식으로 상품이나 서비스의 가치를 판단한다는 점에서 고객 가치는 정확한 세그먼트를 타깃으로 할 때 가치가 발현된다.
- 가치사슬 : 상품이나 서비스를 만들어내고 유통시키는 데 필요한 구조와 조직의 자원을 효율적으로 활용하는 방법이다.
- 전달방식 : 가치사슬에서의 전/후방 활동을 최종 소비자와 연결하는 가치사슬상의 기업 포지션, 공급자, 보완 업체, 그리고 후방채널 활동이 포함된다.
- 수익흐름 : 수익모델과 그에 따른 수익 잠재력을 말한다.
- 경쟁전략 : 기업이 지속가능한 경쟁 우위를 확보하기 위한 방법이다.

(1) 비즈니스모델의 조건(강한수, 2011)

성공적인 비즈니스모델을 만들기 위해서는 그 모델이 가지고 있는 경쟁력과 지속성을 보유하고 있어야 한다. 또한 목표고객에 대한 명확한 가치제안으로 보다 많은 고객을 확보하고, 이를 수익과 연결시킬 수 있도록 만들어 경쟁력을 키워 나가야 하며, 가치 창출을 위한 활동들이 선순환 구조를 형성하고 경쟁자가 모방이 불가능하도록 설계해야 한다.

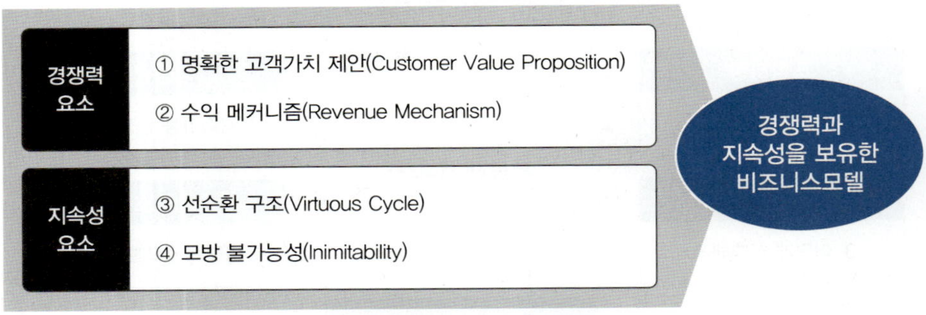

[그림 7-2] 성공적인 비즈니스모델의 4가지 조건

① 경쟁력 요소

- 치열한 경쟁 환경에서 생존하기 위해서는 경쟁력 있는 요소가 필수적이다. 경쟁력 요소는 크게 고객에게 차별화된 명확한 가치를 제안할 수 있는지, 수익을 창출할 수 있는 메커니즘이 있는지로 구분된다.
- 명확한 고객가치 제안이란 제품이나 서비스 자체가 아니라 고객의 문제를 해결하고 니즈를 충족시키는 솔루션 제공을 의미한다. 기본 시장 내에서 니즈가 충족되지 못한 고객군을 발굴하며 잠재고객 발굴이 중요하다.
- 수익 메커니즘이란 기업이 비즈니스를 통해 여러 가지 수익을 낼 수 있는 방법을 말한다. 기업은 고객가치를 창출했더라도 이를 효과적으로 기업의 수익과 연결시키지 못하는 비즈니스모델은 성공할 수 없으며, 다양한 방식의 수익 획득 메커니즘을 활용하여 높은 수익을 내야만 성공적인 기업이 될 수 있다.

② 지속성 요소

- 경쟁력 있는 요소라도 어느 정도 기간이 지나면 경쟁회사가 모방 또는 추월함에 따

라 경쟁우위는 사라지고 경쟁에서 도태될 수 있다. 따라서 경쟁력 요소를 얼마나 지속가능하게 유지할 수 있는가 하는 점은 매우 중요하다.

- 선순환구조는 고객가치를 구체적인 형태로 창출하기 위해 기업 내부의 가치사슬 활동과 외부기업을 포함하는 가치 네트워크의 효과적인 설계를 말한다. 각각의 활동들이 상승작용을 통해 비즈니스모델의 경쟁력이 강화하도록 설계해야 한다.
- 모방 불가능성이란 기업이 지속적으로 경쟁우위를 갖는 비즈니스모델을 구축하는 것을 말하며, 모방을 통한 경쟁기업의 반격을 원천적으로 차단할 수 있는 설계가 필요하다. 신생기업의 경우 기존 기업이 장기간 투자해 구축한 강점을 약점으로 변화시키는 전략을 선택하는 것이 효과적이며, 기존 기업의 경우 보유하고 있는 독자 역량에 기반을 둔 비즈니스모델을 구축함으로써 경쟁기업의 모방을 차단하는 것이 가능하다.

2. 비즈니스모델 캔버스

1) 비즈니스 9block

[핵심 내용]

9block

- 9가지 사업화의 구성 요소들을 배치하고 핵심 요소들 간의 관계와 흐름을 파악하여 사업 아이디어를 빠르게 파악해 보는 과정
- 고객에 대한 가치제안과 비즈니스모델이 중심

(1) 비즈니스 9block 배경

비즈니스 9block은 2010년 알렉산더 오스터왈더의 박사학위 논문에서 소개되어 8년에 걸쳐 다양한 전문가로부터 피드백을 받아 완성되어 현재는 비즈니스모델을 분석하고 디자인하는 핵심 툴로 널리 사용되고 있다. 9block은 9개의 주요한 사업요소들로 구성되어

있기 때문에 나인 캔버스 또는 나인 블록으로 불린다.

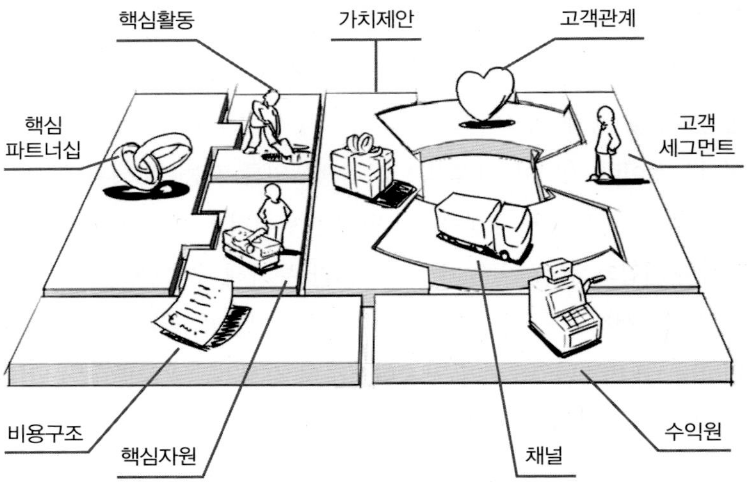

[그림 7-3] 비즈니스모델 캔버스(9block)

비즈니스 9block은 고객세그먼트, 가치제안, 채널, 고객관계, 수익원, 핵심자원, 핵심활동, 핵심 파트너십, 비용구조로 구성되어 있으며 이와 같은 9가지 핵심요소들을 순서대로 파악하고 각 핵심요소 간의 연계성을 정의하여 비즈니스모델을 체계적으로 수립하는 것이 중요하다.

(2) 비즈니스 9block 구성요소(알렉산더 오스터왈더, 예스 피그누어, 팀 클락, 2011)

비즈니스 9block 각각의 구성요소의 세부내용을 정리하면 다음과 같다.

① CS(Customer Segment) 고객세그먼트

- 목표로 하는 고객을 좀 더 구체적으로 구분하여 규정한다. 기업은 하나 이상의 고객 세그먼트에게 상품이나 서비스를 제공한다.
- 누가 우리의 가장 중요한 고객일까? 왜 그들은 우리의 제품이나 서비스를 구입할까? 등에 대해 생각해야 하는 요소이다.
- 대표적 유형 : 20대, 30대, 40대 등 또는 남/녀, 개인 소비자/기업, 매스마켓, 2개 이상

의 집단을 고객으로 규정하는 멀티사이드 마켓 등

② VP(Value Proposition) 가치제안

- 경쟁업체가 제공해 주지 못하는, 고객이 필요로 하는 그 무언가가 가치제안이다.
- 기업은 고객이 처한 문제를 해결해 주고 욕구를 충족시켜 주는 특정한 가치를 제공한다.
- 고객의 요구에 대한 정확한 솔루션, 구체적인 제공가치, 잠재적 대체재 및 경쟁제품에 대한 차별화 포인트를 고려해야 한다.
- 고객에게 어떤 가치를 전달할 수 있을까? 우리가 제공하는 가치가 고객의 문제점을 해결해 줄 수 있을까? 등에 대해 생각해야 하는 요소이다.
- 대표적 예시 : 새로움, 가격, 성능, 비용절감, 디자인, 접근성, 브랜드, 편리성 등

③ CH(Channels) 채널

- 가치를 고객에게 어떻게 효율적으로 전달할 것인지에 대해 파악해야 하는 부분이다.
- 기업이 제공하는 가치는 커뮤니케이션, 물류, 판매채널 등을 통해 고객에게 도달한다.
- 고객에게 어떻게 전달할까? 어느 채널이 가장 효율적인 비용이 사용될까? 어떤 방법으로 전달할 때 고객이 더 쉽게 받을 수 있을까? 등에 대해 생각해야 하는 요소이다.
- 대표적 유형 : 대리점, 마트, 신문, 잡지, 웹, 앱 등

④ CR(Customer Relationships) 고객관계

- 고객과의 관계는 각각의 고객세그먼트 별로 특징적으로 확립되고 유지된다.
- 어떤 방식으로 고객관계가 만들어지고 유지되기를 원할까? 어떤 고객관계를 확립할까?
  어떤 방법이 고객을 더 많이 만날까? 등에 대해 생각해야 하는 요소이다.
- 대표적 유형 : 뉴스레터, VIP서비스, 상담원, 행사, 알림/메시지, 쿠폰 등

⑤ RS(Revenue Streams) 수익원

- 고객에게 가치제안을 통해 창출할 수 있는 수익의 원천을 의미한다. 결국 기업은 고객들에게 전달하고자 하는 가치를 성공적으로 제공했을 때 수익을 얻는다.

- 고객들은 현재 무엇을 위해 돈을 지불하고, 어떻게 지불하고 있을까? 수입은 얼마나 될까? 등에 대해 생각해야 하는 요소이다.
- 대표적 구성요소 : 제품판매, 라이선싱, 구독비, 이용료, 중개수수료, 가입비, 광고, 대여료 등

⑥ KR(Key Resources) 핵심자원

- 비즈니스를 원활히 진행하려면 가장 중요한 자산이 필요하기 때문에 최소한의 중요한 핵심자원을 확보할 필요가 있다.
- 고객에게 필요한 것을 제공하기 위해서는 어떤 핵심자원을 필요로 할까? 공급 채널을 위해, 고객관계를 위해, 수익원을 위해, 어떤 자원이 필요 할까? 등에 대해 생각해야 하는 요소이다.
- 대표적 유형 : 인적자원, 기술자원, 지식재산, 영업과 마케팅, 재무적 자원 등

⑦ KA(Key Activities) 핵심활동

- 비즈니스를 제대로 영위해 나가기 위해서 꼭 해야 하는 중요한 활동들이다.
- 고객이 필요한 것을 제공하기 위해 어떤 활동을 해야 할까? 공급 채널을 위해, 고객관계를 위해, 수익원을 위해, 어떤 활동이 필요할까? 등에 대해 생각해야 하는 요소이다.
- 대표적 유형 : 제품 생산단계, 고객 영업관리, 유통단계, 포장단계, 홍보, 등

⑧ KP(Key Partnership) 핵심파트너

- 비즈니스모델을 원활히 작동시키기 위한 공급자와 파트너 간의 네트워크를 말한다. 외부의 파트너십을 통해 수행하며(아웃소싱), 일부 자원 역시 조직 외부에서 얻는다.
- 누가 핵심파트너일까? 우리의 핵심 공급자는 누구일까? 파트너로부터 어떤 핵심자원을 얻을 수 있을까? 파트너가 어떤 핵심활동을 수행하고 있을까? 등에 대해 생각해야 하는 요소이다.
- 대표적 유형 : 비경쟁자들 간의 전략적 동맹, 경쟁자들 간의 전략적 파트너십, 조인트 벤처 등

⑨ CS(Cost Structure) 비용구조

- 비즈니스모델의 여러 요소를 수행하면서 발행하는 비용을 말한다. 즉, 일련의 과정을 만들어 내기 위한 모든 비용을 말한다.
- 고객에게 필요한 가치를 제공하기 위해 자원을 확보하려면 얼마나 비용이 들까? 어떤 핵심활동을 수행하는데 가장 많은 비용이 들까? 등에 대해 생각해야 하는 요소이다.
- 대표적 구성요소 : 고정비, 변동비, 마케팅 비용 등

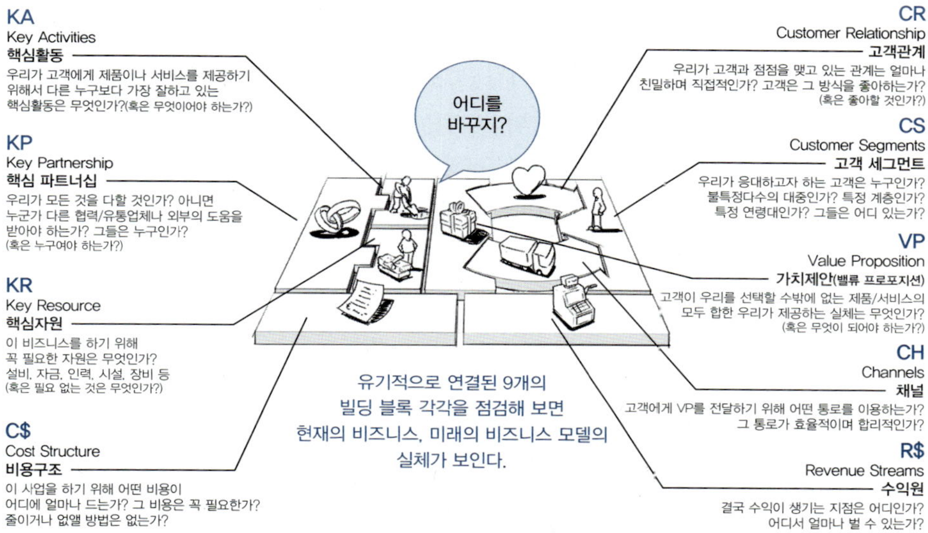

[그림 7-4] 비즈니스모델 캔버스(9block) 구성요소

(3) 비즈니스 9block 4대 영역

비즈니스 9block은 경영기반, 제품과 서비스, 고객접점, 재무적 측면을 포괄적으로 담고 있으며 각각의 내용은 다음과 같다.

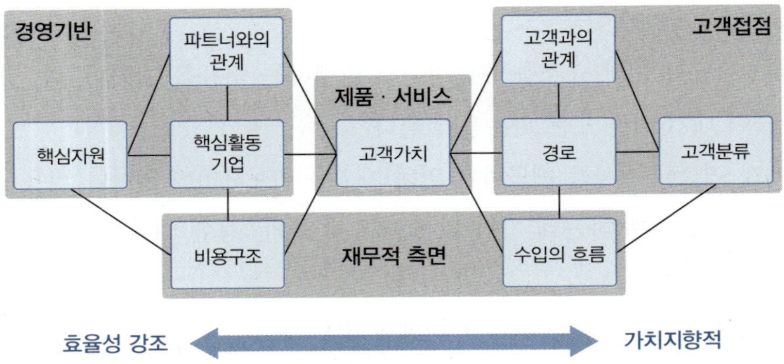

[그림 7-5] 비즈니스모델 캔버스(9block) 4대 영역

- 경영기반은 주요 조직 능력, 주요 기업 활동, 파트너와의 관계 영역이며, 주요 조직 능력은 우리 회사 사업을 구현하기 위한 기본적 능력은 무엇인가에 대한 부분을 주요 기업 활동은 가치 제공의 원천이 될 만한 기업 활동은 무엇인가에 대한 부분을 파트너와의 관계는 타사 네트워크 등 관건이 될 파트너십은 무엇인가에 대한 부분을 다루는 것이다.
- 제품과 서비스는 고객 가치에 대한 영역으로 고객을 위한 제품과 서비스의 가치에 대한 종합적인 관점이다.
- 고객접점은 고객 분류, 가치제공 경로, 고객관계의 영역이며, 고객 분류는 가치를 제공하기 원하는 소비자를 세분화한 것이고, 가치제공 경로는 고객에게 도달하여 가치를 제공하는 데 쓰일 매개체, 커뮤니케이션 및 유통경로 등 고객을 연결하는 수단이다. 고객과의 관계는 고객과 자사를 지속적으로 유지하는 방법이다.
- 재무적 측면은 수입의 흐름과 비용구조의 영역으로 수입의 흐름은 매출, 수입, 이익의 흐름을 통해 수입을 창출하는 방법을 묘사하는 것이고 비용구조는 회사를 존립시키기 위해 드는 모든 비용을 산출하는 것이다.

(4) 9block 사례

① 비즈니스모델 캔버스(9block) 사례 1 : Metro

핵심 파트너십(KP)	핵심활동(KA)	가치제안(VP)	고객관계(CR)	고객세분화(CS)
대중교통 네트워크와의 배포 동의 계약 체결	일간지 발행 배포	구독률이 높은 무료신문의 광고 공간 도시를 포괄하는 통근자용 무료신문	확보 유지	광고주 통근자
	핵심자원(KR)		**채널(CH)**	
	브랜드 배포 네트워크 & 물류		광고영업자 대중교통, 기차역, 버스정류장	

비용구조(CS)	수익원(RS)
일간지 콘텐츠, 디자인 + 인쇄 배포	광고지면 무료신문 판매 대금

출처: 300파트너스 김승현. 비즈니스모델.

② 비즈니스모델 캔버스(9block) 사례 2 : ㈜카카오 - 다음과 합병 전

핵심 파트너(KP)	핵심활동(KA)	가치제안(VP)	고객관계(CR)	고객세분화(CS)
• 위메이드(게임) • 통신사 • 포도트리 (카카오페이지) • 투자자 • 콘텐츠 개발자	• 모바일 메시징 서비스 • 모바일 응용 프로그램 서비스	• 무료 메신저 서비스 • 사진공유서비스 (카카오스토리) • 모바일 플랫폼 (스토리, 게임, 디지털 콘텐츠)	• User-커뮤니티 • 기업/개발자-플랫폼 제공, 마케팅 관리	• 스마트폰 사용자 • 플러스 친구 제휴 업체 • 스마트폰 게임 개발자(업체) • 광고주
	핵심자원(KR)		**유통채널(CH)**	
	• 카카오 플랫폼 • 플랫폼을 통한 사용자 그룹(거대회원수) • 브랜드 네임/캐릭터		• 모바일 앱(마켓) • 웹(PC)	

비용구조(C$)	가치 창출(V$)	수익원(R$)
• 데이터 센터 유지 관리 (하루 메시지 건수 26억건) • 광고비 • 인건비	• 모바일 서비스 플랫폼 제공-서드파티 개발 환경 제공, 파트너 업체들과 공유수익모델 • 콘텐츠 통합을 통한 콘텐츠 보급과 확산	• 기본 사용자 무료 • 판매수수료(기프티콘, 플러스 친구, 유료 이모티콘, 카카오게임, 카카오 페이지) • 광고

출처: KAIST과학영재교육원. 기업가정신 7강 비즈니스모델링.

③ 비즈니스모델 캔버스(9block) 사례 3 : 리멤버

<table>
<tr>
<td rowspan="2">핵심파트너
(Key Partners)

• 서버 하드웨어 관리 업체(어플리케이션 유지)
• 보안관리 업체 (명함정보 보안)
• 물류업체 (명함 수거 및 전달)</td>
<td>핵심활동
(Key Activities)

• 어플리케이션 업그레이드
• 서비스 업데이트 및 홍보</td>
<td rowspan="2">가치제안
(Value Proposition)

• 명함 관리
• 핸드폰 주소록 저장
• 엑셀 및 아웃룩을 통한 외부 발송
• 명함정보 업데이트
• 대량명함 정리대행</td>
<td>고객관계
(Customer Relationship)

• 자동화 서비스
• 단체 고객 확보 (회식비 지원 이벤트 등)</td>
<td rowspan="2">고객세분화
(Customer Segments)

• 명함을 주고받는 직장인, 사업가 등 (소량 명함, 대량 명함)
• 명함 관리가 필요한 대상 모두 (Mass Target)</td>
</tr>
<tr>
<td>핵심자원
(Key Resource)

• 어플리케이션 개발, 유지
• 타이피케스트 (명함 수기 작성자)</td>
<td>채널(Channels)

• 리멤버 어플리케이션
• 리멤버 웹 페이지</td>
</tr>
<tr>
<td colspan="2">비용구조(Cost Structure)

• 리멤버 홍보비용
• 어플리케이션 유지보수 비용
• 인건비</td>
<td colspan="3">수익원(Revenue Streams)

• 어플리케이션 광고 수수료
• 대량 명함 관리 서비스 판매료</td>
</tr>
</table>

출처: 교육부, 한국연구재단, (재)한국청년기업가정신재단(2015).

2) 린 캔버스

핵심 내용

린 캔버스

- 비즈니스모델 캔버스를 Lean Startup 방법론 구현에 맞게 수정한 것
- 문제정의, 문제발견과 차별화된 가치제안이 중심

(1) 린 스타트업(Lean Startup)

에릭 리스가 자신의 창업의 실패와 성공 경험을 토대로 창업기업의 지속성장을 위해 고안한 경영 전략으로 불확실한 상황 속에서 새로운 제품과 서비스를 만드는 회사를 세우기 위한 접근법이다. 신속한 피드백을 통한 제품개발, 빠른 실험, 그 결과에 따른 실천을 빠르게 반복하는 것이 핵심이다.

아이디어 발굴을 통해 최소 가능 제품(Minimum Viable Product : MVP)를 빠르게 만들

고(Build) 구축된 제품 혹은 서비스를 통해 시장에서의 반응을 측정(Measure)한 후 그 고객의 측정 평가결과(Data)를 통해 부족한 점을 배워서(Lean) 반복적으로 보완하거나 혹은 사업의 방향을 조기에 전환(Pivot)함으로써 실패의 부담을 낮춘다.

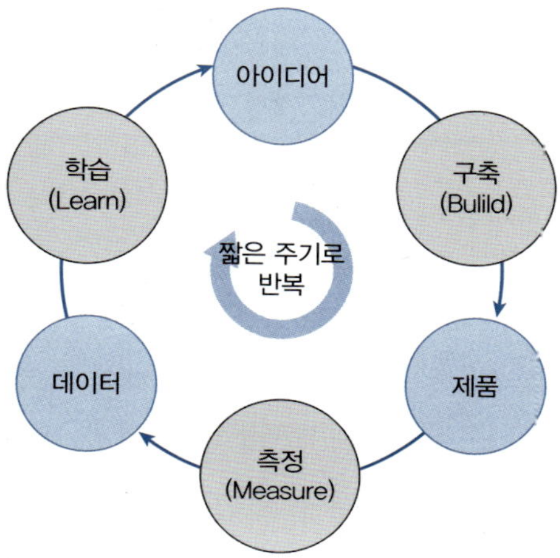

[그림 7-6] Lean Startup의 개념

출처: Eric Ries (2011). The Lean Startup.

[실무 필수 내용]

MVP 구축 시 유의사항

- 측정할 수 있어야 배우고 개선할 수 있다.
- 핵심기능만 넣고 과감하게 빼자.
- 반드시 완성된 형태의 제품/서비스의 형태일 필요는 없다.
- 개발자가 없어도 가능하다.
- 많은 회의보다는 빠른 MVP를 통해 고객으로부터 배우는 것이 백배 낫다.
- 최근에는 미리 테스트할만한 좋은 툴들도 많다.
- 처음부터 완벽을 기할 필요 없다.

(2) 린 캔버스

핵심 내용

린 캔버스 장점

- 풀려고 하는 문제점을 쉽게 정의
- 고객 세분화가 쉽게 가능
- MVP 구축이 수월
- 그 문제점을 가진 대상이 고객
- 고객 핵심가치 전달에 대해 이해

알렉산더 오스터왈더가 창안한 비즈니스모델 캔버스를 스파트 59의 창업자이며, 성공적 벤처기업 Wired Reach 등 다수의 창업에 성공한 애시 모리아가 에릭 리스의 린 스타트업을 활용하여 구체적 실행방법을 《Running Lean》에서 빠르게 변화하는 IT 창업기업에 적합하게 만들었다. 비즈니스모델 캔버스의 경우 창업기업과 경영활동을 하고 있는 기업을 대상으로 활용되고 있지만, 린 캔버스는 오직 창업기업에게만 적용가능하도록 구성되어 있다.

(3) 린 캔버스의 구성요소

린 캔버스 각각의 구성요소의 세부내용을 정리하면 다음과 같다.

① 문제(Problem)

제일 먼저 파악해야 하는 것이 문제점이며 고객이 해결해 주길 바라는 가장 중요한 세 가지 문제를 적는다. 그리고 현재 고객들이 이 문제를 풀고 있는 대처방안들을 그 아래에 적는다.

② 고객군(Customer Segment)

목표고객을 파악하고 사용자와 고객을 구분하여 고객군을 적는다. 제품/서비스의 가장 주된 고객을 적어야 하며, 문제를 의식하여 가급적 타깃 고객을 세분화한다. 여기서 목표 고객은 초기 시장 진입 시 가장 먼저 제품/서비스를 사용해줄 고객, 즉 얼리어답터를 말한다.

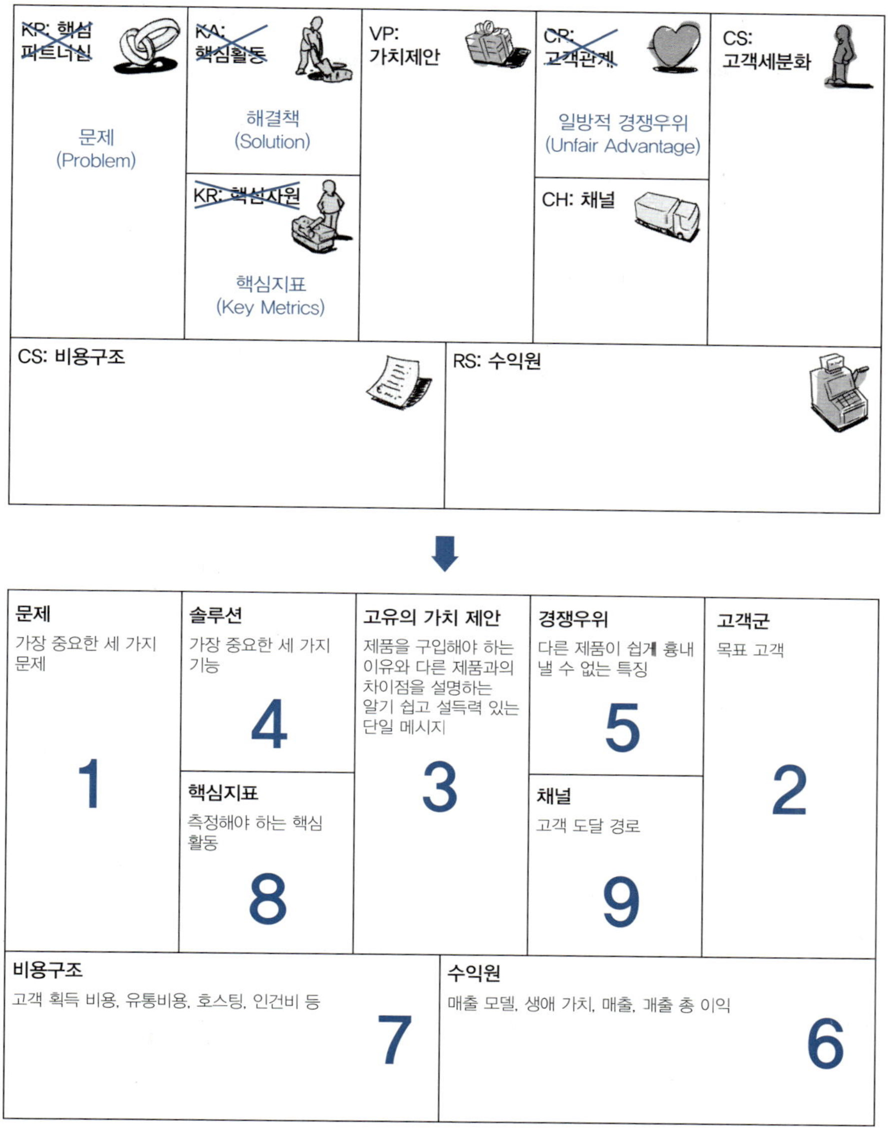

[그림 7-7] 린 캔버스의 구조 변화

출처: 애시 모리아(2012). Running Lean.

③ 고유의 가치 제안(Unique Value Proposition)

린 캔버스에서 가장 중요한 요소로 제품을 구입해야 하는 이유와 다른 제품과의 차이점을 설명하는 알기 쉽고 설득력 있는 단일 메시지를 적는다. 제품/서비스가 왜 특별한지 또는 주의를 끌 가치가 있는지에 대한 내용 적고, 기능보다는 고객이 얻는 이점에 주목한다.

④ 솔루션(Solution)

솔루션 단계에서는 아직 검증되지 않은 것들이 많기 때문에 각 문제점들을 해결할 수 있는 해법을 고민해 본다. 처음부터 솔루션을 완전히 정의할 필요는 없기 때문에 단순한 해법을 쉽게 스케치 하고 문제점을 최대한 검증한 다음 솔루션을 확정한다.

⑤ 채널(channels)

고객과 만날 수 있는 가정 효과적인 채널을 생각해 본다. 오프라인 또는 온라인, 직접 채널 구축 또는 기존 채널을 활용한다.

⑥ 수익원(Revenue Streams)

고객의 지불을 통해 빠른 형태로 검증하기 위해서는 MVP가 나온 날부터 과금을 해야 한다. 매출 모델, 생애 가치, 매출, 매출 총 이익 등의 요소이다.

⑦ 비용구조(Cost Structure)

제품을 시장에 내놓는다면 발생할 비용에 대해 예측해 본다. 고객 획득 비용, 유통비용, 호스팅, 인건비 등의 요소이다.

⑧ 핵심지표(Key Metrics)

새로운 제품과 서비스의 성공을 과연 어떻게 정량적으로 측정해야 하는지에 대한 정보를 제공한다. 핵심지표를 파악함으로써 핵심성공요인에 집중할 수 있다. 차별화된 성공 핵심지표는 크게 다음 5가지로 접근가능하다.

- 습득(Acquisition) : 우연히 제품을 찾은 사용자에게 흥미를 불러일으키는 것
- 활성화(Activation) : 사용자에게 만족스러운 경험을 제공하는 것
- 유지(Retention) : 제품의 반복 사용 및 참여하는 경우
- 수익(Revenue) : 기꺼이 돈을 지불하는 경우

• 추천(Referral) : 제품에 만족한 고객이 주위에 알려주는 새로운 고객 창출, 즉 새로운 습득이 일어나는 것

실무 필수 내용

스타트업의 성장을 이끄는 세 가지 엔진과 지표

• 흡인력 있는 성장엔진
  – 사용자가 제품을 다시 찾고 계속 사용하게 만드는 데 초점
  – 핵심 성과 지표(KPI)는 '고객 유지', '이탈률', '사용 빈도', '마지막 방문 이후 걸린 시간'
  – 장기적인 흡인력은 서비스를 사용하면서 사용자들 스스로 만드는 가치에서 발생할 때가 다수
    예) 지메일이나 에버노트, MMORPG 게임
• 바이럴 성장엔진
  – 핵심성과지표(KPI)는 '바이럴 계수' : 기존 사용자 한 명당 그 사용자로 인해 새로 사용자가 된 사람의 수. 바이럴 계수는 각 바이럴 주기마다 몇 명의 신규 사용자가 생겼는지 측정
  – 바이럴 주기(한 사용자가 다른 사용자를 초대하는 속도)를 구성하는 활동도 측정
• 유료 성장엔진 : 수익
  – 제품이 흡인력과 바이럴 효과를 갖추기도 전에 유료 성장엔진을 작동시키는 것은 어려움
  – 사업을 성장시키려면 매출의 일부를 일부 사용자 확보에 재투자
  – 고객 확보를 위해 비용을 썼는데, 고객이 돈을 지불하는 데까지 일정 시간이 걸리고 사용한 비용을 회수하는 데까지 시간을 측정 : 고객 손익분기점 도달시간
  – 고객 생애 가치, 고객 확보 비용, 현금 흐름, 성장률과 관련

출처: Eric Ries(2011).

⑨ 경쟁우위(Unfair Advantage)

경쟁사가 쉽게 흉내낼 수 없는 특징이나 돈으로 해결할 수 없는 요소를 의미한다. 우리가 가지고 있는 가장 큰 경쟁력(내부 정보 및 조력자, 최고의 팀, 해당 분야의 전문성 및 권위, 네트워크 효과 및 커뮤니티, 기존 고객들 등)을 파악하는 것이다. 경쟁사가 유사하거나 더 나은 제품과 서비스를 출시할 경우 단번에 시장을 빼앗길 수 있는 위험을 방지할 수 있다.

(4) 비즈니스모델 캔버스와의 차이점

린 캔버스와 비즈니스모델 캔버스의 차이점은 다음과 같다. 첫째, 적용 대상에 차이가 있다. 비즈니스모델 캔버스는 창업 초기의 기업과 중소기업 이상의 기업에서 비즈니스모델을 개발할 때 사용될 수 있지만 린 캔버스는 오직 창업가만을 위한 모델링 툴이다. 둘째, 구성요소에서 차이가 있다. 린 캔버스는 문제, 해결책, 핵심지표, 일방적 경쟁우위의 4가지 새로운 요소가 제시되고 있다. 셋째, 접근방식에서의 차이가 있다. 비즈니스모델 캔버스는 고객 세분화, 가치제안, 채널, 고객관계를 중시하면서 목표고객에게 제공할 차별화된 가치 제안을 파악하는 데 중점을 둔다. 그런 다음 가치제안을 어떻게 실현하여 수익을 창출할지를 검토한다. 반면에 린 캔버스는 문제점 파악과 해결방안을 통한 신제품과 새로운 서비스 개발에 중점을 둔다. 넷째, 경쟁우위의 관점에서 차이가 있다. 비즈니스모델 캔버스는 가격, 비용 등의 가치제안에 집중하지만 린 캔버스는 일방적 경쟁우위를 선점하기 위해 필요한 구조형성에 중점을 둔다. 다섯째, 핵심지표에 차이가 있다. 비즈니스모델 캔버스는 가치제안을 제공하기 위해 필요한 핵심자원과 핵심활동을 파악하는 등 주로 기능과 자원에 중점을 두지만 린 캔버스는 신제품과 새로운 서비스의 성과를 정량적으로 파악할 수 있는 성과지표에 보다 중점을 두는 목표지향적인 관점에서 차이가 있다.

〈표 7-1〉 비즈니스모델 캔버스 대 린 캔버스

비교 부분	비즈니스모델 캔버스	린 캔버스
대상 (Target)	• 창업기업 • 기존기업	• 오직 창업기업
중점 (Focus)	• 고객, 투자자, 창업가 • 컨설턴트, 조언자	• 오직 창업가
고객 (Customers)	• 고객세분화 • 채널 • 고객관계 중시	• 창업기업은 고객이 누구고 무엇을 팔지를 테스트하지 않아 고객세분화가 중요하지 않음
접근방식 (Approach)	• 사업의 예상 수익원과 재무적 원천을 기본 전제하에 시작	• 문제점에서 시작, 문제해결방안 제안, 문제를 해결하기 위한 채널, 비용구조와 예상 수익 순으로 시작
경쟁관계 (Competition)	• 목표시장에서 영리하게 살아남기 위해서 양적 · 질적 조건(가격, 비용 등)적 가치제안에 집중	• 사업이 여분의 시장에서 일방적 경쟁우위를 가지고 더 기반을 다지기 위한 방법으로 활용
적용 (Application)	• 자연스러운 이해, 창의성, 논의, 구조적 분석으로 분위기 조성	• 창업가가 순차적으로 발전할 수 있도록 문제해결 중심적 접근

이러한 각각의 차이점을 요약하면 〈표 7-1〉과 같다(교육부, 한국연구재단, (재)한국청년기업정신재단, 2015).

(5) 린 캔버스 사례

① 린 캔버스 사례 1 : 클라우드 파이어

<table>
<tr>
<td rowspan="2">Compelling Problem 문제

아이가 태어난 후 촬영 사진(동영상)이 증가, 많은 사진과 동영상을 공유하려면 시간이 오래 걸린다.
가족(조부모)과 친구들이 동영상을 공유(변환)하는 방법을 모른다.
미디어파일들을 백업하지 않기 때문에 잃어버릴 것을 염려한다.
1

Alternatives
(기존대안)
이메일, 페이스북, 애플 모바일, 스머그머그, 플리커 프로</td>
<td>Solution 해결책

즉각적이고 업로드 없이 공유
자동 동영상 코드 변환
원본 파일을 클라우드 백업 기능 제공
4</td>
<td rowspan="2">Unique Value Proposition 가치 제안
Why you are differente and worth getting attention

사진과 동영상을 가장 빠르게 공유하는 방법
3

상위 개념:
업로드 없이
사진과 동영상 공유</td>
<td>Unfair Advantage 경쟁우위

커뮤니티
9</td>
<td rowspan="2">Customer Segments 고객군
2 Sided?(who pays?)

부모(콘텐츠 생성자)
가족과 친구(콘텐츠 소비자)
2

First(Early Adopter) Segment:
3살 이하 자녀를 둔 초보 엄마</td>
</tr>
<tr>
<td>Key Mertics Direct Distributer OEM Retail VAR
핵심활동

A–회원가입
B–첫 갤러리 생성
R–사진앨범이나 동여상 공유
R–무료 사용 기간 후 유료전환
R–가족과 친구 초대
8</td>
<td>Channels Direct Distributer OEM Retail VAR Web
유통(고객확보방법)

• 어린이집
• 생일파티
• 페이스북
• 엄마 블로거
• 입소문
• 구글 에드워즈
5</td>
</tr>
<tr>
<td colspan="3">Cost Structure 비용

호스팅 비용–헤로쿠 이용으로 현재 무료
인건비–40시간×시간당 65달러=월 1만 달러
7</td>
<td colspan="2">Revenue Streams 수익

30일 무료 사용 기간 후 연 49달러
6</td>
</tr>
</table>

출처: 애시 모리아(2012).

② 린 캔버스 사례 2 : 카닥

<table>
<tr>
<td rowspan="2">PROBLEM

[cust] 신뢰할 수 있는 수리점 찾기 정보의 부재
[supp] 찾아오는 수리 고객 외 영업 대상의 한계
[cust] 공정 가격의 수리서비스를 찾기 위한 과다한 시간과 노력 필요

EXISTING ALTERNATIVES

[supp] 카페 등 커뮤니티 내 업체 마케팅
[cust] 게시판을 통한 원시적 형태의 견적 요청
[cust] 카프앱(11월 말 정식오픈 예정)
[cust] 고치자닷컴(앱 서비스)</td>
<td>SOLUTION

[supp] 업체등록/견적관리 서비스(PC/모바일웹)
[cust] 견적의뢰/비교 서비스 (Android 앱)
[cust] 신뢰할 수 있는 업체를 찾을 수 있도록 해주는 업체 평판 시스템(transaction log + 유저 평가+시공사진)</td>
<td rowspan="2">UNIQUE VALUE PROPOSITION
[cust] 저렴한 가격의 견적을 최소의 노력으로 빠르게 받을 수 있다.
[cust] 믿을만한 수리점을 찾을 수 있다.

HIGH-LEVEL CONCEPT

외장수리 분야의 G마켓</td>
<td>UNFAIR ADVANTAGE

업체 평판 시스템(사용자 리뷰 포함)-단기적으로 달성하기 어려울 것으로 예상</td>
<td rowspan="2">CUSTOMER SEGMENTS

[supp] 판금/도장시설을 갖춘 no-brand 영세 사업자
[cust] 100만원 미만의 수리비가 소요되는 자동차 고장수리 니즈를 가진 오너(수입차의 경우 200만원 미만)

EARLY ADOPTERS
[supp] 판금도장부스를 가지고 있는 온라인홍보에 익숙치 않은 업체 사장
[cust] 수입차 오너 중 자동차 동호외에 가입하였지만 필요할 때만 들어가 정보를 취하는 소위 "눈팅족"
[supp] 온라인에서 홍보 활동을 하고 있는 덴트업체 또는 판금 도장업체 사장</td>
</tr>
<tr>
<td>KEY METRICS

Act) 견적의뢰 건수
Act) 딜(deal) 완료 비율
Act) 베스트시공사례 조회 비율 (설치 대비)
A/A) 설치대비 실행률
Refer) 구글플레이스토어 만족도

Add comment</td>
<td>CHANNELS

[supp] 견적대행 영업
[cust] 자동차보험사(협상필요)
[cust] 바이럴(자동차 동호회 카페, 블로그 등)
[supp] 대면/call 영업 (스타샵 대상)</td>
</tr>
<tr>
<td colspan="3">COST STRUCTURE

• TBD</td>
<td colspan="2">REVENUE STREAMS

프리미엄 입점
브랜드별 베스트 시공사례 featuring
베스트 시공사례(첫화면) 노출</td>
</tr>
</table>

출처: 이희우. 린스타트업 이해와 Case Study.

3. 비즈니스모델 캔버스 활용

1) 비즈니스모델 캔버스 작성

아래의 비즈니스모델 캔버스를 활용하여 본인이 생각하고 있는 창업 아이템을 비즈니스모델 캔버스를 활용하여 정리해 본다. 만약 창업 아이템이 없다면, 기존의 기업 중 하나를 골라 작성한다.

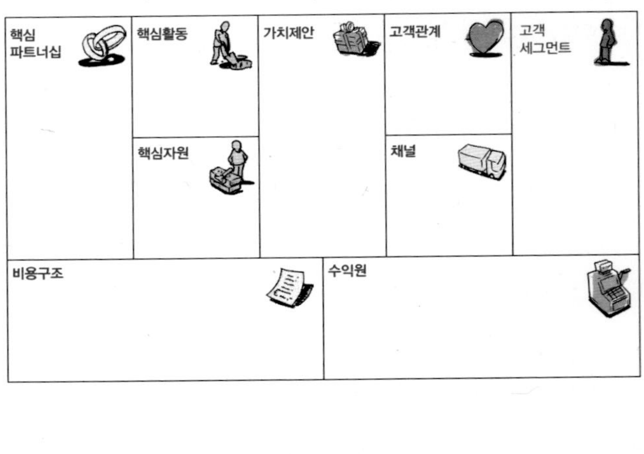

2) 비즈니스모델 캔버스(9block) 작성 가이드

핵심 파트너 8
- 주요 파트너들은 누구인가?
- 주요 공급자들은 누구인가?
- 파트너로부터 획득할 주요 자원들은 무엇인가?
- 파트너는 어떤 활동들을 수행하는가?

[파트너십의 동기]
- 최적화와 경제
- 위험과 불확실성 감소
- 특정 자원과 활동 획득

핵심활동 7
- 가치제언들에 필요한 주요 활동들은 무엇인가?
- 유통 채널은?
- 고객 관계는?
- 수익 스트림은?

[카테고리]
- 제조
- 문제해결
- 플랫폼/네트워크

핵심자원 6
- 고객 가치제언이 필요로 하는 주요 자원들은 무엇인가?
- 유통 채널은? 고객관계는?
- 수익 스트림은?

[자원의 유형들]
- 물리적
- 지적 자산
- 인력
- 재무

가치제안 2
- 고객에게 전달할 가치는 무엇인가?
- 고객의 문제들 중에서 우리가 도움을 줄 문제는 무엇인가?
- 유통채널은?
- 각각의 고객군들에게 제공할 서비스와 제품묶음은 무엇인가?
- 만족시키고자 하는 고객의 니즈는 무엇인가?

[특성들]
- 새로움
- 성능
- 커스터마이징
- GTD
- 디자인
- 브랜드/ 상황
- 가격
- 비용절감
- 위험절감
- 접근성
- 편의성/ 유용성

고객관계 4
- 고객군 각각이 관계를 구축하거나 유지하는 데 있어서 기대하는 관계의 유형은 무엇인가?
- 어떤 부분들을 구축했는가?
- 비즈니스모델의 나머지 부분들과 어떻게 통합되었는가?
- 비용은 어느 정도 소요되는가?

[특성들]
개인지원, 헌신적 지원, 셀프서비스, 자동화서비스, 커뮤니티, 코-크리에이션

채널 3
- 고객군이 도달하고자 희망하는 채널은 무엇인가?
- 지금 어떻게 고객에게 다가가는가?
- 채널들이 어떻게 통합되어 있는가?
- 어떤 채널들이 잘 동작하는가?
- 어떤 채널들이 비용대비효과가 뛰어난가?
- 고객의 일상과 어떻게 잘 동합할 것인가?

[채널 단계들]
인지(awareness) → 평가 → 구입
배송 → 세일즈 후 지원(after sales)

고객군 1
- 누구를 위해 가치를 만드는가?
- 가장 중요한 고객들은 누구인가?

- 매스 마켓
- 니치 마켓
- 세그먼트
- 복합 세그먼트 혼재 시장
- 멀티사이드 플랫폼

비용 스트림 9
- 비즈니스모델에 내재된 가장 중요한 비용들은 무엇인가?
- 가장 비싼 주요 자원들은 무엇인가?
- 가장 비싼 주요 활동들은 무엇인가?

[어느쪽에 더 가까운가?]
- 비용주도
- 가치주도

[예시 특성들]
- 고정비용
- 가변비용
- 범위의 경제
- 규모의 경제

수익 스트림 5
- 우리의 고객이 기꺼이 지불히려는 가치는 무엇인가?
- 실제로 그들이 구입하는 것은 무엇인가?
- 어떻게 지불하고 있는가?
- 어떤 지불방식을 선호하는가?

[유형들]
- 제품판매
- 사용료
- 가입비
- 렌탈/리스
- 라이선스
- 중개료
- 광고

[고정가격]
- 판매가
- 제품 특징 의존적
- 고객군 의존적
- 볼륨 의존적

[변동가격]
- 협상(판매)
- 생상량 관리(yield mgt.)
- 실시간 시장

[실무 필수 내용]

- 비즈니스모델은 지속적으로 업데이트해야 한다.
- 가설-검증-보완/개선의 사이클을 기억해야 한다.
- 비즈니즈 모델 수립도 중요하지만 고객을 만나고 시장의 존재가능성을 타진하는 일도 중요함을 명심해야 한다.

연 습 문 제 EXERCISE

객관식 문제

01 비즈니스모델 중 Business 9 Block과 Lean Canvas의 차이를 구분짓는 4가지 요소 중 해당하지 않는 것은?

① 문제(Problem) ② 해결 기능(Solution)
③ 핵심지표(Key Metrics) ④ 경쟁 우위(Unfair Advantage)
⑤ 고객 도달 경로(Channels)

02 Business 9 Block 요소별 설명으로 다음 중 적합하지 않은 것은?

① Customer Segmentation 누가 사업의 고객인가?
② Value Proposition 고객이 구매할 경우 얻는 가치는 무엇인가?
③ Key Activity 제품/서비스 공급 방법
④ Customer Relationship 판매 시 또는 구매 후 고객응대 및 관리방법
⑤ Key Resource 사업 진행상 필요한 중요 자산

03 다음 중 MVP 구축 시 유의사항에 속하지 않는 것은?

① 측정할 수 있어야 배우고 개선할 수 있다.
② 핵심기능만 넣고 과감하게 빼자.
③ 개발자가 반드시 있어야 한다.
④ 반드시 완성된 형태의 제품/서비스의 형태일 필요는 없다.
⑤ 많은 회의보다는 빠른 MVP를 통해 고객으로부터 배우는 것이 백배 낫다.

04 Business 9 Block 중 제품/서비스 공급방법 도출 설명으로 적합하지 않은 것은 ?

① 고객은 어떤 채널을 통해 자신에게 가치가 전달되기를 원하는가?
② 고객에게 가치를 제안하기 위해 커뮤니케이션하고 제품을 전달하는 방법은 무엇인가?
③ 어느 채널이 가장 효과적인가?
④ 어느 비용이 가장 효율적인가?
⑤ 직영 채널 : 도매, 소매, 파트너 웹사이트

05 다음 중 비즈니스모델 블록 영역 중 고객 접점 영역으로만 묶인 것은?

① 목표고객, 유통채널, 고객관계
② 고객중심, 유통채널, 목표고객
③ 고객가치, 가치형태, 고객관계
④ 파트너십, 유통채널, 목표고객
⑤ 목표고객, 유통채널, 파트너십

06 에릭 리스가 자신의 창업의 실패와 성공 경험을 통해 토대로 창업기업의 지속성장을 위해 고안한 경영 전략인 Lean Startup의 프로세스 설명 중 바르지 않은 것은?

① 아이디어 발굴을 통해 최소 가능 제품을 빠르게 만든다.
② 구축된 제품 혹은 서비스를 통해 시장에서의 반응을 측정한다.
③ 그 고객의 측정 평가 결과(Data)를 통해 부족한 점을 배운다.
④ 반복적으로 보완하거나 혹은 사업의 방향을 조기에 전환함으로써 실패의 부담을 낮출 수 있다.
⑤ 창업기업의 풍부한 인적, 물적자원을 활용한다.

07 다음 중 린 캔버스의 구성 요소가 아닌 것은?

① 문제
② 일반적 경쟁 우위
③ 해결책
④ 핵심 지표
⑤ 핵심 활동

08 린 캔버스와 비즈니스모델 캔버스의 차이점 중 올바른 것은?

① 고객 : 린 캔버스 - 고객세부화가 중요, 비즈니스모델 - 고객관계 중시
② 중점 : 린 캔버스 - 창업자/컨설턴트, 비즈니스모델 - 고객, 투자가, 조언자 등
③ 접근방식 : 린 캔버스 - 문제해결방안, 비즈니스모델 - 예상수입원과 재무적 원천
④ 경쟁관계 : 린 캔버스 - 질적인 가치제안, 비즈니스모델 - 양적인 가치제안
⑤ 대상 : 린 캔버스 - 창업기업, 비즈니스모델 - 기존 기업

09 다음 비즈니스모델 캔버스 설명 중 올바른 것은?

① 창업가를 중점으로 한다.
② 문제점에서 시작, 문제해결방안 제안, 문제를 해결하기 위한 채널, 비용구조와 예상 수익 순으로 시작한다.
③ 사업의 여분의 시장에서 일방적 경쟁 우위를 가지고 더 기반을 다지기 위한 방법으로 활용한다.

④ 문제해결 중심적 접근이다.
⑤ 고객세분화, 채널, 고객관계를 중시한다.

10 다음 중 비즈니스모델 캔버스의 구성요소가 아닌 것은?
① 고객관계 ② 채널 ③ 핵심파트너십
④ 핵심지표 ⑤ 핵심활동

11 다음 중 비즈니스모델 캔버스의 구성요소 중 가치제안의 예시가 아닌 것은?
① 새로움 ② 비용 증가 ③ 성능
④ 디자인 ⑤ 편리성

12 다음 중 수익원의 구성요소가 아닌 것은?
① 제품판매 ② 가입비 ③ 라이선싱 수익료
④ 광고수익 ⑤ 홍보비

13 린 캔버스의 구성요소 중 핵심지표의 차별화된 서비스 성공핵심지표 5가지 관점의 설명 중 올바른 것은?
① 습득(Acquisition) : 우연히 제품을 찾은 사용자에게 흥미를 불러일으키는 것
② 활성화(Activation) : 사용자에게 만족스럽지 않은 경험을 제공하는 것
③ 유지(Retention) : 제품을 한 번 사용하는 경우
④ 수익(Revenue) : 외상으로 구입한 경우
⑤ 추천(Referral) : 제품에 만족한 고객이 다시 사용하는 경우

14 다음 중 린 캔버스의 장점이 아닌 것은 ?
① 풀어내지 못하는 문제점을 쉽게 정의 ② 그 문제점을 가진 대상이 고객
③ 고객세분화가 쉽게 가능 ④ 고객 핵심가치 전달에 대해 이해
⑤ MVP 구축이 수월

주관식 문제

01 비즈니스 9block의 작성 순서 중 아래 ( )의 빈칸을 채우시오.

고객 세그먼트 → ① ( ) → 채널 → 고객관계 → 수익원 → ② ( ) → 핵심 활동 → ③ ( ) → 비용 구조

02 린 스타트업의 방법에서는 창업 초기 고객의 수요(Needs)를 확인하기 위해 고객이 원하는 ( )를 만들게 된다. 이때 ( )에 적합한 것은 무엇인가?

03 아래 그림은 린 스타트업 프로세스이다. 빈칸에 들어갈 용어는 ?

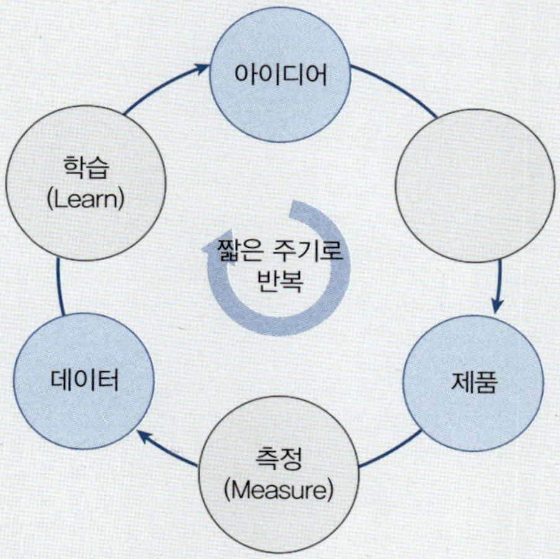

04 비즈니스모델 작성 사이클은 무엇인지 순서대로 쓰시오.

05 아래 ( )의 빈칸을 채우시오.

애시 모리아가 에릭 리스의 Lean Startup을 적용하여 개발한 린 캔버스는 기존의 Business 9 Block이 갖는 한계점인 '비즈니스모델이 일련의 ( )이다'는 것에 기반하여 개발하게 되었다.

06 린 캔버스의 특징 중 아래 ( )의 빈칸에 들어 갈 단어는?

린 캔버스는 비즈니스모델 캔버스를 Lean Startup 방법론 구현에 맞게 수정한 것으로 문제정의, 문제발견과 차별화된 ( )이 중심이다.

CHAPTER 08

창업 타이밍 분석

학/습/내/용

1. 창업 타이밍 분석의 필요성
2. 창업 타이밍 분석방법
3. 창업 타이밍 분석을 통한 아이디어 점검

CHAPTER

08

창업 타이밍 분석

학습목표

1. 창업 타이밍의 중요성을 이해한다.
2. 창업 타이밍 분석방법에 대해 이해한다.
3. 고객 구두조사 전과 후의 차이를 이해한다.

1. 창업 타이밍 분석의 필요성

1) 창업기업 실패의 원인

《기업 창업가 매뉴얼(The Startup Owners's Manual)》의 저자 스티브 블랭크와 밥 도프(Steve Blank & Bob Dorf)는 그들의 저서에서 "창업가들이 범하는 대표적인 실책들 중의 하나는 고객이 무엇을 원하는지 잘 알고 있다고 믿는 것과 또한 고객이 무엇을 필요로 하는가에 대해 잘 알고 있다고 착각하는 것이다. 아울러 이로 인해 제품/서비스 출시에만 모든 신경을 곤두세우고 실제로 고객이 원하고 있는지에 대해서는 간과한다."라고 말하고 있다.

대부분의 창업가들, 특히 기술을 기반하여 창업하는 창업자들은 고객의 니즈와 고객이 지금 창업가의 제품 또는 서비스를 매우 절박하게 찾고 있느냐에 대한 검증을 소홀히 하는 경우가 많다.

미국 벤처캐피탈 전문조사기관인 CB insights는 2014년 실패한 스타트업 101개사를 대상으로 설문조사를 실시해 스타트업 실패 원인 20가지를 발표한 바 있다.

핵심 내용

사업 실패의 원인: 시장이 원하지 않는 제품

창업 타이밍 분석의 필요성

- 미국 벤처캐피탈 전문조사기관인 CB insights의 실패한 스타트업 101개사를 대상으로 2014년 설문조사 결과 사업 실패의 원인 중 42%가 시장이 원하지 않는 제품이며, 제품 출시 실패의 원인 중 하나는 고객이 원하는 시간에 출시하지 못한 것임

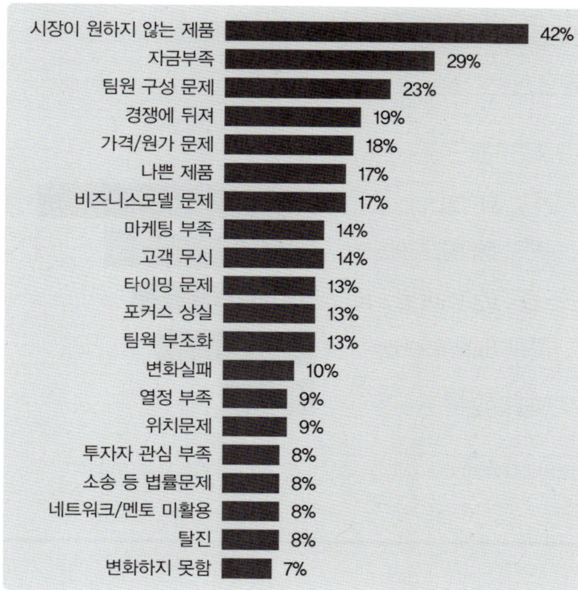

시장이 원하지 않는 제품 출시의 이유는 첫째, 사업모델에 대한 충분한 검증이 부족한 것이고 둘째는 고객이 원하는 시간에 제품을 출시하지 못한 것이다. 즉 고객에게 제품/서비스를 제안하는 타이밍이 너무 빠르거나, 너무 느렸기 때문이다.

2) 창업 타이밍의 중요성

미국 아이디어랩 대표 빌 그로스(Bill Gross)는 2015년 테드(TED) 강연에서 아이디어랩의 창업기업 125개와 그 외 창업기업 125개의 포트폴리오를 바탕으로 직접 결과를 도출해낸 '스타트업 성공의 가장 중요한 요소'를 통해 창업의 성공요인 중 가장 중요한 요소는

타이밍이라고 하였다.

200개 이상 창업기업들에서 주요 성공요인 5가지는 첫째, 타이밍이 42%, 둘째, 창업팀과 실행능력이 32%, 셋째, 아이디어의 참신성이 28%, 넷째, 비즈니스모델 타당성이 24%, 다섯째는 자금조달이 14%인 것으로 나타났다.

[핵심 내용]

창업 성공 요인: 타이밍이 가장 중요한 요소

- 미국 아이디어랩 대표 빌 그로스 2015년 TED 강연에서 200개 이상의 성공 요인 중 가장 중요한 요소는 타이밍이라고 말함

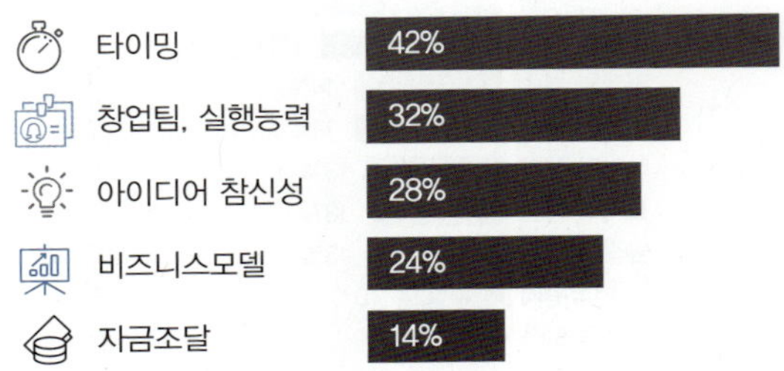

(동영상) https://www.ted.com/talks/bill_gross_the_single_biggest_reason_why_startups_succeed/transcript?language=ko

레드 옥탄 창업자 카이 황은 플레이스테이션, 닌텐도 DS용 게임 '기타 히어로' 제작자로 유명하다. 형과 함께 비디오게임 개발 스타트업 레드옥탄을 창업해 '기타 히어로'로 수천만 달러 매출을 올린 뒤 게임 개발 업체 액티비전에 매각한 바 있다.

그는 "그동안 여러 기업을 창업하고 매각하면서 느낀 점은 '타이밍'의 중요성이다. 제대로 성장하지 못했던 기업을 돌아보면 지나치게 시장에 일찍 진입했거나 늦게 진입한 경우였다. 가장 먼저 시장을 개척하는 '퍼스트 무버(First Mover)'는 매력적으로 보이지만 성공하기는 그만큼 어렵다. 산업 종사자의 시각뿐만 아니라 소비자의 성숙도를 함께 고려해야 하기 때문이다."라고 말하였다(조선일보, 2017.12.11).

[그림 8-1] 레드옥탄 창업자 카이 황

3) 창업 타이밍의 체크 포인트

창업의 타이밍을 결정하는 것은 매우 중요하며, 잘못된 타이밍은 좋은 아이템도 실패하게 만들 수 있다. 창업의 타이밍이 적절한지를 판단할 수 있는 주요 체크 포인트 7가지는 다음과 같다.

① 시장 준비도(Market Readiness)

- 고객이 이 제품/서비스를 원하는가?
- 비슷한 제품에 대한 시장 반응이나 트렌드가 있는가?
- 시장 규모나 성장세가 확인되는가?

린 스타트업(Lean Startup) 관점에서 시장 수요에 대한 검증 없이 창업에 나서는 것은 큰 리스크로 간주된다. 따라서 시장의 준비도를 확인하는 것이 창업 타이밍을 판단할 때 가장 먼저 고려해야 할 요소이다.

② 나만의 역량/준비도

- 해당 분야에 대한 지식과 경험이 충분한가?
- 핵심 인력 또는 협업 파트너는 확보되어 있는가?
- 일정 기간 수익 없이 버틸 수 있는 재정적 준비는 되어 있는가?

버지니아대학교 다든경영대학원의 교수이자 기업가정신 분야의 권위자인 사라스 사라스바티(Saras D. Sarasvathy)는 자신의 이펙추에이션 이론(Effectuation Theory)에서 성공한 창업자들은 외부의 기회보다 자산·역량·네트워크 등 자신이 가진 자원을 바탕으로 창업을 시작한다고 설명했다. 실제로 많은 스타트업 성공 사례는 해당 업계에서 경력을 쌓은 창업자들에 의해 이루어졌다.

③ 경쟁 상황

- 경쟁사가 너무 많거나 강력하지는 않은가?
- 경쟁사의 빈틈이나 차별화 포인트가 명확히 보이는가?
- 진입장벽이 너무 낮거나 높은 시장은 아닌가?

포터의 5 Forces 분석에 따르면, 산업 내 경쟁이 치열할수록 기업의 수익성은 낮아지는 경향이 있다. 시장 진입 시점에 따라 경쟁자의 수가 달라지기 때문에, 타이밍이 핵심 요인으로 작용한다. 경우에 따라 선도자(first mover)보다 빠르게 따라잡는 패스트 팔로어(fast follower) 전략이 더 유리할 수 있다.

④ 법·제도적 환경

- 규제나 인허가 문제가 없는가?
- 창업하고자 하는 분야가 정부 정책이나 지원과 맞물려 있는가?

스타트업의 생존과 성장에는 정부의 정책 지원과 규제가 중대한 영향을 미친다. 각국의 법적 환경이 상이하기 때문에, 시장 진입 시점과 전략 수립은 수익성에 결정적인 역할을 한다.

⑤ 기술 및 트렌드의 타이밍

- 지금이 이 기술/제품/서비스를 도입하기에 가장 좋은 시기인가?
- 기술 변화 속도에 비해 내 아이템의 생명 주기는 충분히 긴가?

미국의 사회심리학자 에버렛 로저스(Everett M. Rogers)는 '기술 수용 주기(Technology

Adoption Lifecycle)' 이론을 통해, 시장의 수익성은 혁신을 수용하는 사람들의 규모에 따라 달라진다고 설명했다. 그는 사람들이 새로운 기술을 받아들이는 속도와 태도에 따라 다음과 같은 다섯 개의 그룹으로 나눴다.

전체 인구 중 약 2.5%를 차지하는 혁신가(Innovators)는 호기심이 많고 위험을 기꺼이 감수하며, 가장 먼저 새로운 기술을 시도하는 유형이다.

초기 수용자(Early Adopters)는 트렌드에 민감하고 사회적 영향력이 큰 편으로, 혁신가의 성공 사례를 보고 빠르게 기술을 수용하는 특징이 있다.

초기 다수자(Early Majority)는 전체 인구의 약 34%를 차지하며, 실용적 사고를 바탕으로 검증된 기술을 선호한다.

후기 다수자(Late Majority) 또한 34%의 비중을 차지하지만, 보다 보수적인 성향으로 기술이 충분히 대중화된 후에야 받아들이는 경향이 있다. 마지막으로 지각 수용자(Laggards)는 변화에 저항하며 기존 방식에 대한 고집이 강한 특징을 보인다.

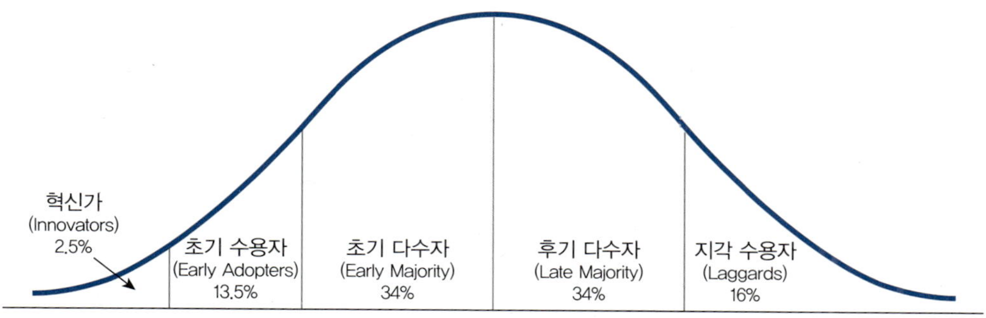

[그림 8-2] 에버렛 로저스의 혁신의 확산이론(Diffusion of innovation theory)

AI 기술은 ChatGPT가 공개되기 전부터 상당한 수준의 기술력을 갖추고 있었지만, 대중의 수용이 이루어지지 않아 널리 활용되지 못했다. 그러나 이후 기술이 급속도로 확산되면서 대중화에 성공했고, 이로 인해 AI 스타트업 붐이 폭발적으로 일어났다.

⑥ 파일럿 테스트 결과

- MVP(최소기능제품)를 출시했을 때 피드백이 긍정적인가?
- 리피터 고객이나 재구매 의사가 있는가?
- 수익모델이 실제로 작동하는가?

린 스타트업(Lean Startup) 이론은 아이디어를 실제 시장에 빠르게 테스트하고, 고객의 반응을 바탕으로 제품이나 사업 모델을 유연하게 조정하는 것을 핵심으로 한다. Dropbox와 Airbnb 역시 초기에는 최소 기능만 갖춘 제품(MVP)으로 고객의 반응을 검증한 후, 점차 규모를 확장해 나가 성공한 케이스다.

⑦ 내 인생의 상황

- 지금이 내 인생에서 위험감수 가능한 시기인가?
- 가족의 이해와 지원이 가능한가?
- 창업에 몰두할 수 있는 시간적·심리적 여유가 있는가?

Harvard Business Review와 Forbes 등 주요 매체는 이렇게 지적한다. "시장이 열려 있다고 해서 모든 창업이 성공하는 것은 아니다. 창업자가 준비되지 않은 상태에서는 실패할 가능성이 높다." 예를 들어, 경제적이나 심리적으로 여유가 없는 상황에서 창업을 시작하게 되면, 생존에 대한 압박이 전략적 판단을 흐릴 수 있다.

앞서 언급한 7가지 주요 체크포인트 중 5개 이상에 대해 긍정적인 답변을 얻었다면, 창업을 시작하기에 유리한 시점이라 볼 수 있다. 반면, 3~4개의 항목에서 긍정적인 반응을 얻었다면 더 많은 검토와 시뮬레이션이 필요다. 만약 긍정적인 답변이 2개 이하에 그친다면, 창업보다는 아이디어 구체화와 경험 축적, 네트워크 구축 등 준비 단계에 집중하는 것이 바람직하다.

또는 이를 좀 더 세분화하여 총 17개 항목 중 12~15개에서 긍정적인 답변을 얻었다면, 지금이 창업을 실행하거나 투자 유치를 시작할 적기라 할 수 있다. 8~11개 항목에서 긍정적인 반응이 있었다면, 사업의 가능성이 있다고 판단되어 MVP 테스트나 파일럿 프로젝트를 추진하는 것이 바람직하다. 반면, 4~7개 항목만 긍정적으로 평가됐다면 아직 준비가 충분하지 않다고 볼 수 있으므로, 경험과 인력 확보, 시장조사 등 핵심 요소들을 보완할 필요가 있다. 마지막으로, 긍정적인 답변이 3개 이하에 그친 경우에는 창업을 서두르기보다 아이디어를 고도화하고 관련 분야의 경력을 쌓는 데 집중하는 것이 현명한 선택이다.

2. 창업 타이밍 분석방법

창업 타이밍 분석은 첫째, 인구 통계적 트렌드를 분석한다. 둘째, 기술, 경제, 사회 트렌드를 분석한다. 셋째, 제품/서비스 라이프 사이클 점검, 넷째, 주요 경쟁자 분석, 다섯째, 주된 표적 시장 점검, 여섯째, 마케팅 전략 점검, 일곱째, 구두조사를 통한 창업아이디어 현장 점검들이다.

1) 인구 통계적 트렌드

인터넷 검색 엔진에서 "인구 통계 트렌드"를 입력하고, 창업기업의 아이템에 영향을 미치는 인구 통계적 흐름과 관련된 참고문헌 목록을 찾아보거나, 잡지와 신문 등을 찾아 자신의 아이템과 관련된 트렌드에서 얻게 되는 사업 기회들을 기록해 본다.

인구 통계 트렌드	정보 출처	기회
예: 우리나라도 비만인구가 1500만 명에 달하며 비율이 해마다 3% 씩 증가하고 있다.	OECD통계, 국민영양건강조사, 2013	비만인구를 겨냥한 개인 맞춤 다이어트 컨설팅 및 관련 제품 판매

》 실습 8.1 인구 통계적 트렌드 조사

	인구 통계적 트렌드	정보 출처	기회
1.			
2.			
3.			

2) 기술, 경제, 사회적 트렌드

인터넷 검색 엔진 등을 활용하여 "기술, 경제, 사회적 트렌드"를 각각 조사하고, 창업기업의 아이템에 영향을 미치는 기술, 경제, 사회적 흐름과 관련된 참고문헌 목록을 찾아보거나, 잡지와 신문 등을 찾아 자신의 아이템과 관련된 트렌드에서 얻게 되는 기회를 기록한다.

트렌드	정보 출처	기회
예: 장기화된 불황 패션 의류 구매 패턴 양극화, SPA 매장에서 세일 제품을 사거나 독특한 디자이너 브랜드를 찾는다.	머니투데이 2012년 8월 10일자 기사	• 백화점, 패션업계 관계자들이 디자이너 매장을 발굴하러 다닌다. • 의류구매 패턴 양극화에 따라 고감도의 합리적인 디자인을 원하는 소비층이 많다. • 백화점, 패션업계에서도 고감도의 디자인을 판매하고자 한다.

》 실습 8.2 기술, 경제, 사회 트렌드 조사

	트렌드(기술, 경제, 사회)	정보 출처	기회
1.			
2.			
3.			

이상의 인구 트렌드와 기술, 경제, 사회 트렌드 조사를 분석한 후 기존의 사업 아이디어와 트렌드가 잘 부합하는지 살펴보고 트렌트에 따른 기회에 맞도록 사업을 조정한다.

3) 제품/서비스의 라이프 사이클

제품도 사람처럼 라이프 사이클을 거친다. 이를 이해하면 기업가들이 사업에 뛰어드는 것이 좋은 때인지 아닌지를 구분하는 데 도움이 된다. 제품이 어느 단계의 라이프 사이클에 있느냐는 사업의 성공에 지대한 영향을 끼친다.

라이프 사이클은 그 길이가 굉장히 다양하다. 패션, 몇몇 장난감(특히 최신 영화에 관련된)과 기술 기반의 많은 제품들은 라이프 사이클이 짧다. 이에 반해 가구, 보석과 식료품은 훨씬 긴 라이프 사이클을 갖는다.

제품의 라이프 사이클(Product Life Cycle)은 도입, 성장, 성숙과 쇠퇴의 단계를 갖는다. 제품의 단계를 파악하는 것이 기회와 고난을 예측하는 데 도움을 준다.

① 도입단계(Introduction Stage)

- 신제품이 처음 시장에 소개되었을 때, 일반적으로 홍보와 시장 교육에 아주 많은 양의 자본이 필요하다. 이 단계에서 당신은 길을 개척하며, 개척에는 시간과 돈이 든다. 이 두 가지는 초기 창업자에게는 우호적이지 않은 것이다. 따라서 이 두 가지 높은 비용으로 인해, 도입 단계에서 사업의 이익을 올리기는 힘들다.

② 성장단계(Growth Stage)

- 이 단계에서 소비자들은 제품에 대해 알고 있으며 구입할 준비가 되어 있다. 시장은 점점 더 많은 양을 필요로 하며, 더 많은 공급자를 위한 수요가 존재한다. 집이나 옷에 있어서의 "친환경적인" 제품들이 지금의 실례이다. 높은 수요 및 이익과 함께, 이 단계는 일반적으로 새로운 사업의 가장 큰 기회를 제공한다. 말하자면 "흐름을 탈" 수 있다. 흐름을 일찍 탈수록, 흐름을 타는 시간은 길어진다. 이 단계와 다음 성숙 단계에서 중요한 것은 시장의 다른 사업체들과 자신의 사업을 차별화할 수 있느냐는 것이다.

③ 성숙단계(Maturity Stage)

- 이때 수요는 비교적 일정하게 유지되거나 감소한다. 더 많은 공급자들이 수요자들의 필요를 충족시켜, 종종 심각한 경쟁과 가격 하락으로 이어지기도 한다. 패스트푸드 산업이 좋은 예이다. 확실히 자리를 잡은 대형업체들 때문에 소기업들은 특정 분야를 전문화하거나 틈새시장을 노리게 된다. 개인 맞춤식 소비자 서비스(Personal Customer Service)는 대기업에 비해 소기업이 지니는 강점이면서, 이 단계에서 손님을 끌어오고 유지하는 또 다른 핵심 사항이다.

④ 쇠퇴단계(Decline Stage)

- 이 단계의 특징은 상품 수요는 줄어들고 생산자들은 시장을 떠난다. 연하장과 문구점이 지금의 예이다. 하락단계에서 공급자들은 시장에 진입하는 것이 아니라 시장

을 빠져 나간다. 이 단계에서의 시장 진입에 관해서는 진지하게 의문을 가져야 한다. 도대체 왜 상류로 거슬러 헤엄을 치려 하는가? 왜 정점에 다다르기 전에 흐름을 탈 수 있는 다른 사업을 찾아보지 않는가? 그러나 몇몇 경우, 조사에 따르면 지역이나 국가적 시장 수요의 감소에 반해 여전히 특정 사업 영역에서는 성장 잠재력이 있음을 드러낼 수도 있다.

오늘날 제품 라이프 사이클은 변화가 지금까지 없었던 속도로 발생하고 있기 때문에 점점 더 짧아지고 있다. 즉, 당신의 기회의 창(Window of Opportunity)은 점점 더 좁아지고 있으며, 결과적으로 자주 혹은 빠르게 조정과 변화를 찾아야 한다. 시작하려는 제품/서비스가 그 라이프 사이클의 어디에 있는지를 아는 것은 최상의 기회를 볼 수 있게 하고, 언제 변화가 필요할지를 예측할 수 있게 한다.

〉〉〉 실습 8.3 **상품/서비스 라이프 사이클**

다음의 질문에 답하시오.

a. 당신이 제공할 주요 제품/서비스에 관한 지금까지의 당신의 지식이나 조사에 의하면, 당신이 운영하고자 하는 시장분야에서 라이프 사이클은 어느 단계에 있는가? 도입, 성장, 성숙, 쇠퇴

____

b. 당신의 주요 제품/서비스가 그 단계에 있다는 증거는 무엇인가?

____

c. 당신의 제품/서비스의 라이프 사이클 단계에서, 어떠한 고난이 예측되는가?

____

4) 주요 경쟁자 분석을 통한 타이밍 분석

주요 경쟁자들을 분석해 봄으로써 제품/서비스의 시장타이밍을 점검해 볼 수 있다. 분석방법은 아래와 같다.

》 실습 8.4 주요 경쟁자 분석을 통해 배운다

당신의 제품/서비스와 유사한 것을 판매하는 경쟁자(직접 경쟁자, 대체 경쟁자)들을 조사하여 아래의 표를 작성한다.

	경쟁업체 이름과 위치	제품/서비스 명세	가장 잘 팔리는 것	차별적 장점	단점 (개선 필요점)
1.					
2.					
3.					

5) 주된 표적시장의 점검

주된 표적시장에 대해 확인해 봄으로써 시장타이밍을 분석해 볼 수 있다. 구체적인 방법은 아래와 같다.

》 실습 8.5 주된 표적시장(Primary Target Market)을 확인한다

당신의 주된 표적시장이 소비시장(B2C)인지 아니면 기업시장(B2B)인지에 따라 아래 질문에 기록해 본다.

	지리적 위치	소비자의 연령, 수입 범위	성별, 직업, 교육수준 등	제품 구매빈도, 사용량, 가격민감도, 구매 시 중요시 변수	라이프스타일 (행동, 관심, 의견 등)
소비자 시장 (B to C)					

	회사규모, 산업 종류, 위치	채용하고 있는 기술	구매규모, 긴급도	구매기준, 구매행태 (중앙, 분권)	
기업 시장 (B to B)					

6) 마케팅 전략 점검

마케팅 전략을 점검해 봄으로써 시장타이밍을 분석해 볼 수 있다.

〉〉〉 실습 8.6 마케팅 전략

창업 타이밍 분석을 위해서는 경쟁우위요소와 마케팅 활동전략을 점검해 보고 실제로 시장에서 적합한지를 조사하여야 한다. 다음의 질문들에 답해 본다.

a. 당신이 시장에서 가질 수 있는 경쟁 우위 요소들은 무엇인가? (지식 재산권, 영업채널 확보, 노하우 등)

b. 마케팅믹스의 일환으로 어떠한 마케팅 활동을 할 것인가? 광고, 판촉, 홍보

※ 기업이 마케팅 목표에 따라 설정한 시장표적에 마케팅 활동을 집중시키기 위해 사용하는 상품이나 서비스(Product), 판매장소(Place), 가격(Price), 판매촉진의 형태(Promotion) 등의 투입변수를 해당 기업의 환경과 상황에 맞게, 그리고 마케팅 효과가 최대화되도록 배합하는 전략을 마케팅믹스라고 한다.

7) 창업 아이디어의 현장 검증

타이밍분석의 마지막 단계는 아래와 같이 목표고객을 대상으로 구두조사를 해 봄으로써 시장타이밍을 분석해 볼 수 있다.

》 실습 8.7 아이디어 개념 시험 – 구두조사

사업 아이디어의 타당성을 확인하고 피드백을 얻기 위해 장래의 소비자, (재료, 부품, 플랫폼)공급자, 다른 지역의 동종 사업가, 해당 업종의 회계사(세무사 포함)나 은행 직원 혹은 지역 소상공인 지원센터의 상담사에게 다음에 관하여 질문해 본다.

- 제품이나 서비스(Product or Service) 구매의향 : 당신의 제품이나 서비스를 짧게 설명하고 나서, 응답자에게 그것을 살 의향이 있는지를 묻는다.(혹은 다른 사람들이 살 것으로 생각하는지에 대해 묻는다)
  ※ 주의 : 잠재 소비자들을 대상으로 조사할 때, 그들이 당신의 제품을 왜 구매하지 않는지에 대해 아는 것은 왜 구매하는지에 대해 아는 것만큼이나 도움이 된다. 부정적인 답변들을 살펴본다.
- 판매 촉진방법(Method of Promotion) : 당신과 같은 종류의 사업이나 서비스를 소비자들이 어떤 경로를 통해서 찾는지에 대해 묻는다. 예를 들어, 소비자들이 휴대폰이나 인터넷에서 제품이나 서비스를 찾는지, 다른 사람들에게 물어서 찾는지, 광고를 보고 찾는지?

- 특징과 이점(Feature and Benefit) : 구매자에게 제품의 어떤 특색이 중요한지, 왜 중요한지를 묻는다. 소비자 이득이라고 여겨지는 것에 대해 묻는다.
- 가격(Price) : 소비자들이 원하는 가격을 묻는다.
  ※ 주의 : 가격에 대한 피드백은 가치를 수량화하는 데 도움을 준다. 이는 또한 당신이 제품을 판매할 때에 이익을 볼 수 있을지를 결정하는 데 도움을 준다.
- 인구통계적 데이터(Demographic Data): 잠재적인 소비자들을 위해서, 관련된 인구통계적 변수에 관한 정보를 모은다. 즉, 연령, 성별, 결혼 여부, 교육들이다.

지침

1단계. 각 섹션의 첫 번째 빈칸(줄이 있는)을 끝낸다.
2단계. 조사할 계획인 사람들을 확인한다. 각 응답자에게 부록에 있는 빈 양식을 복사해 준다.
3단계. 응답자와 각 섹션의 첫 번째 빈칸의 정보를 공유하고 그에 해당하는 박스 안의 관련 질문들을 한다. 빈 양식에 응답자의 답변을 기록한다.

A. 설명(Description) : 당신의 제품이나 서비스 아이디어를 간단히 설명하시오. (아래에 설명을 적는다.)

____

____

조사 대상자에게 위의 제품/서비스 아이디어를 설명한다.

조사 질문 - 응답자에게 묻기

1. 이 제품/서비스를 구매할 생각입니까? 또는 다른 사람들이 이 제품/서비스를 구매할 것이라고 생각합니까?
2. "네"라고 대답한 경우, 아래의 B부터 G까지의 항목을 계속 질문한다. 만일 "아니오"라고 대답한 경우, 그 이유가 무엇인지를 반드시 질문해 본다.

____

____

B. **마케팅방법**(Marketing Methods) : 계획하고 있는 마케팅 종류를 나열한다. (광고, 판촉, 인쇄물 등의 방법을 아래에 적는다.)

____

____

조사대상자에 위 마케팅방법을 설명해 준다.

조사 질문

1. 당신(혹은 다른 사람들)에게 접근하기에는 어떤 마케팅방법이 제일 효과적일 것이라고 생각합니까? (제 제품이나 서비스에 관해서 어떤 경로로 알게 될 것이라고 생각됩니까?)

____

____

2. 추천할만한 다른 마케팅방법에는 무엇이 있습니까?

____

____

C. **특색**(Features) : 당신의 제품/서비스의 특정한 부분이나 구성요소들을 나열하라. (아래에 특색들을 적는다.)

____

____

나열한 제품/서비스의 특색들을 조사대상자에게 설명한다.

조사 질문

1. (당신/다른 사람들에게) 제품/서비스의 어떤 특색이 가장 유용하며, 그 이유는 무엇입니까?

____

____

2. 다른 어떤 특색들이 유용할 것이라고 생각됩니까?

____

____

D. 이점(Benefits) : 제품/서비스로 인해 소비자가 얻게 될 것으로 예상되는 이점들을 나열하라. (아래에 이점들을 적는다.)

예상되는 소비자의 이점들을 조사대상자에게 설명한다.

조사 질문

1. 당신(혹은 다른 사람들)에게 어떤 이점이 가장 가치가 있습니까?

---

2. 확인되지 않은 다른 이점들이 있습니까?

E. 가격(Pricing) : 제품/서비스의 적절한 가격이나 계획 중인 가격대를 작성한다.

예상되는 가격(가격대)를 조사대상자에게 설명한다.

조사 질문

1. 이 가격/가격대에서, 당신/다른 사람들이 이 제품을 살 것이라고 생각합니까?

---

2. 대부분의 소비자들이 지불할 의사가 있는 가격은 얼마라고 생각합니까?

---

3. 어떠한 요소들이 더 높은 가격을 매기는 것(혹은 가격대를 높이는 것)을 정당화할 수 있습니까? 즉 가격을 높이려면 무엇을 더 제공하면 되겠습니까?

____

____

F. 구매 수량(Quantity)

조사 질문

1년 동안 소비자들이 얼마나 많이 구매할 것인가?

※ 주의 : 판매가 일시적인 경우(즉 한 번 판매 후 추가 구매가 이루어지는 제품/서비스가 아닌 경우) 이 질문은 생략한다.

____

____

G. 응답자와 관련된 인구 통계학적 정보[장래의 소비자(표적 시장의 구매예상자) 포함]

다음과 같은 인구 통계적 질문들을 질문하여 기록한다.

- 당신의 나이(대)는?
- 교육 수준은?
- 거주하는 지역은?
- 함께 사는 가족의 인원은?
- 수입(대) 수준은?

※주의 : 응답자들은 수입과 같은 개인적 환경에 관련된 질문에서는 범위가 주어졌을 때 더 응답하기 쉽다.

20명 정도의 조사대상자들에게 이 과정을 반복해 본다. 실제로 B2B인 경우에는 목표 회사의 구매 관련 여러 계층의 사람들에게 질문해 보아야 한다. B2C의 경우에는 미국 창업 훈련 프로그램에서 100명 정도의 조사대상자들을 선정하여 조사하고 있다.

3. 창업 타이밍 분석을 통한 아이디어 점검

위의 실습단계를 모두 마치면서 구두조사 과정을 통해 배운 사실들을 종합해 보면 최초의 사업 콘셉트를 개선할 부분이 무엇인지 점검해 보는 준비가 될 것이다. 이러한 정보들을 통해 아래의 진단과 분석에서 다음 질문들에 답해 본다.

1) 진단과 분석

이 활동을 통해 당신의 사업 아이디어는 어떻게 바뀌었는가?

마케팅과 가격 결정에 있어서 무엇을 배웠는가?

나중에 이 질문지를 다시 사용한다면 질문 내용들 중에 무엇을 다르게 하겠는가?

---

2) 소비자 구두조사 전과 후의 차이

이상의 소비자 구두조사를 마치게 되면 다음과 같은 소비자 구두조사 전과 후의 차이점을 일반적으로 발견하게 된다.

첫째, 소비자 구두조사 전에는 사업가능성이 불투명하였으나, 소비자 구두조사 후에는 사업의 가능성을 확인하게 된다.

둘째, 소비자 구두조사 전에는 사업 방향성이 추측뿐이었으나, 소비자 구두조사 후에는 추측이 현실적인 데이터가 되어 앞으로의 방향성을 확실히 알게 된다.

셋째, 소비자 구두조사 전에는 사업에 관하여 팀원들만의 확신만 있었으나, 소비자 구두조사 후에는 소비자들의 수요를 분명히 확인할 수 있게 된다.

넷째, 소비자 구두조사 전에는 프로모션/이벤트 방법을 통하여 회원 가입만 구상하였으나, 소비자 구두조사 후에는 소비자가 원하는 프로모션 요소를 추가하게 된다.

다섯째, 소비자 구두조사 전에는 타깃층에 대한 고려를 정확하게 하지 못하였으나, 소비자 구두조사 후에는 타깃층을 확실히 정해야 함을 느끼고 구체화하게 된다.

여섯째, 소비자 구두조사 전에는 구매자와 수요자가 같은 것으로 생각하였으나, 소비자 구두조사 후에는 구매자와 수요자가 다르고 각각 제품/서비스에 대한 경험과 구매의사가 다르다는 것을 알게 된다.

일곱째, 소비자 구두조사 전에는 창업 아이템이 가장 좋은 줄 알았으나, 소비자 구두조사 후에는 몰랐던 단점들에 대해 파악하고 개선점에 대해 생각해 볼 수 있게 된다.

여덟째, 소비자 구두조사 전에는 소비자의 니즈를 정확히 파악하지 못하였으나, 소비자 구두조사 후에는 소비자들의 선호도와 창업 아이템의 호불호 비율에 대해 알 수 있게 된다.

아홉째, 소비자 구두조사 전에는 미처 생각하지 못한 잠재적인 문제점들에 대해 알 수 없었으나, 소비자 구두조사 후에는 디테일한 제품/서비스 구성이나 가격에 대해 정하기가 수월해진다.

열째, 소비자 구두조사 전에는 마케팅방법이 한정적이었으나, 소비자 구두조사 후에는 마케팅방법이 늘어나고, 새로운 방법을 추천받게 된다.

그 외에도 구두조사를 통해 얻을 수 있는 것은 사전 홍보 효과가 있고, 근거 없는 자신감을 잠시 내려놓고 아이템을 객관적으로 바라볼 수 있다는 효과가 있다.

〈표 8-1〉 소비자 구두조사 전과 후의 차이점

구 분	소비자 구두조사	
	전	후
창업가능성 확인	사업가능성이 불투명함	사업의 가능성을 확인함
사업 방향성	추측뿐이었음	추측이 현실적인 데이터가 되어 앞으로의 방향성이 확실해짐
실질적 수요 확인	사업에 관해 팀원들만의 확신만 있었음	소비자들의 높은 수요까지 확인할 수 있었음
프로모션 방법	Promotion/Event 방법을 통한 회원 가입만 구상	소비자가 원하는 프로모션(㉾ Fun) 요소를 추가하게 됨
타깃층에 대한 고려	타깃층에 대한 고려를 잘하지 못함	타깃층을 확실히 정해야 함을 느낌. 구체화하게 됨
구매자와 수요자의 차이점	구매자와 수요자가 같은 것을 생각	구매자와 수요자가 다르고 각각 제품/서비스에 대한 경험과 구매 의사가 다름을 알게 됨
자신감	창업아이템이 가장 좋은 줄 알았음	몰랐던 단점들에 대해 파악하고 개선점에 대해 생각해 볼 수 있었음
소비자 니즈 파악	소비자의 니즈를 정확히 파악하지 못했음	소비자들의 선호도나 창업 아이템의 호불호 비율에 대해서 알 수 있었음

잠재적 문제점 파악	미처 생각하지 못한 잠재적인 문제점들에 대해 알 수 없었음	디테일한 제품/서비스 구성이나 가격에 대해 정하기가 수월해 졌음
마케팅방법	마케팅방법이 한정적이었음	마케팅방법이 늘어남, 새로운 방법을 추천받음
사전 홍보 효과		사전 홍보 효과가 있음
여론의 반영		여론의 반영이 가능함
근거 없는 자신감		근거 없는 자신감을 잠시 내려놓고 아이템을 객관적으로 바라볼 수 있음

연 습 문 제 EXERCISE

객관식 문제

01 창업 타이밍 점검 실습 시 가장 먼저 하는 실습은?

① 기술, 경제 트렌드
② 사회적 트렌드
③ 제품 사이클
④ 서비스 사이클
⑤ 인구통계적 트렌드

02 제품/서비스의 라이프 사이클 중 성장단계(Growth Stage)의 설명이 아닌 것은 ?

① 소비자들은 제품에 대해 알고 있으며 구입할 준비가 되어 있음
② 시장은 점점 더 많은 양을 필요로 하며, 더 많은 공급자를 위한 수요가 존재함
③ 높은 수요 및 이익과 함께, 이 단계는 일반적으로 새로운 사업의 가장 큰 기회를 제공
④ 흐름을 일찍 탈수록, 흐름을 타는 시간은 짧아짐
⑤ 시장의 다른 사업체들과 창업자의 사업에 대한 차별화가 중요함

03 제품/서비스의 라이프 사이클 중 성숙단계(Maturity Stage)의 설명이 아닌 것은?

① 비교적 일정하게 유지되거나 감소함
② 더 많은 공급자들이 수요자들의 필요를 충족시켜, 종종 심각한 경쟁과 가격 하락으로 이어지기도 함
③ 확실히 자리를 잡은 대형업체들 때문에, 소기업들은 특정 분야를 전문화하거나 틈새시장을 노리게 됨
④ 개인 맞춤식 소비자 서비스(Personal Customer Service)는 대기업에 비해 소기업이 지니는 강점이면서, 이 단계에서 손님을 끌어오고 유지하는 또 다른 핵심 사항임
⑤ 성숙단계에서는 시장의 다른 사업체들과 창업자의 사업에 대한 차별화가 중요하지 않음

04 주된 표적시장(Primary Target Market)의 B TO C 설명이 아닌 것은?

① 그들이 거주하는 지리적 위치는 어디인가?
② 가장 전형적인 연령 그리고/혹은 수입 범위는?
③ 다른 어떤 인구 통계적 요인이 연관이 있는가?
④ 어떤 소비자 생활양식 요인이 관련이 있는가?
⑤ 사업체의 일반적인 크기는?

05 아이디어 개념의 시험으로 구두조사 시 질문이 아닌 것은?

① 이 제품을 왜 구매하는가?　② 어떤 경로를 통해 제품을 구매하는가?
③ 이 제품의 특색이 무엇인가?　④ 이 제품의 적정가격은 얼마인가?
⑤ 제품의 판매처가 어디인가?

06 다음 중 제품 구두조사를 위한 인구 통계 데이터 질문에 부적당한 것은?

① 연령　② 성별　③ 결혼 여부
④ 교육　⑤ 출생지

07 제품수명주기(PLC)에서 도입기에 적당한 상품관리 전략은 무엇인가?

① 경쟁이 치열해짐에 따라 기업들은 제품에 대한 A/S 제공을 강화한다.
② 제품의 차별화를 시도한다.
③ 제품이 제공하는 요익과 유용성을 홍보한다.
④ 제품에 대한 프로모션은 최소한으로 낮춘다.
⑤ 시장점유율 확대보다 이윤을 극대화시키고 경쟁사 대비 시장점유율을 유지한다.

08 기업이 마케팅 목표에 따라 설정한 시장표적에 마케팅 활동을 집중시키기 위해 사용하는 상품이나 서비스(Product), 판매장소(Place), 가격(Price), 판매촉진의 형태(Promotion) 등의 투입변수를 해당 기업의 환경과 상황에 맞게, 그리고 마케팅 효과가 최대화되도록 배합하는 전략을 무엇이라고 하는가?

① 게릴라전략　② 리더십전략　③ 마케팅믹스
④ 프로모션전략　⑤ 시장전략

09 《기업 창업가 매뉴얼(The Startup Owners's Manual)》의 저자 스티브 블랭크와 밥 도프(Steve Blank & Bob Dorf)는 그들의 저서에서 "창업가들이 범하는 대표적인 실책들 중의 하나는 (　　　　)이 무엇을 원하는지 잘 알고 있다고 믿는 것과 또한 (　　　　)이 무엇을 필요로 하는가에 대해 잘 알고 있다고 착각하는 것이다. 아울러 이로 인해 제품/서비스 출시에만 모든 신경을 곤두세우고 실제로 (　　　　)이 원하고 있는지에 대해서는 간과한다"라고 말하고 있다. (　)에 적합한 단어는 다음 중 무엇인가?

① 사업　　② 팀원　　③ 비즈니스모델
④ 고객　　⑤ 사장

10 미국 벤처캐피탈 전문조사기관인 CB insights가 실패한 스타트업 101개사를 대상으로 2014년 설문조사 결과 사업 실패의 원인 중 가장 많은 비중을 차지한 것은 응답자의 42%가 (　　　　)이다. (　) 에 적합한 말은 다음 중 무엇인가?

① 자금 부족　　② 팀원 구성 문제　　③ 시장이 원하지 않는 제품
④ 경쟁에 뒤져　　⑤ 가격/원가 문제

11 창업 타이밍 분석은 첫째, 인구 통계적 트렌드를 분석한다. 둘째, 기술, 경제, 사회 트렌드를 분석한다. 셋째, 제품/서비스 라이프 사이클 점검, 넷째, 주요 경쟁자 분석, 다섯째, 주된 표적 시장 점검, 여섯째, 마케팅 전략 점검, 일곱째, (　　　　)를(을) 통한 창업아이디어 현장 점검들이다. (　)에 적합한 말은 다음 중 무엇인가?

① 인터넷　　② 앱　　③ 시장조사
④ 실사　　⑤ 구두조사

주관식 문제

01 사업 아이디어를 확인하고 피드백을 얻기 위해 장래의 소비자, 공급자, 다른 사업자들에게 아이디어 개념을 시험하는 첫 단계는 무엇인가?

02 구두조사 시 질문하는 대표적인 항목을 4가지만 쓰시오.

03 제품/서비스 라이프 사이클 중 홍보와 시장 교육에 아주 많은 양의 자본이 필요한 단계는?

04 제품/서비스 라이프 사이클의 네 단계를 쓰시오.

05 주된 표적시장(Primary Target Market)의 두 가지 구분법을 쓰시오.

CHAPTER 09

지식재산권 실무

학/습/내/용

1. 기업의 경쟁력 : 지식재산권
2. 특허권 및 실용신안권
3. 상표권
4. 디자인권
5. 기타 지식재산권 보호 법규
6. 지식재산권의 검색과 분석

CHAPTER 09

지식재산권 실무

학습목표
1. 기업의 경쟁력 확보에 지식재산권이 중요한 역할을 수행함을 이해한다.
2. 지식재산권의 종류, 개념, 출원 절차를 이해한다.
3. 지식재산권을 검색하고, 검색결과를 이용하여 기업경영에 활용할 수 있다.

1. 기업의 경쟁력 : 지식재산권(Intellectual Property)

헌법에서는 "저작자·발명가·과학기술자와 예술가의 권리는 법률로써 보호한다."고 규정하여 지식재산권 보호의 근거를 마련하고, 「지식재산기본법」을 2011년부터 시행하면서 모든 분야에서 지식재산에 대한 제도적 적용이 기본이 되도록 하였다.

기업 활동의 궁극적인 목표는 "좋은 상품을 개발하여 많이 팔고, 수익을 극대화하는 것"이라고 할 수 있다. 이러한 기업 활동과 지식재산권이 어떠한 관계에 있는지를 살펴보면서, 기업의 경쟁력 강화와 기업 활동의 활성화 측면에서 지식재산권에 대해 학습하고자 한다.

지식재산권(知識財産權, Intellectual Property)이란 "인간의 창조적 사고에 대한 결과물의 소유권"이라고 할 수 있다. 지식재산권은 산업재산권과 저작권을 포괄하는 개념이다. 특허권으로 대표되는 산업재산권은 물건과 방법에 관한 발명의 권리 생성과 관리 및 소멸을 다루는 「특허법」, 고안의 정도가 발명보다 낮은 물건에 관하여 보호하는 「실용신안법」, 물건의 외적 형상인 창작의 디자인을 보호하는 「디자인보호법」, 그리고 물품의 생산자나 서비스 제공자를 표시하는 표장(기호, 문자, 도형, 입체 형상 등)의 보호를 위한 「상표법」으로 구분한다. 따라서 특허권, 실용신안권, 디자인권 그리고 상표권의 네 가지를 산업재산권이라고 한다.

저작권으로 대표되는 문화재산권은 실질적인 산업에 활용되기보다는 인간의 정신적 문화 창달과 지적 욕구를 충족시키기 위하여 만들어지는 창작물에 대해 부여되는 권리이다. 최근 들어 게임, 음악, 영화 등 문화재산권을 기반으로 한 산업의 비중이 커짐에 따라 저작권의 중요성도 커지고 있다. 저작물의 생성과 소멸 등 운영에 관한 사항은 「저작권법」에서 정한다.

〈표 9-1〉 지식재산권의 종류

구분	종류	의의
산업재산권	특허권	자연법칙을 이용한 기술적 창작으로서 고도한 것(대발명)
	실용신안권	자연법칙을 이용한 기술적 창작으로서 저도한 것(소발명)
	디자인권	심미감을 일으킬 수 있는 형상, 모양, 색체
	상표권	자타 상품을 식별하기 위하여 사용하는 시각적 사실적 표지
저작권	저작재산권	문학 예술 분야의 창작물
	저작인격권	공표권, 성명표시권, 동일성 유지권
	저작인접권	실연가, 음반제작자, 방송사업자의 권리
신지식재산권	첨단산업재산권	반도체배치설계, 생명공학, 식물신품종
	산업저작권	컴퓨터프로그램, 인공지능, 데이터베이스
	정보재산권	영업비밀, 뉴미디어, 멀티미디어 등

1) 지식재산권 경영

(1) 지식재산권의 창출-보호-활용

지식재산권을 효율적으로 '창출-보호-활용'하는 것이 창업기업과 계속기업의 지속 성장을 위해서 매우 중요하다. 이에 따라 정부에서는 각종 정책을 수립하여 예산을 집행하고 있다.

〈표 9-2〉 특허청의 지식재산권 창출-보호-활용 지원 사업들

지원 분야	지원 사업명	
창출지원	• IP 디딤돌 프로그램 • 글로벌 IP 스타기업 육성 • 글로벌 기술혁신 IP 전략개발 • 정부 R&D 특허전략지원 • 정부 R&D 특허동향조사 • IP 정보분야 창업지원 프로그램	• IP 나래 프로그램 • 지재권 연계 연구개발 전략지원사업 • 표준특허창출지원 • 정부 R&D 특허설계지원 • 생활발명코리아 • 지식재산데이터기프트제도
활용지원	• 지식재산(IP) 활용전략 지원 • IP 사업화 연계 평가지원 • 우수발명품 우선구매추천제도 • 발명인터뷰 및 공공IP 활용 지원 • 공공기관 보유특허 진단 지원 사업	• 지식재산 거래지원 • IP금융 연계 평가지원 • 지식재산서비스기업 해외시장 수요창출지원 • 제품단위 특허 포트폴리오 구축지원 • 우수특허보유기업에 대한 벤처투자
보호지원	• 지재권 소송보험 지원 • 해외지식재산센터(IP-DESK) 운영 • K-브랜드 보호기반 구축 • 국제 지재권 분쟁 예방 컨설팅 지원 • 위조상품 신고포상금제도 운영	• 영업비밀보호센터 운영 • 해외 지재권 분쟁 초등대응 지원 • 지재권 분쟁 공동대응 지원 • 산업재산권 분쟁조정제도

출처: 특허청(www.kipo.go.kr).

(2) 지식재산권 분쟁

지식재산권은 사업 전반에 영향을 미친다. 시장경쟁이 가속화될수록 지식재산권 분쟁도 질적 양적 측면에서 증하고 있으며, 지식재산권을 침해하는 형태도 다양하다.

특허의 경우, ① 정당한 권원이 없는 자가 ② 업으로서 ③ 유효한 특허 발명의 ④ 보호범위 내의 권리를 실시한 것을 말하며, ⑤ 특허권의 효력제한 사유가 없는 경우 해당 특허를 침해하는 것으로 보고 있다.

[핵심 체크]

침해로 보는 행위와 기업 활동

특허법 제2조(정의) [전문개정 2014.6.11.]

3. "실시"란 다음 각 목의 구분에 따른 행위를 말한다.

가. 물건의 발명인 경우 : 그 물건을 생산 · 사용 · 양도 · 대여 또는 수입하거나 그 물건의 양도 또는 대여의 청약(양도 또는 대여를 위한 전시를 포함한다. 이하 같다)을 하는 행위

나. 방법의 발명인 경우 : 그 방법을 사용하는 행위

다. 물건을 생산하는 방법의 발명인 경우 : 나목의 행위 외에 그 방법에 의하여 생산한 물건을 사용 · 양도 · 대여 또는 수입하거나 그 물건의 양도 또는 대여의 청약을 하는 행위

사업형태	연구개발	청약	전시	수입	생산	사용	양도판매
특허침해	X	O	O	O	O	O	O

① 분쟁 사례

예1 : 1990년 Kodak사가 제작한 카메라가 폴라로이드사의 즉석카메라의 원천특허를 침해하여 소송이 제기되었다. Kodak사는 폴라로이드사에 9억 달러가 넘는 손해배상금을 지불해야 했고, 15억 달러를 투자한 공장을 폐쇄하고, 700명의 사원을 해고했으며, 이미 판매된 카메라를 회수하는데도 5억 달러 이상을 사용해야 했다. 폴라로이드사는 분쟁 대상이 된 즉석카메라의 원천특허 보유하고 있었고, 당시 Kodak은 미래 유망기술인 디지털 카메라의 원천특허를 보유하고 있었다.

예2 : 삼성과 애플의 스마트폰 분쟁은 디자인권, 특허권, 저작권이 관련되어 있다.

② 특허괴물(Patent Troll)

특허괴물(Patent Troll)은 2001년 인텔의 변호사인 피터 데트킨(Peter Detkin)이 처음으로 사용한 용어로서 "특허에 대하여 당해 특허를 현재 실시하고 있지도 않고(Not Practicing), 미래에도 실시할 의사가 없고(Have No Intention of Practicing) 대부분 과거에도 실시한 적이 없는(Never Practiced at All) 특허로 막대한 돈을 벌려는 자"라고 정의하였다. 최근에는 특허괴물을 비실시자(Non-Practicing Entity: NPE)라고 정의하고도 있으며, 비실시자는 특허된 발명을 제조하거나 사용하지는 않으면서 라이선스 및 소송의 협상을 통하여 특허권을 행사하기를 원하는 특허권자라고 정의하는 경우도 있다.

2) 구별 개념

(1) 지식재산권과 유체재산권의 차이점

동산, 부동산 등 형체를 가지고 있는 유체물과는 달리, 형체가 없다는 점에서 지식재산권은 무체물에 포함된다. 배타적 점유, 사용이 가능한 유체물은 민법을 통해 손쉽게 보호할 수 있으나, 권리의 해석이 필요해 보호 영역을 결정하기가 어렵고, 배타적 점유, 사용이 어려운 지식재산권은 각 지식재산권에 대응되는 고유한 법들을 이용하여 보호된다.

〈표 9-3〉 지식재산권과 유체재산권의 차이점

구분	지식재산권	유체재산권
보호대상	무체물	유체물
권리보호	영역이 불명확, 침해 추적이 어려움	영역이 명확, 침해 추적이 쉬움
속지성	국제성이 강함	속지성이 강함
배타성	비배타성	배타적 사용 수익 처분
보호기간	단기(시장 환경에 민감함)	중장기(영속성이 강함)

(2) 저작권과 산업재산권

① 저작권법 개요

저작자의 권리와 이에 인접하는 권리를 보호하고 저작물의 공정한 이용을 도모함으로써 문화 및 관련 산업의 향상 발전에 이바지함을 목적으로 한다.

저작권법에서 "저작물"은 인간의 사상 또는 감정을 표현한 창작물을 말한다.

② 저작물의 종류

최근에는 소설이나 웹툰 등을 기반으로 하여 게임, 영화 등이 제작되는 경우가 많은데, 이 경우 원작 소설, 원작 웹툰이 1차 저작물이고, 1차 저작물에 기반하여 제작된 게임, 영화는 2차 저작물이다.

〈표 9-4〉 저작물의 종류

저작물의 종류	2차적 저작물
1. 소설・시・논문・강연・연설・각본 그 밖의 어문저작물 2. 음악저작물 3. 연극 및 무용・무언극 그 밖의 연극저작물 4. 회화・서예・조각・판화・공예・응용미술저작물 그 밖의 미술저작물 5. 건축물・건축을 위한 모형 및 설계도서 그 밖의 건축저작물 6. 사진저작물(이와 유사한 방법으로 제작된 것을 포함한다) 7. 영상저작물 8. 지도・도표・설계도・약도・모형 그 밖의 도형저작물 9. 컴퓨터프로그램 저작물	1. 2차적 저작물 ① 원저작물을 번역・편극・변형・각색・영상제작 그 밖의 방법으로 작성한 창작물(이하 "2차적 저작물"이라 한다)은 독자적인 저작물로서 보호된다. ② 2차적 저작물의 보호는 그 원저작물의 저작자의 권리에 영향을 미치지 아니한다. 2. 편집저작물 ① 편집저작물은 독자적인 저작물로서 보호된다. ② 편집저작물의 보호는 그 편집저작물의 구성부분이 되는 소재의 저작권 그 밖에 이 법에 따라 보호되는 권리에 영향을 미치지 아니한다.

"편집물"은 저작물이나 부호・문자・음・영상 그 밖의 형태의 자료(이하 "소재"라 한다)의 집합물을 말하며, 데이터베이스를 포함한다. "편집저작물"은 편집물로서 그 소재의 선택・배열 또는 구성에 창작성이 있는 것을 말한다.

"공동저작물"은 2인 이상이 공동으로 창작한 저작물로서 각자의 이바지한 부분을 분리하여 이용할 수 없는 것을 말한다. "업무상저작물"은 법인・단체 그 밖의 사용자(이하 "법인 등"이라 한다)의 기획하에 법인 등의 업무에 종사하는 자가업무상 작성하는 저작물을 말한다.

③ 저작권과 산업재산권의 차이점

저작권과 산업재산권의 차이점은 다음 〈표 9-5〉와 같이 정리된다.

〈표 9-5〉 저작권과 산업재산권의 차이점

구분	저작권	산업재산권(대표: 특허)
목적	저작자/인접권자 보호, 문화 발전	발명자 보호, 산업 발전
보호대상	문화적 창작물	산업적 창작물
권리 발생	창작 즉시 등록과 무관하게 발생 (실체법, 무방식주의)	별도의 출원 심사등록을 거쳐 발생 (절차법, 선원주의 등 방식주의)
등록 효력	등록이 제3자 대항요건에 불과	등록이 권리의 효력발생요건
중복성	중복 저작권도 발생 가능	중복특허 배제의 원칙

독점배타성	배타권, 비독점권	독점권, 배타권
존속 기간	사후 70년 또는 공표 후 70년	출원일 또는 등록일부터 10~20년
관할 기관	문화체육관광부 저작권정책과, 저작권산업과, 저작권보호과	특허청
보호 정도	형식의 보호(상대적 독점권)	내용의 보호(독점 배타권)
이용 특성	다원적 특성(OSMU)	일원적 특성
창작성	주관적 창작성	객관적 창작성

저작권은 인간의 사상, 감정의 표현 등 예술성이 있는 문화적 창작물에 대한 권리이다. 별도의 심사등록절차가 필요한 산업재산권과는 달리 저작권은 창작 즉시 발생한다. 따라서 산업재산권은 등록을 해야 권리로서 보호받을 수 있으나, 저작권은 창작 즉시 보호받을 수 있다. 다만, 저작권도 등록할 수 있는데, 저작권의 등록은 창작의 선후관계를 명확히 하는 것에 불과하며 저작권위원회(www.copyright.or.kr)를 통해 등록을 진행할 수 있다.

(3) 산업재산권의 구별

산업재산권은 보호대상에 따라 보호의 대상, 범위, 기간 등을 달리하고 있다. 기술적 아이디어를 보호하는 특허권과 실용신안권은 등록을 위한 기술적 구성의 난이도에 따라 구분되며 존속기간(20년, 10년), 보호대상(방법 발명의 포함 여부)에 있어 차이를 보인다.

상표권은 상표를 보호하여 수요자의 이익을 보호(공익)하는 목적을 가지고 있으며, 이에 따라 10년을 단위로 상표권을 갱신할 수 있는 제도를 보유하고 있다.

〈표 9-6〉 산업재산권의 구별

구분	특허권	실용신안권	상표권	디자인권
수단	발명을 보호・장려하고 그 이용을 도모함으로써	실용적인 고안을 보호・장려하고 그 이용을 도모함으로써	상표를 보호함으로써 상표사용자의 업무상의 신용유지를 도모하여	디자인의 보호와 이용을 도모함으로써 디자인의 창작을 장려하여
목적	기술의 발전을 촉진하여 산업발전에 이바지함	기술의 발전을 촉진하여 산업발전에 이바지함	산업발전에 이바지함과 아울러 수요자의 이익을 보호	산업발전에 이바지함
보호대상	물질, 물건, 방법	물건	시각적 표지	심미적 디자인

보호 범위	균등범위	균등범위	동일유사범위	동일유사범위
존속 기간	출원 20년(연장가능)	출원 10년	등록 10년	출원 20년
연장 여부	시험기간(5년 내)	없음	무한갱신등록	없음

3) 지식재산기본법[시행 2022.12.11.] [법률 제18873호, 2022.6.10., 일부개정]

(1) 목적

지식재산의 창출·보호 및 활용을 촉진하고 그 기반을 조성하기 위한 정부의 기본 정책과 추진 체계를 마련하여 우리 사회에서 지식재산의 가치가 최대한 발휘될 수 있도록 함으로써 국가의 경제·사회 및 문화 등의 발전과 국민의 삶의 질 향상에 이바지하는 것에 그 목적이 있다.

(2) 기본 이념

정부는 지식재산 관련 정책을 다음 각 호의 기본이념에 따라 추진하여야 한다.

① 저작자, 발명가, 과학기술자 및 예술가 등 지식재산 창출자가 창의적이고 안정적으로 활동할 수 있도록 함으로써 우수한 지식재산의 창출을 촉진한다.

② 지식재산을 효과적이고 안정적으로 보호하고, 그 활용을 촉진하는 동시에 합리적이고 공정한 이용을 도모한다.

③ 지식재산이 존중되는 사회환경을 조성하고 전문인력과 관련 산업을 육성함으로써 지식재산의 창출·보호 및 활용을 촉진하기 위한 기반을 마련한다.

④ 지식재산에 관한 국내규범과 국제규범 간의 조화를 도모하고 개발도상국의 지식재산 역량 강화를 지원함으로써 국제사회의 공동발전에 기여한다.

2. 특허권 및 실용신안권

1) 특허권

(1) 개요

① 특허법의 목적

특허법의 목적은 발명을 보호, 장려함으로써 국가의 산업발전을 도모하기 위한 것이다.

② 특허요건 및 효력

특허요건 및 효력은 다음과 같다.

- 자연법칙을 이용한 기술적 아이디어일 것(발명의 성립성)
- 발명은 산업에 이용할 수 있어야 하며(산업상 이용가능성)
- 출원하기 전에 이미 알려진 기술(선행기술)이 아니어야 하고(신규성)
- 선행기술과 다른 것이라 하더라도 그 선행기술로부터 쉽게 생각해 낼 수 없는 것이어야 한다(진보성).

자연법칙을 이용하지 않는 발명의 예로는 "영구동력기관" 등이 있으며, '자연법칙 자체'(예를 들면 만류인력의 법칙), '경제법칙', '수학법칙'도 발명의 대상은 아님

'산업'의 의미는 넓게 해석하되, '인간을 수술하거나 치료하는 방법' 등은 제외한다(수술, 진단, 치료에 사용하기 위한 의료기기, 의약품은 특허의 대상임).

출원발명의 출원일 이전에 이미 알려진 기술(선행기술)과 해당 출원발명을 비교하여

① 선행기술과 출원발명이 동일한 것으로 판단된다면 신규성 흠결

② 선행기술과 출원발명이 동일하지는 않으나, 통상의 기술자가 선행기술로부터 출원발명을 용이하게 발명할 수 있는 것으로 판단된다면 진보성 흠결로 거절된다.

핵심 체크

특허권의 효력 및 보호범위

1. 특허권자는 업으로서 특허발명을 실시할 권리를 독점한다.
2. 전용실시권이 설정된 때에는 특허권자도 그 특허를 실시할 수 없다.
3. 특허발명의 보호범위는 청구범위에 적혀 있는 사항에 의하여 정해진다.

"업으로서 특허발명을 실시할 것"의 의미는 해당 특허 발명을 비즈니스의 한 부분으로 실시하는 것을 의미(개인적인 실시 또는 가정적인 실시는 배제하는 것으로 해석됨)하며, 영리를 목적으로 하는 경우에 한하지 않는다.

심화학습 ◆ 특허권의 효력 제한

특허권의 효력은 다음 사항에는 미치지 아니한다.

1. 연구 또는 시험을 하기 위한 특허발명의 실시
2. 국내를 통과하는데 불과한 선박 · 항공기 · 차량 또는 이에 사용되는 기계 · 기구 · 장치, 그 밖의 물건
3. 특허출원을 한 때부터 국내에 있는 물건
4. 둘 이상의 의약이 혼합되어 제조되는 의약의 발명 또는 둘 이상의 의약을 혼합하여 의약을 제조하는 방법의 발명에 관한 특허권의 효력은 「약사법」에 따른 조제행위와 그 조제에 의한 의약에는 미치지 아니한다.
5. 특허권자 · 전용실시권자 또는 통상실시권자는 특허발명이 그 특허발명의 특허출원일 전에 출원된 타인의 특허발명 · 등록실용신안 또는 등록디자인이나 그 디자인과 유사한 디자인을 이용하거나 특허권이 그 특허발명의 특허출원일 전에 출원된 타인의 디자인권 또는 상표권과 저촉되는 경우에는 그 특허권자 · 실용신안권자 · 디자인권자 또는 상표권자의 허락을 받지 아니하고는 자기의 특허발명을 업으로서 실시할 수 없다.

③ 특허출원 절차

특허를 받고자 하는 자가 특허청에 대하여 관련 서류를 제출하면서 특허권의 부여를 요구하는 절차를 말하며, 그 절차를 행하는 자를 출원인이라 한다. 특허출원은 소정의 사항을 기재한 특허출원서에 명세서, 도면 및 요약서를 첨부하여 특허청에 우편 또는 전자출원 중 하나의 형식으로 제출가능하다.

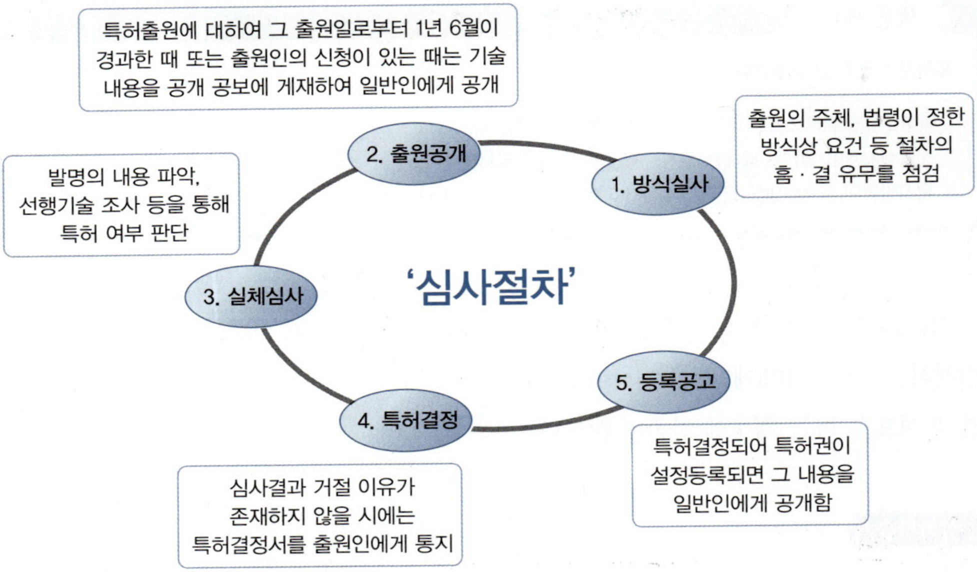

[그림 9-1] 특허절차도

④ 특허심사 절차/심사주의

- 방식심사 : 서식의 필수사항 기재 여부, 기간의 준수여부, 증명서 첨부 여부, 수수료 납부 여부 등 절차상의 흠결을 점검하는 심사이다.
- 심사청구 : 심사업무를 경감하기 위하여 모든 출원을 심사하는 대신 출원인이 심사를 청구한 출원에 대해서만 심사하는 제도 특허출원에 대하여 출원 후 3년간 심사청구를 하지 않으면 출원이 없었던 것으로 간주(실용신안등록출원의 심사청구기간도 3년으로 동일). 제3자라도 누구든지 심사청구가 가능하다.
- 출원 공개 : 출원공개제도는 출원 후 1년 6개월이 경과하면 그 기술내용을 특허청이 공보의 형태로 일반인에게 공개하는 제도 심사가 지연될 경우 발명의 공개가 늦어지는 것을 방지하기 위하여 도입한 것이다.

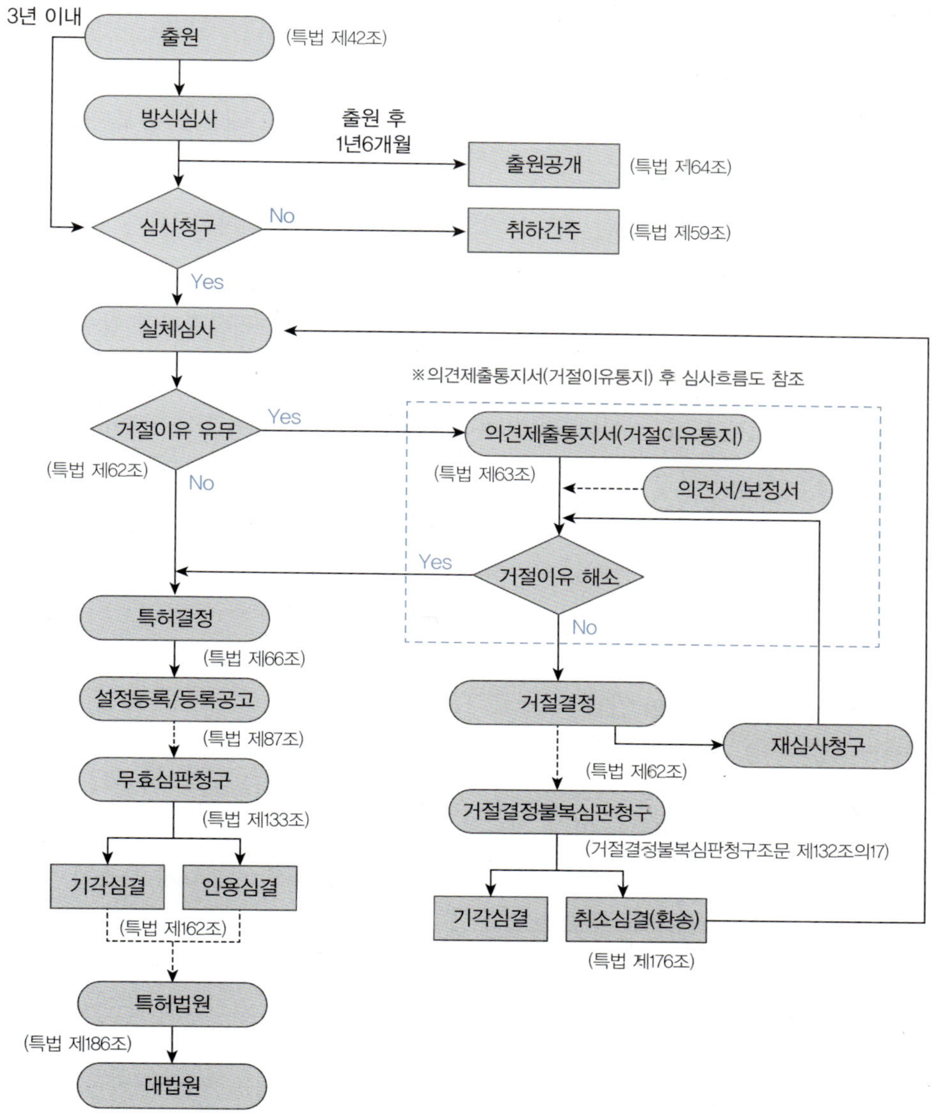

[그림 9-2] 특허출원 후 심사 흐름도

- 실체 심사 : 특허요건, 즉 산업상 이용가능성, 신규성 및 진보성을 판단하는 심사다. 이와 함께 일반인이 쉽게 실시할 수 있도록 기재하고 있는가를 동시에 심사한다. 심사관은 심사에 착수하여 거절이유를 발견하면 최초거절이유를 통지하고 심사 착수 후 보정서가 제출되어 다시 심사한 결과 보정에 의해 발생한 거절이유를 발견하면 최후거절이유를 통지한다.

- 특허결정 : 해당 출원이 특허요건을 충족하는 경우, 심사관이 특허를 부여한다.
- 설정등록과 등록공고 : 특허결정이 되면 출원인은 등록료를 납부하여 특허권을 설정등록. 이때부터 권리가 발생된다. 설정 등록된 특허출원 내용을 등록공고로 발행하여 일반인에게 공표한다.
- 거절결정 : 출원인이 제출한 의견서 및 보정서에 의하여도 거절이유가 해소되지 않은 경우 특허를 부여하지 않는다.
- 거절결정불복심판 : 거절결정을 받은 자가 특허심판원에 거절결정이 잘못되었음을 주장하면서 그 거절결정의 취소를 요구하는 심판절차다.
- 무효심판 : 심사관 또는 이해관계인(다만, 특허권의 설정등록이 있는 날부터 등록공고일 후 3월 이내에는 누구든지)이 특허에 대하여 무효사유(특허요건, 기재불비, 모인출원 등)가 있음을 이유로 그 특허권을 무효화시켜 줄 것을 요구하는 심판절차다. 무효심결이 확정되면 그 특허권은 처음부터 없었던 것으로 본다.

(2) 특허심사 주요 제도 안내

① 우선심사제도

특허출원은 심사청구 순서에 따라 심사하는 것이 원칙이나, 모든 출원에 대해서 예외없이 이러한 원칙을 적용하다 보면 공익이나 출원인의 권리를 적절하게 보호할 수 없는 면이 있어 일정한 요건을 만족하는 출원에 대해서는 심사청구 순위에 관계없이 다른 출원보다 먼저 심사하는 제도다.

② 특허청구범위제출 유예제도

출원일부터 1년 2개월이 되는 날까지(출원심사청구의 취지를 통지받은 경우에는 통지받은 날부터 3개월이 되는 날까지) 명세서의 특허청구범위 제출을 유예할 수 있는 제도다. 제출기한 이내에 특허청구범위를 제출하지 않으면 취하 간주되며, 특허청구범위가 제출된 경우에 한하여 심사청구 가능하다.

③ 심사유예신청제도

늦은 심사를 바라는 고객의 요구를 충족시키기 위해 특허출원인이 원하는 유예시점에 특허출원에 대한 심사를 받을 수 있는 제도다. 늦게 심사받는 대신 희망 시점에 맞춰 심사한다. 심사청구 시 또는 심사청구일로부터 9개월 이내에 유여희망시점을 기재한 심사유예신청서를 제출하면 이용가능하다.

④ 분할출원

2 이상의 발명을 하나의 특허출원으로 신청한 경우 그 일부를 하나 이상의 출원으로 분할이 가능하다.

⑤ 변경출원

출원인은 출원 후 설정등록 또는 거절결정 확정 전까지 특허에서 실용신안 또는 실용신안에서 특허로 변경하여 자신에게 유리한 출원을 선택할 수 있다.

⑥ 조약우선권 주장

제1국(한국)에 특허출원된 발명을 다시 제2국(외국)에 출원하는 경우, 제1국의 출원일로부터 1년 이내에 제2국에 출원한다면 제1국 출원에 기재된 발명에 대하여 신규성, 진보성 등 특허요건 판단일을 제1국의 출원일로 소급하여 주는 제도이다. 파리조약이나 PCT 협약 체결국 간 상호 인정되는 제도이다.

⑦ 국내우선권 주장

본인의 발명을 출원한 후 1년 이내에 개량한 발명을 한 경우 하나의 출원에 선출원 발명을 포함하여 출원할 수 있도록 하는 제도다. 조약우선권주장출원을 이용하면, 제1국에서의 최초출원 이후 1년 이내에 해당 발명을 개량하여 제2국에 진입할 수 있으나, 국제출원을 하지 않는 경우에는 이와 같은 이점을 누릴 수 없기 때문에 국내우선권제도를 통해 국내출원을 보강하여 우선권 주장을 할 수 있는 기회를 인정한다.

⑧ 재심사청구(심사전치)제도

심사 후 거절 결정된 경우 거절결정불복심판을 청구한 후 명세서를 보정한 건에 대해 다시 심사를 하였으나(심사전치제도), 개정 특허법에 따라 거절 결정 후 심판청구를 하지 않더라도 보정과 동시에 재심사를 청구하면 심사관에게 다시 심사받을 수 있다(재심사청구제도).

⑨ 공지예외주장출원

논문발표, 박람회 참가, 창업경진대회 등에 의해서 공지된 경우, 해당 공지는 선행기술에서 제외해 준다. 다만 공개일로부터 12개월 이내 출원하여야 하며, 출원 시 공지예외적용이라는 취지를 기재하고 출원일로부터 30일 내에 증명자료를 제출하여야 한다. 출원 시 취지 기재와 증명자료를 제출하지 못한 경우에는 보완수수료를 납부하고 취지를 적은 서류 또는 증명자료를 제출할 수 있다.

⑩ PCT 국제출원의 개요

여러 나라에 동시에 특허출원을 하고자 할 경우에 하나의 출원서로 동시에 진행할 수 있는 특허협력조약(Patent Cooperation Treaty : PCT)상의 제도다. 출원일로부터 30~31개월 내에 원하는 국가에 번역문을 제출하고, 국제조사 및 예비심사를 받아볼 수 있어 비용과 절차상 효율적인 제도다. 다만, 이전 출원에 대한 우선권을 주장하여 출원하는 경우 선출원의 출원일로부터 12개월 이내에 PCT국제출원을 하여야 우선권 주장을 인정받을 수 있다.

심화학습 **특허법 제정 · 개정[시행 2025.7.22.] [법률 제20700호, 2025. 1. 21. 일부개정]**

◇ 개정 이유 및 주요 내용

특허권자 등의 권리를 보다 두텁게 보호하기 위하여 발명의 실시유형 중 하나로 수출을 추가하여 특허권 등 침해제품을 수출하는 자에 대한 침해금지청구 및 손해배상청구가 가능하도록 하고, 국방상 중요한 기술의 해외유출을 금지하는 규정의 실효성을 확보하기 위하여 국방상 필요한 발명을 외국에 출원하거나 국방상 필요한 발명에 대한 비밀취급명령을 위반한 경우 5년 이하의 징역 또는 5천만원 이하의 벌금에 처하도록 처벌규정을 신설하는 한편, 특허발명을 실시하기 위하여 다른 법령에 따라 허가 등을 받는 데 장시간이 소요되어 특허를 받았음에도 허가 등을 받지 못해 실제 특허발명을 실시할 수 없는 기간을 일정요건하에 연장해 주는 특허권 존속기간 연장제도를 합리적으로 정비하기 위하여, 연장된 특허권 존속기간은 허가 등을 받은 날부터 14년을 초과할 수 없도록 하고, 하나의 허가 등에 대하여 둘 이상의 특허권이 있는 경우 연장 가능한 특허권은 1개로 제한하는 등 현행 제도의 운영상 나타난 일부 미비점을 개선 · 보완함.

◇ 제정 · 개정문 : 법률 제20700호 특허법 일부개정법률

특허법 일부를 다음과 같이 개정한다.

제2조 제3호 가목 및 다목 중 "대여 또는"을 각각 "대여 · 수출 또는"으로 한다.

제89조 제1항 중 "존속기간"을 "존속기간(제92조의5 제2항에 따라 특허권의 존속기간의 연장이 등록된 경우에는 그 연장된 날까지를 말한다)"으로 하고, 같은 항에 단서를 다음과 같이 신설한다.

다만, 허가 등을 받은 날부터 14년을 초과하여 연장할 수 없다.

제90조에 제7항 및 제8항을 각각 다음과 같이 신설한다.

⑦ 하나의 허가 등에 대하여 둘 이상의 특허권이 있는 경우에는 연장등록출원인은 그 중 하나의 특허권에 대해서만 존속기간의 연장등록출원을 하여야 하고, 하나의 허가 등에 대하여 둘 이상의 특허권에 대한 존속기간의 연장등록출원이 있는 경우에는 어느 특허권의 존속기간도 연장할 수 없다.

⑧ 특허권의 존속기간의 연장등록출원이 다음 각 호의 어느 하나에 해당하는 경우 그 출원은 제7항을 적용할 때는 처음부터 없었던 것으로 본다.

1. 포기, 무효 또는 취하된 경우
2. 거절결정이나 거절한다는 취지의 심결이 확정된 경우

제91조 제3호 중 "그 특허발명을 실시할 수 없었던"을 "연장의"로 하고, 같은 조에 제6호를 다음과 같이 신설한다.

6. 제90조 제7항을 위반하여 하나의 허가 등에 대하여 둘 이상의 특허권에 대한 존속기간의 연장등록출원을 한 경우

제93조 중 "제67조"를 "제67조, 제78조 제1항 · 제3항"으로 하고, 같은 조에 후단을 다음과 같이 신설한다.

이 경우 제78조 제1항 중 "특허취소신청에 대한 결정"은 "제92조의4 및 제92조의5에 따른 연장등록거절결정 또는 연장등록결정"으로, "그 심사절차"는 "허가 등에 따른 연장등록출원 심사 절차"로 본다.

제127조 제1호 및 제2호 중 "대여 또는"을 각각 "대여 · 수출 또는"으로 한다.

제134조 제1항 제3호 중 "그 특허발명을 실시할 수 없었던"을 "제89조에 따라 인정되는 연장의"로 하고, 같은 항에 제6호를 다음과 같이 신설하며, 같은 조 제4항 제1호 중 "그 특허발명을 실시할 수 없었던"을 "제89조에 따라 인정되는 연장의"로 하고, 같은 조에 제5항을 다음과 같이 신설한다.

6. 제90조 제7항을 위반하여 하나의 허가 등에 대하여 둘 이상의 특허권의 존속기간이 연장등록된 경우

⑤ 연장등록이 제1항 제6호에 해당하여 무효로 한다는 심결이 확정된 경우에는 그 특허권의 존속기간의 연장등록출원은 처음부터 없었던 것으로 본다.

제181조 제1항 각 호 외의 부분 중 "수입하거나"를 "수출 또는 수입하거나"로 하고, 같은 조 제2항 제2호 및 제3호 중 "대여 또는"을 각각 "대여 · 수출 또는"으로 한다.

제229조의3을 다음과 같이 신설한다.

제229조의3(외국에의 특허출원 금지 또는 비밀취급명령 위반죄) 제41조 제1항에 따른 외국에의 특허출원 금지 또는 비밀취급명령을 위반한 자는 5년 이하의 징역 또는 5천만원 이하의 벌금에 처한다.

제230조 각 호 외의 부분 본문 중 "제228조 또는 제229조"를 "제228조, 제229조 또는 제229조의3"으로 하고, 같은 조에 제3호를 다음과 같이 신설한다.

3. 제229조의3의 경우: 1억원 이하의 벌금

부칙

제1조(시행일) 이 법은 공포 후 6개월이 경과한 날부터 시행한다.

제2조(허가 등에 따른 특허권의 존속기간의 연장에 관한 적용례) 제89조 제1항, 제90조 제7항 · 제8항, 제91조, 제93조 및 제134조 제1항 · 제4항 · 제5항의 개정규정은 이 법 시행 이후 허가 등을 받은 특허발명의 허가 등에 따른 특허권 존속기간의 연장등록출원부터 적용한다.

2) 실용신안권

특허권과 실용신안권은 보호의 대상이 '기술적 아이디어'라는 점에서 유사하다. 그러나 실용신안권은 특허권으로 보호하기에는 기술적 난이도가 다소 낮은 발명(소발명)들을 권리로 보호하는 것으로서, 구체적인 점에서는 다소간의 차이가 있다.

특허권은 물건 및 방법 발명 모두를 보호할 수 있으나, 실용신안권은 물건의 발명(물품의 형상, 구조, 조합)만 가능하다. 따라서 기술적 과제 해결을 위해 시계열적인 처리 순서, 절차가 중요하게 생각되는 방법 발명은 실용신안권이 아니라 특허로 보호해야 한다.

또한, 등록을 위한 기술적 난이도가 특허보다는 다소 낮으므로, 등록은 상대적으로 쉽다. 그러나 권리존속기간이 10년에 불과하다.

〈표 9-7〉 특허제도와 실용신안제도의 비교

구분	실용신안	특허
보호대상	물품의 형상 · 구조 또는 조합에 관한 자연법칙을 이용한 기술적 사상의 창작(물건)	자연법칙을 이용한 기술적 사상의 창작으로서 고도한 것(물건, 방법)
권리존속기간	10년	20년
진보성	극히 용이하게 고안 가능한지 여부	용이하게 발명 가능한지 여부

3. 상표권

1) 개요

(1) 상표의 인접 개념

① 브랜드와 구별

브랜드는 상표보다는 포괄적이고 일반적인 개념이다. 브랜드는 현대 사회에서 출처를 표시할 뿐만 아니라 광고적으로도 매우 중요한 역할을 수행하며, 「상표법」과 「부정경쟁방지 및 영업비밀보호에 관한 법률」, 그리고 「상법」, 「저작권법」 등에 의해 보호되고 있다. 이 중에서 상표법은 등록에 의해 상표에 독점배타적 효력을 부여하고 타인이 등록상표와 동일하거나 유사한 상표를 사용하는 것을 금지하고 있다.

심화학습 ◆ **상표제도의 기원**

'상표'(Brand)의 어원은 소나 말 등의 목축물에 불로 지지는 노르웨이의 고어 'brandr'로부터 유래되었다. 중세시대에 길드(Guild)라는 상인단체나 동업조합원이 상품 생산 활동에 대한 독점과 상품의 질과 양을 통제하는 수단으로 상품에 "생산표"(Production Mark)를 사용하였다. 그러나 이 당시의 '생산표'는 소비자에 대해 자신의 상품을 식별하도록 하는 것이 아니어서 오늘날의 상표제도와는 차이가 있었다.
오늘날과 같은 상표제도는 산업혁명 이후 프랑스에서 1857년 6월 23일 상표의 기탁제도를 정한 사용주의 및 무심사주의를 내용으로 하는 '제조표 및 상품표에 관한 법률'이 세계 최초로 제정되었으며, 그 후 영국에서 1862년 상품표법 및 1875년 선사용주의를 중심으로 한 상표등록법 등이 제정되면서 상표제도의 기틀을 다지게 되었다.

② 상표와 상호

상호는 상인이 영업에 관하여 자기를 표시하는 명칭으로서 인적 표지의 일종이며, 문자로 표현되고 호칭되며 회사·기업의 경우 상호의 사용은 강제적이지만, 상표는 자타상품을 식별하는 기호로서 문자뿐만이 아니라 기호, 문자, 도형 등과 이들의 결합 또는 이들과 색채의 결합으로 구성될 수 있으며, 상표의 사용에 있어서는 강제성이 없다는 점이 다르다.

상호는 등기소에 등기한 경우 해당 행정구역 내에서 동종 영업의 상호로 등기하지 못함으로써 보호되나, 상표는 특허청에 등록한 경우 전국적으로 동일·유사한 상품에 대해서 사용하지 못함으로써 보호된다.

따라서 상표는 상호보다는 보호의 범위가 더 넓으며, 상호는 가급적 상표법상의 상표로 등록하는 것이 좋다.

(2) 상표법상 보호대상 표지

① 상표법상 상표의 개념

종전에는 기호, 문자, 도형, 입체적 형상 또는 이들을 결합한 것과 이들 각각에 색채를 결합한 것만으로 상표의 구성요소를 한정하였으나, 2007년 7월 1일부터는 상표권의 보호대상을 확대하여 색채 또는 색채의 조합만으로 된 상표, 홀로그램상표, 동작상표 및 그 밖에 시각적으로 인식할 수 있는 모든 유형의 상표를 상표법으로 보호할 수 있도록 하였다. 또한 냄새나 소리도 상표의 보호대상으로 포함되었다.

뿐만 아니라, 2016년 개정법에서는 상표의 정의를 개정하여 서비스표를 상표에 통합하여 규정하였다.

심화학습 ◆ **상표법상 상표의 정의(상표제 제2조 제1항 제1호, 2호)**

1. "상표"란 자기의 상품(지리적 표시가 사용되는 상품의 경우를 제외하고는 서비스 또는 서비스의 제공에 관련된 물건을 포함)과 타인의 상품을 식별하기 위하여 사용하는 표장을 말한다.
2. "표장"이란 기호, 문자, 도형, 소리, 냄새, 입체적 형상, 홀로그램 · 동작 또는 색체 등으로서 그 구성이나 표현방식에 상관없이 삼품의 출처(出處)를 나타내기 위하여 사용하는 모든 표시를 말한다.

② 단체표장

단체표장이란 상품을 공동으로 생산·판매 등을 하는 업자 등이 설립한 법인이 직접 사용하거나 그 감독하에 있는 단체원으로 하여금 자기의 영업에 관한 상품 또는 서비스업에 사용하게 하기 위한 표장을 말한다.

③ 업무표장

업무표장이란 YMCA, 보이스카웃 등과 같이 영리를 목적으로 하지 아니하는 업무를 영위하는 자가 그 업무를 나타내기 위하여 사용하는 표장을 말한다. (예 : 대한적십자사, 청년회의소, 로타리클럽, 한국소비자보호원 등)

(3) 상표의 기능

① 자타상품의 식별기능 : 상표를 상품에 표시하여 사용하는 경우 그 상표의 표시로 인하여 자기의 상품과 타인의 상품을 식별할 수 있는 기능

② 출처표시 기능 : 본원적 기능으로서, 동일한 상표를 표시한 상품(동일 상표품)은 동일한 출처에서 나온다는 것을 수요자에게 나타내는 기능

③ 품질보증 기능 : 동일한 상표를 표시한 상품은 그 품질이 동일한 것으로 수요자에게 보증하는 기능

④ 광고선전 기능 : 상표의 상품에 대한 심리적인 연상작용을 동적인 측면에서 파악한

것으로 상품거래사회에서 판매촉진수단으로서의 상표의 기능

⑤ 재산적 기능 : 상표가 갖는 재산적·경제적 가치로서의 기능으로서 상표의 재산적 기능은 상표권의 자유양도 및 사용권 설정 등을 통해 구현됨

2) 상표법 내용

(1) 상표제도의 목적

상표제도의 목적은 상표를 보호함으로써 상표사용자의 업무상의 신용 유지를 도모하여 산업발전에 이바지함과 아울러 수요자의 이익을 보호함을 목적으로 한다.

(2) 상표의 등록요건

① 상표등록을 받을 수 있는 자

우리나라에서 상표권자가 될 수 있는 자격을 갖는 자(개인 또는 법인)로서, 국내에서 상표를 사용하는 자(법인·개인·공동사업자) 또는 사용하고자 하는 자이어야 한다. 상표권자가 될 수 있는 자격은 우리나라 국민(법인포함)은 모두 해당되며, 외국인은 상호주의원칙과 조약에 의거하여 그 자격이 결정된다.

② 실체적 요건

■ 적극적 등록 요건

상표의 가장 중요한 기능은 자타상품식별기능이기 때문에 상표로 등록되기 위해서는 우선 식별력을 가져야 한다. 식별력 여부의 판단은 등록 여부 결정 시를 기준으로 판단하고, 결합상표의 경우 그 상표의 구성부분 전체를 기준으로 판단하며, 지정상품에 관한 일반적 거래자 또는 수요자를 기준으로 판단해야 할 것이나 지정상품과의 관계를 고려할 필요가 없는 경우에는 통상적인 일반인의 평균적 인식을 기준으로 판단한다.

① 상품의 보통명칭

상표가 특정상품과 관련하여 그 상품의 명칭을 나타내는 상표를 말한다.
(예: 스낵제품–Corn Chip, 과자–호도과자, 자동차–Car) (불닭)

② 관용상표

동종업자들 사이에서 특정 종류의 상품에 관용적으로 쓰이는 표장을 말한다.
(예: 과자류–깡, 청주–정종, 직물–Tex)

③ 성질 표시 상표

산지 표시 : 당해 상품의 생산지를 표시하는 것을 말한다.
(예 : 사과–대구, 모시–한산, 굴비–영광)

품질 표시 : 당해 상품의 품질의 상태, 우수성 등을 표시하는 것을 말한다.
(예: 上, 中, 下, 특선, Super)

원재료 표시 : 당해 상품의 원재료로 쓰이는 상품의 명칭을 표시하는 것을 말한다.
(예: 양복–Wool, 넥타이–Silk)

효능 표시 : 당해 상품의 효과나 성능 등을 표시하는 상표를 말한다.
(예: TV–HITEK, 복사기–Quick Copy)
용도 표시 : 당해 상품의 쓰임새를 나타내는 상표를 말한다.
(예: 가방–학생, 의류–Lady)

수량 표시 : 2컬레, 100미터 등
형상 표시 : 당해 상품의 평상 · 모양 · 크기 등을 표시하는 것을 말한다.
(예: 소형, 대형, 캡슐, SLIM)

생산방법 · 가공방법 · 사업방법 표시 : 당해 상품의 생산 · 가공 · 사용방법을 표시하는 상표를 말한다.
(예: 농산물–자연농법, 구두–수제, 책상–조립)

시기 표시 : 당해 상품의 사용시기 등을 표시하는 것을 말한다.
(예: 타이어–전천후, 의류–봄 · 여름 · 가을 · 겨울)

④ 현저한 지리적 명칭, 그 약어 또는 지도

수요자에게 현저하게 인식된 지리적인 명칭을 말한다.
(예: 금강산, 백두산, 뉴욕 등) (장충동 왕족발)**⑤ 흔한 성 또는 명칭**

흔히 있는 자연인의 성 또는 법인, 단체, 상호임을 표시하는 명칭을 말한다.
(예: 이씨, 김씨, 사장, 상사, 조합, 총장 등) (김가네 칼국수)

⑥ 간단하고 흔히 있는 표장

상표의 구성이 간단하고 또한 흔히 있는 표장을 말한다.
(예: 123, ONE, TWO, β 등)

⑦ 기타 식별력이 없는 표장

일반적으로 쓰이는 구호, 표어, 인사말 등
(예: Believe it or not, I can do, www 등)

[사례 연구]

Be the Reds! 사례

'BE the Reds!'는 "붉은 악마가 되자", "붉은 악마가 되어 축구대표팀을 응원하자!" 또는 "한국 축구대표팀을 응원하자!"라는 축구대표팀을 응원하기 위한 상징적인 문구 내지 구호로 널리 인식되고 있었다. 이 상표는 2002년 한 · 일 월드컵대회와 그 이후에도 한국 축구대표팀 응원동호회의 표장으로 널리 사용되고 있어 누구의 업무에 관련된 표장인지를 구분하기 어려울 뿐 아니라 위와 같은 문구는 모든 사람에게 그 사용이 개방되어야 하는 표장이어서 공익상 어느 한 사람에게 독점시키는 것이 적절하지 아니하다고 판단되는 점 등에 비추어볼 때, 이 사건 출원상표는 일반 수요자가 누구의 업무에 관련된 상품/서비스를 표시하는 것인가를 식별할 수 없다고 할 것이므로 상표법 제33조 제1항 제7호의 규정에 해당한다.

■ 소극적 등록 요건

상표가 자타상품의 식별력을 가지고 있다 하더라도 독점배타적 성질의 상표권을 부여하는 경우 공익상 또는 타인의 이익을 침해하는 경우에는 당해 상표의 등록을 받을 수 없다.

1. 대한민국의 국기 · 국장, 파리협약 동맹국, 세계무역기구 회원국 또는 상표법조약 체약국의 훈장 · 포장, 적십자 · 올림픽 등의 공공마크와 동일 또는 유사한 상표(예: 무궁화 도형, IMF, WTO 등)
2. 국가 · 인종 · 민족 · 공공단체 · 종교 또는 고인과의 관계를 거짓으로 표시하거나 이들을 비방 또는 모욕하거나 이들에 대한 평판을 나쁘게 할 염려가 있는 상표(예: 양키, Negro 등)
   ③ 국가 · 공공단체 또는 이들의 기관과 공익법인의 비영리 업무나 공익사업을 표시하는 표장으로서 저명한 것과 동일 또는 유사한 상표(예: YMCA, KBS, 적십자 등)
3. 상표 그 자체 또는 상표가 상품에 사용되는 경우 수요자에게 주는 의미와 내용 등이 일반인의 통상적인 도덕관념인 선량한 풍속에 어긋나는 등 공공의 질서를 해칠 우려가 있는 상표
4. 상표 그 자체 또는 상표가 상품에 사용되는 경우 수요자에게 주는 의미와 내용 등이 일반인의 통상적인 도덕관념인 선량한 풍속에 어긋나는 등 공공의 질서를 해칠 우려가 있는 상표
5. 정부가 개최하거나 정부의 승인을 받아 개최하는 박람회 또는 외국정부가 개최하거나 외국정부의 승인을 받아 개최하는 박람회의 상패 · 상장 또는 포장과 동일 · 유사한 표장이 있는 상표. 다만, 그 박람회에서 수상한 자가 그 수상한 상품에 관하여 상표의 일부로서 그 표장을 사용하는 경우에는 상표등록을 받을 수 있다.
6. 저명한 타인의 성명 · 명칭 또는 상호 · 초상 · 서명 · 인장 · 아호(雅號) · 예명(藝名) · 필명(筆名) 또는 이들의 약칭을 포함하는 상표. 다만, 그 타인의 승낙을 받은 경우에는 상표등록을 받을 수 있다.
7. 선출원(先出願)에 의한 타인의 등록상표(등록된 지리적 표시 단체표장은 제외한다)와 동일 · 유사한 상표로서 그 지정상품과 동일 · 유사한 상품에 사용하는 상표. 다만, 그 타인으로부터 상표등록에 대한 동의를 받은 경우(동일한 상표로서 그 지정상품과 동일한 상품에 사용하는 상표에 대하여 동의를 받은 경우는 제외한다)에는 상표등록을 받을 수 있다.
8. 선출원에 의한 타인의 등록된 지리적 표시 단체표장과 동일 · 유사한 상표로서 그 지정상품과 동일하다고 인식되어 있는 상품에 사용하는 상표

9. 타인의 상품을 표시하는 것이라고 수요자들에게 널리 인식되어 있는 상표(지리적 표시는 제외한다)와 동일 · 유사한 상표로서 그 타인의 상품과 동일 · 유사한 상품에 사용하는 상표
10. 특정 지역의 상품을 표시하는 것이라고 수요자들에게 널리 인식되어 있는 타인의 지리적 표시와 동일 · 유사한 상표로서 그 지리적 표시를 사용하는 상품과 동일하다고 인정되어 있는 상품에 사용하는 상표
11. 수요자들에게 현저하게 인식되어 있는 타인의 상품이나 영업과 혼동을 일으키게 하거나 그 식별력 또는 명성을 손상시킬 염려가 있는 상표
12. 상품의 품질을 오인하게 하거나 수요자를 기만할 염려가 있는 상표
13. 국내 또는 외국의 수요자들에게 특정인의 상품을 표시하는 것이라고 인식되어 있는 상표(지리적 표시는 제외한다)와 동일 · 유사한 상표로서 부당한 이익을 얻으려 하거나 그 특정인에게 손해를 입히려고 하는 등 부정한 목적으로 사용하는 상표
14. 국내 또는 외국의 수요자들에게 특정 지역의 상품을 표시하는 것이라고 인식되어 있는 지리적 표시와 동일 · 유사한 상표로서 부당한 이익을 얻으려 하거나 그 지리적 표시의 정당한 사용자에게 손해를 입히려고 하는 등 부정한 목적으로 사용하는 상표
15. 상표등록을 받으려는 상품 또는 그 상품의 포장의 기능을 확보하는 데 꼭 필요한(서비스의 경우에는 그 이용과 목적에 꼭 필요한 경우를 말한다) 입체적 형상, 색채, 색채의 조합, 소리 또는 냄새만으로 된 상표
16. 세계무역기구 회원국 내의 포도주 또는 증류주의 산지에 관한 지리적 표시로서 구성되거나 그 지리적 표시를 포함하는 상표로서 포도주 또는 증류주에 사용하려는 상표. 다만, 지리적 표시의 정당한 사용자가 해당 상품을 지정상품으로 하여 제36조 제5항에 따른 지리적 표시 단체표장등록출원을 한 경우에는 상표등록을 받을 수 있다.
17. 「식물신품종 보호법」 제109조에 따라 등록된 품종명칭과 동일 · 유사한 상표로서 그 품종명칭과 동일 · 유사한 상품에 대하여 사용하는 상표
18. 「농수산물 품질관리법」 제32조에 따라 등록된 타인의 지리적 표시와 동일 · 유사한 상표로서 그 지리적 표시를 사용하는 상품과 동일하다고 인정되는 상품에 사용하는 상표
19. 대한민국이 외국과 양자간(兩者間) 또는 다자간(多者間)으로 체결하여 발효된 자유무역협정에 따라 보호하는 타인의 지리적 표시와 동일 · 유사한 상표 또는 그 지리적 표시로 구성되거나 그 지리적 표시를 포함하는 상표로서 지리적 표시를 사용하는 상품과 동일하다고 인정되는 상품에 사용하는 상표
20. 동업 · 고용 등 계약관계나 업무상 거래관계 또는 그 밖의 관계를 통하여 타인이 사용하거나 사용을 준비 중인 상표임을 알면서 그 상표와 동일 · 유사한 상표를 동일 · 유사한 상품에 등록출원한 상표
21. 조약당사국에 등록된 상표와 동일 · 유사한 상표로서 그 등록된 상표에 관한 권리를 가진 자와의 동업 · 고용 등 계약관계나 업무상 거래관계 또는 그 밖의 관계에 있거나 있었던 자가 그 상표에 관한 권리를 가진 자의 동의를 받지 아니하고 그 상표의 지정상품과 동일 · 유사한 상품을 지정상품으로 하여 등록출원한 상표

한편, 상표법 제34조 제3항은 상표등록취소심판이 청구되고 그 청구일 이후에 ① 존속기간의 만료로 인한 상표권의 소멸, ② 상표권의 전부 또는 일부의 포기, ③ 상표등록 취소심결의 확정 중 어느 하나에 해당하게 된 때에는 상표권자 또는 그 상표를 사용한 자는 포기한 날, 소멸한 날 또는 그 심결이 확정된 날로부터 3년이 경과한 후가 아니면 소멸된 등록상표와 동일 또는 유사한 상표를 그 지정상품과 동일 또는 유사한 상품에 대하여 등록을 받을 수 없도록 규정하고 있다.

(3) 상표등록 출원 절차

① 1상표 1출원주의 원칙

상표등록 출원은 산업자원부령이 정하는 상품류 구분 내에서 상표를 사용할 1 또는 2개 이상의 상품을 지정하여 상표마다 출원하여야 하며, 하나의 출원서로 동시에 2 이상의 상표를 출원하는 것이 허용되지 않는다는 의미이다. 1998.3.1부터 "1상표1류1출원주의" 제도를 폐지하고 "1상표다류1출원주의"를 채택함에 따라 상표마다 출원하되 상표와 서비스업을 동시에 지정하여 출원할 수도 있게 되었다.

② 지정상품추가등록출원

상표권자 또는 상표등록출원인은 출원 또는 등록 후의 사정 변화에 따라 지정상품의 범위를 확대할 필요가 있는 경우 등록상표 또는 상표등록 출원의 지정상품에 상품을 추가하는 지정상품의 추가등록을 받음으로써 상표권의 권리범위를 확장하여 상표권자의 이익을 보호받을 수 있다.

③ 상표권의 존속기간갱신등록신청

상표권의 존속기간은 설정등록일로부터 10년이나 10년간씩 몇 번이고 계속하여 갱신할 수 있으므로 상표권은 반영구적인 권리이다.

④ 출원의 보정

상표등록 출원의 보정이란 출원의 절차상 또는 내용상의 흠결을 특허청장 또는 심판원장의 명령에 의하여, 또는 출원인이 자진하여 보정할 수 있도록 하는 제도를 말한다.

- 지정상품의 범위의 감축
- 오기의 정정
- 불명료한 기재를 명확하게 하는 것
- 상표의 부기적인 부분의 삭제

⑤ 출원의 분할

1 또는 2 이상의 상품류구분 내의 상품을 지정상품으로 하여 상표출원한 경우에는 이를 상품마다 또는 상품류구분별로 출원을 분할할 수 있도록 한 것을 말한다. 즉, 출원의 분할은 지정상품의 분할을 뜻하며, 상표의 분할을 의미하지는 않다.

⑥ 출원의 변경

출원의 변경은 상표등록 출원, 단체표장등록출원 상호간에 인정되고, 지리적 표시 단체표장등록출원 및 업무표장등록출원에 대해서는 인정되지 않다. 또한, 상표권의 존속기간갱신등록신청 또는 지정상품의 추가등록출원은 그 기초가 된 등록상표에 대하여 무효심판 또는 취소심판이 청구되거나 그 등록상표가 소멸된 경우를 제외하고는 상표등록출원으로 변경할 수 있다. 또한 타법 영역으로의 출원의 변경(상표와 특허, 실용신안, 디자인 상호간의 출원의 변경)은 인정되지 않으며, 신규의 상표등록 출원이나 지정상품의 추가등록출원 또는 상표권의 존속기간갱신등록신청 상호간의 출원변경도 인정되지 않다.

⑦ 상표심사절차도

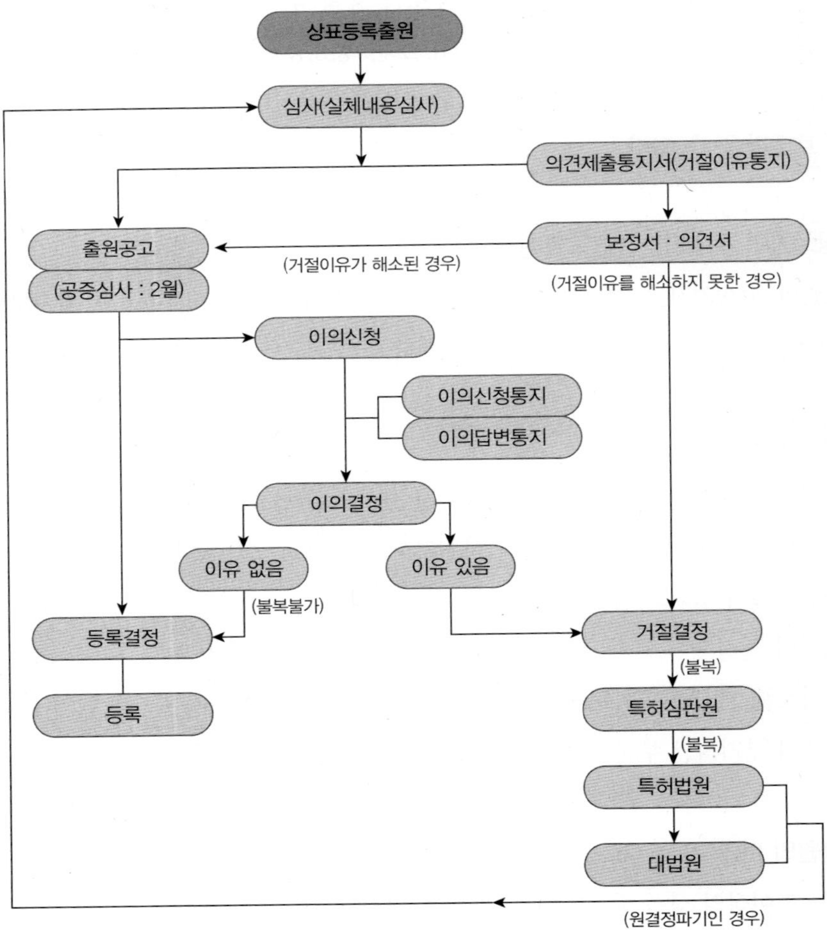

[그림 9-3] 상표심사절차도

⑧ 상표의 출원공고제도

상표의 출원공고제도는 상표의 공익성과 출원상표의 다양성에 비추어 특허청 내부 심사관의 심사만으로는 부족하다는 견지에서 상표로서의 권리를 설정등록하기 전에 이를 일반에게 공개하여 공중심사에 회부함으로써 각계의 의견을 듣고 이의가 있으면 이의신청을 할 수 있게 하여 심사에 공정성을 달성하기 위한 일련의 과정이다.

⑨ 상표의 이의신청제도

출원공고된 상표에 대하여 이의가 있을 때에는 누구나 출원공고일로부터 2월 이내(연장 불가)에 이의신청을 할 수 있고 이의신청서는 소정의 양식에 의거 작성하되 반드시 이의신청의 이유를 기재하고 이에 필요한 증거를 첨부하여야 한다. 이미 제출한 이의신청에 대한 이유나 증거를 보정하고자 하는 경우에는 이의신청기간의 경과 후 30일 이내에 하여야 한다.

⑩ 상표권의 존속기간

상표권은 설정등록에 의하여 발생하는데 상표권의 존속기간은 설정등록이 있는 날로부터 10년이며, 상표권의 존속기간 갱신등록출원에 의하여 10년간씩 그 기간을 갱신할 수 있으므로 계속 사용을 하는 한 반영구적인 효력을 갖다.

⑪ 마드리드 의정서에 따른 상표의 국제출원

국내 특허청을 통해 하나의 국제출원서를 영어로 작성하여 출원하면 출원인이 국제출원서에 지정한 국가에 동일한 날짜에 출원한 것으로 간주되기 때문에 국내 기업의 해외 상표등록절차가 매우 간소화되는 한편 비용도 매우 저렴하다. 다만, 이러한 국제출원을 하기 위해서는 국내에 기초가 되는 상표등록 또는 상표등록 출원이 있어야 하기 때문에 국내에 등록상표나 출원상표가 있어야 하며, 국내에 아무런 등록상표나 출원상표가 없는 경우에는 마드리드 의정서를 통한 국제출원을 할 수 없다.

(4) 상표권의 효력

① 상표권의 효력

상표를 등록할 경우 상표권자는 적극적으로 지정상품에 관하여 그 등록상표를 사용할 권리를 독점하는 독점권과 타인이 등록상표와 동일 또는 유사한 상표를 사용하는 경우 그 사용을 금지할 수 있는 금지권을 행사할 수 있으며 아울러 타인이 자기의 등록상표 또는 등록상표와 유사한 상표를 사용하는 등 상표권을 침해하는 경우 상표권자는 그 자를 상대로 하여 침해금지청구권·손해배상청구권 등을 행사할 수 있는 소극적인 효력을 갖는다.

심화학습 ◆ 진정상품 병행수입

> 병행수입이란 동일상표가 여러 나라에 등록되어 있는 경우, 당해 상표가 부착된 진정상품을 수입업자가 국내 상표권자 내지는 상표 사용권자의 의사에 반하여, 즉 정식 채널을 통하지 않고 국내에 수입하는 것을 지칭한다.
> 병행수입된 상품은 원상표권자가 생산한 진정한 상품이므로, 여기에 표시된 상표가 출처 표시기능과 품질 보증기능을 충실히 수행하고 있다면 국내 상표권자나 전용사용권자의 권리를 침해한다고 볼 수 없다.

② 상표권의 침해로 보는 행위

상표권은 상표권자만이 등록상표를 지정상품에 관하여 사용할 권리를 독점하므로 상표권자 이외의 자가 정당한 권한 없이 등록상표와 동일 또는 유사한 상표를 그 지정상품과 동일 또는 유사한 상품에 사용하는 경우는 물론 등록상표와 동일 또는 유사한 상표를 그 지정상품과 동일 또는 유사한 상품에 사용할 목적이나 사용하게 할 목적으로 교부·판매·위조·소지 및 보관하는 행위인 예비적 행위도 상표권을 침해하는 것으로 규정하고 있다.

상표권 침해 시 구제방법은 다음과 같다.

- 민사적 구제 : 침해금지청구권, 손해배상청구권, 가처분, 가압류, 신용회복조치 청구 등
- 형사적 구제(비친고죄) : 침해죄, 몰수 등
- 행정적 구제 : 위조상품의 단속, 세관에 의한 국경조치, 산업재산권 분쟁조정제도 등

③ 상표의 유사판단 기준

'상표가 유사하다' 함은 대비되는 두 개의 상표가 서로 동일한 것은 아니나 외관, 칭호,

관념의 면에서 근사하여 이를 동일·유사 상품에 사용할 경우 거래통념상 상품출처의 혼동을 일으킬 염려가 있는 것을 말한다(송영식·이상정·황종환, 1999: 130).

상표의 유사 여부의 관찰방법은 전체적, 객관적, 이격적 관찰을 원칙으로 하되 상표구성 중 인상적인 부분(요부)에 대하여 중점적으로 비교하는 것으로 하며, 상표의 유사판단은 원칙적으로 상표의 칭호, 외관, 관념 중 어느 하나가 유사하여 거래상 상품출처의 오인·혼동의 우려가 있는 상표는 유사한 것으로 본다. 다만, 칭호, 외관, 관념 중 어느 하나가 유사하더라도 전체적으로 현저한 차이가 있어 거래상 상품의 출처오인·혼동을 일으킬 염려가 없는 때에는 그러하지 아니하다(특허청, 2007: 72).

부정한 목적의 모방상표에 대한 심사기준이 강화되어 2014년 1월부터 시행되고 있다. 그 사례를 살펴보면 [그림 9-4]와 같다.

등록상표	선사용표장	판단내용	사건번호
오리온 스타크레프트 ORION STARCRAFT (건과자, 캔디 등)	STARCRAFT (컴퓨터게임 소프트웨어)	STARTCRAFT는 조어로 그 사용례를 쉽게 찾아볼 수 없어 등록상표는 이를 모방한 것으로 추정되고, 선사용상표의 양질의 이미지나 고객흡인력에 편승하여 부당한 이익을 얻거나 선사용상표의 가치를 희석화할 목적으로 출원하여 등록받은 상표로 법 제7조 제1항 제12호(개정법 제34조 제1항 제13호)에 해당	2003후649 (등록무효)
Chocolate Museum 초콜릿 박물관 (카페업 등)	CHOCOLATE MUSEUM (초콜릿, 초콜릿 관련 종합 전시업)	선사용자의 사업내역, 관련 자료에 대한 인터넷 검색결과, 매출액, 광고선전 실적 등을 볼 때 선사용 표장은 국내 수요자 사이에 특정인의 상품표지로 인식되었다고 볼 수 있고, 표장의 유사성, 지정 서비스업의 경제적 견련관계 등을 종합하면 선사용 표장을 모방하여 부정한 목적으로 등록된 상표로 법 제7조 제1항 제12호(개정법 제34조 제1항 제13호)에 해당	2014후1051 등록무효(상)

[그림 9-4] 부정상표에 대한 심사기준 강화

4. 디자인권

1) 개요

(1) 목적

디자인권은 디자인의 보호와 이용을 도모함으로써 디자인의 창작을 장려하여 산업발전에 이바지함을 목적으로 한다.

(2) 용어 정의

1. "디자인"이란 물품(물품의 부분 및 글자체를 포함)의 형상·모양·색채 또는 이들을 결합한 것으로서 시각을 통하여 미감을 일으키게 하는 것을 말한다.
2. "글자체"란 기록이나 표시 또는 인쇄 등에 사용하기 위하여 공통적인 특징을 가진 형태로 만들어진 한 벌의 글자꼴(숫자, 문장부호 및 기호 등의 형태를 포함)을 말한다.

(3) 성립요건

① 물품성(독립거래가 가능한 구체적인 유체동산)
(반례 : 불꽃모양, 빛, 전기, 광, 열, 아이콘/남산타워, 육교/물품의 부분)
(아이콘 자체는 보호되지 않으나, 핸드폰 액정화면에 표현된 상태로는 보호 가능)
② 형태성(공간을 점하고 있는 물품의 형태-형상·모양·색채 또는 이들을 결합)
③ 시각성(육안으로 식별가능한 것을 대상으로 함)(시멘트 가루)
④ 심미성(미적인 것)이 있어야 함(미적 처리로 족함)

(4) 등록요건

① 디자인등록을 받을 수 있는 자일 것
첫째, 디자인을 창작한 사람 또는 그 승계인은 디자인등록을 받을 수 있다. 둘째, 특허

청 또는 특허심판원의 직원은 상속 또는 유증의 경우를 제외하고는 재직 중 디자인등록을 받을 수 없다. 셋째, 2명 이상이 공동으로 디자인을 창작한 경우에는 디자인등록을 받을 수 있는 권리를 공유한다.

② 공업상 이용가능성이 있을 것

첫째, 공업적 생산방법으로 동일한 디자인의 물품을 반복하여 다량으로 생산할 수 있는 것을 말한다. 둘째, 공업적 생산방법에는 기계공업적 생산방법 및 수공업적 생산방법이 포함된다.

실무상 수공예적인 공정을 통해 제작되어 매번 조금씩 다른 형태의 제품이 생산되는 수제 인형 등도 공업상 이용가능성이 인정된다.

③ 신규성이 있을 것

- 디자인이 그 출원 전에 공중에게 알려지지 않은 상태를 말한다.
- 다음의 어느 하나에 해당하는 디자인과 동일하거나 유사한 디자인은 신규성이 없다.
  - 국내 또는 국외에서 공지되었거나 공연히 실시된 것
  - 국내 또는 국외에서 반포된 간행물에 게재된 것
  - 국내 또는 국외에서 전기통신회선을 통하여 공중이 이용할 수 있게 된 것

디자인등록출원의 심사절차를 도표로 표시하면 [그림 9-5]와 같다.

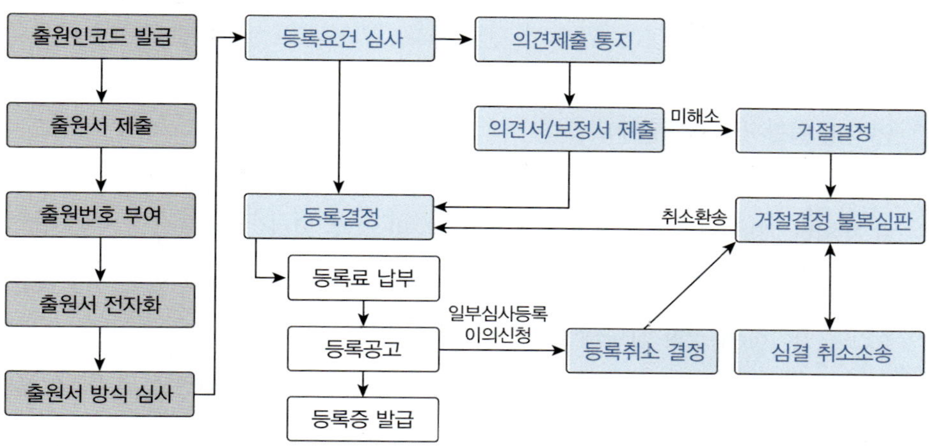

[그림 9-5] 디자인출원 절차

④ 창작성이 있을 것

- 어떤 디자인이 다른 디자인과 객관적으로 명확하게 구별되는 정도를 말한다.
- 출원 전에 그 디자인이 속하는 분야에서 통상의 지식을 가진 사람이 다음의 어느 하나에 기초하여 쉽게 창작할 수 있는 디자인은 창작성이 없다.
  - 국내 또는 국외에서 공지된 디자인
  - 국내 또는 국외에서 널리 알려진 디자인
  - 국내 또는 국외에서 널리 알려진 형상, 모양, 색채 또는 이들의 결합

⑤ 등록을 받을 수 없는 디자인

다음의 어느 하나에 해당하는 디자인에 대하여는 디자인의 정의요건 및 등록요건을 갖추었을지라도 등록을 받을 수 없다.

- 국기, 국장, 군기, 훈장 등과 동일하거나 유사한 것
- 공공기관 등의 표장, 외국의 국기, 국제기관 등의 표지와 동일하거나 유사한 것
- 디자인이 주는 의미나 내용 등이 일반인의 통상적인 도덕관념이나 선량한 풍속에 어긋나거나 공공질서를 해칠 우려가 있는 것
- 타인의 업무와 관련된 물품으로 혼동을 일으킬 우려가 있는 것
- 물품의 기능을 확보하는 데 필수적인 형상만으로 된 것

2) 출원등록절차

(1) 출원 절차

① 먼저 출원할 것 : 선출원주의

- 동일하거나 유사한 디자인에 대하여 다른 날에 2 이상의 출원이 있는 경우에는 먼저 출원한 자만 그 디자인에 관하여 등록을 받을 수 있다.
- 동일하거나 유사한 디자인에 대하여 같은 날에 2 이상의 출원이 있는 경우에는 출원인이 협의하여 정한 하나의 출원인만이 그 디자인에 대하여 등록을 받을 수 있다.
- 협의가 성립하지 않거나 협의를 할 수 없는 경우에는 어느 출원인도 그 디자인에 대하여 등록을 받을 수 없다.

② 조약에 따른 우선권 주장

- 외국에 출원한 후 동일한 디자인을 대한민국에 출원하여 우선권을 주장한 경우에는 그 디자인에 대하여 신규성 및 선출원의 요건을 적용할 때에 외국에 출원한 날을 대한민국에 출원한 날로 본다.
- 우선권을 주장하려는 자는 우선권 주장의 기초가 되는 최초의 출원일부터 6개월 이내에 디자인등록출원을 하여야 한다.
- 우선권을 주장하려는 자는 디자인등록출원을 할 때 출원서에 그 취지와 최초로 출원한 국명 및 출원연월일을 적어야 한다.
- 우선권을 주장한 자는 최초로 출원한 국가의 정부가 인정하는 출원연월일을 적은 서면 및 도면의 등본을 디자인등록출원일부터 3개월 이내에 제출하여야 한다.

(2) 디자인 특유제도

① 부분디자인 제도(2001년 도입)

'가위의 손잡이 부분' 등과 같이 물품의 어느 부분에 관한 디자인을 하나의 디자인으로 등록받을 수 있는 것을 말한다.

부분디자인의 도면은 부분디자인으로 등록을 받으려고 하는 부분을 실선으로 표현하고, 나머지 부분은 파선 등을 사용하여 표현하여야 한다.

② 한 벌의 물품 디자인제도

"한 벌의 사무용 가구 세트", "수저 세트" 등과 같이 2 이상으로 이루어지는 물품의 조합에 관한 디자인을 하나의 디자인으로 등록받을 수 있는 것을 말한다.

2 이상의 물품이 한 벌의 물품으로 동시에 사용되어야 한다.

한 벌의 물품의 디자인은 한 벌 전체로서 통일성이 있어야 한다.

한 벌의 물품의 구분은 디자인보호법 시행규칙 [별표 5]에 규정되어 있다.

한 벌의 물품의 디자인은 물품들이 조합된 상태를 표현하는 도면과 아울러, 각 구성물품을 표현하는 도면을 표현하는 도면을 작성하여야 한다.

한 벌의 물품의 디자인에는 그 전체로서 하나의 디자인권이 발생한다.

③ 복수디자인 등록제도

디자인등록출원은 하나의 디자인마다 하나의 디자인등록출원을 하는 것이 원칙이나, 동일한 물품류에 속하는 물품에 대해서는 복수의 디자인(최대 100개)을 하나의 디자인등록출원으로 할 수 있다.

④ 디자인일부심사등록제도

디자인 창작이 활성화되고 출원량이 증가함에 따라 창작된 디자인이 신속히 권리화되지 못하는 문제가 대두되어, 유행성이 강하고 라이프 사이클이 짧은 일부 물품에 대하여 무심사등록제도(현재 일부심사등록제도로 명칭 변경됨)를 도입하였다.

일부심사출원대상 물품은 로카르노 제2류(의류 및 패션 잡화 용품), 제5류(섬유제품, 인조 및 천연시트 직물류), 제19류(문장구, 사무용품, 미술재료, 교재)이다.

일부심사로 등록된 디자인권 중에는 실체적 등록요건이 결여된 디자인이 다수 존재할 가능성이 있으므로 간편한 행정절차에 의하여 등록을 취소시킬 수 있도록 디자인일부심사등록 이의신청제도를 운영하고 있다.

일부심사로 등록된 디자인권에 대하여는 누구든지 설정등록이 있는 날부터 디자인일부심사등록 공고일 후 3월이 되는 날까지 이의신청을 할 수 있으며, 이의신청이 이유가 있다고 인정될 때에는 심사관 3인 합의체의 취소결정으로 등록디자인권을 조기에 취소할 수 있다.

⑤ 비밀디자인제도(3년 내, 연장단축 가능)

출원인은 디자인권의 설정 등록일로부터 3년 이내의 기간을 정하여 그 디자인을 비밀로 할 것을 청구할 수 있는데, 이는 출원인이 일정기간 동안 출원 디자인을 비밀로 함으로써 타인의 침해를 방지하고 제품 사업화에 대한 준비기간을 선택할 수 있도록 하기 위함이다.

디자인은 물품의 외적 미관으로 타인의 모방 및 도용이 용이하고, 유행성이 강한 특징이 있는데, 비밀디자인 제도를 활용함으로써 이러한 문제를 예방할 수 있고, 디자인의 실시 시기도 적절하게 선택할 수 있는 장점이 있다.

⑥ 공지예외주장출원

논문발표, 박람회 참가, 창업경진대회 등에 의해서 공지된 경우, 해당 공지는 선행 디자인에서 제외해 준다. 다만 공개일로부터 12개월 이내 출원하여야 하며, 출원일로부터 30일 내에 증명자료를 제출하여야 한다.

(3) 디자인권의 효력

① 디자인권의 존속기간은 디자인의 출원일로부터 20년으로 규정되어 있다.

② 디자인권자는 업으로서 등록디자인 또는 이와 유사한 디자인을 실시할 권리를 독점한다. 즉, 디자인권의 효력은 등록디자인과 동일한 디자인뿐만 아니라 이와 유사한 디자인에도 미친다(국내에 한함 : 속지주의).

심화학습 디자인 유사판단

1. 원칙
   디자인의 유사 여부는 물품의 유사를 전제로 디자인의 대상이 되는 물품의 유통과 과정에서 일반수요자가 혼동할 가능성이 있는지 여부로 판단한다. 단, 혼동 여부는 전체적인 판단에 의해 결정한다.
2. 판례
   원래 디자인의 유사성 여부는 이를 구성하는 각 요소를 부분적으로 볼 것이 아니라, 디자인 출원서의 기재사항 서류에 첨부한 도면의 기재사항에 표현된 디자인에 의하여 전체 대 전체의 관계에 있어서 사람의 눈을 자극하고 주의를 환기시키는 결과 여하로 정해야 한다.

5. 기타 지식재산권 보호 법규

1) 컴퓨터프로그램과 전자상거래

(1) 컴퓨터프로그램

컴퓨터와 인터넷으로 대표되는 IT기술은 정보사회를 이끈 대표적인 기술이다. 현재, 컴퓨터프로그램은 기본적으로 저작권법을 통하여 보호를 받을 수 있지만, 저작권법에서는 기본적으로 아이디어를 보호해 주지는 않다. 따라서 컴퓨터 소프트웨어에 담긴 기술적 아이디어를 보호할 필요가 있다.

컴퓨터프로그램 또는 소프트웨어에 의하여 이루어지는 정보처리과정이 하드웨어를 통해서 구체적으로 구현되는 경우에는 특허를 받을 수 있는 발명으로 간주되어 특허를 받을 수 있다.

예를 들어 '컴퓨터에 의한 화상처리방법'과 같이 하드웨어를 통해서 이루어지는 소프트웨어의 구현방법이라든가 소프트웨어가 가지고 있는 기능이나 절차를 실현시키기 위한 "프로그램을 기록한 컴퓨터로 읽을 수 있는 기록 매체'의 형식으로 특허를 받을 수 있다.

(2) 전자상거래

초고속 인터넷, 무선 인터넷과 같은 통신기술이 발달함에 따라 이러한 통신망을 통해서 다양한 영업방법이라든가 이러한 영업방법을 가능하게 하는 시스템에 대해서 과연 지식재산권으로 보호를 받을 수 있는지도 논란이 되었다(예를 들면 인터넷을 이용한 경매 시스템).

영업방법이라든가 이러한 영업방법을 가능하게 하는 시스템은 '자연 법칙'을 이용한 것이라고 볼 수 없기 때문에 특허로서 보호를 받을 수 있는 대상이 아니라는 주장이 있었으나, 최근 국제적인 추세는 인터넷과 같은 통신망을 통하여 이루어지는 영업방법이나 시스템과 관련한 기술에 대해서는 '유용하고, 구체적이며 가시적인 결과'를 가능하게 할 수 있는 경우라면 특허를 받을 수 있다는 것으로 나아가고 있다.

이와 같이 인터넷과 같은 통신망을 통하여 이루어지는 영업방법 및 시스템과 관련한 발명을 'BM(Business Model, Business Method)' 발명이라고 부르고 있다.

2) 생명공학 결과물

유전자, 유전자 변형 생물, DNA chip, 배아줄기세포와 같은 생명공학 관련 기술 역시 인간의 정신적인 노력에 의하여 가능하다는 점에서 '지식재산'이라는 점에는 의문이 없다. 하지만, 특허로서 보호를 받기 위해서는 '새로운 창작'에 해당되어야 하는데, 유전자는 과거부터 이미 생명체에 존재하였던 것이므로 발명에 해당하지 않아 특허를 받을 수 없다는 것이 전통적인 생각이었다.

하지만 인간의 노력으로 인위적으로 순수하게 분리한 유전자는 생명체 내부에서 다른 물질과 혼합된 유전자와는 그 존재 형태가 다르다고 볼 수 있다. 따라서 순수하게 분리한 유전자, 유전자를 인위적으로 삽입한 유전자 변형 생명체, 배아줄기세포, DNA chip과 같은 기술은 특허를 받을 수 있는 대상이다.

다만, 유전자 발명을 비롯한 생명공학 발명에 있어서는 반드시 그 유전자가 무슨 역할을 하고 있는지에 대해서 설명을 하여야 한다. 특히, 생명공학 발명의 경우에는 '암 치료'와 같이 구체적인 기능을 밝히지 못한 상태에서는 특허를 받지 못한다는 점에 주의하여야 한다.

3) 반도체배치설계

반도체 집적회로의 배치설계에 관한 법률은 일명 반도체보호법 또는 칩법(Chip Law)이라고도 한다. 이 법률은 1992년 12 월 8일에 제정되었고 그 후 수회의 개정을 거쳐 오늘에 이르고 있다. 현행 반도체보호법상 그 보호기간은 등록일로부터 10년이다.

4) 컴퓨터프로그램보호법

컴퓨터프로그램보호법은 한컴사의 '한글' 프로그램이라든가 마이크로소프트사의 '윈도우 2000' 또는 각종 컴퓨터용 전자오락게임 등과 같은 컴퓨터소프트웨어들을 보호하기 위한 법률이다. 이 법률은 1986년 12월 31일에 제정되었으며 그 후 여러 차례 개정되었다. 그러다가 2009년 4월 22일 저작권법으로 흡수되었다.

5) 부정경쟁방지 및 영업비밀보호에 관한 법률

(1) 목적

국내에 널리 알려진 타인의 상표·상호(商號) 등을 부정하게 사용하는 등의 부정경쟁행위와 타인의 영업비밀을 침해하는 행위를 방지하여 건전한 거래질서를 유지함을 목적으로 한다.

(2) 용어 정의

① 부정경쟁행위의 유형

가. 국내에 널리 인식된 타인의 성명, 상호, 상표, 상품의 용기·포장, 그 밖에 타인의 상품임을 표시한 표지와 동일하거나 유사한 것을 사용하거나 이러한 것을 사용한 상품을 판매·반포 또는 수입·수출하여 타인의 상품과 혼동하게 하는 행위

나. 국내에 널리 인식된 타인의 성명, 상호, 표장, 그 밖에 타인의 영업임을 표시하는 표지와 동일하거나 유사한 것을 사용하여 타인의 영업상의 시설 또는 활동과 혼동하게 하는 행위

다. 가목 또는 나목의 혼동하게 하는 행위 외에 비상업적 사용 등 대통령령으로 정하는 정당한 사유 없이 국내에 널리 인식된 타인의 성명, 상호, 상표, 상품의 용기·포장, 그 밖에 타인의 상품 또는 영업임을 표시한 표지와 동일하거나 유사한 것을 사용하거나 이러한 것을 사용한 상품을 판매·반포 또는 수입·수출하여 타인의 표지의 식별력이나 명성을 손상하는 행위

라. 상품이나 그 광고에 의하여 또는 공중이 알 수 있는 방법으로 거래상의 서류 또는 통신에 거짓의 원산지의 표지를 하거나 이러한 표지를 한 상품을 판매·반포 또는 수입·수출하여 원산지를 오인하게 하는 행위

마. 상품이나 그 광고에 의하여 또는 공중이 알 수 있는 방법으로 거래상의 서류 또는 통신에 그 상품이 생산·제조 또는 가공된 지역 외의 곳에서 생산 또는 가공된 듯이 오인하게 하는 표지를 하거나 이러한 표지를 한 상품을 판매·반포 또는 수입·수출하는 행위

바. 타인의 상품을 사칭(詐稱)하거나 상품 또는 그 광고에 상품의 품질, 내용, 제조방법, 용도 또는 수량을 오인하게 하는 선전 또는 표지를 하거나 이러한 방법이나 표지로써 상품을 판매·반포 또는 수입·수출하는 행위

사. 다음의 어느 하나의 나라에 등록된 상표 또는 이와 유사한 상표에 관한 권리를 가진 자의 대리인이나 대표자 또는 그 행위일 전 1년 이내에 대리인이나 대표자이었던 자가 정당한 사유 없이 해당 상표를 그 상표의 지정상품과 동일하거나 유사한 상품에 사용하거나 그 상표를 사용한 상품을 판매·반포 또는 수입·수출하는 행위

아. 정당한 권원이 없는 자가 다음의 어느 하나의 목적으로 국내에 널리 인식된 타인의 성명, 상호, 상표, 그 밖의 표지와 동일하거나 유사한 도메인이름을 등록·보유·이전 또는 사용하는 행위

- 상표 등 표지에 대하여 정당한 권원이 있는 자 또는 제3자에게 판매하거나 대여할 목적
- 정당한 권원이 있는 자의 도메인이름의 등록 및 사용을 방해할 목적
- 그 밖에 상업적 이익을 얻을 목적

자. 타인이 제작한 상품의 형태(형상·모양·색채·광택 또는 이들을 결합한 것을 말하며, 시제품 또는 상품소개서상의 형태를 포함한다. 이하 같다)를 모방한 상품을 양도·대여 또는 이를 위한 전시를 하거나 수입·수출하는 행위. 다만, 다음의 어느 하나에 해당하는 행위는 제외한다.

- 상품의 시제품 제작 등 상품의 형태가 갖추어진 날부터 3년이 지난 상품의 형태를 모방한 상품을 양도·대여 또는 이를 위한 전시를 하거나 수입·수출하는 행위
- 타인이 제작한 상품과 동종의 상품(동종의 상품이 없는 경우에는 그 상품과 기능 및 효용이 동일하거나 유사한 상품을 말한다)이 통상적으로 가지는 형태를 모방한 상품을 양도·대여 또는 이를 위한 전시를 하거나 수입·수출하는 행위

차. 그 밖에 타인의 상당한 투자나 노력으로 만들어진 성과 등을 공정한 상거래 관행이나 경쟁질서에 반하는 방법으로 자신의 영업을 위하여 무단으로 사용함으로써 타인의 경제적 이익을 침해하는 행위

② 영업비밀

공공연히 알려져 있지 아니하고 독립된 경제적 가치를 가지는 것으로서, 합리적인 노력에 의하여 비밀로 유지된 생산방법, 판매방법, 그 밖에 영업활동에 유용한 기술상 또는 경영상의 정보를 말한다. 영업비밀로 인정받기 위해서는 1) 공공연히 알려져 있지 아니한 것이어야 하며, 2) 기술상, 경영상 경제적 가치가 있어야 하며, 3) 비밀유지를 위하여 합리적인 노력을 기울여야 한다.

특히, 3)과 관련하여, ① 해당 정보가 비밀이라고 인식될 수 있는 표시, 고지를 하고, ② 정보에 접근할 수 있는 대상자나 접근방법을 제한하고, ③ 비밀준수의무를 부과하는 등 객관적으로 해당 정보가 비밀로 유지 및 관리되고 있다는 사실이 인식되어야 한다.

6. 지식재산권의 검색과 분석

1) 지식재산권의 공개

(1) 공개의 목적

① 특허 공개의 목적

특허법의 목적은 기술발전의 촉진을 통한 산업발전이다. 기술발전을 촉진하기 위해서 출원된 특허에 기재된 발명을 타인에게 공개하여 기술발전의 결과를 신속히 전파하고, 공개된 기술을 개량한 새로운 기술의 개발을 가속화하는 것이 필요하다. 따라서 특허법은 특허출원 후 1년 6개월 이후에는 출원된 기술이 공개된다고 명시하고 있다.

② 상표 공개의 목적

상표법은 상표 사용자의 업무상 신용 유지는 물론 수요자의 이익을 보호하는 것을 목적으로 한다. 특허청 심사관의 심사에도 불구하고 출원된 상표에 대해서 거절이유를 발견할 수 없는 경우 상표 출원의 내용을 일반인에게 공개하여 공중의 심사에 회부한다는 의미에서 등록 결정전에 출원 내용을 공개한다.

(2) 공개의 방법

특허청은 KIPRIS 웹사이트(www.kipris.or.kr)를 통하여 대한민국 특허청에 출원된 특허, 상표, 디자인을 공개하고 있다.

2) 지식재산권의 검색

KIPRIS 메인페이지 중앙의 검색창에 관심키워드를 입력하여 검색하면 특허, 실용/상표/디자인의 각 지식재산권에 대해서 검색 결과를 찾아볼 수 있다.

[그림 9-6] KIPRIS 메인 페이지

출처: KIPRIS tutorial (www.kipris.or.kr)

3) 검색결과의 분석

위에서 설명한 검색방법에 따르면 특정 기술과 관련된 특허의 목록을 얻을 수 있다. 목록에 포함된 특허들을 여러 가지 방법으로 분석하면 기술 발전 동향에 대한 여러 가지 정보를 얻을 수 있다. 분석된 정보는 경쟁사의 연구개발 방향을 미루어 짐작하는 데 사용될 수도 있고, 자신의 연구개발 방향을 설정하거나 시장 진입 시기 등을 결정하기 위하여 사용될 수도 있다.

(1) 정량적인 분석

특허출원 건수를 중심으로 한 정량적인 분석을 통해 최근 부상하는 기술 분류, 주요 출원인, 주요 출원인이 연구개발에 집중하고 있는 기술 분야 등의 정보를 얻을 수 있다.

검색된 특허 목록에는 관심 기술뿐만 아니라, 단순히 명세서상에 해당 키워드를 포함하고 있을 뿐인 특허(노이즈)도 포함되어 있으므로, 노이즈 제거를 수행한 이후 정량적인 분석을 진행한다.

① 연도별 분석

연도별 특허출원 동향을 분석함에 따라 시장환경 및 기술적 이슈에 따른 특허출원 동향의 변화를 살펴볼 수 있다.

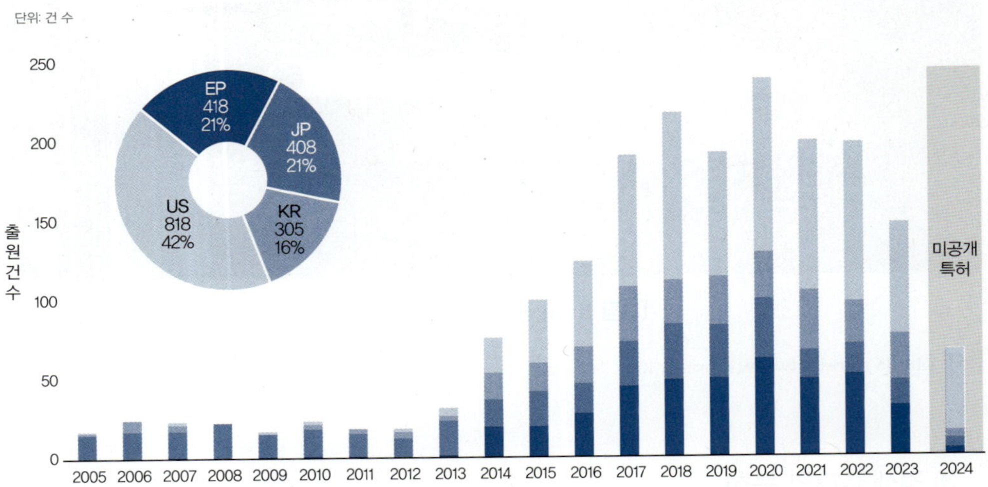

[그림 9-7] 출원건수의 연도별 분석의 예

② 주요 출원인 분석

다수의 특허출원을 진행한 출원인, 또는 미리 알고 있는 중요 특허를 출원한 출원인을 중심으로 주요 출원인을 선별할 수 있다.

주요 출원인이 출원을 집중하고 있는 국가 또는 주요 출원인이 출원을 집중하고 있는 기술 분야를 살펴봄으로써, 주요 출원인의 특허출원 전략을 추정할 수 있다.

(2) 정성적인 분석

특허출원의 양적인 면이 아니라 개별 특허의 내용 및 중요성을 고려한 정성적인 분석을 통해 향후의 연구개발의 참고자료를 확보할 수도 있고, 향후의 특허분쟁을 회피하기 위한 기술개발을 진행할 수도 있다.

① 핵심특허의 선정

검색된 특허의 청구범위 및 기술적인 특징을 고려하여 핵심특허를 선정한다. 핵심특허는 자사의 제품개발 방향과 유사하여 향후 특허분쟁이 예상되는 특허는 물론, 자사의 연구개발 방향과는 다소 상이하나 문제해결방법에 참고할 수 있는 특허도 포함할 수 있다.

핵심특허를 선정하기 위해서는 연구인력과 특허인력이 협력하여 자사의 연구개발 방향 공유, 개별 특허의 권리범위 판단 등을 진행해야 바람직하다.

② 분쟁 가능성, 침해 여부 검토 및 대응

선정된 핵심특허의 분쟁 가능성, 침해 여부를 검토한다. 만약 분쟁 가능성이 있거나 침해 가능성이 있는 것으로 판단된다면 먼저 자사 제품의 회피설계가 가능한지 검토한다. 만약 회피설계가 어렵다면 선정된 핵심특허에 무효 사유가 있는지 검토하여 향후 특허분쟁에 대비한다.

연 습 문 제 EXERCISE

객관식 문제

01 다음 권리 중 원칙적으로 존속기간 갱신이 가능한 권리는?

① 디자인권 ② 특허권 ③ 실용신안권
④ 저작권 ⑤ 상표권

02 다음 권리 중 물품의 외형을 보호하는 권리는?

① 상표권 ② 특허권 ③ 실용신안권
④ 저작권 ⑤ 디자인권

03 지식재산권 중 산업재산권에 속하지 않는 것은?

① 상표권 ② 특허권 ③ 실용신안권
④ 저작권 ⑤ 디자인권

04 특허권은 출원일로부터 얼마 동안 권리 보호가 가능한가?

① 5년 ② 10년 ③ 15년
④ 20년 ⑤ 30년

05 특허권의 설명 중 틀린 것은?

① 특허권의 설정등록 이후에는 권리행사가 가능하다.
② 특허출원 이후 명세서의 보정이 가능하다.
③ 출원인이나 발명자의 변경이 가능하다.
④ 특허권의 존속기간은 설정등록일로부터 20년이다.
⑤ 컴퓨터프로그램도 특허로 등록이 가능하다.

06 특허출원시 긴급한 심사가 필요할 경우, 심사청구순서에 관계없이 먼저 심사해 주는 제도는 무엇이라 하는가?

① 이중출원제도 ② 우선권주장제도 ③ 우선심사제도
④ 전자출원제도 ⑤ PCT출원제도

07 우리나라에 특허를 출원한 자가 1년 내에 다른 나라에 출원한 경우 소급 적용하는 우대혜택을 주는 제도를 무엇이라 하는가?

① 각국 특허독립의 원칙 ② 우선심사제도 ③ 우선권제도
④ 하이웨이 심사제도 ⑤ 선발명주의

08 특허권의 침해에 해당하지 않는 것은?

① 특허 제품을 판매하는 행위
② 특허 제품을 생산하는 행위
③ 특허 제품을 전시하는 행위
④ 특허 제품을 수입하는 행위
⑤ 연구 목적으로 특허 제품을 제조하는 행위

09 지식재산권에 대한 설명 중 틀린 것은?

① 특허는 자연법칙을 이용한 기술적 사상의 창작으로서 고도한 것을 말한다.
② 디자인이란 물품의 형상, 모양, 색채 또는 이들의 결합한 것으로서 시각을 통하여 미감을 일으키게 하는 것이다.
③ 상표란 타인의 상품과 식별되도록 하기 위하여 사용하는 기호, 문자, 도형, 입체적 형상 또는 이들을 결합한 것 및 이들에 색채를 결합한 것을 말한다.
④ 디자인의 존속기간은 원칙적으로 출원일로부터 15년이다.
⑤ 실용신안권의 존속기간은 원칙적으로 출원일로부터 10년이다.

10 다음 상표 중 '사과'를 지정상품으로 하여 상표출원한 경우 등록가능성이 가장 높은 것은?

① 프리미엄 사과 ② 골드 애플 ③ 대구 맛좋은 능금
④ 무농약 사과 ⑤ 임금님 사과

11 특허 명세서에서 권리 범위를 정하는 항목은?

① 요약서
② 발명의 상세한 설명
③ 발명을 실시하기 위한 구체적인 내용
④ 특허청구범위
⑤ 도면

12 다음 저작권에 대한 설명 중 틀린 것은?

① 개인의 저작재산권 존속기간이 저작자 사후 70년이다.
② 저작인격권은 저작자 사망과 동시에 소멸한다.
③ 저작권은 등록하지 않아도 저작물 창작과 동시에 저절로 발생한다.
④ 법인의 저작재산권 존속기간이 공표 후 70년이다.
⑤ 저작권을 구매한 경우 저작자 표시를 하지 않고 사용할 수 있다.

13 다음 중 특허 등록요건이 아닌 것은?

① 신규성이 있을 것
② 진보성이 있을 것
③ 산업상 이용되고 있을 것
④ 정당한 권리자의 출원일 것
⑤ 동일한 발명인 경우 먼저 출원할 것

14 다음 중 특허출원의 거절 이유에 해당하지 않는 것은?

① 공서양속 및 공중위생을 해하는 발명
② 상세한 설명의 기재 불비
③ 1특허출원의 범위에 해당하지 않은 경우
④ 무성반복생식 변종식물
⑤ 발명의 정의에 위배된 경우

15 다음 국제특허(PCT)한 설명 중 틀린 것은?

① 한국어로 한국특허청에 국제특허출원할 수 있다.
② 한국은 2009년 1월1일부터 관련 업무를 개시하였다.
③ 국제특허출원하면 저절로 모든 국가에 진입한다.
④ 일반 해외출원보다 특허성 여부의 판단에 여유를 가질 수 있다.
⑤ 명세서와 서류를 국제특허출원 양식에 맞추어 재작성해야 한다.

주관식 문제

01 특허법은 출원일로부터 (　　　　　)이 경과한 때에는 심사 유무에 관계없이 출원 공개하도록 규정하고 있다. ( ) 안에 들어갈 적합한 내용은 무엇인가?

02 특허법 제97조에 의하면 특허발명의 보호범위는 (　　　　　)에 적혀 있는 사항에 의하여 정하여진다. ( ) 안에 들어갈 단어는?

03 상표 심사 시 유사 여부 판단 기준 3가지를 쓰시오.

04 최불암처럼 저명한 타인의 성명을 포함하는 상표는 타인의 (　　　　　)을 얻은 경우에 한하여 상표등록을 받을 수 있도록 규정하고 있다. ( ) 안에 들어갈 단어는?

05 특허제도는 발명을 보호 · 장려함으로써 국가산업의 발전을 도모하기 위한 것이며(특허법 제1조), 이를 달성하기 위하여 (　　　　　)의 대가로 특허권을 부여하는 것이다. ( ) 안에 들어갈 단어는?

06 거절결정을 받은 자가 특허심판원에 거절결정이 잘못되었음을 주장하면서 그 거절결정의 취소를 요구하는 심판 절차는?

CHAPTER 10

창업마케팅

학/습/내/용

1. 창업마케팅의 개념
2. 창업기업의 마케팅 전략
3. 창업마케팅의 실행
4. 창업기업의 유용한 마케팅기법
5. 창업기업의 브랜딩전략

CHAPTER 10

창업마케팅

학습목표

1. 일반적인 마케팅과 창업마케팅의 개념을 이해하고 창업기업의 마케팅 특성과 창업기업의 마케팅 프로세스 4E 단계를 숙지한다.
2. 창업마케팅 전략의 수립의 토대가 되는 STP전략을 이해하고 그 구성요소인 시장세분화 및 표적시장 선택, 포지셔닝을 통해 창업기업의 신제품 출시 이후 초기 표적 준거고객을 선정해 갈 수 있도록 한다.
3. 마케팅 목표 달성을 위한 효과적인 마케팅 전략의 실행요소인 마케팅믹스 전략(4p's)의 개발과 제품(Product), 가격(Price), 유통(Place) 및 촉진(Promotion)의 4가지 요인에 대하여 학습하고, 창업기업이 시장 환경과 역량을 고려한 마케팅믹스 전략의 실행을 이해한다.
4. 자원과 인력이 제한된 창업기업이 효과적으로 활용할 수 있는 디지털 마케팅, 바이럴 마케팅, 게릴라 마케팅, 그로스 해킹 등 최신 마케팅 기법을 이해하고 실무에 적용할 수 있도록 한다.
5. 브랜드 아이덴티티 구축과 브랜드 자산(Brand Equity) 관리, 고객경험(Customer Experience) 설계 등 브랜딩 전략을 창업 마케팅 관점에서 학습한다

1. 창업마케팅의 개념

핵심 내용

창업마케팅 = 마케팅 + 기업가정신 + 혁신

- 마케팅이란 고객의 욕구충족과 기업의 이윤추구라는 목표를 실현하기 위한 교환이 일어날 수 있도록 제품, 서비스 및 아이디어를 설계하고 가격결정, 촉진, 유통을 계획하고 실행하는 과정이다.
- 창업마케팅이란 "창업기업들이 시장에 신제품이나 새로운 서비스를 성공적으로 출시하고 관리하는 행동"이다.
- 창업마케팅은 기업의 제품 또는 서비스를 구매할 고객을 유인하고 관계를 지속시킬 기회의 탐색 및 포착을 위해서, 혁신적이고, 진취적이며, 위험감수적인 접근법의 기업가정신이 반영된 개념이다.
- 창업기업의 마케팅 프로세스(4E)는 사업 기회의 탐색(Exploration), 점검(Examination), 활용(Exploitation), 확장(Expansion)의 단계로 구성된다.
- 창업마케팅 전략 수립이란 표적고객의 욕구충족과 기업의 이윤추구 목표를 실현하기 위해 마케팅 환경과 소비자 분석 결과를 토대로 마케팅 전략을 수립, 실행하며 그 성과를 평가하고 통제하는 과정
- 마케팅 전략 수립을 위해서는 STP(Segmentation, Targeting, Positioning) 분석을 통해 창업기업이 출시할 신제품의 유망 준거고객을 사전 선정하는 과정이 필수적이다.

1) 마케팅의 이해

(1) 마케팅의 개념과 요소

① 마케팅의 정의

마케팅은 Market + ing가 결합된 단어로서, '시장에서의 교환을 통해 고객의 필요와 욕구의 충족과 기업의 이윤추구를 위해 제품이나 서비스 및 아이디어를 창출하고, 가격 결정, 촉진 그리고 유통을 계획하고 실행하는 과정'이라고 정의할 수 있다.

- 미국 마케팅학회 : 마케팅은 고객과 파트너와 사회 전반에 가치를 창조하고, 소통하고, 전달하고, 교환하는 활동이고 과정이다(AMA, 2007).
- Philip Kotler : 오늘날의 마케팅이란 고객가치 창출과 수익성 있는 고객관계의 구축이다(Armstrong et al., 2014).
- Peter Drucker : 마케팅의 목표는 고객을 잘 알고 이해해서 제품이나 서비스가 고객에게 잘 맞고 스스로 팔리도록 하는 것이다(Drucker, 1973).

② 마케팅의 핵심 개념들

- 본원적 필요(needs, 1차적 욕구) : 의, 식, 주, 성에 관한 본능적 기본적 욕구, 안전의 욕구, 사회적 욕구, 존경의 욕구, 자기실현의 욕구 등이 부족한 상태
- 구체적 욕구(Want, 2차적 욕구) : 필요가 특정한 제품으로 구체화되는 상태. 문화와 개인경험에 의해 형성된 필요충족을 위한 상태
- 수요(Demands, 구매력) : 구매능력과 구매의사를 가진 특정제품에 대한 욕구
- 가치(Value) : 가격을 고려한 대안의 고객만족수준, 지출한 비용보다 효익이 더 높은 부분
- 시장(Market) : 필요와 욕구를 충족시키기 위해 교환과 거래에 참가하는 잠재적 또는 실재적 구매자들의 집합과 산업을 구성하는 판매자들
- 교환(Exchange) : 대가를 지불하고 누군가로부터 원하는 제품을 획득하는 과정, 마케팅의 핵심용어, 교환의 전제조건은 가치 창출 과정(Value-Creating Process)로서의 교환

③ 마케팅 프로세스

기업이 제품 및 서비스를 통해 고객의 니즈, 욕구, 수요를 창출하고 고객에게 가치와 만족을 제공함으로써 기업과 고객 간의 장기적인 우호 관계를 구축하며, 이러한 관계가 다시 마켓에 반영되어 고객의 니즈, 욕구, 수요가 다시 창출되는 순환과정이다.

제품 판매 및 광고뿐만 아니라, 고객의 니즈 파악을 위한 시장 조사, 제품 및 유통, 촉진, 마케팅 전략 수립 등의 모든 활동을 포함한다.

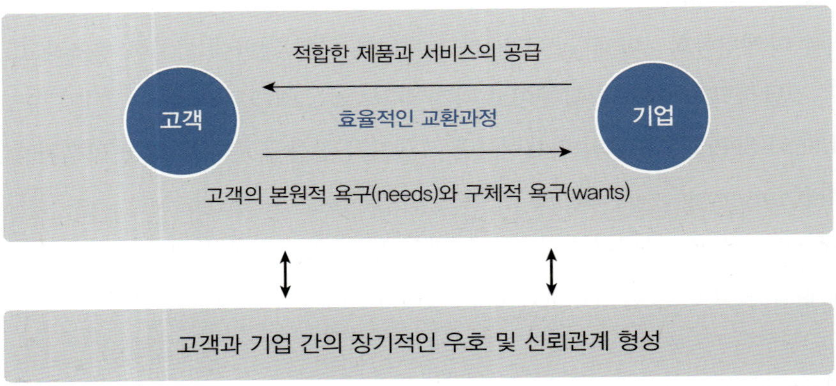

[그림 10-1] 마케팅 개념과 프로세스

(2) 총체적 마케팅의 개념

마케팅 활동의 복잡성, 다양성에 따른 통합적 관점의 필요성이 대두됨에 따라 총체적 마케팅 개념이 출현하였으며, 기업은 고객만족을 위해 마케팅 부서와 모든 조직(생산, 재무, R&D 등)의 통합적 노력이 요구된다. 기업은 고객과 상호적, 장기적 이익을 추구하여야 한다.

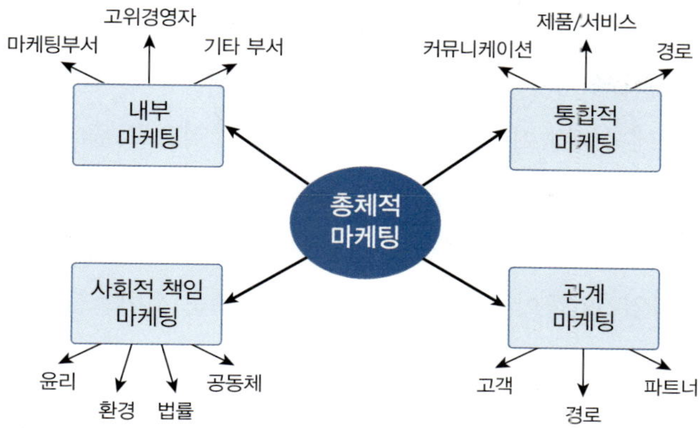

[그림 10-2] 총체적 마케팅 개념

〈표 10-1〉 마케팅과 영업의 차이점

마케팅(Marketing)	영업(Sales)
• 개인 및 조직의 목표를 충족시키기 위한 교환을 창출하기 위해 아이디어, 상품, 서비스를 정립하고 가격을 설정하는 활동 및 판매촉진활동과 유통경로를 계획하고 집행하는 과정 • 잘 팔리는 구조를 만드는 과정 • 시장 및 고객의 요구 파악에 초점 • 고객 니즈의 만족을 통한 이익 극대화	• 제품을 어떻게 광고하고, 어떻게 판촉하고, 어떻게 팔 것인가를 실행하는 과정 • 영업의 최대 목적은 다수의 소비자에게 많은 상품과 서비스를 판매하고 대금을 조기에 온전히 회수하는 것 • 판매자의 욕구에 초점 • 판매량 증대를 통한 이익 극대화

2) 창업마케팅의 개념

창업기업과 기존 기업의 마케팅에는 목표 대상과 제품에 있어서 마케팅의 차별화가 필요하다.

특히, 창업자금과 인력이 상대적으로 미흡한 신규 창업기업의 마케팅은 성공을 좌우하는 필수적인 도구이자 절차이며 노하우이다.

(1) 창업마케팅의 정의

창업마케팅은 마케팅과 기업가정신이 결합한 의미를 담고 있으며, 모리스 등(Morris et al., 2002)은 "창업마케팅이란 리스크관리, 자원활용 극대화 및 가치 창출을 위한 혁신적 접근방법을 통해 수익을 제공하는 고객을 확보하고 유지하며, 이를 능동적으로 확인하고 활용하는 활동이다."라고 정의하고 있다(Morris, Schindehutte, & LaForge 2002: 1-19). 또한 "창업기업들이 시장에 신제품이나 새로운 서비스를 성공적으로 출시하고 관리하는 활동"으로서 창업기업이 주체가 되어 신제품 혹은 서비스를 마케팅 대상으로 출시활동을 중시한다는 점에서 기존의 마케팅과 차이가 있다고 설명하고 있다(서상혁, 2010).

창업마케팅은 "창업기업들이 시장에 신제품이나 새로운 서비스를 구매할 만한 고객을 유인하고 그들과 어떻게 관계를 지속시킬 수 있을지 기회를 탐색하고 포착하는 진취적(Proactive)이며, 혁신적(Innovative), 위험감수적인(Risk-Taking) 활동"으로 요약될 수 있다.

(2) 창업마케팅의 특성

창업마케팅은 기업가정신에서 출발한다. 일반기업의 마케팅과 달리 창업마케팅은 창업기업의 기업가정신이 반영된 개념으로, 창업자의 마인드와 특징이 마케팅 영역을 결정한다. 기업가(Entrepreneur)는 혁신적(Innovative), 위험감수자(Risk Takers), 진취적(Proactive), 기회지향적(Opportunity-Oriented) 특성을 지닌다.

창업마케팅의 차별성은 다음과 요약될 수 있다. 일반기업이 아닌 창업기업이 주체이다. 신제품이나 새로운 서비스를 마케팅 대상으로 하며, 출시 활동을 중시한다. 주로 소규모의 기업이며, 창업자의 기업가정신이 중요하게 발휘된다. 신제품 출시를 위주로 하므로 하이테크 마케팅적 요소를 지닌 혁신지향적인 마케팅이다.

성공한 창업기업가들의 마케팅 특징은 다음과 같다.

- 경영 전반 측면
  - 마케팅이 기업의 모든 수준과 기능적 영역에 침투한다.
  - 제품 및 전략의 혁신이 이루어지며, 판매와 프로모션에 대해 집중적인 관심을 갖는다.
  - 기회의 인식에 대한 타고난 관심과 집중력을 지닌다.
- 고객관리 측면
  - 고객맞춤형 접근을 중시하며, 작은 틈새시장을 활용한다.
  - 시장에 능동적으로 대응하며 기회 창출하고 활용(고객과 쌍방향적인 마케팅 전술)한다.
  - 고객 선호의 변화에 대해 신속히 반응하고, 고객을 선도하려고 노력한다.

- 마케팅 활동 측면
  - 마케팅 의사결정은 개인적 목표 및 장기적 성과와 연결되어 있다.
  - 창업자 및 기타 핵심인물들이 마케팅의 중심이 된다.
  - 개인적인 명성, 신뢰 및 신용에 근거한 마케팅 활동이다.
  - 관계와 동맹을 통해 가치를 창출한다.
  - 일상적 접촉과 네트워크에 근거한 마케팅 의사결정을 실행한다.

〈표 10-2〉 창업기업의 마케팅 특성

구분	특성
신생기업	• 창업기업은 신생기업이라는 점으로 인해 시장 진입과 마케팅 활동에 제약이 존재 • 새롭게 설립된 기업들은 장기적인 고객관계가 충분히 구축되어 있지 않고 기업에 대한 잠재적 소비자의 신뢰도가 부족함 • 마케팅 매니저의 경험 및 전문지식이 부족하거나 전문적인 마케팅 매니저를 추가 구성원으로 영입하기 어려움
기업규모의 영세성	• 대부분의 창업기업들은 작은 규모로 신규 비즈니스를 시작하기 때문에 마케팅 전략, 실행에 필요한 예산과 기술을 충분히 보유하고 있지 않음 • 제한된 자원으로 인해 새롭게 착수하는 활동들은 높은 수준의 효율성을 달성해야 함
불확실성	• 기술기반의 창업기업들은 시장에 대한 충분한 데이터를 보유하고 있지 않고, 관련 정보에 대한 접근성이 떨어지기 때문에 높은 불확실성에 직면함 • 신제품을 출시하거나 새로운 시장에 진출하는 창업기업은 자사가 보유하고 있는 이용가능한 데이터 또는 지식이 특정 상황에서는 적용이 불가능한 경우가 자주 발생함
격동성	• 창업기업은 신제품을 가지고 새로운 시장에 진출하므로 행노가 상당히 격동적이거나 예측이 불가함

출처: 김진수, 최종인 외(2015).

3) 창업마케팅 프로세스

(1) 창업기업의 마케팅 프로세스 4단계(4E)

창업기업의 마케팅 프로세스는 창업자가 기회를 탐색(Exploration), 점검(Examination), 활용(Exploitation), 그리고 확장(Expansion)하는 단계로 이루어진다.

- 기회의 탐색(Exploration) : 제품/서비스의 출시 전 잠재고객들에게 아이디어를 공개하고, 피드백을 수집하는 단계이다.
- 기회의 점검(Examination) : 시제품을 얼리어답터들로부터 검증받고 그들로부터 피

드백을 수집하는 단계로, 제품 또는 서비스의 베타버전을 시험한다. 비용이나 주 수익원의 수익을 창출할 수 있는지 여부를 점검해 볼 수 있는 중요한 단계이다.

- 기회의 활용(Exploitation) : 제품 또는 서비스를 대중에게 공개함으로써 시장의 모든 사람들이 사용하도록 하는 단계로서, 초기에 제품 및 서비스를 검증한 얼리어답터들 이외의 고객들이 구매를 시작하게 된다.
- 기회의 확장(Expansion) : 자사의 제품 또는 서비스에 대한 촉진활동을 펼침으로써 고객층을 추가 확보하는 단계로서, 기회의 활용과 확장은 동시에 진행될 수 있으며, 2단계인 기회의 점검단계를 대신하기도 한다.

(2) 창업마케팅 전략 수립과정

창업마케팅 전략 수립과정이란 표적고객의 욕구충족과 기업의 이윤추구 목표를 실현하기 위해 마케팅 환경과 소비자 분석결과를 토대로 마케팅 전략을 수립, 실행하며 그 성

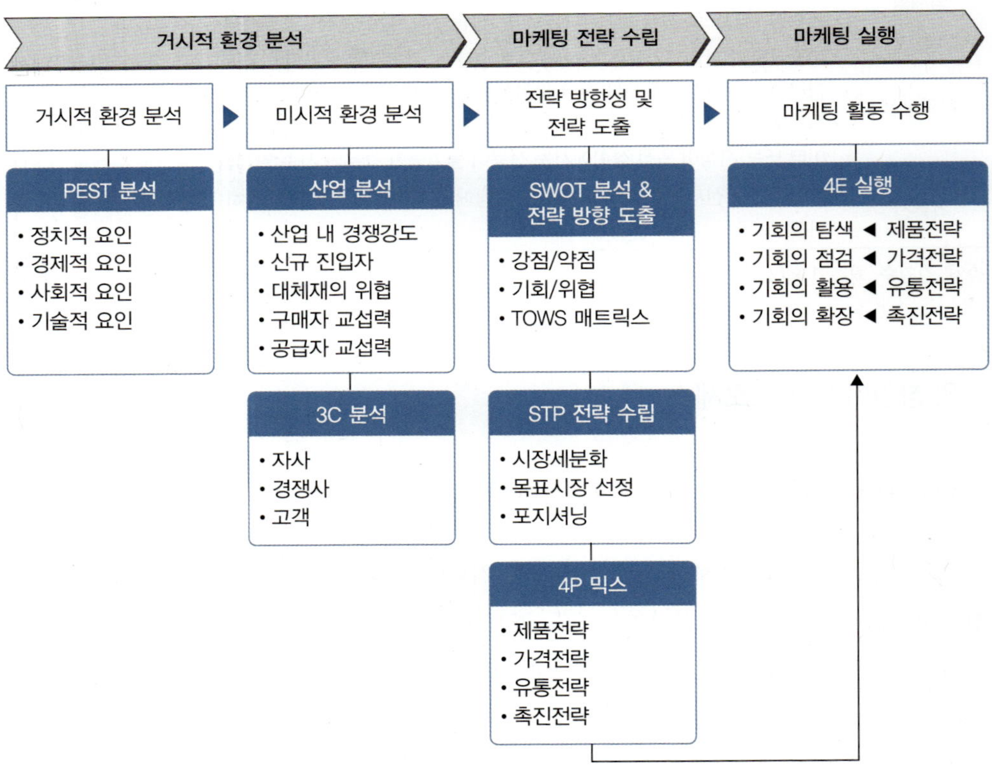

[그림 10-3] 창업마케팅 전략 수립 모델

출처: 김진수, 최종인 외(2015).

과를 평가하고 통제하는 과정을 말한다.

창업자는 기회중심의 마케팅 활동을 수행하면서도 고객중심의 관점을 토대로 제품, 가격, 유통, 촉진 등에 대한 마케팅 실행전략을 미리 수립하여 마케팅 활동에 반영하도록 한다.

(3) 고객가치중심의 마케팅 전략과정

잘 정의된 표적시장을 겨냥한 제품들을 설계해서 전달해야 한다는 마케팅 개념의 마케팅 전략프로세스는 제조와 판매보다는 기업의 활동 가치를 창출하고 전달하는 일련의 과정이라고 인식해야 한다. 다음의 3단계로 구분할 수 있다.

- 1단계 가치의 선정 : 시장을 세분화하고, 표적시장을 선정하고, 제품의 가치 포지셔닝을 개발한다. STP 분석활동은 마케팅 전략 수립의 핵심이다.
- 2 단계 가치의 제공 : 특정 제품의 특성, 가격, 유통 등을 전술적 마케팅의 일환으로써 결정해야 한다.
- 3 단계 가치의 커뮤니케이션 : 제품을 알리고 선전하기 위해 영업 인력들을 활용하고, 판촉 및 광고활동을 벌이는 전술적 마케팅 활동이 이루어진다.

2. 창업기업의 마케팅 전략

[핵심 내용]

창업기업 마케팅은 신제품 출시 마케팅 전략이다.

- 창업기업의 신제품 출시 마케팅 전략과 활동의 핵심은 선정한 표적 준거고각을 위한 강력한 오퍼링(제품/서비스) 구축을 통해 초기 준거고객을 확보하는 것이다.
- STP 마케팅 전략이란 마케팅 전략과 계획 수립 시 소비자 행태에 따라 시장을 세분화(Segmentation)하고, 이에 따른 표적시장의 선정(Targeting), 그리고 표적시장에 적절하게 제품을 포지 셔닝(Positioning)하는 일련의 활동을 말한다.
- 신제품의 개발과정 : ① 아이디어의 창출 ② 아이디어 평가 ③ 제품개념의 개발 및 테스트 ④ 마케팅 전략개발 및 사업성분석 ⑤ 시제품개발 ⑥ 시험마케팅 ⑦ 상품화로 진행된다.

1) 창업기업의 STP 전략

(1) STP 전략의 개념

STP 마케팅 전략은 마케팅 전략과 계획 수립 시 소비자 행태에 따라 시장을 세분화하고, 이에 따른 표적시장의 선정, 표적시장에 적절하게 제품을 포지셔닝하는 일련의 활동이다.

- 세분화(Segmentation) : 제품에 대한 니즈, 인구 통계적 특성, 구매 행동 등의 변수에 따라 특정 집단으로 구분하여 전체 시장을 나누는 것이다.
- 목표시장 선정(Targeting) : 세분화된 각 시장의 매력도를 평가하여 자사제품에 맞는 시장을 선정한다.
- 포지셔닝(Positioning) : 목표시장에 자사제품을 어떤 이미지로 각인시킬 것인가를 결정하는 활동이다.

[그림 10-4] STP 전략의 전개과정

(2) 시장세분화 전략

① 시장세분화 전략(Market Segmentation Strategy)의 정의

시장세분화란 전체 시장을 어떤 기준이나 변수로 동질적인 세분시장으로 구분하는 과정이다. 고객과 시장 수요의 이질성을 존중하고 소비자의 필요와 욕구를 정확하게 충족시킴으로써 경쟁상의 우위를 획득·유지하려는 고객지향적인 경쟁전략이다. 소비자들의 욕구, 가치관의 다양화, 소비, 구매행동이 다양화에 따라 한정된 자원을 가진 창업기업은 전체 시장에서 우선적으로 가장 효과적으로 공략할 수 있는 유망한 세분시장의 집중적인 마케팅 활동으로 매출과 이익을 최대화를 실현할 수 있다.

② 시장세분화의 목적

- 식별가능한 특징을 지닌 소규모 시장들의 복합체들로 시장을 구분하여 복합체 중 표적시장의 수요를 분석한다(서상혁 외, 2015).

- 모든 고객을 만족시키는 제품과 서비스는 비싸거나 불가능하다. 표적고객의 고객만족을 극대화한다.
- 창업기업의 제품과 서비스의 차별화를 구축하여 경쟁할 수 있게 한다.
- 새로운 마케팅 기회의 포착과 이를 통한 매출과 이윤을 추구한다.
- 자사의 자원과 노력을 집중할 세분시장을 결정한다.

③ 시장세분화 전략의 접근 순서는 다음의 절차와 같다.

- 다양한 욕구를 가진 고객층을 어느 정도 유사한 욕구를 가진 고객층으로 분류한다.
- 특정의 제품에 대한 시장을 구성하는 고객을 어떤 기준에 의해 유형별로 나눈다.
- 시장의 세분화를 통하여 고객의 욕구를 보다 정확하게 만족시키는 제품을 개발한다.
- 세분화된 고객욕구를 보다 정확하게 충족시키는 광고 등의 전개로 경쟁우위를 점한다.

④ 시장세분화의 기준

고객의 행동변수를 기준변수로 하여 시장을 세분화한 다음, 고객 특성변수를 이용하여 세분시장 각각의 전반적인 특성을 파악하여야 한다.

〈표 10-3〉 시장세분화의 기준이 되는 고객 행동변수와 특성변수

변수			세부 내용
행동 변수	추구효익 변수		기능적 효익, 심리적 효익
	사용상황 변수		제품에 따라 상이 일, 여가, 사회적 모임 등 소비자가 제품을 사용하는 상황
	구매 행동 변수	사용량 변수	소량 사용자, 보통 사용자, 다량 사용자
		사용경험 변수	비사용자, 이전 사용자, 잠재적 사용자, 최초 사용자
		사용기회 변수	규칙적, 불규칙적
		상표충성도 변수	특정 브랜드의 반복적 구매 정도 - 전무, 보통, 강함, 절대적
특성 변수	인구통계학적 변수		연령, 성별, 거주 지역, 직업, 학력, 종교, 가족 구성 단위, 가족 생활주기, 개인 및 가족 소득
	심리적 변수	사회계층	농촌계층, 도시계층, 중하층, 중상층, 상층
		라이프스타일	전통적 알뜰형, 합리적 생활만족형, 진보적 유형 추구형, 보수적 생활 무관심형
		개성	강제적, 사교적, 권위주의적, 야심적

출처: 서상혁(2010).

(3) 표적시장의 선정(Targeting)

① 표적시장의 의미와 목적

표적시장의 선정은 각 세분시장의 매력도를 평가하여 기업에 가장 적절하다고 판단되는 세분시장을 표적(목표)시장으로 결정하는 과정을 말한다.

② 표적시장의 선정을 위한 세분시장의 매력도 평가 기준

- 세분시장의 크기와 성장성 : 세분시장의 매출과 이익 정도와 미래의 성장가능성
- 산업의 구조적 매력도(5Forces Model) : 시장의 진입장벽(Threat of New Entrants)이 낮거나, 다수의 공격적 경쟁자의 존재(Industry Rivalry), 대체상품 출현의 위협(Threat of Substitutes), 구매자의 힘(Bargaining Power of Customers), 원자재 공급자의 힘(Bargaining Power of Suppliers)에 따른 시장의 매력도 평가
- 기업의 목표와 자원 : 세분시장과 관련된 기업의 목표와 내부자원

③ 표적시장 선정에 따른 마케팅 전략

- 비차별적 마케팅 전략

  제품시장을 구성하는 세분시장들 중 가장 규모가 큰 세분시장을 표적으로 하여 하나의 마케팅믹스 프로그램을 제공하는 전략이다.

  장점은 대량 마케팅과 생산 규모의 경제화가 가능하여 저렴한 가격의 제품을 제공할 수 있다. 반면 단점은 경쟁이 치열해지면 고객 욕구 충족의 한계로 수익을 창출하기 어렵다.

- 차별적 마케팅 전략

  둘 이상의 세분시장들을 표적시장으로 선정하여, 각각의 시장에 적합한 마케팅믹스 프로그램을 제공하는 전략이다.

  세분시장 별 서로 다른 제품 제공과 마케팅 프로그램이 필요하므로 매출과 함께 비용이 증가한다. 다양한 제품개발 기술능력과 충분한 자본을 가진 대기업에서 주로 활용된다.

- 집중적 마케팅 전략

  여러 세분시장 중에서 가장 큰 경쟁우위를 제공하는 한두 개의 세분시장(틈새시장)을 표적시장으로 선정하여 높은 시장점유율을 추구하는 전략이다.

생산과 마케팅의 전문화를 통해 고객들의 욕구를 더 잘 충족시킬 수 있어 시장 내에서 강력한 시장지위를 구축할 수 있다는 장점이 있으나 소비자 구매행동의 변화 시 시장성을 잃을 수 있고 큰 경쟁사의 시장진입이 쉽다. 주로 중소기업이나 창업기업에서 활용한다.

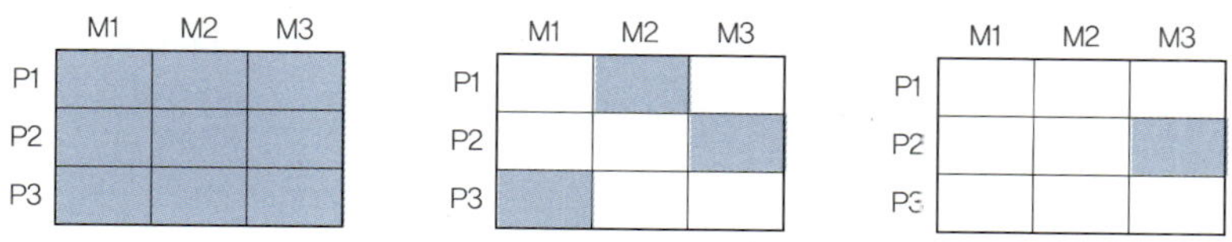

비차별적 마케팅 전략 | 차별적 마케팅 전략 | 집중적 마케팅 전략

[그림 10-5] 표적시장 선정에 따른 기업의 마케팅 전략 형태

(4) 포지셔닝(Positioning)

① 포지셔닝의 정의

제품의 포지션(Product Position)이란 특정제품이 경쟁브랜드들과 비교하여 소비자의 마음속에 차지하고 있는 상대적 위치를 말한다.

포지셔닝(Positioning)이란 표적소비자의 마음속에 기업이 원하는 포지션(제품개념)을 인식시키는 과정이다. 즉 세분화된 목표시장 내의 잠재 고객의 마음속에 자사제품과 이미지가 표적시장·경쟁·기업 능력과 관련하여 가장 유리한 위치(차별화된 위치)를 형성하기 위하여 제품 효익을 개발하고 커뮤니케이션하는 활동을 말한다.

포지셔닝 맵(Positioning Map)이란 소비자에게 인식된 자사제품과 경쟁제품들의 위치를 도면형태로 작성한 것으로, 자사제품의 상대적 위치를 확인하는 데 용이하게 활용된다.

② 포지셔닝의 기준이 되는 요소들은 다음과 같다.

- 제품의 가격, 품질, 속성에 따라 고객이 타 경쟁사 제품에 비해 차별적으로 느끼는 효익에 의한 포지셔닝
- 제품의 사용자, 사용법, 사용 상황에 의한 포지셔닝
- 경쟁사 포지셔닝에 대한 자사의 포지셔닝

  고객의 마음속에 있는 경쟁사의 제품과 자사의 제품을 비교함으로써, 자사제품의

상대적 효익을 강조하는 방법이다.

- 제품의 상대적 등급에 따른 포지셔닝

  벤츠는 고객에게 누구나 소유할 수 없는 고급스러운 차량의 이미지를 강조한다.

③ 브랜드의 중요성

미국 마케팅학회에 따르면 브랜드란 특정 상품이나 서비스를 식별하고 경쟁상품이나 서비스와 차별화하기 위해 사용하는 이름, 용어, 상징, 디자인, 또는 이들의 조합으로 정의된다.

소비자는 선택 및 구매의사결정을 내릴 때 주어진 시간에 많은 제품정보를 처리할 수 있는 능력에 한계가 존재하기에 해당 제품군의 전체 브랜드를 대상으로 고려하지 않으며, 각 제품군에 있어서 고려 상품 군에 속하는 브랜드들의 평균 숫자는 자동차 8.1개, 음료와 샴푸 3.0개이다(Hauser & Wernerfelt, 1990: 393-408). 이와 같이 소비자들은 구매의사결정과정에서 비교적 소수의 상표 브랜드들만을 선택대안으로 고려하기 때문에 고려 상표군 속에 자사상표 브랜드를 포함시키기 위한 창의적인 마케팅 노력이 필요하다(안광호, 2011).

마케팅은 궁극적으로 성공적인 브랜드를 구축하는 것이며, 브랜드 구축의 핵심은 유·무형의 브랜드 요소의 전략적 관리를 통해 강력한 브랜드 자산을 형성하는 것이다.

2) 창업기업의 신제품 출시 전략

(1) 신제품의 정의 및 분류

- 혁신제품 : 소비자와 기업 모두에게 높은 참신성을 가진 새로운 제품
- 모방신제품 : 소비자에게는 널리 알려져 있지만, 기업 입장에서는 새로운 제품으로 기존제품을 새로운 사용자나 용도에 맞춰 재포지셔닝한 경우이다.

(2) 신제품의 실패 요인

실패요인들을 살펴보면 제품의 기술적인 요인보다는 불충분한 마케팅 활동에서 대부

분의 실패원인을 찾을 수 있다. 다음은 신제품의 주요 실패요인들이다.

- 부정확하고 불충분한 시장분석 : 소비자들의 욕구(Need), 수요분석과 경쟁자 파악 부족
- 제품의 기술적 결함 : 기술적인 검토, 디자인, 엔지니어링 단계에서의 점검 부족
- 마케팅의 활동지원 부족 : 출시 단계에서 필요한 마케팅, 판매, 프로모션 지원 부족
- 예측보다 더 높은 비용
- 부적절한 출시 타이밍 등

(3) 기업 환경의 변화와 신제품 개발

기업 환경 변화에 따른 기업의 신제품 개발방안은 새로운 혁신제품의 출시와 제품 수명주기를 고려한 마케팅 전략의 실행이 있다.

- 새로운 혁신제품의 출시 : 새로운 시장상황에 대응하고 신제품의 성공을 통해 기업의 지속적인 성장을 보장하려면 새로운 혁신제품을 출시하는 것이 필수적이다.
- 제품 수명주기에 맞춘 마케팅 전략의 실행 : 복잡하고 변화가 빠른 시장에서 생존하려면 제품수명주기의 전 과정인 출시부터 시장 철수까지 각각의 과정에 맞춘 기민하고 적절한 마케팅 전략이 요구된다.

(4) 신제품 개발과정

- 1단계 아이디어의 창출 : 내부적 원천(판매사원, 경영자 등)과 외부적 원천(고객, 경쟁사 등)을 토대로 다양한 아이디어창출 방법을 이용하여 신제품에 대한 아이디어를 탐색하는 과정이다.
- 2단계 아이디어의 평가 : 아이디어 창출단계에서 창출된 수많은 아이디어를 일정기준에 의해 평가하여 축소시키는 과정이다.
- 3단계 제품 개념의 개발과 테스트 : 아이디어 평가과정을 통과한 아이디어는 제품 개념의 개발과 테스트를 통해 구체화과정을 거치게 된다.
  - 제품개념 : 제품 아이디어를 소비자가 사용하는 단어로 전환시킨 것이다.
  - 제품개념의 테스트 : 소비자 조사를 통하여 제품 개념의 적합성을 검증하고 소비

자들의 반응을 조사한다.

- 4단계 마케팅 전략의 개발과 사업성 분석 : 선택된 제품개념에 대해 예비적인 마케팅 전략을 수립하고 사업성을 평가하는 단계이다.
- 5단계 시제품 개발 : 소비자가 선호하는 제품편익을 물리적 형태의 제품으로 구체화하고 제품 외부디자인을 개발하는 과정이다.
- 6단계 테스트 마케팅 : 신제품 및 마케팅 프로그램을 실제로 시장에 도입하여 소비자 반응을 파악하는 단계로서 시장 진입 초기에 발생할 수 있는 많은 문제점들을 큰 비용 없이 해결할 수 있기 때문에 전반적인 마케팅 프로그램의 점검과 제품점검에 유용하다.
- 7단계 상업화 : 시험 마케팅 결과를 토대로 최종적으로 전국 시장에 신제품을 도입할 것을 결정하는 단계로서 신제품의 출시시기 및 출시지역을 결정한다.

(5) 창업기업의 초기 준거고객 확보

표적 준거고객을 선정한 다음, 준거고객을 위한 강력한 오퍼링(제품/서비스) 구축을 통해 준거고객을 확보해야 한다. 준거고객이 창업기업의 첫 고객이 되는 위험을 감수하기에 충분한 확고한 근거 이유가 있어야 하며 창업기업으로부터 받은 혜택이 무엇인지, 그 혜택에 대한 대가로 무엇을 기대받는지를 준거고객이 분명하게 이해하는 것이 필요하다.

(6) 제품수명주기에 맞춘 마케팅 전략

① 제품수명주기(Product Life Cycle : PLC) 관리

제품수명주기란 한 제품이 시장에 등장하여 소멸할 때까지의 전 과정을 의미하며, 제품수명주기는 도입기, 성장기, 성숙기, 쇠퇴기 등 4단계로 나뉜다.

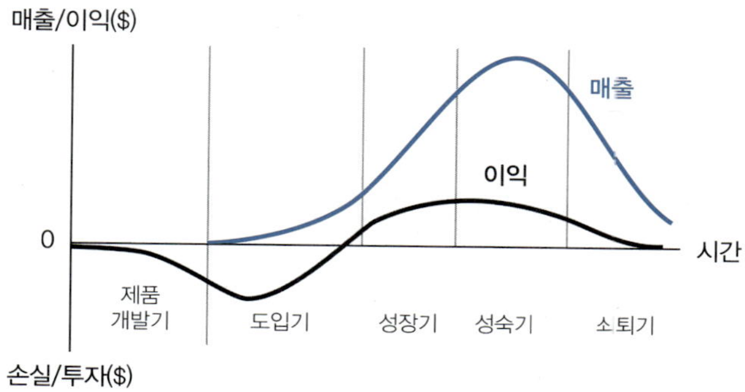

[그림 10-6] 제품수명주기

② 제품수명주기 형태에 따른 단계별 마케팅 전략은 다음과 같이 각 단계별로 상이하다.

- 도입기 : 신제품에 대한 사람들의 인지도가 낮은 단계
  - 높은 유통 및 판촉비용의 지출로 손실이 발생하거나 이익이 매우 낮음
  - 표적시장 : 의견 선도 층과 혁신소비자층
  - 마케팅믹스 전략 : 기본형의 제품, 고가격전략, 상대적으로 높은 광고·판매촉진비 투입
- 성장기 : 판매가 급속하게 증가하는 단계
  - 혁신소비자층과 조기 수용자층의 호의적 입소문이 중요한 역할을 수행, 고객층의 범위 확대
  - 마케팅믹스 전략 : 제품차별화 전략, 시장점유율을 높이기 위해 저가격 정책을 도입하거나 높은 이익을 실현하기 위해 기존 가격을 유지, 급속한 시장의 성장에 맞추어 가능한 한 점포 수를 확대, 정보제공형 광고에서 제품선호형 광고로 전환 등
- 성숙기 : 가장 높은 매출을 실현, 제품판매량은 증가하지만 매출성장률은 감소하는 단계
  - 성숙기 제품에 대한 방어전략 : 새로운 시장개발, 제품 개선
  - 마케팅믹스의 수정 : 정체된 매출의 증대를 위해 가격할인정책, 공격적 판촉활동, 비교광고 시행, 할인유통업체와의 거래, 다양한 서비스의 제공 등
- 쇠퇴기 : 절대적 판매량이 감소하여 시장에서 제품을 철수하거나 경쟁력이 취약한 제품을 제거하는 단계
  - 쇠퇴기의 원인 : 시장수요의 포화, 신기술의 출현, 사회적 가치의 변화, 고객욕구의

변화
- 쇠퇴기에서 제품 보유 시 기업 평판의 부정적인 영향, 판매원과 광고비 등의 비용 낭비 초래
- 쇠퇴기 제품에 대해 유지, 수확, 철수전략 중 하나를 선택

3. 창업마케팅의 실행

1) 마케팅 실행을 위한 마케팅믹스 전략

마케팅믹스 전략(4P's Mix)은 마케팅 목표 달성을 위해 필요한 요소, 즉 제품(Product), 가격(Price), 유통(Place), 판촉(Promotion)을 최적으로 조합하여 마케팅 활동을 수행하는 것이다. 마케팅믹스 전략은 고정된 것이 아니라 기업이나 제품에 따라 달라지며, 시장의 환경 변화에 따라 수정된다.

2) 창업기업의 제품전략

(1) 제품전략의 개념

제품(Product)이란 시장의 소비자 욕구를 만족시키고자 제공되는 물건, 서비스, 인적자원, 장소, 조직, 아이디어 등을 말하며 효익(Benefit)의 묶음으로 설명할 수 있다. 창업기업의 제품전략은 목표 시장에서 경쟁사보다 더 나은 제품 포지셔닝을 구축하기 위하여 자사의 제품을 타 제품과 어떻게 차별화할 것인가를 결정하는 것이다. 제품 차별화 전략은 물리적 차별화 전략과 서비스 차별화 전략으로 구분할 수 있다.

- 물리적 차별화 전략 : 자사 제품의 종류, 디자인, 기능, 성능, 품질, 내구성, 포장, 크기, 규격 등에서 타 제품과 다른 특징적인 요소를 가미하는 방법이다.
- 서비스 차별화 전략 : 품질보증 서비스, 고객상담, 고객관리, A/S, 주문의 용이성 등의 서비스 측면에서 차별화를 시도한다.

(2) 고객의 추구 효익에 따른 상품차원의 분류

코틀러(Kotler) 등의 분류에 따르면 고객이 추구하는 효익(Benefit)을 기반으로 다섯 가지 차원, 즉 고객가치 계층이 존재하며(Kotler & Keller, 2006), 효익을 토대로 네 가지 상품(Product) 차원으로 구분할 수 있다.

- 핵심 효익(Core Benefit) : 표적 고객이 실제 상품 구매 시 얻게 되는 근본적인 혜택 또는 이익을 말한다.
- 첫째, 기본적 상품(Basic Product) : 실제 제품(Actual Product)으로 핵심 효익을 형상화한 제품이나 서비스를 말한다. 예를 들어 원하는 '4분의 1인치 구멍'을 위해 '4분의 1인치 드릴'이 필요하다. 따라서 드릴이라는 제품과 포장재 등이 실제 구매 시 함께 제공되어야 한다.
- 둘째, 기대상품(Expected Product) : 고객에게 실제 제품을 사용하게 하기 위해 고객의 기대에 부응하는 부가가치를 담은 제품과 서비스를 말하며, 고객이 정상적으로 기대하는 A/S, 배달, 신용판매 등 유무형의 일체의 속성과 조건을 포함한다.
- 셋째, 확장상품(Extended Product) : 고객의 기대를 넘는 부가가치를 주는 제품을 말하며, 대부분 상품의 차별화는 확장제품을 기반으로 형성된다.
- 넷째, 잠재적 상품(Potential Product) : 고객이 현재는 상상할 수 없지만 미래에 경험하게 될 상품을 의미한다.

(3) 제품의 구분

제품은 형태의 유무에 따라 유형적 제품(Tangible Goods)과 무형적 제품(Intangible Goods : 서비스 등)으로 분류할 수 있으며, 사용 소비자에 다라 소비재(Consumer Products)와 산업재(Industrial Products)로 구분된다. 또한 다수의 상품을 구매하고 있는 소비자들의 구매습관에 따라 편의품, 선매품, 전문품의 세 가지로 분류할 수 있다.

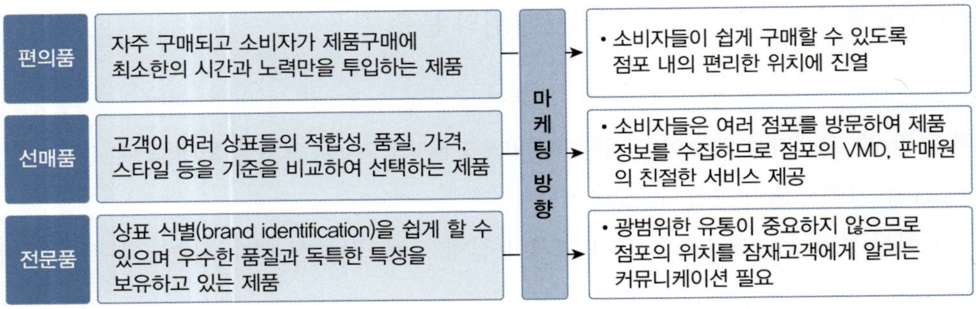

[그림 10-7] 구매습관에 따른 제품 분류에 따른 마케팅 방향

3) 창업기업의 가격전략

(1) 가격전략의 개념

창업기업의 가격전략이란 제품의 적정가격을 설정하고 할인 여부와 정도, 할부기간 등과 같은 가격정책에 대한 의사결정을 내리는 것이다. 실제로 기업에 수익을 창출하게 해주는 유일한 전략이다. 창업자는 제품의 상업화를 시작하게 되면 우선적으로 고객이 제품을 구매하기 위해 얼마를 어떻게 지불하게 할 것인가를 결정해야 한다.

(2) 가격의 결정

기업이 특정 제품이나 서비스의 가격을 결정하기 위해서는 제품의 원가나 고객이 인식하고 있는 제품이나 서비스의 수준을 고려하여 가격을 결정해야 한다. 한 제품의 가격을 결정할 때는 여러 가지 요소를 고려하여야 한다. 가격은 세 가지 방향에서 결정될 수 있다.

- 비용지향적 방법 : 원가가산법, 목표수익률법, 손익분기분석법으로 나누어진다.
- 경쟁지향적 방법 : 경쟁자의 가격기준과 비교하여 결정하는 방법이다.
- 소비자지향적 방법 : 소비자의 반응을 우선적으로 고려하는 방법이다.

창업기업은 가격전략 수립 시 자사의 재무적 목표, 즉 수익성을 달성할 수 있는 가격정책인가, 그리고 목표시장 내의 잠재적 고객들이 기꺼이 지불할 수 있을 만큼 현실성이 있는 가격인가, 경쟁사의 진입을 저지할 수 있는 경쟁력 있는 가격인가, 또한 제품전략, 유통전략 및 촉진전략과 일관성 있는 가격정책인지 등의 여부를 고려하여야 한다.

(3) 가격조정전략

창업기업들은 가격결정의 세 가지 방향과 그 원리를 기초로 하여 가격을 책정하지만, 실제로는 시장의 수요 및 제반환경까지 고려하여 다음과 같은 방법으로 가격을 조정하고 결정한다.

- 수량할인 : 여러 개 구입 시 가격할인
- 소비자지각 가치수준 : 소비자가 지각하는 가치에 따라 최적 가격결정
- 의도적 고가격 : 가격과 품질의 연상을 이용하여 의도적으로 고가결정
- 로스리더(Loss Leader) : 이미지 개선과 후속 제품판매를 위해 특정 제품을 원가나 원가 이하로 판매가격을 결정, 유인상품 또는 미끼상품 등의 성격
- 단수가격(Odd Pricing) : 가격을 낮게 인식시키고자 단수가격 책정(10,000원 〈 9,990원)
- 장기계약할인 : 기간에 따라 할인가격 조정
- 보상판매(Trade in Allowance) : 자사의 구제품 사용고객에게 가격할인혜택을 책정
- 가격선(Price Line) : 고객이 수용할 수 있는 가격대를 조사하여 그 범주 내에서 책정

(4) 시장 도입기의 가격전략

- 스키밍 가격과 침투가격전략 : 스키밍 가격결정(Skimming Pricing)은 시장 도입기에 고가격을 책정하는 방식이며, 반대로 침투가격방식(Penetration Pricing)은 초기에 낮은 가격으로 단기간 내에 시장에 입지를 마련하려는 전략이다.
- 버저닝 전략 : 버저닝(Versioning) 전략이란 정보 혹은 디지털 콘텐츠에 대한 소비자의 가치인식에 따라 세분시장별로 제품과 가격을 달리하는 가격전략이다. 특히 하이테크 제품의 경우 신제품의 성능에 따라 여러 버전으로 가격을 정한다.
  - 개인별 : 사용자의 능력에 따라 여러 종류의 UI(사용자 인터페이스)를 제공하는 버저닝
  - 성능별 : 음질이나 화질, 선명도에 따른 버저닝

- 용도별 : 용도에 한계를 두는 버저닝 등 다양한 방식

• 번들링 전략 : 번들링(Bundling) 전략이란 둘 이상의 상품을 하나로 묶어서 패키지화하여 제공하는 가격전략을 말한다. 컴퓨터 구입 시 하드웨어와 소프트웨어를 한데 묶어 번들링 가격을 설정한다. 고객은 별도로 구매하는 것보다 번들링된 가격을 선호할 수 있다.

4) 창업기업의 유통전략

(1) 유통의 개념

유통(Distribution)이란 구매시간과 장소, 제품 소유의 효용성을 창출하기 위하여 생산과 소비를 연결해 주는 기능을 담당한다. 표적고객이 제품을 쉽게 이용할 수 있도록 하는 기업 활동으로 소비자의 편의성 최대화를 목표로 한다.

창업기업의 유통전략(Place Strategy)은 자사의 제품을 고객이 원하는 시간과 장소에 고객이 원하는 수량을 제공할 수 있도록 고객에게 판매 또는 유통할 수 있는 지점을 결정하는 것이다.

유통경로(유통채널)는 상품이 최종소비자에게 이전되는 과정과 관련된 일체의 기관들을 말한다. 유통기관은 유통과정에 참여하는 중간상으로 소매상(백화점, 할인매장, 슈퍼마켓, 편의점, 통신판매, 인터넷 판매 등)과 도매상으로 구분된다.

유통구조는 생산자와 소비자 간 상품 흐름을 위해 구축된 유통기관 및 경로의 구조 전체를 말한다.

(2) 유통경로(Market Channel)의 분류

유통경로는 크게 직접유통경로와 간접유통경로, 혼합적 유통경로로 구분된다.

• 직접유통경로 : 생산자가 직접 소비자에게 제품이나 서비스를 전달하는 방식이다.

• 간접유통경로 : 소매상이나 도매상을 개입시켜 기업이 생산한 제품을 고객이 원하는 장소와 시간, 제품의 형태로 대신 제공하는 방식. 생산자와 소비자의 위험을 유통업자가 부담한다.

• 혼합적 유통경로 : 직접유통방식과 간접유통방식을 혼합한 형태이다.

(3) 무점포형 유통경로

정보화시대, 쇼핑시간이 부족한 소비자를 위해 다양한 매체를 이용해 소비자가 시간과 장소를 구애받지 않고 상품을 구매하는 다양한 유통경로가 출현하고 있다. 이의 장점은 점포운영비의 절감과 입지조건에 관계없이 표적고객에게 쉽게 접근가능하다는 것이다.

5) 창업기업의 촉진전략

촉진이란 기업이 소비자에게 원하는 반응을 얻기 위해 의도된 설득 메시지를 인적 혹은 비인적 매체를 통해 계획적이며 의도적으로 소비자에게 커뮤니케이션 하는 행위이다. 제품이나 서비스의 유통을 빠르게 확산시키는 기능을 가지고 있다.

촉진전략(Promotion Strategy)이란 기업이 마케팅 목표를 달성하기 위하여, 기업이나 제품에 대한 정보를 고객에게 의도적으로 전달하기 위한 방법을 결정하는 것이며, 마케팅 커뮤니케이션 전략이라 불리기도 한다.

(1) 마케팅 커뮤니케이션(Marketing Communication)

창업기업은 표적고객과 잠재고객을 대상으로 자사의 제품과 서비스를 구매하도록 적극적인 커뮤니케이션 활동이 필요하다. 그러나 소비자들에게 제공되는 정보의 양은 과거에 비해 넘쳐나며, 정보의 전달과 커뮤니케이션 매체도 다양화되어 자원이 부족한 창업기업들에게 어디에, 어떤 방식으로 효과적으로 커뮤니케이션 활동을 할 것인가를 선정하는데 큰 어려움을 주고 있다. 특히 SNS 등과 같은 소셜미디어가 대중화됨으로써 기존 방법 외에 완전히 새로운 방법의 활용이 요구되고 있다. 이러한 소셜미디어(페이스북, 인스타그램, 블로그 등)의 효과적인 활용은 창업기업의 마케팅 성과 창출에 중요성이 날로 증가하고 있다(정기한 · 정지희 · 신재익, 2010).

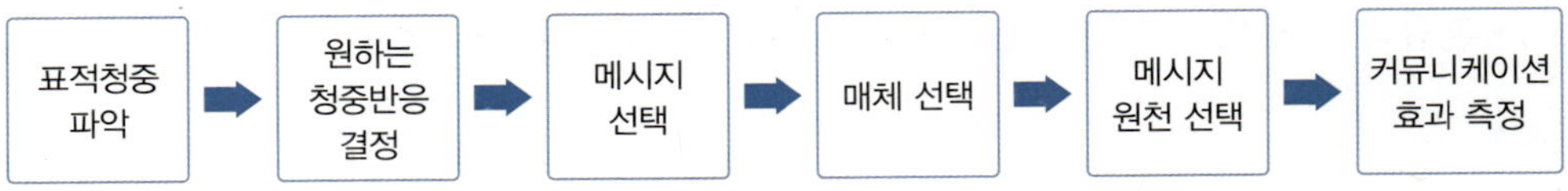

[그림 10-8] 마케팅 커뮤니케이션(Marketing Communication)의 과정

기업은 아주 사소한 것이라도 검색을 통해 정보를 취득 후 구매로 이어지는 소비자의 행동을 이해하고 웹 기반 또는 모바일 환경을 활용하는 촉진전략이 필요하다.

[그림 10-9] 온라인(모바일)시대의 구매 프로세스

(2) 촉진전략의 구성요소

촉진전략은 광고(Advertising)와 인적판매(Personal Selling), 판매촉진(Sales Promotion), 홍보(Public Relation) 등으로 구성된다.

- 광고(advertising: ad) : 신분을 밝힌 광고의 주체가 상품 및 서비스, 아이디어의 내용을 비대면으로 다수의 집단을 설득하는데 영향을 미치기 위하여 광고비를 지불하고 매체를 활용하여 실시하는 설득적인 커뮤니케이션 활동을 말한다.
- 인적 판매(Personal selling) : 인적 판매란 판매원이 직접 고객과 대면하거나 전화, 화상회의나 웹 등 다양한 수단을 통해 자사의 패션제품이나 서비스를 구입하도록 권유하는 쌍방향 커뮤니케이션 활동으로 판매원 판매라고도 한다. 이러한 쌍방향 커뮤니케이션의 장점으로 인해 창업기업이 혁신적인 신제품을 출시하거나 복잡하며 고가인 제품을 판매하고자 하는 경우에 활용가치가 높은 방법이다.
- 판매 촉진(sales promotion) : 판매촉진은 판매증가를 목표로 단기적인 인센티브를 제공하는 기법으로 거래처나 최종 소비자를 대상으로 실시하는 광고, 홍보, 인적 판매를 제외한 나머지 여러 가지 마케팅 커뮤니케이션 활동을 말한다. 단기적인 반응을 유도하기 위해 부가적 가치나 유인을 제공하는 활동으로 가격할인, 쿠폰발행, 프리미엄, 보조금 지급, 진열, 전시회 등 다양한 촉진 방법이 있다.
- 홍보(Public Relationship: PR) : 홍보는 공중과의 관계를 구축하고 유지하기 위한 커

뮤니케이션 활동을 의미하며 기업 이미지를 높이고 제품의 구매를 촉진하기 위해서 활용된다. 기업과 고객을 비롯한 공중 사이의 상호이해를 확립하거나 유지하기 위한 신중하고도 계획적이며 지속적인 노력이 필요하다.

(3) 창업기업의 PR(Public Relation)

공중과 호의적인 관계를 지속적으로 맺는다는 PR(Press Relation)이 널리 알린다는 의미의 홍보(弘報)라는 용어로 통용되고 있지만 PR은 홍보보다 범위가 훨씬 넓은 광범위한 활동이며(박기철, 2017: 144-181), 퍼블리시티(Publicity) 혹은 Press Relation이 핵심이다.

퍼블리시티(Publicity)는 개인 혹은 조직이 비용의 지불 없이 인쇄매체의 지면이나 방송의 시간을 확보해 기업광고의 형식을 취하지 않고 자신들의 제품이나 서비스에 관한 뉴스기사를 언론기관에 소재기사로 제공하여 무료로 보도함으로써 제품이나 서비스의 판매를 촉진하는 활동이다. 퍼블리시티를 위해 기업이 제공하는 제품과 서비스, 경영활동 정보 등에 관한 제공기사나 뉴스를 News Release 또는 Publicity Release라고 한다.

퍼블리시티가 큰 힘을 발휘하는 이유는 기자와 언론사의 객관적 검증을 거친 기사가 광고보다 높은 신뢰성을 갖고 있기 때문으로 광고대비 3배 이상의 효과가 발생하기도 한다. 따라서 창업기업의 경우 자체 퍼블리시티 역량을 확보하여 자사 출시 신제품과 서비스 행사와 업적 등 경영활동에 관한 보도용 자료를 작성하여 신문 등의 언론에 배포하거나 SNS 등과 같은 소셜미디어에 게재함으로써 소비자에게 직접적인 영향을 미칠 수 있다.

〈표 10-4〉 퍼블리시티와 광고의 비교

구분	퍼블리시티	광고
비용 유무	상대적으로 적음	상대적으로 많음
메시지 전달 (기업 입장을 명확히 전달)	상대적으로 자유롭지 못함	상대적으로 자유로움
신뢰성	상대적으로 높음	상대적으로 낮음

4. 창업기업의 유용한 마케팅기법

창업 초기 단계에서는 마케팅 예산과 전문 인력이 부족한 경우가 많아, 제한된 자원을 효율적으로 활용할 수 있는 저비용·고효율 중심의 마케팅 전략이 필요하다. 특히 디지털 기술과 플랫폼의 발달로 누구나 손쉽게 콘텐츠를 제작하고 고객에게 직접 도달할 수 있게 되었으며, 다양한 실전형 마케팅 기법들이 등장하고 있다. 이 장에서는 창업기업이 현장에서 실질적으로 활용할 수 있는 주요 마케팅 기법을 유형별로 정리하여 제시한다.

1) 입소문 마케팅

입소문 마케팅(Word of Mouth Marketing: WOM)은 제품이나 서비스에 대한 고객의 자발적인 추천과 공유를 통해 브랜드 인지도를 높이는 전략이다. 광고보다 신뢰도가 높고, 콘텐츠가 고객 간에 자연스럽게 전파되어 높은 전환율을 기대할 수 있다. 주요 유형은 다음과 같다.

- 바이럴 마케팅(Viral Marketing): 바이러스처럼 콘텐츠가 급속도로 확산되도록 유도하는 방식이다. TikTok, 인스타그램 릴스 등 숏폼 콘텐츠 플랫폼에서 사용자 생성 콘텐츠(UGC)를 통해 확산되는 구조를 가진다.
- 노이즈 마케팅(Noise Marketing): 의도적인 이슈나 논란을 통해 소비자의 주목을 끄는 전략이다. 단기간 내 인지도를 높일 수 있으나, 브랜드 이미지 손상 가능성도 함께 고려해야 한다.
- 버즈 마케팅(Buzz Marketing): 화제성 있는 콘텐츠나 이벤트를 통해 사람들의 대화를 유도하는 전략으로, SNS 해시태그 챌린지, 깜짝 이벤트, 밈(Meme) 콘텐츠 등이 주로 활용된다.

2) 게릴라 마케팅

게릴라 마케팅은 장소나 시간에 구애받지 않고 소비자의 일상 공간에 기습적으로 접근하는 창의적 마케팅 기법이다. 비용 부담이 적고, 강한 인상을 남길 수 있다는 점에서 창업 기업에게 적합하다. 주요 유형은 다음과 같다.

- 스텔스 마케팅(Stealth Marketing): 소비자가 마케팅임을 인지하지 못하도록 자연스럽게 메시지를 노출시키는 기법이다. 예를 들어, 일반인처럼 가장한 홍보 인력이 지하철이나 카페 등에서 자연스럽게 제품을 소개한다.
- 앰부시 마케팅(Ambush Marketing): 공식 스폰서가 아님에도 불구하고 특정 행사나 이슈에 편승하여 주목을 받는 전략이다. 스포츠 이벤트에서 자사 로고가 드러나는 응원도구 배포 등이 대표적이다.
- 래핑 마케팅(Wrapping Marketing): 차량이나 배달 박스 등에 브랜드 메시지를 부착하여 이동하면서 자연스럽게 홍보 효과를 얻는 방식이다.

3) 온라인 기반 마케팅

온라인 플랫폼은 낮은 진입장벽과 높은 접근성으로 창업기업에게 매우 유리한 마케팅 채널이다. 다양한 디지털 플랫폼을 적절히 활용하면 고객과의 접점을 지속적으로 확보할 수 있다.

- 포털 마케팅: 네이버, 다음, 구글 등 포털사이트 내 블로그, 카페, 지식인 등을 활용한 콘텐츠 기반 마케팅 전략이다. 키워드 중심 검색 최적화(SEO)를 통해 고객 유입을 유도할 수 있다.
- 소셜커머스: 쿠팡, 티몬, 위메프 등의 플랫폼에서 한정된 시간과 조건으로 제품을 판매하여 소비자의 구매 욕구를 자극하는 방식이다. 초기 판매 테스트에 효과적이다.
- SNS(Social Media) 마케팅: 인스타그램, 페이스북, 카카오스토리 등에서 브랜드 계정 운영, 해시태그 캠페인, 릴스·스토리·라이브 방송 등을 통해 고객과 직접 소통하며 관계를 강화한다.
- 글로벌 전자상거래 플랫폼 활용: 아마존, 알리바바, 쇼피(Shopee) 등 해외 플랫폼에 입점하여 글로벌 시장에서의 초기 반응을 실험하고, 수출 기반을 확보할 수 있다.

4) 크라우드펀딩 기반 마케팅

크라우드펀딩은 자금 조달 수단을 넘어, 제품과 브랜드를 고객에게 선보이는 사전 마케팅 채널로 활용되고 있다. 국내에서는 와디즈(Wadiz)가 대표적인 플랫폼으로 자리 잡고 있으며, 스토리 중심의 콘텐츠 구성과 사전 알림 구독자 확보 전략이 핵심이다.

- 스토리텔링 중심 구성: 브랜드 철학과 창업 동기를 진정성 있게 전달
- 알림신청 및 초기 트래픽 확보: 펀딩 시작 전 잠재 고객 데이터 확보
- SNS 및 퍼포먼스 광고 연동: 와디즈 페이지를 TikTok, 인스타그램 광고와 연결
- 와디즈 큐레이션 활용: 노출 최적화를 위한 전략적 피드 구성

5) 커뮤니티 기반 마케팅

브랜드의 팬층을 초기부터 육성하여 자발적인 홍보자(앰배서더)로 전환시키는 마케팅 전략이다. 고객과 직접 소통하는 온라인 커뮤니티 운영은 지속적인 관계 형성과 충성 고객 확보에 유리하다.

- 오픈 카카오톡, 디스코드, 네이버 카페 등 플랫폼 운영
- 고객 의견을 제품 기획 및 개선에 반영하는 참여형 마케팅
- 콘텐츠를 2차 콘텐츠로 제작하여 SNS에 확산

  * 예시 : 제품 디자인 공모전, 후기 이벤트, 팬과의 협업 제품 개발

6) 숏폼 콘텐츠 마케팅

짧고 임팩트 있는 영상 콘텐츠를 통해 고객의 주목을 끌고, 빠른 정보 전달과 감성 자극을 동시에 달성할 수 있는 전략이다. 창업 기업은 숏폼 콘텐츠를 활용해 제품의 주요 특징과 브랜드 정체성을 효과적으로 전달할 수 있다.

- 3~10초 내 강한 주목 요소 배치
- 실제 사용 장면, Before & After 비교 중심
- 고객 후기, 상황극, 문제 해결 중심 스토리 구성

  * 활용 도구 : CapCut(영상 편집), Canva(디자인 템플릿), ChatGPT(스크립트 자동 작성)

7) AI 및 자동화 기반 마케팅

AI 기술의 발전으로 창업자도 고비용 마케팅 없이 자동화 도구를 활용해 효율적으로 마케팅을 운영할 수 있게 되었다. 특히 반복적 업무나 개인화 메시지 전송에 효과적이다.

〈표 10-5〉 AI 및 자동화 기반 마케팅

마케팅 영역	주요 도구	기능 설명
이메일 마케팅	스티비, Mailchimp	타깃별 뉴스레터 자동 발송
챗봇 운영	Landbot, Chatbase	고객 FAQ 응답 및 유입 유도
콘텐츠 생성	ChatGPT, Notion AI	블로그 글, 제품 설명 초안 생성
자동화 연동	Zapier, Make	앱 간 연결로 업무 프로세스 자동화

8) 그로스 해킹

그로스 해킹(Growth Hacking)은 데이터 분석, 실험, 반복 최적화를 통해 빠른 성장을 도모하는 전략으로, 제품 개발과 마케팅을 융합하여 고객 행동 기반의 마케팅 성과를 극대화한다.

- 핵심지표 설정(예 : 클릭률, 전환율, 이탈률 등)
- A/B 테스트를 통한 랜딩 페이지 및 메시지 개선
- 사용자 행동 분석 기반 마케팅 전략 반복 실행

  * 활용 도구 : GA4(웹사이트 분석), Mixpanel(고객 행동 분석), Hotjar(사용자 시각화 분석)

5. 창업기업의 브랜딩전략

브랜딩은 단순한 제품이나 로고 디자인을 넘어, 고객이 브랜드를 인식하고 해석하며 감정적으로 연결되는 통합적인 전략 활동이다. 창업기업은 브랜드 자산이 없고, 시장에서의 입지가 약하기 때문에 초기 단계부터 명확한 브랜딩 전략을 수립하고, 지속적으로 일관된 메시지를 전달하는 것이 중요하다. 특히 오늘날의 소비자는 제품을 사는 것이 아니라, 가치와 철학, 태도와 이야기를 소비한다는 점에서 브랜딩의 중요성은 더욱 부각되고 있다.

창업기업의 브랜딩 전략은 단순한 심미적 작업을 넘어서, 고객의 감정과 신뢰를 얻는 총체적 커뮤니케이션 시스템이다. 강력한 브랜드는 광고비보다 더 큰 효과를 만들며, 초기에 잘 설계된 브랜드 정체성과 경험은 이후의 성장과 투자 유치, 시장 확장에도 지속적으로 영향을 미친다. 창업자는 브랜드를 '만들기'보다 '키운다'는 관점으로 접근해야 하며, 고객과 함께 성장해가는 스토리를 구축해 나가야 한다.

1) 브랜드 아이덴티티의 정립

브랜드 아이덴티티(Brand Identity)는 브랜드가 시장에서 보여 주고자 하는 고유한 정체성이다. 이는 로고, 색상, 디자인 요소만이 아니라, 브랜드가 추구하는 방향성과 존재 이유까지 포함하는 개념이다.

- 미션(Mission): 창업자가 세상을 바꾸기 위해 해결하고자 하는 문제 혹은 사회적 역할
- 비전(Vision): 브랜드가 장기적으로 도달하고자 하는 미래상
- 핵심 가치(Core Values): 브랜드가 어떤 신념과 철학을 기반으로 운영되는지에 대한 기준
- 슬로건(Slogan): 브랜드의 메시지를 짧고 강렬하게 전달하는 문구

이러한 아이덴티티는 브랜드의 모든 접점에 일관되게 적용되어야 하며, 명확하고 구체적인 문장으로 정리해 내부 팀원들과 공유해야 한다.

* 예시 : "슬로우하지만 바르게 자란 채소"라는 슬로건을 통해 윤리적 농업 브랜드의 철학을 전달

2) 브랜드 톤앤매너의 일관성 유지

브랜드 톤앤매너(Tone & Manner)는 브랜드가 고객과 소통하는 방식, 말투, 태도를 말한

다. 이는 고객에게 감정적 일관성과 신뢰를 형성하는 데 결정적인 역할을 한다.

- 시각적 요소: 로고, 컬러 팔레트, 타이포그래피, 패키지 디자인 등
- 언어적 요소: 문장 구성 방식, 문체 톤(따뜻함, 전문성, 유쾌함 등)
- 행동적 요소: 고객 응대 방식, SNS 댓글 반응, 클레임 대응 태도 등

창업기업은 브랜드 가이드라인을 문서화하여 외주 디자이너나 마케팅 팀과 공유하고, 어떤 채널에서도 동일한 정체성을 유지하도록 관리해야 한다.

3) 브랜드 스토리텔링 전략

브랜드 스토리텔링은 창업자와 브랜드가 세상에 말하고자 하는 메시지를 이야기 구조로 전달하는 전략이다. 사람들은 정보보다 이야기에 더 잘 반응하며, 감정적 몰입이 높은 브랜드에 더 강한 충성도를 갖는다.

- 기승전결 구조로 창업 배경과 문제 해결 과정을 이야기화
- 고객이 공감할 수 있는 '왜 우리는 이것을 하는가'에 집중
- 실제 고객의 경험담이나 후기, 인터뷰 등을 활용한 생활형 콘텐츠 스토리

  * 예시 : "엄마의 손맛을 떠올리게 하는 장을 만들고 싶었습니다" → 감성적 연결 강화도구: ChatGPT(스토리 초안 생성), Brunch(에세이형 콘텐츠 배포), TikTok(감정 기반 숏폼 전달)

4) 브랜드 경험(Brand Experience) 설계

브랜딩은 단순히 무엇을 말하느냐를 넘어서, 고객이 브랜드와 '어떻게 만나는가'까지 포함하는 개념이다. 즉, 브랜드 경험이 일관되게 설계되어야 한다.

- 구매 전: 웹사이트, SNS, 광고, 쇼핑몰의 이미지 및 메시지
- 구매 중: 결제 페이지의 UX, 고객 응대, 제품 포장 방식
- 구매 후: 후기 요청, CS 응답, 교환·환불 프로세스, 뉴스레터

각 단계마다 긍정적이고 차별화된 경험을 제공하는 것이 브랜드 충성도와 재구매에 큰 영향을 미친다.

* 예시 : 고객이 제품을 구매했을 때 손편지와 함께 보내는 박스 패키지 → 고객 감동 요소로 전환도구: Typeform(고객 설문), Klaviyo(이메일 자동화), Vistaprint(브랜딩 박스 제작)

5) 브랜드 자산의 축적과 관리

브랜드는 시간이 지남에 따라 고객과의 접점이 누적되면서 자산(Brand Asset)으로 축적된다. 창업자는 브랜드 자산을 의도적으로 관리하고, 데이터 기반으로 그 효과를 측정할 필요가 있다.

- 브랜드 검색량 및 유입 경로 분석
- SNS에서의 언급 수와 해시태그 확산 추이
- 고객이 자발적으로 남기는 콘텐츠의 수와 질

* 도구 : Google Trends(검색 추이 확인), Brand24(SNS 언급 추적), InsightY(국내 인플루언서 추이 분석)

연습문제 EXERCISE

객관식 문제

01 창업마케팅 개념에 관한 설명 중 틀린 것은?

① 창업마케팅이란 창업기업들이 시장에 신제품이나 새로운 서비스를 성공적으로 출시하고 관리하는 행동이다.
② 창업마케팅은 혁신적이고, 진취적이며, 위험감수적인 접근법의 기업가정신이 반영된 기업 중심적 관점의 마케팅이다.
③ 창업마케팅은 일반기업이 아닌 창업기업이 주체이며, 신제품 출시활동을 위주로 하는 하이테크 마케팅적 요소를 지닌 혁신지향적인 마케팅이다.
④ 고객과 쌍방향적 마케팅을 통해 시장을 능동적으로 창출하고 활용한다.
⑤ 제조와 판매보다는 기업의 활동 가치를 창출하고 전달하는 일련의 과정이다.

02 창업기업의 마케팅 프로세스 4단계(4E)에 대한 설명으로 틀린 것은?

① 창업기업의 마케팅 프로세스는 창업자가 사업의 기회를 탐색(Exploration), 점검(Examination), 활용(Exploitation), 확장(Expansion)의 단계로 이루어진다.
② 기회의 점검(Examination)단계는 제품 또는 서비스의 시제품/베타버전을 검증받고 피드백을 수집하는 단계로, 수익 창출 여부를 점검해 볼 수 있는 단계이다.
③ 기회의 탐색(Exploration)단계는 제품이나 서비스의 출시 전 얼리어답터(Early Adopter)들에게 아이디어를 공개하고, 피드백을 수집하는 단계이다.
④ 기회의 확장(Expansion)단계는 자사의 제품 또는 서비스에 대한 촉진활동을 펼침으로써 고객층을 추가 확보하는 단계이다.
⑤ 기회의 활용(Exploitation)단계는 제품 또는 서비스를 대중에게 공개함으로써 시장의 모든 사람들이 사용하도록 하는 단계이다.

03 창업마케팅의 실행은 마케팅의 수단, 요소들인 마케팅 4P의 통합으로 구체화된다. 다음 중 마케팅믹스 4P's에 해당하지 않는 것은?

① Product ② Price ③ Position
④ Promotion ⑤ Place

04 다음의 제품생명주기에서 추론할 수 있는 마케팅믹스와 거리가 먼 것은?

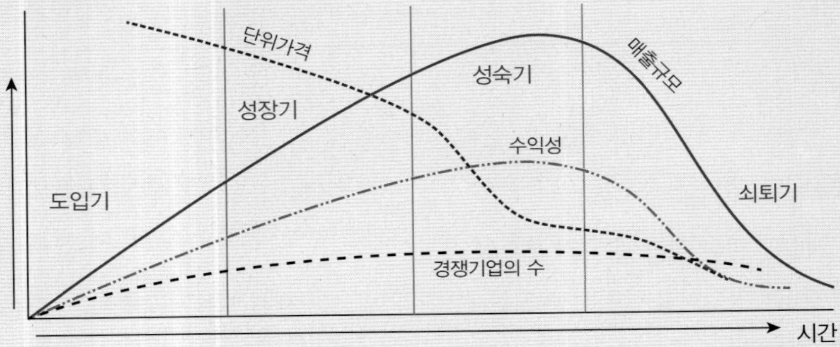

① 도입기는 시장 진입 초기이므로 경쟁자가 많은 편으로, 기본형의 제품, 고가격전략, 상대적으로 높은 광고비와 판매촉진비가 투입된다.
② 성장기에서는 제품의 판매량이 빠르게 증가한다. 시장점유율을 높이기 위해 저가격정책을 도입하거나 급속한 시장의 성장에 맞추어 점포 수를 확대한다.
③ 성숙기에서는 판매성장률이 둔화되기 시작하면서 정체된 매출의 증대를 위한 마케팅 전략이 전개된다.
④ 성숙기의 주요 마케팅 전략은 시장개발, 제품 개선, 마케팅믹스 수정 등이다
⑤ 쇠퇴기에서는 제품의 절대적 판매량이 감소하고, 이익의 잠식효과가 초래되어 시장에서 제품을 철수하거나 경쟁력이 취약한 제품을 제거한다.

05 창업기업의 온라인 마케팅 내용 중 올바르지 않은 것은?
① 소셜커머스는 일정 기간, 일정 수의 구매자에 대해 파격적인 할인을 제공한다.
② 블로그 마케팅은 직접적인 자체 블로그 운영 역량을 갖추어 가는 것이 좋다.
③ SNS 마케팅은 기업이 정보의 공유 및 재생산을 전적으로 관리, 통제가 가능하다.
④ 전자상거래 규모가 날로 증가하므로 아마존닷컴 등에 입점하는 것이 바람직하다.
⑤ 그로스 해킹은 창업기업을 위한 통합적 마케팅기법 중 하나이다.

06 다음은 게릴라 마케팅과 관련한 설명으로 옳지 않은 것은?
① 장소와 시간에 구애받지 않고 잠재고객이 많이 모인 공간에 갑자기 나타나 상품을 선전하거나 판매를 촉진하기 위한 행위를 말한다.
② 대개 후발 기업이 적은 비용으로 고객에게 밀착한 마케팅을 펼치기 위한 방법이다.
③ 앰부시 마케팅은 공식 후원기업이 아님에도 행사와 관련이 있다는 인상을 주는 마케팅방

법으로 지나칠 경우 사용제한을 요청받을 수 있다.

④ 래핑 마케팅방법은 이동성이 커서 많은 대중에게 노출될 수 있는 차량 등을 활용하여 광고물을 전면에 도색하거나 붙이는 것을 말한다.

⑤ 대표적인 게릴라 마케팅 전략으로는 스텔스 마케팅, 앰부시 마케팅, 바이럴 마케팅, 래핑 마케팅 등이 있다.

07 마케팅과 영업의 차이점에 대한 설명 중 틀린 것은?

① 마케팅은 잘 팔리는 구조를 만드는 과정이다.

② 영업은 판매량 증대를 통한 이익 극대화가 초점이다.

③ 마케팅은 고객 니즈의 만족을 통한 이익 극대화가 초점이다.

④ 마케팅은 판매자의 욕구에 초점을 둔다.

⑤ 영업의 최대 목적은 다수의 소비자에게 많은 상품과 서비스를 판매하고 대금을 조기에 온전히 회수하는 것이다.

08 창업기업의 마케팅 특성 내용 중 올바르지 않은 것은?

① 창업기업은 신생기업이라는 점으로 인해 시장 진입과 마케팅 활동에 제약이 존재한다.

② 창업기업은 제한된 자원으로 인해 새롭게 착수하는 활동들에 있어서 높은 수준의 효율성을 달성해야 한다.

③ 창업기업은 신제품을 가지고 새로운 시장에 진출하는 경우가 많으므로 행보가 상당히 격동적이거나 예측이 불가하다.

④ 신제품을 출시하거나 새로운 시장에 진출하는 창업기업은 자사가 보유하고 있는 이용가능한 데이터 또는 지식이 특정 상황에서는 적용이 불가능한 경우가 자주 발생한다.

⑤ 창업기업은 전문적인 마케팅 매니저를 추가 구성원으로 영입하기 쉽다.

09 다음 중 게릴라마케팅 유형이 아닌 것은?

① 스텔스마케팅　② 래디컬마케팅　③ 엠부시마케팅

④ 다이렉트마케팅　⑤ 미스치프마케팅

10 시장 도입기의 가격전략에 관한 설명 중 틀린 것은?

① 스키밍(Skimming) 가격결정은 시장 도입기에 고가격을 책정하는 방식이다.

② 침투가격(Penetration Pricing)방식은 초기에 낮은 가격으로 단기간 내에 시장에 입지를 마련하려는 전략이다.

③ 버저닝(Versioninb) 전략이란 정보 혹은 디지털 콘텐츠에 대한 소비자의 가치인식에 따라 세분시장별로 가격을 달리하는 가격전략이다.

④ 하이테크 제품의 경우에는 번들링(Bundling) 전략으로 신제품의 성능에 따라 여러 버전으로 가격을 정한다.

⑤ 번들링(Bundling) 전략이란 둘 이상의 상품을 하나로 묶어서 패키지화하여 제공하는 가격전략을 말한다.

11 창업마케팅의 구성 요소로 올바르게 짝지어진 것은?

① 마케팅 + 광고 + 유통
② 마케팅 + 기업가정신 + 혁신
③ 기업가정신 + 영업 + 재무
④ 제품개발 + 유통 + 인사관리
⑤ 기업가정신 + 광고 + 촉진

12 창업마케팅의 목표와 가장 거리가 먼 것은?

① 고객의 욕구 충족
② 기업의 이윤 추구
③ 제품 아이디어의 설계
④ 대량생산 체제 구축
⑤ 가격결정, 촉진, 유통 실행

13 창업마케팅 프로세스 4E 단계 중, 시제품이나 베타버전을 검증받고 수익 창출 가능성을 점검하는 단계는?

① Exploration
② Examination
③ Exploitation
④ Expansion
⑤ Execution

14 다음 중 STP 전략의 구성요소가 아닌 것은?

① Segmentation
② Targeting
③ Positioning
④ Promotion
⑤ 없음(모두 포함됨)

15 창업기업의 마케팅 믹스 4P 요소에 해당하지 않는 것은?

① Product ② Price ③ Place
④ Promotion ⑤ People

16 시장도입기의 가격전략 중 고가격을 책정하여 초기 투자비 회수를 목표로 하는 전략은?

① Penetration Pricing ② Bundling ③ Skimming Pricing
④ Versioning ⑤ Discount Pricing

17 소비자가 자발적으로 상품 소문을 내도록 유도하는 마케팅 기법은?

① Viral Marketing ② Guerilla Marketing
③ Ambush Marketing ④ Stealth Marketing
⑤ Wrapping Marketing

18 게릴라 마케팅의 특징으로 옳지 않은 것은?

① 적은 비용으로 고객에게 밀착한 마케팅 가능
② 특정 시간과 장소에만 제한적으로 가능
③ 후발기업이 활용하기 좋은 전략
④ 바이럴 마케팅을 포함할 수 있음
⑤ 래핑 마케팅을 전략으로 포함할 수 있음

19 창업기업의 특성에 해당하지 않는 것은?

① 제한된 자원으로 높은 효율성 달성 필요
② 시장 진입과 마케팅 활동에 제약 존재
③ 신제품 출시와 시장 진출 시 불확실성이 큼
④ 전문 마케팅 매니저를 쉽게 영입 가능
⑤ 보유 데이터가 특정 상황에 적용 불가할 수 있음

20 5 Forces Model에 해당하지 않는 요인은?

① 시장의 진입장벽 ② 경쟁자의 존재 ③ 구매자의 힘
④ 대체상품 출현의 위협 ⑤ 기업 내부 직원 만족도

21 고객 데이터 세분화를 기반으로 신규고객 획득, 우수고객 유지, 고객가치 증진을 목표로 하는 마케팅은?

① Mass Marketing ② Niche Marketing ③ CRM
④ STP ⑤ IMC

22 둘 이상의 상품을 하나로 묶어 패키지로 제공하는 가격전략은?

① Skimming ② Bundling ③ Versioning
④ Penetration Pricing ⑤ Discount Pricing

주관식 문제

01 마케팅 전략과 계획 수립을 위한 전략인 STP는 무엇인지 쓰시오.

02 ( ) 안에 들어갈 시장공략 전략을 쓰시오.

> 기업이 선택할 수 있는 마케팅 전략에는 다음과 같이 세 가지가 있다.
> (①)은 세분시장 간의 차이를 무시하고 하나의 제품으로 전체 시장을 공략하는 전략이다.
> (②)은 기업이 여러 개의 표적시장을 선정하고 각각의 표적시장에 적합한 마케팅 전략을 개발하는 전략이다.
> (③)은 기업의 자원이 제한되어 있을 경우에 주로 사용하는 방법으로 큰 시장에서 작은 시장점유율을 누리기보다는 하나 또는 소수의 시장에서 높은 시장점유율을 누리기 위한 전략이다.

03 고객 데이터의 세분화를 실시하여 신규고객 획득, 우수고객 유지, 고객가치 증진, 잠재고객 활성화, 평생 고객화와 같은 사이클을 통해 소비자들을 적극적으로 관리하고 유도하며 소비자의 가치를 극대화시킬 수 있는 전략을 실시하는 마케팅은 무엇이라 하는가?

04 다음의 신제품 개발과정을 순서대로 나열하시오.

① 아이디어 평가	④ 제품개념의 개발 및 테스트
② 마케팅 전략개발 및 사업성 분석	⑤ 상품화
③ 시제품개발	⑥ 시험마케팅

05 다음은 무엇에 대한 설명인지 답하시오.

> 기업이 직접 제품 또는 서비스를 홍보하는 것이 아닌, 인적 네트워크를 통해 소비자들이 자발적으로 상품의 소문을 내고 이슈를 만들어 홍보하도록 유도하는 마케팅방법을 말한다. 가장 대표적인 블로그 마케팅을 비롯해 최근에는 인스타그램 등 사진이나 영상 중심의 소셜미디어 채널을 통한 구전효과를 활용한 이 마케팅방법은 전통적 PR방식을 바꾸어 놓았다.

06 창업마케팅의 정의는 "창업기업들이 시장에 신제품이나 새로운 서비스를 성공적으로 출시하고 (　　　　　)하는 행동"이다.

07 창업기업의 마케팅 프로세스 4E 단계에서, 자사의 제품 또는 서비스에 대한 촉진활동을 펼쳐 고객층을 추가 확보하는 단계를 영어로 쓰시오.

08 고객의 욕구 충족과 기업의 이윤추구라는 목표를 실현하기 위해 제품, 서비스, 아이디어를 설계하고, 가격결정 · 촉진 · 유통을 계획 · 실행하는 과정을 무엇이라 하는가?

CHAPTER 11

콘텐츠 마케팅

학/습/내/용

1. 콘텐츠 마케팅의 개념
2. 콘텐츠 마케팅의 환경 변화
3. 콘텐츠 마케팅 전략 수립 과정
4. 창업 기업을 위한 실행 전략
5. 성과 측정 및 분석방법
6. 개인정보보호와 마케팅 규제

CHAPTER 11

콘텐츠 마케팅

학습목표
1. 콘텐츠 마케팅이 무엇인지 이해할 수 있다.
2. 창업기업을 위한 콘텐츠 마케팅 실행전략을 수립할 수 있다.
3. 콘텐츠 마케팅의 성과 측정과 분석을 할 수 있다.

1. 콘텐츠 마케팅의 개념

대부분의 스타트업은 충분한 자금을 확보하지 못한 상태에서 마케팅 전략을 수립해야 하므로, 적은 비용으로 높은 효율을 기대할 수 있는 방안을 모색하게 된다. 2010년대 초반, 디지털 플랫폼과 온라인 스트리밍 서비스의 확산은 기업의 마케팅 방식에 큰 변화를 가져왔다. 단순한 광고를 넘어, 고객과의 관계를 구축하고 브랜드 가치를 전달하는 전략으로 "콘텐츠 마케팅"이 주목받기 시작한 것이다. 이러한 변화 속에서 콘텐츠 마케팅은 한정된 예산 속에서도 창의적인 아이디어로 고객과 소통할 수 있는 전략으로서, 특히 스타트업에게 효과적인 대안으로 자리 잡았다.

본격적으로 콘텐츠 마케팅이란 무엇인지, 그리고 왜 스타트업에게 중요한 전략인지 살펴보자.

1) 콘텐츠 마케팅의 정의

콘텐츠 마케팅은 단순히 제품을 홍보하는 것을 넘어, 고객에게 유익하고 가치 있는 정보를 제공하여 관계를 형성하고 궁극적으로 비즈니스 성장을 도모하는 전략적인 접근 방식이다. 콘텐츠 마케팅의 개념을 정립하고 확산시키는 데 가장 큰 역할을 한 기관인

CMI(Content Marketing Institute)는 "콘텐츠 마케팅은 명확하게 정의되고 이해된 잠재고객에게 가치 있고, 관련성이 있으며, 일관성 있는 콘텐츠를 만들고 배포하는 전략적 마케팅 접근방식이다. 그 목적은 수익성 있는 고객 행동을 유도하기 위한 것이다."라고 정의하고 있다.

이 정의를 통해 콘텐츠 마케팅은 명확한 목표와 계획을 가지고 일회성이 아닌 지속적이며 일관성 있는 정보를 제공해야 하고, 이 정보는 고객이 필요로 하는 정보여야 하며, 이를 통해 결국은 고객이 우리 제품과 서비스를 구매할 수 있도록 이끌어 내는 것이 목표라는 것을 알 수 있다.

American Marketing Association(AMA)에서는 "콘텐츠 마케팅은 유용하고, 관련성 있는 콘텐츠를 전략적으로 제작하고 배포하여 타깃 고객을 유치하고 참여시키는 활동이다."라고 정의하면서 CMI의 정의와 마찬가지로 고객에게 유용한 가치로서의 콘텐츠 역할을 강조하였으며, 고객의 유치와 참여를 목적으로 한다는 것을 보여주고 있다.

한편 문화체육관광부·한국콘텐츠진흥원의 「콘텐츠 마케팅 전략 가이드」(2017)에서는 "콘텐츠 마케팅은 단순 광고가 아니라, 콘텐츠를 매개로 고객과 소통하며 브랜드에 대한 신뢰와 호감을 쌓아가는 장기적 마케팅 전략을 말한다."라고 정의하면서 정책·산업 관점에서 장기적 전략을 강조하였다.

김병희의 저서 『광고와 콘텐츠 마케팅』(2018)에서는 "콘텐츠 마케팅은 소비자가 필요로 하는 유익한 정보나 흥미 있는 이야기를 제공함으로써, 제품이나 서비스에 대한 긍정적 태도와 구매 행동을 유도하는 마케팅 활동이다."라고 정의하면서 소비자 심리와 행동 변화에 초점을 두었다.

이러한 정의를 바탕으로 다시 한번 콘텐츠 마케팅을 정의한다면 콘텐츠 마케팅이란, "명확히 규정된 목표 고객을 대상으로, 그들의 관심사와 필요에 부합하는 가치 있고 관련성 높은 콘텐츠를 일관되게 기획·제작·배포함으로써, 브랜드와 고객 간의 신뢰와 관계를 구축하고, 궁극적으로는 고객의 자발적인 참여와 수익성 있는 행동을 유도하는 장기적 마케팅 전략이다."라고 정의할 수 있겠다.

2) 전통 마케팅과 콘텐츠 마케팅의 차이

콘텐츠 마케팅은 2010년경에 주목받기 시작한 마케팅 전략으로 그 이전의 마케팅 방식과는 확실한 차이점이 존재한다. 이 책에서는 '전통 마케팅(Traditional Marketing)'이라는 용어를 사용하여 디지털 환경과 고객 참여 중심의 콘텐츠 마케팅과 대비되는 과거 주류 마케팅 방식을 지칭하고자 한다. 이 용어는 단순히 오래된 방식을 의미하는 것이 아니라, 디지털 전환 이전 시기의 매스미디어 기반·제품 중심·일방향 커뮤니케이션 전략을 총칭하는 학문적 분류어라 할 수 있다.

(1) 개념적 차이

- 전통 마케팅(Traditional Marketing) : 제품과 서비스의 판매를 목표로 광고·홍보 활동을 통해 소비자에게 직접적으로 메시지를 전달하는 방식으로, 텔레비전, 라디오, 신문, 잡지 등 대중매체를 주요 채널로 사용하며, 주로 일방향적 커뮤니케이션이 특징이다.
- 콘텐츠 마케팅(Content Marketing) : 소비자가 필요로 하는 가치 있는 정보를 콘텐츠 형태로 제공하여, 자연스럽게 브랜드 인식과 호감을 형성하고 장기적인 관계를 구축하는 전략으로, 광고보다 '정보와 경험의 제공'을 우선시하며, 디지털 플랫폼과 소셜 미디어가 주요 무대이다.

(2) 커뮤니케이션 방식의 차이

전통 마케팅은 기업이 소비자에게 일방적으로 메시지를 전달한다면, 콘텐츠 마케팅은 기업이 소비자와 서로 소통하며 참여를 유도한다.

예를 들어, 전통 마케팅에서는 TV 광고가 방영되면 소비자는 이를 수동적으로 수신하지만, 콘텐츠 마케팅에서는 유튜브 영상, 블로그 글, 인스타그램 게시물에 소비자가 '좋아요'나 댓글, 공유를 통해 참여한다.

(3) 비용 구조와 효율성

전통 마케팅은 대규모 광고비 집행이 필요하며, 짧은 기간 내 주목을 끌기 위해 예산이 집중되지만 콘텐츠 마케팅은 상대적으로 낮은 비용으로 지속적인 노출과 브랜드 인지도를 높일 수 있다. 따라서 스타트업이나 소규모 창업 기업에게는 장기적으로 투자 대비 효과(Return On Investment: ROI)가 높은 전략이 될 수 있다.

(4) 효과 측정 방법

전통 마케팅의 성과 측정은 주로 판매량, 브랜드 인지도 조사, 도달률(Reach)[1] 등의 지표를 활용하지만, 콘텐츠 마케팅은 조회수, 페이지 체류 시간, 클릭률, 공유 횟수, 전환율(Conversion Rate)[2] 등 디지털 기반의 정량·정성 지표를 모두 측정할 수 있어 세밀한 분석이 가능하다.

〈표 11-1〉 전통 마케팅과 콘텐츠 마케팅 비교

구분	전통 마케팅	콘텐츠 마케팅
목적	단기적 판매 촉진, 브랜드 인지도 제고	장기적 관계 형성, 고객 충성도 확보
메시지 방식	일방향 전달(Push)	양방향 소통, 참여 유도(Pull)
채널	TV, 라디오, 신문, 잡지, 옥외광고	블로그, 유튜브, SNS, 팟캐스트, 뉴스레터
콘텐츠 형태	광고 카피, 제품 홍보 이미지, 캠페인 영상	정보성 기사, 튜토리얼, 스토리텔링 영상, 고객 후기
비용구조	고비용, 단기 집중	저비용 · 중비용, 장기 지속
성과 측정	판매량, 인지도 조사, 도달률	조회수, 클릭률, 전환율, 공유 · 참여도
관계 성격	거래 중심	신뢰 · 관계 중심

3) 창업 기업에서의 콘텐츠 마케팅 중요성과 효과

(1) 창업 기업에게 콘텐츠 마케팅이 중요한 이유

창업 초기 기업은 브랜드 인지도와 신뢰도가 낮기 때문에, 단순한 광고만으로 소비자의 관심을 얻기 어렵다. 특히 대기업처럼 막대한 광고 예산을 투입하기 어렵기 때문에 '비용 대비 효과(ROI)'가 높고, 장기적으로 고객과의 관계를 형성할 수 있는 전략이 필요하다. 콘텐츠 마케팅은 특히 다음과 같은 상황에서 매우 유용한 도구가 될 수 있다.

1) 일정한 시간 내에 방송 프로그램이나 광고를 한 번이라도 접촉한 사실이 있는 개인 또는 가구의 비율.

2) 특정 행동(클릭, 구매, 회원가입 등)이 전체 대상(트래픽, 방문자 등) 중 몇 퍼센트 비율로 발생했는지 나타내는 지표

- 브랜드 스토리 구축 : 창업 기업의 비전, 창업자의 스토리, 제품 개발 과정 등을 콘텐츠로 풀어내어 차별화된 이미지 형성
- 저비용·고효율 : SNS, 블로그, 유튜브 등 무료 또는 저렴한 채널을 통해 마케팅 가능
- 신뢰도 제고 : 유용한 정보와 솔루션 제공을 통해 '판매하는 기업'이 아닌 '도움을 주는 전문가'로 인식
- 고객 참여 유도 : 댓글, 공유, UGC(User Generated Content) 등 양방향 소통을 통해 브랜드 커뮤니티 형성

(2) 창업 기업에 적합한 콘텐츠 마케팅 효과

- 인지도 향상 : 검색 노출, SNS 확산을 통해 브랜드를 처음 접하는 고객이 증가하는 효과를 볼 수 있다.
- 신뢰 형성 : 반복적이고 가치 있는 정보를 제공하여 전문가 이미지를 구축할 수 있다.
- 고객 충성도 강화 : 콘텐츠를 통해 고객이 브랜드 철학과 가치에 공감하고 팬 커뮤니티 등을 통해 장기적으로 지지해 줄 수 있다.
- 매출 증대 : 고객의 구매 의사 결정 단계에서 상품 리뷰나 활용법 영상 등의 콘텐츠가 영향력을 행사하여 실제로 구매로 이끌 수 있다.

2. 콘텐츠 마케팅의 환경 변화

1) 미디어의 발전과 콘텐츠 마케팅의 등장

콘텐츠 마케팅이란 용어는 비교적 최근 등장하였지만 그 기원은 이미 100년 전부터 시작되었고 시대의 변화에 따라 함께 변화되어 왔다.

1895년 미국 농기계 회사 '존 디어(John Deere)'는 농부들을 위한 잡지 The Furrow를 창간해 제품 광고 대신 농업 경영, 재배 기술, 시장 동향 등 실질적인 정보를 제공하며 신뢰를 구축했고, 1900년에는 프랑스 타이어 제조사 '미쉐린(Michelin)'이 미쉐린 가이드를

발간, 맛집과 여행 정보를 제공해 자동차 여행을 장려했고 이는 타이어 수요 증가로 이어졌다.

1970~1990년대에는 TV와 라디오가 대중 매체의 중심이었다. 브랜드는 '대규모 도달(mass reach)'을 통해 인지도를 높였으나, 마케팅은 일방향 전달에 머물렀고 소비자는 수동적으로 광고를 받아들였다.

1990년대 후반 인터넷 보급으로 기업 웹사이트와 이메일 뉴스레터가 등장했고, 소비자는 더 많은 정보를 쉽게 찾을 수 있게 되었지만 상호작용은 제한적이었다.

2005년 이후 페이스북, 유튜브, 블로그, 인스타그램 등 소셜미디어가 확산되면서 기업과 소비자가 양방향으로 소통하는 시대가 열렸다. 사용자가 만든 콘텐츠(UGC)가 브랜드 홍보에 적극 활용되었고, 콘텐츠 마케팅은 브랜드 정체성과 고객 관계를 구축하는 핵심 전략이 되었다.

2016년 이후 모바일, 5G, 인공지능(AI), 빅데이터의 발전은 마케팅 환경을 근본적으로 변화시켰다. 이 시기의 "디지털 전환(Digital Transformation)"은 단순한 온라인 전환을 넘어, 고객 접점, 운영 프로세스, 성과 측정 전반을 디지털 중심으로 재편하는 것을 뜻한다.

이는 자원과 인력이 제한적인 창업 기업과 지원기관에서도 효율성과 확장성을 확보하기 위한 필수 과제가 되고 있다.

〈표 11-2〉 디지털 전환 시대의 콘텐츠 마케팅 주요 변화

주요 변화	변화 내용
채널 통합 (Omni-Channel)	온라인몰, SNS, 오프라인 매장을 하나의 고객 경험으로 연결해, 소비자가 어느 경로로 접속하든 동일한 브랜드 경험을 제공
데이터 기반 마케팅 (Data-Driven Marketing)	네이버 · 구글 애널리틱스, 인스타그램 인사이트, 유튜브 애널리틱스 등 실시간 데이터 분석을 통해 광고 타깃팅과 콘텐츠 전략을 정교하게 조정
마케팅 자동화 (Automation)	이메일 · 문자 발송, 리마케팅 광고, CRM 기반 고객 관리 등을 자동화해 인력 · 비용 절감과 운영 효율 극대화
콘텐츠 자산화 (Content Repurposing)	제작한 콘텐츠를 영상, 카드뉴스, 블로그, 짧은 릴스 등 다양한 형태로 변환하여 반복 활용, ROI 극대화

2) 소비자 행동 변화

디지털 환경이 일상에 깊숙이 스며들면서 소비자 행동은 과거와 비교해 근본적으로

달라졌다. 과거에는 광고를 보고 매장을 방문해 구매하는 단순한 경로가 일반적이었지만, 지금의 소비자는 다양한 디지털 채널에서 정보를 탐색하고, 다른 소비자와 의견을 공유하며, 브랜드와의 상호작용 속에서 경험을 중시한다.

최근 마케팅 전략의 기획과 실행 방식 전반에 직접적인 영향을 미치는 소비자 행동 변화의 주요 특징은 다음과 같다.

(1) 정보 탐색의 다변화와 '제로 모멘트 오브 트루스(ZMOT)'

과거에는 소비자가 매장에서 제품을 직접 접하는 순간이 구매를 좌우했지만, 이제는 검색·리뷰·SNS 콘텐츠를 통한 사전 정보 탐색이 구매 결정의 핵심 단계로 자리잡았다.

구글이 정의한 'Zero Moment of Truth(ZMOT)[3]' 개념처럼, 소비자는 구매 전 온라인에서 이미 다수의 정보를 비교·분석한다.

(2) 개인화 기대치 상승

소비자는 브랜드가 자신을 개별적으로 인식하고 맞춤형 콘텐츠를 제공하기를 원한다.

이는 단순한 이름 삽입 이메일을 넘어 관심사, 구매 이력, 지역 특성에 기반한 제안과 혜택을 포함한다.

(3) 경험 중심 소비

제품이나 서비스 자체보다 브랜드와 함께하는 경험은 구매 동기를 강화하기 때문에 체험형 마케팅, 스토리텔링, 사용자 생성 콘텐츠(UGC)를 활용한 캠페인은 소비자의 행동을 유도하기에 매우 효과적이다. 최근 성수동을 중심으로 한 "팝업스토어"의 붐은 브랜드를 경험하고 싶은 소비자들을 이끌어 직접 체험하게 하고 이 체험 스토리를 온라인에 공유하게 하면서 다른 소비자들의 구매동기를 견인하는 순환 과정을 만들어주고 있다.

---

3) 제로 모멘트 오브 트루스(Zero Moment of Truth, ZMOT) : 2011년 구글(Google)이 제시한 개념으로, 소비자가 구매 결정을 내리기 전에 온라인에서 정보를 탐색하고 비교하는 순간

(4) 신뢰의 재정의 - 소비자 ↔ 소비자

광고보다 다른 소비자의 후기와 추천이 더 큰 영향력을 갖는 이 현상은 '사회적 증거(Social Proof)[4]' 개념과 연결되며, 이를 통해 마케팅 전략에서 고객 리뷰와 후기 콘텐츠가 필수 요소로 자리잡게 되었다. 특히 전문 인플루언서보다는 일반 고객의 진솔한 후기를 적극적으로 수집하고 확산시키는 방식이 효과적이다.

(5) 가치소비(Value Consumption)와 ESG 인식 확산

MZ세대를 중심으로 확산된 현상으로 가격보다 브랜드 가치, 윤리, 환경 친화성을 중시하여, 브랜드의 사회적 책임, 친환경 포장, 지역사회 기여 활동이 구매 결정의 중요한 요소로 작용하는 소비경향이다.

3) 기술 · 플랫폼의 변화

최근 디지털 환경의 진화 속도는 과거 어느 시기보다 빠르고 마케팅 채널과 소비자 접점이 다양화되면서, 콘텐츠 마케팅의 전략 또한 기술과 플랫폼 변화에 따라 끊임없이 조정되고 있다. 특히 인공지능(AI), 빅데이터, 모바일 네트워크의 발전과 새로운 플랫폼의 등장은 콘텐츠 제작·유통·성과분석 전 과정에 구조적 변화를 가져왔다.

(1) 인공지능(AI)과 빅데이터의 결합

AI 기술은 콘텐츠 기획, 제작, 추천, 성과분석 등 전 과정에서 활용 범위를 빠르게 넓혀가고 있고, 특히 자연어 처리(NLP)를 활용한 카피라이팅, 이미지·영상 생성, 소비자 반응 예측 등이 대표적인 예다. 또한 빅데이터 분석을 통해 수집된 소비자 행동 데이터를 기반으로 맞춤형 콘텐츠를 제공함으로써, 브랜드는 한층 정교한 개인화를 실현할 수 있다.

---

4) 심리학자 로버트 치알디니(Robert Cialdini)가 저서 『Influence: The Psychology of Persuasion』(1984)에서 제시한 설득의 6원칙 중 하나로 사람들이 다른 사람들의 행동이나 선택을 근거로 자신의 행동을 결정하는 경향

(2) 모바일 네트워크와 초고속 연결성

5G 상용화와 모바일 기기의 성능 향상은 고화질 영상·실시간 스트리밍 콘텐츠 소비를 일상화시켰고, 이에 따라 소비자는 이동 중에도 콘텐츠를 소비하며, 라이브 커머스·실시간 Q&A·인터랙티브 영상이 새로운 표준으로 자리잡았다.

(3) 플랫폼 생태계의 세분화

과거에는 소셜미디어 몇 개 채널만 관리해도 충분했지만, 현재는 플랫폼별로 이용자 특성과 콘텐츠 소비 방식이 크게 다르다.

- 유튜브(YouTube) : 검색·아카이브형 콘텐츠 소비 중심, 교육·리뷰·브랜드 스토리 전달에 강점
- 인스타그램(Instagram) : 이미지·짧은 영상 기반, 비주얼 브랜딩과 트렌드 확산에 효과적
- 트위터(X)·쓰레드(Threads) : 실시간 이슈 공유와 텍스트 중심 소통에 강점. 트위터는 글로벌 커뮤니티와 뉴스 속보성에 강하고, 쓰레드는 브랜드·소비자 간 대화를 강화하는 플랫폼으로 성장 중
- 틱톡(TikTok) : 초단기 영상 중심, 강력한 알고리즘 확산력으로 젊은 세대 타깃팅에 효과적
- 네이버 블로그/카페 : 정보성·지역 기반 콘텐츠에 강점, 장기 노출 효과로 검색 유입에 유리
- 브런치·미디엄(Brunch/Medium) : 심층 스토리텔링과 전문 글쓰기 채널로, 전문가 브랜딩과 신뢰 형성에 적합

이와 같이 플랫폼 특성을 이해하고 동일한 주제라도 채널별 최적화 전략을 설계하는 것이 필수다.

(4) 크로스 플랫폼 전략과 API 연동

플랫폼 간 연동 기능(API Integration)[5]의 발전은 동일 콘텐츠를 다채널에 효율적으로 배포할 수 있게 만들었고, 이를 통해 콘텐츠 제작과 운영의 효율성이 향상되고, 데이터 분석의 통합 관리가 가능해졌다.

기술과 플랫폼의 변화는 단순한 채널 확장 이상의 의미를 가지며, 콘텐츠 제작 속도, 배포 방식, 소비 패턴, 성과 측정 방식 모두가 기술 발전의 영향을 받기에, 마케팅 전략 기획 시 유행이 아니라 장기적으로 유지될 핵심 기술과 플랫폼의 흐름을 파악하고, 이를 기반으로 콘텐츠 마케팅의 방향성을 설계해야 한다.

4) 최신 트렌드(2025년 기준)

콘텐츠 마케팅 환경은 기술 발전과 소비자 행동 변화에 맞물려 빠르게 재편되고 있다. 특히 디지털 플랫폼의 다양화, 알고리즘 기반 추천, 숏폼 영상의 부상, ESG 가치소비 확산 등이 동시에 나타나면서 마케팅 전략은 점점 더 세분화되고 있다. 다음은 최근 주목받는 주요 콘텐츠 마케팅 트렌드이다.

(1) 숏폼(Short-form) 콘텐츠의 전성기

15~60초 분량의 짧고 강렬한 영상이 주요 플랫폼의 핵심 포맷으로 자리잡았다. 틱톡, 인스타그램 릴스, 유튜브 쇼츠가 대표적이며, 알고리즘 기반 추천으로 빠른 도달과 확산이 가능하다.

(2) 라이브 커머스(Live Commerce)와 실시간 소통

실시간 방송을 통해 제품 시연과 판매를 동시에 진행하는 라이브 커머스는 전자상거

5) 서로 다른 플랫폼과 툴을 연결해 데이터와 기능을 통합하는 것을 말한다. 이를 통해 한 번의 작업으로 여러 채널에 콘텐츠를 배포하거나, 다양한 플랫폼의 데이터를 한 대시보드에서 분석할 수 있다. 예를 들어, 인스타그램·틱톡·유튜브 쇼츠를 동시에 업로드·분석하거나, 쇼핑몰 주문 데이터를 광고·CRM 시스템과 실시간 동기화하는 것이 가능하다.

래 시장의 핵심 트렌드로 부상했다. 판매자는 실시간 댓글·채팅을 통해 고객 질문에 답변하고, 즉각적인 구매를 유도할 수 있다.

(3) 생성형 AI 콘텐츠 활용

ChatGPT, Midjourney, Runway 등 생성형 AI 도구는 기획·제작·편집 속도를 비약적으로 단축시킨다. 따라서 이러한 AI를 활용해 이미지·영상·카피를 빠르게 제작하고, 이를 기반으로 A/B 테스트를 수행해 최적의 콘텐츠를 선별할 수 있다(주의사항: 저작권과 개인정보 침해 가능성을 사전에 검토해야 한다.).

(4) 브랜디드 콘텐츠(Branded Content)의 심화

브랜드가 직접 제작하는 콘텐츠가 단순한 홍보를 넘어, 다큐멘터리·웹예능·드라마 등 다양한 형식으로 확장되고 있다. 이는 광고 회피 성향이 강한 MZ세대에게 자연스럽게 브랜드 경험을 제공한다.

(5) ESG · 가치소비 기반 콘텐츠

환경보호, 사회적 책임, 윤리경영 등 ESG 가치를 담은 콘텐츠가 소비자의 공감과 자발적 확산을 이끌고 있다. 특히 MZ세대는 브랜드의 가치관과 사회적 행동을 구매 결정의 핵심 요소로 평가한다.

(6) 멀티채널 · 멀티포맷 전략

동일한 콘텐츠를 이미지, 영상, 카드뉴스, 블로그 글 등 여러 포맷으로 변환해 각 채널 특성에 맞게 배포하는 방식이 확산되고 있다. 이러한 콘텐츠 재가공(Re-purposing)을 통해 제작 비용 대비 성과를 극대화할 수 있다.

(7) 데이터 기반 '콘텐츠 성과 최적화'

성과 측정 도구와 분석 플랫폼의 발전으로, 콘텐츠 성과를 정량적으로 평가하고 즉시 개선하는 '애자일 마케팅(Agile Marketing)[6]'이 가능해졌다.

3. 콘텐츠 마케팅 전략 수립 과정

콘텐츠 마케팅은 단순한 콘텐츠 제작이 아니라, 목표 설정에서 성과분석까지의 일련의 전략적 활동을 포함한다. 전략 수립 과정은 명확한 목표, 정확한 타깃 분석, 설득력 있는 메시지 기획, 체계적인 기획 절차, 그리고 콘텐츠 유형과 채널 특성을 고려한 실행 방안이 유기적으로 결합되어야 한다.

1) 목표 설정

목표 설정은 콘텐츠 마케팅 전략의 출발점이자 기준점으로 모든 콘텐츠 기획과 실행, 성과 측정은 사전에 정의한 목표에 따라 방향이 결정된다. 목표는 구체적이고 측정 가능해야 하며, 달성가능한 수준에서 설정되어야 하며 이를 위해 SMART 원칙이 활용된다.

- Specific(구체성) : 모호한 표현이 아닌 명확한 수치나 행동 목표 설정
- Measurable(측정가능성) : KPI나 지표로 달성 여부를 평가가능해야 함
- Achievable(달성가능성) : 현실적으로 실행가능한 범위에서 계획 수립
- Relevant(관련성) : 조직의 비전과 전략 방향에 부합해야 함
- Time-bound(기한 설정) : 달성 기한을 명확히 지정

목표 설정 단계에서 단기·중기·장기 목표를 구분하고, 각 목표에 맞는 세부 전략을 마련하는 것이 중요하다.

---

6) 시장 변화와 고객 반응에 빠르게 대응하기 위해, 짧은 주기로 마케팅 계획을 실행·검증·개선하는 반복적(Iterative) 마케팅 접근방식. 예) 인스타그램 인사이트에서 조회수·저장 수가 높은 게시물만 선별해 유료 광고로 재집행, ROI(투자수익률) 향상

2) 타깃 분석

타깃 분석은 콘텐츠 마케팅에서 가장 먼저 수행되는 전략 단계이며, 누구를 대상으로 콘텐츠를 제작하고 배포할지 정의하는 과정이다. 이는 전통적인 마케팅 이론의 STP 전략(Segmentation-Targeting-Positioning)을 토대로 하는데, 세분화(Segmentation) 방식에는 지리적·인구통계적·심리·행동 요인 등 다양한 기준이 존재하며, 각각의 분석 결과를 토대로 가장 중요한 타깃 집단을 선정한다. 그러나 실무에서는 이러한 이론적 세분화 결과를 현장 중심의 구체적인 인물상으로 전환해야 하고, 이를 가능하게 하는 도구가 바로 "페르소나(Persona)"이다.

(1) 페르소나의 개념과 목적

페르소나는 이상적인 고객을 대표하는 가상의 인물 모델로써 단순한 고객 유형 설명을 넘어, 해당 인물의 가치관·행동 패턴·미디어 사용 습관·구매 동기까지 포함한다. 마케팅 실무에서는 페르소나를 통해 콘텐츠의 주제, 톤앤매너, 채널 운영 방식을 구체적으로 설계할 수 있다.

페르소나를 설정하는 주요 목적은 다음과 같다.

- 콘텐츠 초점 명확화를 통해 '누구를 위한 메시지인가'를 분명히 함
- 채널 선택 기준 제공을 통해 타깃이 실제로 많이 사용하는 플랫폼을 파악
- 페르소나에 맞는 메시지를 통해 타깃의 언어·관심사·문제 해결 방식 반영
- 의사결정을 단순화하여 제작 방향과 디자인 요소를 일관성 있게 유지

(2) 페르소나 작성 절차

페르소나를 효과적으로 작성하려면 다음 단계를 따른다.

① 데이터 수집

고객 설문, 인터뷰, CRM(Customer Relationship Management) 데이터, 소셜 미디어 분석 등을 활용하고 양적 데이터(연령, 소득, 거주지 등)와 질적 데이터(관심사, 라이프스타일, 소비 동기)를 함께 확보

② 패턴 분석

수집된 데이터를 기반으로 공통된 행동 패턴과 가치관을 찾아내고 그룹화

③ 인물화

가상의 이름과 얼굴(사진 또는 일러스트), 직업, 배경 스토리 부여

예

"김서연, 29세, 프리랜서 디자이너, 서울 강남구 거주, 주 3회 카페 방문, 인스타그램을 통해 지역 핫플 검색"

④ 목표와 장벽 설정

해당 페르소나가 브랜드와 상호작용하는 목적과, 이를 방해하는 요인 정의

⑤ 콘텐츠 반응 예측

어떤 콘텐츠 유형에 긍정적으로 반응할지 가설을 설정

(3) 페르소나 구성 요소

페르소나는 일반적으로 다음 항목을 포함한다.

- 기본 정보 : 이름, 나이, 성별, 거주지, 직업, 소득 수준
- 목표(Goals) : 해당 브랜드나 서비스와 관계를 맺는 이유
- 문제(Challenges) : 현재 겪고 있는 불편함이나 필요
- 관심사(Interests) : 주로 소비하는 콘텐츠 주제, 취미 활동
- 미디어 사용 습관 : 주로 이용하는 플랫폼, 시간대, 기기
- 구매 동기(Motivations) : 가격, 품질, 경험, 사회적 인정 등
- 브랜드 기대치 : 서비스 속도, 디자인, 지속가능성 등

페르소나를 설정할 때는 너무 많은 페르소나를 만들면 전략이 분산되므로 핵심 타깃 2~3명을 만들어 집중하고 단순히 '20대 여성' 대신 '서울시 강남구에서 프리랜서로 일하

는 29세 여성'처럼 상세하게 설정해야 한다.

그리고 설정된 페르소나는 최소 분기별로 시장 조사와 데이터 분석을 통해 수정해야 하며 제작·마케팅·영업 전 부서가 동일한 페르소나를 기반으로 활동해야 한다.

3) 메시지 기획

아무리 뛰어난 콘텐츠 제작 능력과 채널 운영 역량이 있더라도, 전달하려는 메시지가 불분명하면 타깃의 관심과 반응을 이끌어내기 어렵기 때문에 메시지 기획은 콘텐츠 마케팅 전략의 핵심 축이며, 브랜드가 '무엇을, 왜, 어떻게' 전달할 것인지를 규정하는 전략적 설계도이자 콘텐츠의 방향성을 결정짓는 기준이다.

(1) 메시지 기획의 목적

메시지 기획의 궁극적 목적은 타깃이 원하는 가치와 브랜드가 제공할 수 있는 가치를 연결하는 것이다. 이를 위해 메시지는 다음과 같은 역할을 수행한다.

- 브랜드 정체성 강화 : 콘텐츠 전반에서 일관된 이미지를 구축
- 차별화 요소 부각 : 경쟁사 대비 독자적인 강점과 특장점을 명확히 제시
- 행동 유도 : 소비자가 콘텐츠를 본 이후 취해야 할 행동(구매, 문의, 구독 등)을 명확히 지시
- 감정적 연결 : 정보 전달뿐 아니라 공감과 신뢰를 형성

(2) 메시지 기획 원칙

- 핵심 가치 중심 : 브랜드가 궁극적으로 제공하는 가치(예: 품질, 신뢰, 경험)를 중심에 둔다.
- 고객 중심 : 기업이 말하고 싶은 내용이 아니라, 타깃이 듣고 싶어 하는 내용을 반영한다.
- 명확성과 간결성 : 불필요한 수식어를 줄이고 직관적으로 이해가능한 표현 사용
- 일관성 유지 : 채널, 캠페인, 시즌에 관계없이 동일한 메시지 톤앤매너 유지

- 행동 유도(Call to Action, CTA) : 콘텐츠 소비 후의 행동을 구체적으로 안내(예: "지금 예약하기", "무료 체험 신청")

(3) 메시지 구조 설계

- Hook(관심 유도) : 초반 3~5초 또는 첫 문장에서 관심을 끌어야 함. 질문형, 놀라운 사실, 문제 제기 등 활용
- Value Proposition(가치 제안) : 타깃의 문제를 해결하거나 욕구를 충족시킬 수 있는 브랜드의 핵심 가치 전달
- Evidence(근거 제시) : 사례, 데이터, 후기, 인증 등을 통해 신뢰 확보
- CTA(행동 유도) : 명확하고 실행가능한 지시문 제공

4) 콘텐츠 기획 절차

콘텐츠 기획은 아이디어 발굴 → 기획안 작성 → 제작 → 배포 → 평가의 과정을 거친다.

이 절차는 선형적이지만, 성과분석을 통해 반복 개선하는 순환 구조를 갖는다.

- 아이디어 발굴 : 트렌드 분석, 타깃 조사, 경쟁사 분석
- 기획안 작성 : 주제, 목표, 채널, 일정, 예산 포함
- 제작 : 내부 제작 또는 외부 협업
- 배포 : 채널별 최적화 형식으로 업로드
- 평가 및 개선 : KPI 측정, 성과분석, 다음 기획 반영

5) 유형별 전략

콘텐츠는 형식(영상, 이미지 등)에 따라 구분할 수도 있지만, 실무에서는 콘텐츠의 성격과 목적에 따라 분류하는 방식이 더 효과적이다. 이러한 분류방식을 통해 콘텐츠의 기획 단계에서 '무엇을 제작할지'뿐 아니라 '왜 제작하는지'를 명확히 할 수 있다.

다음은 실무에서 자주 활용되는 주요 콘텐츠 유형이다.

(1) 정보성 콘텐츠(Informational Content)

정보성 콘텐츠는 고객이 필요로 하는 지식, 팁, 트렌드, 업계 동향 등을 제공하는 형태로 브랜드의 전문성을 강화하고 신뢰를 구축하는 데 효과적이다.

- 주요 특징 : 교육적·사실 기반, 객관적 데이터 활용
- 활용 예시 : 산업 리포트, 사용 가이드, 'How-to' 영상·블로그 글
- 전략 포인트 : 검색 최적화(SEO) 적용, 인포그래픽·차트 등 시각 자료 포함

(2) 브랜디드 콘텐츠(Branded Content)

브랜디드 콘텐츠는 제품이나 서비스를 직접적으로 홍보하기보다, 브랜드가 지향하는 가치와 스토리를 전달함으로써 소비자의 감정과 공감을 이끌어내며, 장기적인 브랜드 자산 형성에 기여한다.

- 주요 특징 : 스토리텔링 중심, 감성·문화 코드 활용
- 활용 예시 : 창업자 인터뷰, 사회공헌 활동 영상, 브랜드 철학을 담은 칼럼
- 전략 포인트 : 시각적·언어적 톤앤매너 일관성 유지, 감정이입 요소 강화

(3) 커머스형 콘텐츠(Commerce-Oriented Content)

커머스형 콘텐츠는 제품·서비스 판매와 직접적으로 연결되는 유형으로 접근방식에 따라 참여형 콘텐츠와 전환 중심 콘텐츠로 나눌 수 있다.

① 참여형 콘텐츠(Engagement Content)

브랜드와의 상호작용을 유도하여 잠재고객 풀(Pool)을 넓히는 단계의 콘텐츠로써 즉각적인 구매보다 브랜드 호감도 형성과 관심 유입이 목적이다.

- 주요 특징 : 고객 참여, 커뮤니티 활성화
- 활용 예시 : SNS 챌린지, 댓글 이벤트, 투표·퀴즈, 실시간 라이브 방송

- 전략 포인트 : 규칙 간단화, 공유 용이성 확보, 참여 후 자연스럽게 제품·서비스를 경험하도록 설계

② 전환 중심 콘텐츠(Conversion-Oriented Content)

구매·예약·회원가입 등 구체적인 행동을 유도하는 단계의 콘텐츠로 명확한 혜택과 긴급성을 강조해 전환율을 높인다.

- 주요 특징 : 강력한 CTA(Call to Action), 혜택 중심 메시지
- 활용 예시 : 한정 할인 프로모션, 무료 체험 신청, 장바구니 리마인드 메시지
- 전략 포인트 : 랜딩 페이지와 연계, A/B 테스트를 통한 메시지·디자인 최적화

(4) UGC 기반 콘텐츠(User Generated Content)

UGC는 소비자가 자발적으로 제작한 후기, 사진, 영상을 브랜드 채널에 재활용하는 콘텐츠로써 실제 경험을 바탕으로 하기에 높은 신뢰를 형성할 수 있다.

- 주요 특징 : 소비자 목소리 중심, 제작 비용 최소화
- 활용 예시 : 고객 후기 영상, 해시태그 캠페인 참여 사진
- 전략 포인트 : 참여 장려(이벤트·경품), 브랜드 스타일에 맞춘 2차 편집 후 재배포

6) 채널별 전략

콘텐츠 마케팅의 성패는 어떤 채널을 선택하고, 그 채널 특성에 맞는 전략을 얼마나 정교하게 실행하느냐에 달려 있다.

채널별로 이용자 특성, 콘텐츠 소비 방식, 알고리즘 구조가 다르기 때문에 동일한 콘텐츠를 단순 복제·전달하는 것은 효과가 떨어진다. 따라서 채널별 특성 분석을 기반으로 한 맞춤형 전략이 필요하다.

(1) 유튜브(YouTube)

■ 채널 특성

- 세계 최대 동영상 플랫폼으로, 검색 기반(SEO)과 추천 알고리즘이 결합된 구조
- 장기적 브랜딩과 심층 정보 전달에 강점
- 크리에이터 생태계가 발달해 협업 마케팅에 용이

■ 전략 포인트

- 키워드 최적화 : 제목·설명·태그에 검색 의도를 반영한 키워드 사용
- 썸네일 설계 : 시선을 끄는 이미지와 핵심 문구를 결합
- 영상 길이 전략 : 심층 콘텐츠(8~12분)와 짧은 하이라이트 쇼츠 병행
- 시청 유지율 관리 : 초반 15초 안에 핵심 메시지 제시
- 콘텐츠 시리즈화 : 관련 주제를 묶어 구독·재방문 유도

(2) 인스타그램(Instagram)

■ 채널 특성

- 비주얼 중심의 소셜 플랫폼으로, 해시태그 기반 노출과 릴스(짧은 영상) 확산력이 강함
- 브랜드 이미지 구축과 감성 전달에 효과적

■ 전략 포인트

- 브랜드 피드 디자인 : 컬러·폰트·사진 톤을 일관되게 유지
- 릴스 활용 : 15~30초 짧은 영상으로 높은 도달률 확보
- 스토리·라이브 : 일시적 콘텐츠로 실시간 소통 강화
- 해시태그 전략 : 인기·브랜드·지역 태그를 혼합 사용
- UGC(User Generated Content) : 소비자가 제작한 콘텐츠를 재포스팅해 신뢰 강화

(3) 블로그(Blog)

■ **채널 특성**

- 텍스트 기반의 검색 노출(SEO)에 강점
- 상세 정보 제공, 리뷰, 노하우 공유에 적합

■ **전략 포인트**

- 키워드 리서치 : 네이버 데이터랩, 구글 키워드 플래너 활용
- 콘텐츠 구조화 : 제목·소제목·목차·이미지·표로 가독성 강화
- 리뷰·사례 중심 글쓰기 : 실제 경험담과 사진 첨부
- 지속적 업데이트 : 오래된 글도 주기적으로 최신 정보 반영
- 내부·외부 링크 활용 : 다른 글과 연계해 체류 시간 증가

(4) 틱톡(TikTok)

■ **채널 특성**

- 숏폼(Short-form) 영상 중심 플랫폼으로, 10~30초 내외 콘텐츠가 주력
- 추천 알고리즘의 도달력이 매우 높아 빠른 확산가능

■ **전략 포인트**

- 트렌드 참여 : 인기 음악, 챌린지, 밈(Meme) 활용
- 첫 3초 집중 설계 : 시선을 즉시 끌어야 완시율(완전 시청 비율) 확보
- 자막·텍스트 오버레이 : 무음 재생 환경에서도 메시지 전달
- 수평 확장 : 동일 콘텐츠를 릴스·쇼츠에도 재활용
- 커뮤니티 반응 활용 : 댓글과 듀엣 기능을 통한 확산

(5) 트위터(X) · 쓰레드(Threads)

■ **채널 특성**

- 짧고 직관적인 글과 이미지, 실시간 정보 공유에 강점
- 트렌드 해시태그와 빠른 이슈 반응이 특징

■ 전략 포인트

- 시의성 콘텐츠 : 최신 뉴스·이벤트·트렌드 반영
- 해시태그 최적화 : 인기·브랜드·이슈 태그 혼합
- 짧은 시리즈(Threads) : 한 주제를 여러 트윗으로 연결해 깊이 전달
- 유머·재치 있는 표현 : 공유·리트윗 확산가능성 강화
- 다른 채널 유입 유도 : 유튜브·인스타그램 등 주요 채널 링크 연계

(6) 링크드인(LinkedIn)

■ 채널 특성

- B2B 마케팅과 전문가 네트워크에 특화
- 업계 신뢰도 제고, 비즈니스 기회 창출가능

■ 전략 포인트

- 전문성 콘텐츠 발행: 연구·리포트·성공 사례 공유
- 업계 뉴스 큐레이션: 관련 트렌드·분석 제공
- 네트워크 확장: 전문가·기업과 상호 팔로우 및 토론 참여
- 브랜드 스토리 강조: 기업 철학·가치관 전달

4. 창업 기업을 위한 실행 전략

1) 스타트업 맞춤형 콘텐츠 기획·제작·배포

[그림 11-1] 스타트업 맞춤형 콘텐츠 기획·제작·배포 프로세스

① 핵심 메시지 선정

콘텐츠 마케팅의 시작은 '무엇을 말할 것인가'에서 출발한다. 스타트업은 전달해야 할 메시지를 단순화해, 한 문장으로 요약가능한 형태로 정의하는 것이 중요하다. 이는 향후 모든 콘텐츠의 방향성을 결정하는 기준이 된다.

② 콘텐츠 기획

핵심 메시지를 기반으로 구체적인 콘텐츠 아이디어를 도출한다. 이 과정에서 주제, 톤앤매너, 예상 포맷, 필요한 자료·이미지 등을 미리 정리하면 제작 효율이 높아진다. 스타트업의 경우 내부 인력 자원에 맞춰 제작가능한 범위에서 기획안을 설정하는 것이 현실적이다.

③ 제작 및 모듈화

기획안을 바탕으로 콘텐츠를 제작하되, 제작 시부터 재활용 가능성을 고려한다. 예를 들어, 한 번 촬영한 영상을 풀 버전·하이라이트·짧은 클립 등 다양한 형태로 변환하는 등 같은 리소스로 여러 채널을 동시에 운영할 수 있다.

④ 채널 선택과 운영

모든 채널을 운영하는 것은 비효율적이므로, 타깃이 자주 이용하는 채널 2~3개를 선택해 집중한다.

예

로컬 소비자 대상 → 인스타그램 + 네이버 블로그

전문직·B2B 대상 → 유튜브 + 링크드인

⑤ 배포와 확산

선정된 채널에 맞게 콘텐츠를 게시하고, 필요 시 광고나 인플루언서 협업을 통해 확산을 유도한다. 또한 관련 커뮤니티, 파트너 네트워크 등을 활용하면 초기 인지도 확보에 효과적이다.

⑥ 성과분석 및 개선

조회수, 클릭률, 전환율, 댓글·공유 수 등을 측정해 성과를 분석하고, 잘 작동한 콘텐츠를 반복·확장한다. 성과가 낮은 콘텐츠는 제목, 포맷, 게시 시간 등을 변경해 재시도하거나 과감히 폐기한다.

2) 비용 효율형 마케팅 방법

스타트업의 콘텐츠 마케팅에서 가장 중요한 목표 중 하나는 ROI(Return on Investment), 즉 투자 대비 수익을 극대화하는 것이다. 따라서 한정된 예산과 인력을 가진 스타트업은 대규모 광고 캠페인보다는 비용을 최소화하면서도 장기적으로 효과를 유지할 수 있는 전략을 선택해야 한다.

다음은 실제 실무에서 활용가능한 대표적인 비용 효율형 방법들이다.

(1) UGC(User Generated Content) 활용

UGC란 고객이 자발적으로 제작한 후기, 사진, 영상 등의 콘텐츠를 말한다. 브랜드가 직접 제작한 홍보물보다 실제 고객 경험이 반영된 콘텐츠는 신뢰도와 설득력이 높기 때문에 예를 들어, 제품을 사용한 고객이 SNS에 올린 인증샷이나 리뷰 영상을 브랜드 공식 채널에서 재공유하면, 제작 비용을 절감하면서도 진정성 있는 마케팅 효과를 거둘 수 있다.

(2) 마케팅 자동화 도구 사용

메일침프(Mailchimp), 허브스팟(HubSpot), 네이버 오피스메일과 같은 무료 또는 저가형 마케팅 자동화 도구를 활용하면 이메일 뉴스레터 발송, 캠페인 성과분석, 고객 관리와 같은 반복 업무를 자동화할 수 있다. 이를 통해 인력 부담과 시간을 줄이면서, 데이터 기반의 정밀한 마케팅 운영이 가능해진다.

(3) 콘텐츠 파트너십

유사한 타깃층을 보유한 다른 기업, 브랜드, 또는 인플루언서와의 공동 콘텐츠 제작은 비용 절감과 노출 확대를 동시에 실현할 수 있는 방법이다. 예를 들어, 같은 지역 내 다른 업종의 스타트업과 협력하여 이벤트나 캠페인을 진행하면, 서로의 채널을 통해 교차 홍보가 가능해져 마케팅 범위와 효과를 배가시킬 수 있다.

(4) 롱테일 콘텐츠 전략

단기적인 유행을 따라가는 콘텐츠보다, 장기간 검색과 조회가 지속되는 정보성 콘텐츠를 제작하는 방식이다. 대표적으로 블로그 글, 유튜브 튜토리얼, 사용 가이드와 같은 콘텐츠는 발행 이후에도 지속적으로 유입을 발생시킨다. 이러한 콘텐츠는 광고비 의존도를 줄이고, 꾸준한 브랜드 인지도 확보에 효과적이다.

결국 스타트업에게 비용 효율형 콘텐츠 마케팅이란, 적은 자원으로도 신뢰·지속성·확장성을 동시에 확보하는 전략을 의미한다. 이를 위해 위 네 가지 방법을 조합하고, 성과 데이터를 바탕으로 주기적으로 조정하는 것이 바람직하다.

3) 틈새시장(Niche Market) 및 특화형 접근방법

로컬·니치 마켓 전략은 특정 지역, 산업, 혹은 세분화된 소비자 집단을 대상으로 집중적으로 마케팅을 전개하는 방식이다. 특히 스타트업은 한정된 자원으로 시장 점유율을 높여야 하므로 넓은 대상을 포괄하기보다 명확하고 작은 시장에 깊이 파고드는 접근이 효과적이다.

다음은 각 전략 유형과 적용가능성을 설명한 것이다.

(1) 로컬 기반 전략

지역 자원을 스토리텔링에 결합하면, 현지 소비자와 관광객 모두에게 매력적인 브랜드 이미지를 구축할 수 있다. 지역 농산물이나 특산물을 활용해 제품을 개발하고, 그 과정과 지역의 역사·문화적 요소를 담은 콘텐츠를 지속적으로 발행하면 차별화와 동시에 지역성과 진정성을 강조할 수 있으며, 이러한 전략은 관광객 매출 증대와 재방문율 향상으로 이어질 가능성이 크다.

(2) B2B 틈새시장 공략

산업별 특수 수요에 맞춘 정보 제공은 B2B 마케팅에서 매우 효과적이다. 예를 들어, 산업용 드론을 제작하는 스타트업이라면 건설·농업 등 각 산업별 활용 가이드와 사례를 영상이나 매뉴얼 형태로 제작해 전문 채널에 공유할 수 있고, 해당 산업 내 인지도 상승과 새로운 계약 기회로 연결된다.

(3) 기술 기반 스타트업의 특화형 전략

기술 중심의 스타트업은 기능만 나열하는 대신, 고객이 기술을 활용해 얻은 성과를 중심으로 스토리를 구성하는 것이 좋다. 예컨대, AI 기반 번역 서비스를 운영하는 기업이 고객사의 작업 효율 향상 사례를 수치와 함께 콘텐츠로 제작하면 전문성과 신뢰도를 동시에 전달할 수 있다.

(4) 사회적 가치 중심의 접근

사회적 미션을 브랜드의 핵심 가치로 내세우고 이를 꾸준히 콘텐츠로 발신하는 방식도 있다.

장애인 고용을 실천하는 카페 브랜드가 직원 인터뷰, 제작 과정, 고객과의 소통 모습을 영상과 이미지로 공개한다면 소비자에게 긍정적 인식을 심어줄 뿐 아니라 지역 사회와의 관계도 강화할 수 있다.

5. 성과 측정 및 분석방법

콘텐츠 마케팅은 실행 이후의 성과분석을 통해 개선 방향을 도출해야 한다. 특히 스타트업이나 창업 지원기관의 경우, 제한된 자원 속에서 빠른 성과 검증과 전략 수정이 필수적이다.

성과 측정 과정은 단순히 '좋아요'나 조회 수를 확인하는 수준을 넘어, 비즈니스 목표와 직접적으로 연결된 지표를 설정하고, 이를 기반으로 지속적인 개선 활동을 이어가는 것을 의미한다.

1) KPI 설정

KPI(Key Performance Indicator, 핵심 성과 지표)는 마케팅 활동이 목표에 얼마나 도달했는지를 판단하는 기준으로, KPI 설정 시에는 다음과 같은 기준을 고려한다.

- 목표 연계성 : 매출, 리드 생성, 고객 유입, 브랜드 인지도 등 비즈니스 목표와 직접적으로 연결되어야 한다.
- 측정가능성 : 수치로 명확하게 측정할 수 있어야 하며, 모호한 감성 지표만으로는 부족하다.
- 기간 설정 : 주간, 월간, 분기 등 측정 주기를 명확히 해야 한다.
- 우선순위 : 모든 지표를 동일하게 관리하는 것이 아니라, 핵심 목표 달성에 직결되는 지표를 우선 모니터링한다.

■ KPI 예시

- 유입 지표 : 웹사이트 방문자 수, 신규 방문자 비율
- 참여 지표 : 페이지 체류 시간, 댓글·공유·좋아요 수
- 전환 지표 : 회원가입 수, 제품 구매 수, 견적 요청 수
- 유지 지표 : 재방문율, 구독 유지율

2) 웹/소셜 분석 툴 활용

성과분석의 효율성을 높이기 위해서 다음과 같은 대표적인 툴을 활용하여 데이터 수집과 해석을 할 수 있다.

(1) Google Analytics(구글 애널리틱스)

- 2025년 기준 GA4(Google Analytics 4) 버전이 표준
- 웹사이트 및 앱 방문자의 유입 경로, 행동 패턴, 전환 경로 분석가능
- 글로벌 표준 분석 툴로 무료 버전과 유료(360) 버전 존재

(2) 네이버 애널리틱스

- 네이버에서 제공하는 무료 웹 분석 툴
- 국내 트래픽 분석에 강점
- 방문자 수, 페이지 뷰, 유입 경로, 체류 시간, 전환율 등 분석
- 네이버 검색광고·쇼핑광고와 연동가능

(3) Meta Business Suite

- 페이스북과 인스타그램의 광고·콘텐츠 성과분석 및 관리 툴
- 게시물 도달률, 참여율, 클릭 수, 광고 전환율 등 확인가능
- 페이지·광고·메시지 관리 기능 통합

(4) YouTube Analytics

- 유튜브 채널 및 동영상 성과분석 툴
- 조회수, 평균 시청 시간, 시청자 특성(지역, 성별, 연령대), 유입 경로 분석가능
- 실시간 성과 측정 및 콘텐츠 최적화에 유용

(5) TikTok Analytics

- 틱톡 프로 계정(비즈니스 계정 포함)에서 제공
- 동영상 도달률, 참여율(좋아요, 댓글, 공유), 시청자 특성, 해시태그별 성과분석가능
- 캠페인 효과 분석 및 트렌드 파악에 활용

분석 툴은 단순한 수치 확인을 넘어, '어떤 콘텐츠가 어떤 채널에서, 어떤 타깃에게 효과적인지'를 파악하는 데 초점을 맞춰야 한다.

3) 개선 프로세스

성과 측정의 목적은 데이터 수집 자체가 아니라, 마케팅 활동의 지속적인 최적화에 있다.

이를 위해 다음과 같은 개선 프로세스를 활용할 수 있다.

- 성과 진단 : KPI 달성 여부를 점검하고, 목표 대비 성과가 낮은 지표를 식별한다.
- 원인 분석 : 낮은 성과의 원인을 채널, 콘텐츠 형식, 메시지, 배포 시점 등 여러 요소로 나누어 분석한다.
- 개선안 도출 : 데이터 기반의 실행 방안을 도출하며, A/B 테스트 등을 활용해 실험적으로 적용한다.
- 재실행 및 모니터링 : 개선안을 실행하고 동일 지표로 다시 측정해 변화 추이를 확인한다.

6. 개인정보보호와 마케팅 규제

디지털 환경에서 콘텐츠 마케팅을 수행할 때는 창작과 배포뿐만 아니라 법적·윤리적 준수가 필수적이다. 특히 개인정보의 수집·활용, 광고 집행, 저작물 사용에 있어 법령과 가이드라인을 위반하면, 기업 신뢰도 하락은 물론 과태료·형사처벌 등 법적 리스크가 발

생할 수 있다. 따라서 창업기업의 마케팅 담당자는 관련 법규를 정확히 이해하고, 실무 전 과정에서 이를 반영해야 한다.

1) 개인정보보호법 핵심

대한민국의 개인정보보호법은 2011년 전면 시행된 이후, 디지털·모바일 환경 변화에 맞춰 지속적으로 개정되고 있으며, 마케팅 활동에서 반드시 숙지해야 할 핵심 사항은 다음과 같다.

- 개인정보 수집·이용 동의
  - 콘텐츠 마케팅을 위한 정보 수집 시 명확한 동의 절차가 필요하다. 수집 목적, 정보 항목, 보유 기간, 활용 방법 등을 모두 안내하고 동의를 받아야 한다.
  - 마케팅 목적으로 활용되는 개인정보는 마케팅 활용 동의를 별도로 받아야 하며, 단순 가입 동의와 구분해 안내해야 한다.
- 개인정보처리방침 작성·공개
  - 서비스 및 콘텐츠 제공 시, 개인정보처리방침을 홈페이지 등에서 반드시 공개해야 한다.
  - 수집 목적, 보관 기간, 제3자 제공 여부, 정보주체 권리(열람·정정·삭제 등)를 반드시 명시해야 하며, 개인정보처리방침이 변경되면 갱신해야 한다.
- 제3자 제공·위탁 시 추가 동의 및 고지
  - 외부 업체(마케팅 대행사, 광고 네트워크 등), 또는 제3자에게 정보 제공 시 목적, 대상, 항목, 기간 등 구체적인 내용을 고지하고 별도 동의를 받아야 한다.
  - 위탁 시에도 수탁자 정보 및 위탁 범위를 안내해야 하며, 정보 주체가 이를 실제로 인지하고 거부할 수 있어야 한다.
- 기술적·관리적 보호조치 및 파기
  - 암호화, 접근권한 관리 등 적정한 보호 조치를 취해야 하며, 필요 없는 개인정보는 파기 시점과 방법을 처리방침에 명시해야 한다.
  - 개인정보 유출, 오·남용 등 사고 발생 시, 법적 책임과 과징금(매출 3%까지) 등 큰 리스크가 따른다.

- 정보 주체 권리 보장
  - 정보 주체는 언제든지 자신의 개인정보에 대한 열람, 정정, 삭제, 처리정지 권리가 있고, 행사 방법을 안내해야 한다.
- 마케팅 동의 없이 광고성 정보 전송 금지
  - 광고성 정보(뉴스레터, SMS, 이메일 등)는 반드시 마케팅 수신 동의를 받은 고객에게만 발송 가능하며, 동의 없는 발송은 법적 제재의 대상이 된다.

  ※ 매년 개정되는 내용을 확인하여 적용하여야 한다.

  예) 아동소년 보호대상 연령 만 14세 미만 → 만 18세 미만으로 확대(2025년 개정 내용)

2) 콘텐츠 마케팅에서의 광고심의

대한민국에서 콘텐츠 마케팅을 진행할 때 적용되는 광고 심의는 사실상 이루어지고 있지 않다고 해도 무방하다. 표면적으로는 일부 국내 인터넷 사업자들에 의해 결성된 자체 심의기구인 한국인터넷자율정책기구(KISO) 온라인광고심의위원회의 심의규정이나 방송통신심의위원회의 관련 법령이 존재하기는 하지만, 실질적으로 다수의 온라인 채널에서 수많은 광고가 동시다발적으로 집행되고 있는 상황에서 사전심의나 전수조사가 진행되기가 쉬운 일은 아니기 때문이다.

특히, 국내 플랫폼이 아닌 유튜브, 인스타그램 등 글로벌 플랫폼에 대해서는 국내 법령이나 자율규제 규정의 느슨한 구속력에서도 사실상 벗어나 있기 때문에 기본적인 심의기준도 제대로 지켜지지 못하는 상황이다.

따라서 창업기업은 저비용 고효율에 심의에서도 자유로운 콘텐츠 마케팅을 선호하게 되지만, 앞으로의 기업이미지와 지속가능성을 고려할 때 기업가정신을 발휘하여 최소한의 자체심의를 거쳐 콘텐츠 마케팅을 진행하는 것이 필요하다.

3) 저작권·표절 주의사항

콘텐츠 마케팅에 활용되는 이미지, 영상, 음악, 글 등은 모두 저작권법의 보호대상이 될 수 있으며, 무단사용 시 민·형사상 책임을 질 수 있다. 다음은 콘텐츠 제작 시 반드시 숙지해야 할 저작권 및 표절 관련 원칙이다.

- 저작물 이용 원칙
  - 모든 저작물은 저작권자의 허락을 받아야 사용 가능
  - 저작권이 만료된 공공 영역(Public Domain) 또는 CCL(Creative Commons License) 콘텐츠는 명시된 조건에 따라 활용 가능
  - CCL 콘텐츠 사용 시 저작자 표시, 변경 여부, 상업적 이용 가능 여부 등을 반드시 확인
- 이미지·영상 사용 시 유의사항
  - 인터넷 검색으로 쉽게 찾은 이미지라도 상업적 이용 가능 여부 확인 필수
  - 저작권 표시가 없는 이미지라도 보호 대상일 수 있으며, 무단사용 시 법적 문제가 발생 가능
  - 트렌드 이미지, 캡처 화면, SNS 콘텐츠도 저작권이 적용될 수 있으므로 주의 필요
- 음악 저작권 권리
  - 영상 콘텐츠에 음악을 삽입할 경우, 반드시 상업적 사용 허가 여부 확인 필요
  - 로열티 프리 음원 또는 라이선스 구매 음원을 사용하는 것이 안전함
  - 유튜브 등 플랫폼은 콘텐츠 ID 시스템을 통해 저작권 침해를 자동 감지하므로, 사전 검토 필수
- 표절 방지 및 인용 기준
  - 타인의 콘텐츠를 단순 복사·붙여넣기 하는 행위는 표절에 해당하며, 법적 책임이 따를 수 있음
  - 인용 시 반드시 출처를 명확히 표기하고, 전체 콘텐츠의 일부만 활용
  - 자신의 해석과 재구성을 통해 독창적인 콘텐츠로 발전시키는 것이 바람직
- 위반 시 제재
  - 저작권 침해 시 손해배상 청구, 형사처벌, 콘텐츠 삭제 및 플랫폼 제재 등이 발생할 수 있으며, 반복적 또는 고의적 침해는 더욱 강력한 법적 조치를 받을 수 있음

연 습 문 제 EXERCISE

객관식 문제

01 다음 중 콘텐츠 마케팅의 정의로 옳은 것은?

① 제품 판매를 위해 대규모 광고비를 투입하는 단기 전략
② 고객과 소통하지 않고 일방적으로 메시지를 전달하는 방식
③ 가치 있고 관련성 있는 콘텐츠를 통해 고객과 관계를 구축하는 전략
④ 기업의 이익만을 우선하는 마케팅 방식
⑤ 오프라인 매체 중심의 전통적 마케팅

02 CMI가 정의한 콘텐츠 마케팅의 목적은?

① 브랜드 로고 디자인 ② 수익성 있는 고객 행동 유도
③ 단기 판매 촉진 ④ 가격 경쟁 우위 확보
⑤ 광고 노출 횟수 증가

03 다음 중 전통 마케팅과 콘텐츠 마케팅의 차이로 옳은 것은?

① 전통 마케팅은 양방향 소통, 콘텐츠 마케팅은 일방향 소통
② 전통 마케팅은 거래 중심, 콘텐츠 마케팅은 신뢰·관계 중심
③ 전통 마케팅은 저비용, 콘텐츠 마케팅은 고비용
④ 전통 마케팅은 디지털 기반, 콘텐츠 마케팅은 오프라인 기반
⑤ 전통 마케팅은 장기 전략, 콘텐츠 마케팅은 단기 전략

04 다음 중 콘텐츠 마케팅의 장점이 아닌 것은?

① 고객 충성도 강화 ② 장기적 관계 형성 ③ 대규모 광고비 의존
④ 브랜드 신뢰도 제고 ⑤ 인지도 향상

05 다음 중 전통 마케팅의 특징은?

① 양방향 소통
② 고객 참여 유도
③ 대중매체 기반 일방향 전달
④ 소셜미디어 활용
⑤ 데이터 기반 개인화

06 콘텐츠 마케팅의 대표적 채널이 아닌 것은?

① 블로그
② 유튜브
③ SNS
④ 팟캐스트
⑤ 지하철 광고

07 다음 중 '제로 모멘트 오브 트루스(ZMOT)'를 올바르게 설명한 것은?

① 구매 후 만족 여부를 평가하는 순간
② 매장에서 제품을 직접 접하는 순간
③ 온라인에서 정보를 탐색·비교하는 순간
④ 기업이 광고를 집행하는 순간
⑤ 고객이 브랜드를 처음 인지하는 순간

08 '사회적 증거(Social Proof)'의 의미는?

① 기업의 사회적 책임 활동 보고서
② 유명인의 추천만 신뢰하는 경향
③ 다른 사람의 행동과 선택을 근거로 의사결정을 하는 경향
④ 사회 이슈와 관련된 마케팅 캠페인
⑤ 광고 규제 준수 인증

09 MZ세대의 가치소비(Value Consumption)와 가장 관련 깊은 요소는?

① 저렴한 가격
② 브랜드 가치와 윤리성
③ 대량생산 제품
④ 유명 연예인 모델
⑤ 할인 쿠폰

10 '존 디어(John Deere)'의 The Furrow 잡지는 어떤 마케팅 사례인가?

① 전통 광고
② 정보성 콘텐츠 마케팅
③ 경쟁사 비방
④ 단기 판매 촉진
⑤ 오프라인 판촉 행사

11 콘텐츠 자산화(Content Repurposing)의 의미는?

① 콘텐츠를 삭제하고 새로 제작
② 콘텐츠를 재가공해 다양한 형태로 반복 활용
③ 콘텐츠를 한 번만 사용
④ 오프라인만 활용
⑤ 저작권 포기

12 개인화(Personalization) 마케팅의 특징은?

① 관심사·구매이력 기반 맞춤 제안
② 모든 고객에게 동일한 메시지 제공
③ 가격 할인만 제공
④ 무작위 광고 발송
⑤ 채널 무관 전략

13 틱톡(TikTok) 마케팅의 핵심 강점은?

① 장문 블로그 글
② 대면 세미나
③ 라디오 광고
④ 인쇄 광고
⑤ 초단기 영상과 강력한 알고리즘 확산력

14 라이브 커머스(Live Commerce)의 장점은?

① 오프라인 전용
② 실시간 소통과 즉각 구매 유도
③ 장문 기사 작성
④ 라디오 광고
⑤ 인쇄 홍보물

15 브랜디드 콘텐츠(Branded Content)의 특징은?

① 직접 판매만 강조
② 쿠폰 제공
③ 가격 중심 광고
④ 브랜드 가치·스토리 전달
⑤ 단순 정보 전달

주관식 문제

01 1900년 프랑스 타이어 제조사 미쉐린이 발간해 자동차 여행을 장려한 안내서는 무엇인가?

02 브랜드가 제작한 콘텐츠를 자산처럼 반복 · 확장 활용하는 것을 무엇이라 하는가?

03 소비자의 특성과 행동, 니즈를 종합해 이상적인 고객상을 시각화한 도구는?

04 특정 산업 · 소비자 집단을 목표로 한 세밀한 시장을 무엇이라 하는가?

05 구매 · 예약 · 회원가입 등 구체적인 행동을 유도하는 단계의 콘텐츠로 명확한 혜택과 긴급성을 강조해 전환율을 높이는 커머스형 콘텐츠의 한 유형은?

06 고객이 직접 만든 후기 · 사진 · 영상을 브랜드 홍보에 활용하는 것을 무엇이라 하는가?

CHAPTER 12

지속가능 경영

학/습/내/용

1. ESG 정의와 배경 의의
2. ESG 필요성
3. 스타트업과 ESG
4. 중소기업의 ESG 경영
5. 중소벤처기업부의 ESG 가이드
6. 미국과 글로벌 ESG 동향

CHAPTER

12 지속가능 경영

학습목표
1. ESG의 정의와 배경을 말할 수 있다.
2. ESG 전략을 이해한다.
3. 기술기반창업기업의 특징을 이해한다.
4. ESG와 스타트업을 말할 수 있다.

1. ESG 정의와 배경 의의

1) ESG 정의

ESG는 환경(Environment), 사회(Social), 지배구조(Governance)의 첫 글자를 조합한 용어로, 기업이 지속가능성(Sustainability)을 실현하기 위해 고려해야 할 세 가지 핵심 요소를 의미한다(정진섭·우시진, 2021).

과거에는 주로 재무제표와 같은 단기적·정량적 지표를 통해 기업의 가치를 평가했지만, 전세계적 기후변화와 코로나19 팬데믹에 직면한 최근에는 ESG와 같은 비재무적 가치가 점차 중요하게 여겨지고 있다. ESG는 기업가치에 중·장기적 영향을 미친다. 결국, 환경, 지배구조 등 사회적 가치를 중심하는 방향으로 패러다임이 전환되면서, ESG는 기업의 장기적 생존과 번영의 핵심적 가치로 자리매김하고 있다(정진섭·우시진, 2021).

(1) ESG의 구성요소 및 개념

ESG는 기업 경영에서 지속가능성을 실현하기 위해 환경(Environment), 사회(Social), 지배구조(Governance)라는 세 가지 주요 비재무적 지표를 측정하는 개념이다. ESG는 단기적인 수익보다 중·장기적으로 기업의 생존과 성장을 보장하는 요소로, 최근에는 투자자와 이해관계자들이 기업 평가에 중요한 기준으로 활용하고 있다.

① 환경(Environmental)

환경 측면에서는 전 세계적으로 탄소 배출을 줄이고 '넷제로(Net-Zero)'를 달성하려는 노력이 계속되고 있다. 이를 위해 각국은 탄소 감축 규제를 강화하고 있으며, 기업에 대한 ESG 정보 공개 의무도 강화되는 추세다.

② 사회(Social)

사회적 측면에서는 기업의 사회적 책임을 강화하고 지배구조를 개선하기 위해 스튜어드십 코드가 강화되고 있다. 이에 따라 연기금과 자산운용사도 ESG 투자전략을 확대하고 있다.

③ 지배구조(Governance)

ESG는 단순한 환경 보호를 넘어서, 글로벌 신용평가사들이 기업의 신용등급평가에 적극적으로 반영하는 중요한 요소로 자리 잡고 있다.

(2) ESG 중요성과 이유

ESG는 다양한 이해관계자들의 요구에 따라 기업경영과 가치에 점차 중요한 요소로 부각되고 있다. 환경적 측면에서, 전 세계적으로 탄소 배출을 줄이기 위한 규제 강화와 기업의 ESG 정보 공시 의무 확대에 따라, 기업들은 이러한 요구에 대응할 필요성을 느끼고 있다. 이러한 변화는 지속가능한 발전을 위해 기업들이 탄소 감축을 위한 노력을 강화하도록 이끌고 있다.

또한, 기업 지배구조 개선을 목표로 한 스튜어드십 코드의 강화로 인해, 연기금 및 자산운용사들이 ESG 투자전략을 확대하고 있다. 글로벌 신용평가기관들도 ESG 요소를 신용평가에 반영함으로써, 기업의 ESG 실천이 신용평가에 중요한 영향을 미치고 있다.

① 다양한 이해관계자의 요구 증가

공급망 관리와 협력업체 선정에서 ESG가 주요 요소로 떠오르고 있으며, 특히 MZ세대와 같은 젊은 세대의 ESG 요구가 증가하고 있습니다. 이들은 디지털 환경에 익숙하고 트렌드에 민감하며, ESG 실천을 중시하는 특징을 가지고 있습니다. 이에 따라 기업들은 환경적 책임뿐만 아니라 사회적 책임을 다할 필요성을 더욱 느끼게 되었습니다.

② 탄소중립과 넷제로(Net-Zero)의 개념

탄소중립은 1997년 채택된 교토의정서에서 정의된 개념으로, 기업이나 국가가 배출한 이산화탄소를 상쇄하여 순배출량을 0으로 만드는 것을 의미합니다. 이 개념은 이산화탄소와 메탄 등 주요 온실가스를 대상으로 하며, 지구온난화를 억제하기 위한 환경적 책임의 중요한 기준이 됩니다. 한편, 넷제로는 이산화탄소뿐만 아니라 모든 온실가스의 배출량과 흡수량을 같게 하여 순배출을 0으로 만드는 개념으로, 탄소중립보다 포괄적인 범위를 포함합니다. 이러한 개념들은 지구 환경보호 측면에서 기업의 책임과 역할을 강화하고 있습니다.

③ 기업의 사회적 책임과 디지털 기업의 사례

최근 ESG의 중요성이 더욱 강조되는 이유는 석탄과 석유 같은 전통적인 에너지원뿐만 아니라, 아마존, 페이스북, 구글과 같은 디지털 기업들 역시 환경에 큰 영향을 미치기 때문입니다. 이들 기업은 대규모 데이터 센터와 서버 운영을 통해 막대한 양의 탄소를 배출하며, 환경 파괴와 생태계 교란을 유발하고 있습니다. 이에 따라 지속가능한 사회를 위한 기업의 책임이 더욱 중요해졌으며, 사회적 책임(CSR)에 대한 요구도 계속 증가하고 있습니다. 이러한 책임은 기업의 장기적 생존을 위한 필수 조건으로 자리 잡고 있습니다.

(3) ESG의 발전 과정

ESG는 환경, 사회, 그리고 지배구조와 관련된 책임 경영을 강조하는 개념으로, 시간이 흐르면서 다양한 사회적·제도적 변화를 통해 발전해 왔다.

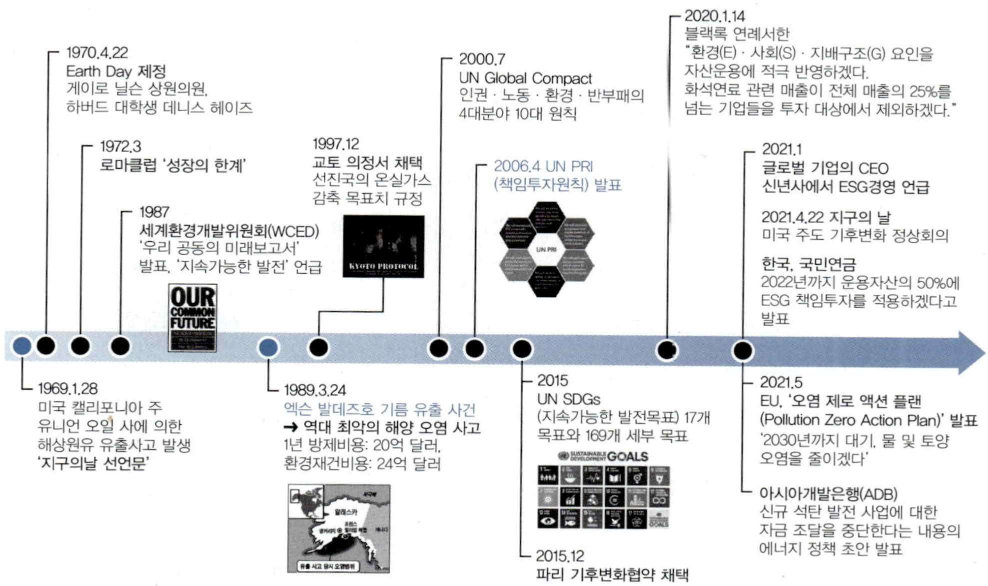

[그림 12-1] ESG의 발전 과정

출처: 유훈(2021.7).

① 1960년대와 1970년대

이 시기에는 사회적·문화적 변화를 배경으로 반전 및 인권 운동가, 환경운동가들이 등장하면서 사회적 책임투자에 대한 논의가 시작되었다. 예를 들어, 베트남 전쟁 중 생화학 무기를 공급한 기업이나 인종차별이 심했던 남아프리카공화국과 협력한 기업, 환경 사고를 일으킨 기업들이 투자 대상에서 배제되었다. 미국과 영국을 중심으로 사회적 책임투자 펀드의 주주 행동주의가 확산되면서, 공적 연기금의 책임투자가 본격적으로 도입되었다.

② 2000년대

2000년에는 영국이 세계 최초로 연기금의 책임투자 정보 공개를 법제화하였으며, 이후 연기금 정보공시법, 공적 연기금 책임투자 의무화법, 기업 ESG 정보공시제도 등 제도적 장치가 도입되면서, 책임투자 시장이 활성화되기 시작되었다(차민수, 2020).

2006년 UN은 책임투자 원칙(Principles for Responsible Investment : PRI)을 발표하여, 투자 결정과 자산운영에서 ESG 요소를 중요하게 고려하도록 하는 지침을 제시하였다.

2015년에는 글로벌 기후변동협약 내 파리기후협약(Paris Agreement)과 UN의 지속가능발전목표(Sustainable Development Goals: SDGs)가 제정되어, ESG의 중요성이 더욱 부각되었다.

2016년 GRI(Global Reporting Initiative) 표준을 만들어 지속가능성을 평가하기 위한 지표를 마련하여, 기업 및 기관이 ESG 요소를 평가하고 공시할 수 있는 표준을 제공하였고, 2017년에는 기후변화와 관련된 재무 정보 공개를 위한 태스크포스(Task force on Climate-related Financial Disclosure: TCFD) 권고안을 발표하고, 기후변화로 인한 위험과 기회 요인, 이에 따른 재무 정보 공개를 권고하였다.

2019년 미국의 비즈니스라운드테이블(BRT) 선언은 이해관계자 가치를 포괄한 새로운 기업 목적을 선언하여, ESG가 기업 운영에서 중요한 역할을 한다는 인식을 확산시켰습니다.

2020년 세계경제포럼(WEF)에서 '이해관계자 자본주의'라는 개념이 재정립되었으며, 이후 많은 글로벌 기업들이 이를 경영 지표로 도입하고 있다. 2021년에는 뱅크오브아메리카, 네슬레, IBM 등 61개의 글로벌 기업이 세계경제포럼에서 제시한 '이해관계자 자본주의 지표(SCM)'를 경영의 핵심 지표로 도입할 것을 결정하였다(이은정, 2021).

2. ESG 필요성

1) 이해관계자 자본주의

이해관계자는 기업의 성과에 영향을 주거나 영향을 받는 모든 집단을 의미한다. 전통적으로 주주가 기업의 주요 이해관계자로 여겨졌으나, 최근에는 고객, 직원, 파트너, 지역사회, 투자자 등 다양한 이해관계자들의 요구에 부응하는 경영이 중요해지고 있다. 이를 '이해관계자 자본주의'라 하며, 기업의 지속가능한 성장을 위해 각 이해관계자의 가치를 존중하고 책임을 다하는 방향으로 경영 패러다임이 전환되고 있다.

[그림 12-2] 스파이스 모델 - 이해관계자

심화학습 ◆ **비즈니스 라운드테이블(BRT) 이해관계자 자본주의 선언(2019)**

첫째, 고객에게 가치를 전달하고 고객의 기대에 부응하도록 미국 기업의 전통을 증진한다.
둘째, 직원에게 투자하고 그 시작은 직원들에게 공정하게 보상하고 중요한 혜택을 제공하는 것이다. 또한 급변하는 환경에서 필요한 새 기술을 향상할 수 있도록 교육과 훈련을 지원하며, 다양성 · 포용 · 품격 · 존중을 강화한다.
셋째, 우리의 공급자들과 공정하고 윤리적으로 거래하며, 작든 크든 우리의 사명을 실현하는데 도움을 주는 다른 기업들에게도 훌륭한 파트너십을 제공하기 위해 헌신한다.
넷째, 우리가 일하는 지역사회를 지원하고 지역민을 존중하며 우리 사업 전반에 걸쳐 지속가능한 관행을 포용하기 위한 환경을 보호한다.
다섯째, 기업이 투자하고 성장하고 혁신할 수 있도록 자본을 제공하는 주주에게 장기적 가치를 제고하고, 주주들과 함께 투명하며 효율적인 협업을 위해 노력한다.

2) 평판 경제

평판 경제는 개인이나 기업의 '평판'이 상호 간의 경제활동을 촉진하거나 통제하여 거래사슬에서 부가가치를 결정하는 경제구조를 말한다.

소셜미디어는 평판 경제에서 중요한 역할을 하며, 특히 기업에 대한 부정적 뉴스가 매우 빠르게 확산되는 경향이 있다. 예를 들어, 에델만(Edelman)의 연구에 따르면, 기업에 대한 부정적인 소식은 약 2.5시간 만에 전 세계의 25%에 도달하고, 75%는 24시간 이내에 확산된다고 한다.

일부 행동주의자들은 SNS를 통해 불매운동을 선언하거나 청원서를 공유하여 대규모 여론을 형성하기도 한다. 이와 같이 환경보호, 성평등, 성소수자 권리 등 사회적 이슈에 대한 관심이 증가하면서, 기업의 책임 있는 행동에 대한 요구도 커지고 있다.

특히 세상을 변화시키는 것에 기성세대보다 관심이 많은 디지털 원주민 세대인 Z세대는 공정한 기업을 선호하며, 무책임한 기업에 대해서는 소비로써 부정적 반응을 보이는 경향이 강하다. 이렇듯, ESG 시대에 기업의 평판은 굉장히 중요해졌다.

3) 혁신

인류의 지속가능한 발전을 위해 혁신은 필수적입니다. 또한 ESG에 대한 이해관계자의 기대는 굉장히 높아지고 있다. 이러한 상황에서 ESG 환경에 적응하고 기대에 부응하기 위해서는 혁신을 해야 한다. UN의 지속가능발전목표(SDGs)는 2030년까지 달성해야 할 17개 목표를 제시하고 있는데, 환경보호, 빈곤 감소, 성평등, 건강 증진 등 다양한 분야에서 전 세계가 협력해야 할 과제를 포함하고 있다. UN의 지속가능발전목표(SDGs)에는 혁신, 즉 인류가 지속가능하게 발정하기 위해서는 혁신적이어야 한다고 제시하고 있다.

[그림 12-3] UN의 지속가능발전목표(SDGs)

4) ESG 시대의 방향성 : CSR에서 CSV로의 전환

전통적으로 기업은 CSR(기업의 사회적 책임) 활동을 통해 사회에 기여해 왔다. CSR 활동은 주로 자선활동이나 기부와 같은 방식으로, 기업이 사회적 책임을 다하는 데 중점을 두었다. 그러나 CSR은 종종 기업의 이익과 사회적 기여의 상호 연결이 부족하여, 일회성 지원에 그치는 경우가 많았다. 이에 따라 최근에는 기업의 경제적 가치와 사회적 가치를 동시에 창출하는 CSV(공유가치 창출) 개념이 부각되고 있다. CSV는 기업이 장기적이고 지속가능한 성장을 도모하면서도 사회적 가치를 추구하는 접근방식이다.

2022년 기업들의 사회공헌 비용 지출 총액은 약 3조 5,367억 원으로, 기업당 평균 지출액은 153억 원에 달했다. 그러나 이러한 막대한 지출에도 불구하고, 대중은 특정 기업의 사회공헌 활동을 잘 기억하지 못하는 경우가 많다. 이는 CSR 활동이 단기적이며, 사회적 기억에 남기 어려운 방식으로 진행되는 경우가 많기 때문이다.

CSR과 CSV의 차이점은 기업 이익과 사회 이익을 동시에 고려하는 방식에서 나타난다. CSR은 주로 사회적 책임 이행(Value Transfer)에 중점을 두며, 경제적 이익보다 사회적 책임을 우선시하는 'Good Company'를 지향한다. 반면 CSV는 가치창출(Value Creation)을 통해 기업의 경제적 이익과 사회적 이익을 모두 증대시키는 'Smart Company'를 추구한다.

기업의 이익만 높고 사회적 이익이 낮으면 이기적인 기업이 된다. 즉, 기업만 돈을 잘 버는 구조이다. 과거에는 주주 제일주의로 돈을 잘 버는 이기적 기업이 맞았다면 지금은 여기에 사회적 이익도 높여야 하는 것이 ESG 시대의 요구이다.

그런데 여기서 착각하지 말아야 하는 것은 사회적 이익만 높고 기업의 이익이 낮은 기업을 우리가 흔히 착한 기업이라고 하는데 이러한 기업은 ESG가 바라는 게 아니다. ESG가 요구하는 것은 기업의 이익도 높고, 사회적 이익도 높은 기업을 바라는 것이다.

CSR에서 CSV로의 전환은 단순히 사회에 기여하는 것을 넘어서, 기업 활동이 사회적 문제 해결과 연계되어 기업의 성장을 촉진하는 방향으로 나아가야 함을 의미한다. 기업은 이를 통해 사회적 가치를 창출하며, 장기적 관점에서 지속가능한 경영을 실현할 수 있다.

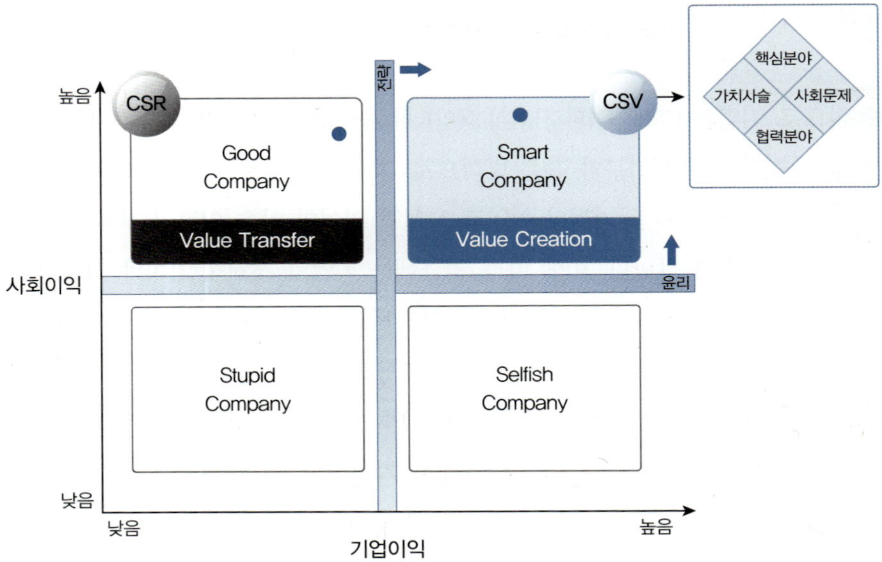

[그림 12-4] CSR과 CSV의 차이

출처: Moon, H., Parc, J, Yim, S., & Park, N. (2011).

3. 스타트업과 ESG

1) ESG를 고려한 스타트업 투자

국내에서 ESG를 고려한 스타트업 투자는 주로 환경(Environment)과 사회(Social) 측면에서 이루어지고 있다. 예를 들어, 소풍벤처스, 한국사회투자, D3쥬빌리와 같은 임팩트 투자사들은 UN의 지속가능발전목표(SDGs) 중 적어도 하나 이상의 목표를 달성하고자 하는 비전을 가진 기업들에 투자하고 있다.

최근에는 금융권과 대기업에서도 ESG 스타트업에 대한 투자가 활발해지고 있다. 대표적으로 신한금융그룹은 '신한퓨처스랩' 프로그램을 운영하며, ESG 분야에서 성장가능성이 높은 스타트업을 발굴하고 육성하고 있고, SK 그룹은 'ESG 코리아 얼라이언스'를 결성하여 스타트업의 ESG 경영을 지원하는 등 다양한 방식으로 투자를 아끼지 않고 있다.

2) 스타트업과 관련된 ESG 기술 및 사업 개발

스타트업들은 ESG 정책에 맞추어 다양한 기술 및 사업을 개발하고 있습니다. 몇 가지 주요 사례는 다음과 같다.

사례 1

우리금융지주의 ESG 정책

우리금융지주는 2021년 6월 서울산업진흥원(SBA)과 MOU를 체결하고, ESG와 도시문제 해결에 특화된 스타트업을 지원하기 시작했다. 이를 통해 스타트업에게 사무공간과 역량강화 프로그램을 제공하며, 필요한 경우 투자 지원도 하고 있다.

사례 2

BMW의 친환경 기술 스타트업 투자

BMW 그룹은 미국의 스타트업 'Boston Metal'에 투자하여, 이산화탄소 배출이 없는 강철 제조 기술을 지원하고 있다. Boston Metal은 전기분해 셀을 이용한 주철 생산 및 강철 가공 기술을 보유하고 있으며, 이를 통해 화석연료 사용을 최소화하고 친환경적인 생산 공정을 구현하고자 하고 있다.

사례 3

당근마켓의 지역 기반 중고 거래 플랫폼

당근마켓은 자원의 재사용과 나눔 문화를 확산하며 ESG 성과를 달성하고 있는 대표적인 스타트업으로, 2020년 결산에 따르면, 국민의 약 20%가 당근마켓을 사용하며, 재사용된 자원의 가치는 약 2,770만 그루의 나무를 심는 효과와 같다고 한다. 또한 GS 리테일과 협력하여 지역 내 편의점에서 유통기한이 임박한 상품의 할인 정보를 제공하고, 지역 일자리 창출 및 다양한 사회적 가치를 창출하기 위해 노력하고 있다.

4. 중소기업의 ESG 경영

1) 중소기업의 ESG 경영 필요성

(1) 탄소중립 관련 규제 강화

파리협정과 기후변화 정부 간 협의체(IPCC)의 6차 특별보고서에 따라 UN 기후변화협약 당사국들은 2050년까지 탄소중립을 달성하고, 산업화 이전 대비 기온상승을 1.5~2℃ 이하로 유지하기 위한 장기저탄소발전전략(LEDS)과 국가온실가스감축목표(NDC)를 설정하고 있다. 그러나 우리나라는 IPCC 요구 수준과 국가 NDC 설정 수준 간의 정책적 격차가 있으며, 이로 인해 중소기업들에게는 생산 단계 및 제품 사용 단계에서 탄소 영향 감축 부담이 증가할 것으로 예상된다.

(2) 공급망 ESG 관리 요구 확산

ESG의 중요성이 확대되면서 환경뿐 아니라 사회와 지배구조 측면의 리스크 관리 요구도 증가하고 있다. 대표적인 사례로 EU의 공급망 ESG 관리 의무화를 들 수 있는데, 이 법안은 EU 내 대기업과 상장사, 고위험 중소기업 등을 대상으로 협력사의 ESG 관리 원칙을 준수하고 정기 검증을 요구하고 있다. 해당 기업들은 공급망에서 발생하는 잠재적인 ESG 부정영향을 관리하며, 매년 실사전략보고서 형태로 이를 공시해야 한다. 이러한 움직임은 중소기업들이 ESG 관리 필요성을 인식하고 고객사의 ESG 평가에 대응할 수 있도록 기폭제 역할을 하고 있다.

이미 국내외의 다국적기업들은 자사제품을 생산하는 데 발생가능한 사회·환경적 리스크에 대해 공급망 전반으로 범위를 확대하여 관리하기 시작하고 있다. 전통적인 공급망 ESG 리스크 관리는 아동노동, 강제노동, 인신매매나 생산공정 내 불법적인 유해물질 배출과 같이 가치사슬 내 존재할 수 있는 규제 위반의 가능성을 최소화할 것을 요구하고 있다.

최근의 공급망 ESG 리스크 관리는 자사 제품 생산에 소요되는 전력을 신재생에너지로 조달할 것을 요구하거나, 제품 생산 과정과 그 공급망에 어떠한 환경/사회적 리스크가 발생하지 않았는지 추적하고 이를 협력사가 스스로 관리할 것을 요구하고 있다.

2) 중소기업의 ESG 경영 추진 방향

(1) ESG 관리지표 및 실천과제 도출

중소기업이 ESG를 효과적으로 관리하기 위해서는 우선 관리해야 할 ESG 지표의 범위를 정의할 필요가 있다. 중소기업이 당면한 이해관계자 요구사항에 대한 국내·외 규제 당국의 ESG 관련 규제를 살펴보았다.

첫째, 중소기업 대상 ESG 관련 규제는 보편적 관점의 중요성을 평가하기 위해 특정 산업에 한하여 적용되는 내용과 산업 공통으로 적용되는 내용으로 분류하여 산업 공통으로 적용되는 규제의 경우 대응 시급성이 더 높다고 판단할 수 있다. 둘째, 최근 공급망 ESG 관리 요구 증대에 따라 중소기업의 주요 고객사인 대기업/글로벌기업이 협력사 평가 시 사용하는 ESG 평가기준을 점검해야 한다. 여기서 점검대상으로 설정한 ESG 평가기준은 대기업과 상장사의 ESG 리스크 관리 수준을 평가하여 투자 의사결정에 반영하기 위한 목적인 자본시장의 ESG 평가(MSCI, KCGS, S&P ESG Evaluation, Sustainalytics 등)와는 구별된다.

(2) 중소기업 ESG 관리 주요 지표

글로벌 공급망 ESG 평가 이니셔티브인 RBA(책임있는 비즈니스 연합)와 EcoVadis의 협력사 ESG 평가기준을 참고하여 중소기업 ESG 관리지표를 다음과 같이 설정하였다. 제시된 ESG 관리지표는 중소기업이 ESG 경영을 추진하는 데 있어 염두에 두어야 할 ESG 경영의 범위(Scope)라 할 수 있다(대한상공회의소, 삼정KPMG, 2021).

〈표 12-1〉 중소기업 ESG 관리 주요 지표

항 목	지표
환경(6)	환경경영체계 구축
	온실가스 배출 저감

	자원 사용, 폐기 및 재활용
	유해물질 배출/폐기
	제품 탄소발자국
	친환경 기술 기회
사회(6)	고용 관행
	공정한 포용 이동성/동기부여
	차별 및 직장 내 괴롭힘 금지
	산업안전보건
	지적재산 및 고객정보보호
	제품안전 및 품질
지배구조(2)	투명경영
	반부패/준법경영

각 ESG 관리지표는 시급성과 관리 용이성에 따라 구분할 수 있으며, 이에 따라 중소기업이 관리 방향을 달리할 수 있다. 예를 들어, 관리 용이성이 높고 시급성이 큰 항목부터 우선적으로 관리하는 것이 효과적일 수 있다.

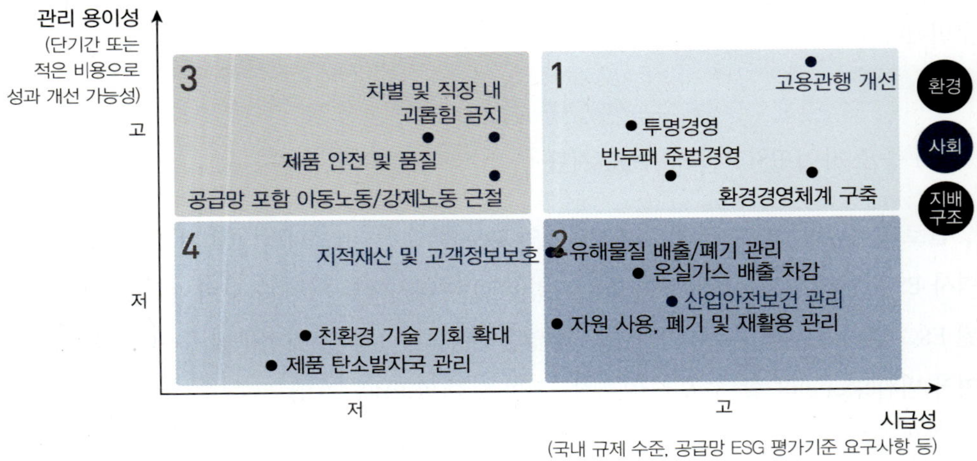

[그림 12-5] ESG 관리지표별 중소기업 접근 방향

출처: 대한상공회의소, 삼정KPMG(2021).

5. 중소벤처기업부의 ESG 가이드

1) 중소, 중견기업을 위한 ESG 경영 가이드(2021)

중소기업은 효과적인 ESG 경영을 위해 환경, 사회, 지배구조 측면에서 각 분야별 핵심 항목에 대해 관리기준을 설정해야 한다. 〈표 12-2〉는 중소기업의 ESG 경영 가이드(2021)에 따른 주요 관리 항목이다.

〈표 12-2〉 중소기업의 ESG 경영 가이드(2021) 주요 관리 항목

대분류	대분류	항목	세부내용	항목
환경	환경경영	전략	환경경영 목표와 세부 추진 계획을 보유하고 있습니까?	●
		시스템	환경경영 실행을 위한 내부 성과관리 프로그램을 추진하고 있습니까?	○
		인증	사업장 환경경영시스템에 대한 인증(ISO 14001 등)을 확보 또는 준비하고 있습니까?	○
		컴플라이언스	환경법규 준수를 위한 체계적인 관리시스템이 있습니까?	●
	환경 오염예방	대기	대기오염물질 관리(NOx, SOx, 먼지 등 배출량 파악 및 관리, 저감 프로그램 등)를 하고 있습니까?	●
		수질	수질오염물질 관리(BOD, COD/TOC, SS, T-P, T-N 등 배출량 파악 및 관리, 저감 프로그램 등)를 하고 있습니까?	●
		폐기물	사업장 내 폐기물 관리(일반/지정/건설폐기물 발생량 및 매립/소각/재활용/기타 처리량, 원천저감 프로그램, 재활용 촉진 등)를 하고 있습니까?	●
		화학물질	화학물질 관리(배출량 파악 및 관리, 저감 프로그램 등)를 하고 있습니까?	●
		기타	토양/지하수, 해양오염, 소음진동 등 기타 환경오염 예방 및 저감을 위한 활동을 하고 있습니까?	○
		사고예방	환경오염 사고 예방을 위한 프로그램 및 사고 시 비상대응절차가 마련되어 있습니까?	●
	자원 사용절감	원부자재	원부자재 사용량 관리와 절감(재생소재 사용 등)을 위한 활동을 하고 있습니까?	●
		수자원	사업장 내 용수사용량 관리와 절감(재이용 등)을 위한 활동을 하고 있습니까?	●
	에너지/ 온실가스	에너지절감	에너지 사용량 관리(직접에너지/간접에너지 사용량)와 절감을 위한 활동(고효율설비, 에너지관리시스템 등)을 하고 있습니까?	●
		재생에너지	태양광, 풍력, 지열 등 사업장 내 재생에너지를 사용(구매 · 생산)하고 있습니까?	○

		온실가스	온실가스 관리(직접/간접 배출량 산정, 관리, 보고)와 감축활동을 수행하고 있습니까?	●
	제품환경	기술투자	제품의 환경경쟁력 확보를 위해 R&D투자, 기술 확보 등의 노력을 하고 있습니까?	○
		친환경설계	제품 설계 시 수송, 사용, 폐기단계 등 제품의 전 과정에 미치는 환경영향을 고려하고 있습니까?	○*
		제품/기술 인증	제품/기술에 대한 친환경인증(환경표지, 우수재활용(GR), 저탄소인증, 녹색기술, 환경신기술 등)을 확보 또는 준비하고 있습니까?	○*
		소비자보호	제품 사용 시 소비자 건강과 안전보호를 위한 대책(위험평가, 대체물질 사용, 위험고지 등)을 확보 또는 준비하고 있습니까?	○*
사회	인권/노동	근로조건	법정 근로시간 및 합리적 근로시간을 장려하고 산업평균 수준의 복지혜택(육아휴직, 자기계발 기회 확대 등)을 제공하고 있습니까?	●
		강제노동/아동노동	조직의 고용 관행 내 강제노동/아동노동을 금지하고 있습니까?	●
		다양성/기회균등	임직원에게 고용, 승진, 업무 수행에 있어 성별, 장애 유무, 출신국가 등 요건에 의한 차별 없이 동등한 기회를 제공하고 있습니까?	●
		직장 내 괴롭힘 금지	근로자에 대한 폭력, 성폭력, 공개적 수치심, 폭언 등 괴롭힘 방지를 위한 규정을 도입하고, 위반 시 징계를 적용하고 있습니까?	●
	산업안전보건	산업재해 방지	산업재해 방지를 위해 매년 재해율을 관리하고, 근로자 안전/보건 정책 및 프로그램(안전보건 교육, 사업장 위험성 평가 등)을 운영하고 있습니까?	●
		인증	사업장 또는 제품(기술)에 대한 안전보건경영 인증(ISO 45001, MADE SAFE® 등)을 확보 또는 준비하고 있습니까?	○
	소비자 이슈	개인정보보호	수집, 보관, 처리에 관한 정보 보안 법률 요건을 준수하는 개인정보 보안 규정 및 지침을 보유하고 있습니까?	●*
		제품안전 및 품질	소비자의 안전과 권리를 보호하기 위하여 제품안전 및 품질기준을 철저히 준수하고 있습니까?	●*
		소비자 의견 수렴	소비자의 의견을 수렴하여 피드백할 수 있는 의사소통 프로세스를 보유하고 있습니까?	○*
	사회공헌	지역사회 발전 및 참여	지역사회 공헌 및 개발을 공식적으로 지지하며 관련 활동(공헌방침 수립, 산학협력, 창업지원 등)을 수행하고 있습니까?	○
지배구조	ESG 경영체계	최고경영자 의지	최고경영자는 ESG 경영에 대한 실천의지가 있습니까?	●
		조직/시스템	ESG 경영 추진을 위한 담당 인력 또는 조직이 있으며, 의사결정 프로세스를 보유하고 있습니까?	○
		이사회 운영	ESG 기회 및 위기요인을 파악하고 관리하는 이사회를 구성하고 정기적으로 운영하고 있습니까?	○*
		준법경영	ESG 관련 법규동향을 모니터링하고 관련 리스크가 없도록 관리하는 조직과 절차가 마련되어 있습니까?	●*
		윤리경영	반부패, 공정경쟁 등 사업청렴성을 위한 정책을 수립하고 실행하고 있습니까?	●

커뮤니케이션	정보공개	이해관계자들의 ESG 정보공개 요구 대응을 위한 체계적이고 일관된 형태의 커뮤니케이션 체계를 도입하고 있습니까?	●*
	내부 의사소통	ESG 관련 이슈 발생 시, 내부 직원에 대한 비밀보장, 고충처리, 차별 및 보복금지 등을 위한 규정을 도입하고 있습니까?	○
공급망 관리	환경	협력사 선정 시 법규준수 여부, 환경리스크 등을 선정기준으로 적용하고 있습니까?	●
	사회	협력사 선정 시 공정경쟁을 원칙으로 하며, 근로자 인권보호, 윤리경영 적용여부 등을 선정기준으로 적용하고 있습니까?	●

* 청색 음영처리된 항목은 업종 및 사업장의 특성 등에 따라 배출되는 오염물질 종류에 한해 적용여부 결정
* 주: ● 핵심항목, ○ 부가항목, * 조건항목(B to C, 상장기업 등의 경우 해당)

출처: 대한상공회의소, 삼정KPMG(2021).

2) ESG 벤처투자 표준 가이드(2022)

ESG 벤처투자 표준 가이드의 항목은 각 운용사에서 자체적인 분류기준으로 설정할 수 있다.

〈표 12-3〉 기업 성장단계별 투자검토기업 분류

분류기준	Level 1	Level 2	Level 3
기업 발전 단계	• 비즈니스 모델 확립 전 • 주요 평가대상은 창업자와 팀의 역량과 비전, 보유기술	• 비즈니스 모델 확립 단계	• 본격적인 성장 단계 • IPO나 M&A 가능성
구분 예시	시드, 프리시리즈A 또는 해당 라운드 총 투자금액 20억 이하 또는 기업가치(Pre 기준) 100억 이하	시리즈 A, B 또는 해당 라운드 총 투자금액 20~150억 또는 기업가치(Pre 기준) 100~750억	시리즈 C 이상 또는 해당 라운드 총 투자금액 150억 이상 또는 기업가치(Pre 기준) 750억 이상

〈표 12-4〉 산업별 주요 ESG 요소 분류

산업분류	Level 1	Level 2 & Level 3
바이오 · 의료	임상시험 참가자의 안전, 제약 · 의료서비스에 대한 접근성, 인적 자원의 개발 및 유지	제품에 대한 가격 접근성, 위조 의약품 방지, 제품안전, 윤리적 마케팅, 공급망 관리, 윤리경영
ICT서비스 / 게임	데이터 프라이버시와 표현의 자유, 데이터 보안, 인적 자원의 다양성	하드웨어 인프라의 환경 부하, 지적재산권 존중 및 공정 경쟁, 서비스 중단 리스크 관리

영상 · 공연 · 음반	콘텐츠와 제작 · 관리진에서의 다양성 및 포용성	보도 · 공연 · 방송 윤리, 저작권 보호
ICT제조	제품에서의 정보 보안, 인적 자원의 다양성, 제품 수명 주기 관리	공급망 관리, 지속가능한 원료 구매, 온실가스 배출 관리, 에너지 사용량 관리, 용수 사용량 관리, 폐기물 배출 관리, 산업 안전, 지적재산권 존중 및 공정 경쟁
전기 · 기계 · 장비	제품 수명 주기 관리	제품 안전, 에너지 사용량 관리, 위험 폐기물 관리, 지속가능한 원료 구매, 윤리 경영
화학 · 소재	사용 단계에서 제품 환경성 개선, 화학물질의 안전 · 환경 관리	온실가스 배출 관리, 대기오염물질 배출 관리, 에너지 사용량 관리, 위험 폐기물 관리, 지역 사회와의 관계, 산업 안전, 법률 및 규제 관리, 환경 사고 예방 및 대응 체계
유통 · 서비스	근로자 인권 보호, 인적 자원의 다양성	에너지 사용량 관리, 고객 정보 보호, 제품 · 포장 · 마케팅에서의 환경 · 사회적 지속가능성 개선

〈표 12-5〉 네거티브 스크리닝(투자배제 전략) 점검표(체크리스트)

투자배제항목	해당 여부	
	Y	N
무기, 소형화기 및 탄약, 마약, 담배와 같은 비가치재 등의 산업을 영위하는가?		
도박, 성윤리 위반 엔터테인먼트와 같은 불건전한 서비스를 제공하는가?		
탄소 배출이 타 산업대비 높거나 환경을 파괴하는 산업을 영위하는가? (예: 석탄 발전, 오일샌드, 셰일에너지 등)		
노동조건이 열악하거나 인권 유린 발생 가능성이 높은가?		

〈표 12-6〉 벤처캐피탈의 이에스지(ESG) 벤처투자 세부 프로세스

구 분	단 계	내 용
의무 적용 사항	① ESG거버넌스	• ESG 정책 수립 및ESG 투자심사 관련 심의기구 설치 · 운영
	② 네거티브스크리닝	• ESG 기준에 부정적으로 평가되는 기업을 투자대상에서 배제 - 전통적인 투자배제 대상*과 함께 화석연료 생산, 인권탄압, 열악한 노동환경과 같이 인류의 존엄한 생존과 반대되는 행위를 하는 기업 포함 * 사행산업 등 경제질서 및 미풍양속에 현저히 어긋나는 업종(마약, 유흥주점, 사행시설 관리 및 운영 등)에 투자
	③ 이에스지 실사	• 투자 검토기업을 기업 성장단계별/산업별로 분류 • 투자 검토기업의 ESG 위험과 기회를 파악하기 위해 별도 ESG 체크리스트(표준 체크리스트 배포 예정)를 활용하여 실사결과 분석 - 투자 검토기업의 성장단계/산업별 특성을 고려하여 점검표(체크리스트) 항목을 추가하거나 수정(항목별 50% 범위 내) 제안 가능

<table>
<tr><td rowspan="5">권고
사항</td><td>④ 투자보고서</td><td>• ESG 투자심사 관련 심의기구는 투자심사 시 'ESG 심사보고서' 내 ESG 평가 항목을 참고하여 ESG 적격 투자대상기업을 선별</td></tr>
<tr><td>⑤ 투자계약서</td><td>• ESG 투자에 필요한 내용을 투자계약서에 반영</td></tr>
<tr><td>⑥ 피투자기업 관여</td><td>• ESG 경영관여는 ESG KPIs 설정 및 관리, 마일스톤에 따른 인센티브 부여 등으로 이루어짐</td></tr>
<tr><td>⑦ 모니터링 및 보고</td><td>• 벤처투자자(GP)는 포트폴리오 기업의 ESG 성과를 모니터링하고 출자자(LP)에게 보고(GP와 합의된 범위 내 주기적 보고 가능)</td></tr>
<tr><td>⑧ 이에스지 평가</td><td>• 투자기간 동안 포트폴리오 기업의 주요 ESG 리스크 및 기회를 파악하여 ESG 요소를 얼마나 향상시켰는지 측정하여 평가</td></tr>
</table>

〈표 12-7〉 이에스지(ESG) 벤처투자 실사 점검표(체크리스트)

<table>
<tr><th rowspan="2">구분</th><th rowspan="2" colspan="3">기업 성장 단계</th><th colspan="2">이에스지(ESG) 평가 세부 기준</th><th colspan="4">이에스지(ESG) 평가 결과</th></tr>
<tr><th>항목</th><th>내용</th><th>Y</th><th>N</th><th>해당 없음</th><th>개선 가능성 (Y/N)</th></tr>
<tr><td rowspan="12">환경 (Environment)</td><td rowspan="2">Level 1</td><td rowspan="8">Level 2</td><td rowspan="12">Level 3</td><td>환경 경영 목표</td><td>단기·장기 사업목표 중 환경 관련 목표가 있는가?</td><td></td><td></td><td></td><td></td></tr>
<tr><td>친환경 혁신</td><td>기존 제품·서비스 대비 환경성을 개선한 제품·서비스를 제공하고 있거나 개발할 계획이 있는가?</td><td></td><td></td><td></td><td></td></tr>
<tr><td rowspan="10"></td><td rowspan="3">환경 관리</td><td>환경 친화적인 생산 절차를 갖추고 있는가?</td><td></td><td></td><td></td><td></td></tr>
<tr><td>사업장의 전력 및 용수 사용량을 측정할 수 있는가?</td><td></td><td></td><td></td><td></td></tr>
<tr><td>전력 및 용수 사용량의 연간 증감(과거 3년치)*
* 유틸리티 사용량의 경우 매출 증감에 연동된다는 점을 고려해야 함</td><td colspan="2">( ) kW,
( ) m³</td><td></td><td></td></tr>
<tr><td rowspan="3">환경 성과</td><td>환경 친화적인 자원을 활용하고 있는가?</td><td></td><td></td><td></td><td></td></tr>
<tr><td>폐기물 발생 최소화를 위한 노력을 하고 있는가?</td><td></td><td></td><td></td><td></td></tr>
<tr><td>재생에너지 사용 혹은 용수/폐기물 재활용을 하고 있는가?</td><td></td><td></td><td></td><td></td></tr>
<tr><td rowspan="4"></td><td>공급망</td><td>제품을 생산할 때, 친환경 자재를 사용하고 있는가?</td><td></td><td></td><td></td><td></td></tr>
<tr><td rowspan="3">규제 위험</td><td>향후 기업의 성장에 따라 적용될 환경 규제를 알고 있는가?</td><td></td><td></td><td></td><td></td></tr>
<tr><td>환경위험 대응을 위한 내부시스템이 구축되어 있는가?</td><td></td><td></td><td></td><td></td></tr>
<tr><td>환경성과평가 및 감사를 실행하고 있는가?</td><td></td><td></td><td></td><td></td></tr>
</table>

				온실가스/기후변화	온실가스 배출 감축을 위한 노력을 하고 있는가?				
					기후변화가 회사에 미치는 영향을 분석하는가?				
					기후변화 대응하기 위해 어떤 전략이 있는가?	(예) 대체육 개발			
사회(Social)	Level 1	Level 2	Level 3	인권	근로자에 대한 인권침해가 발생하지 않도록 예방조치를 취하고 있는가? (예: 직장 내 성희롱 등에 대한 징계 규정 마련, 권리 구제 절차 수립 등)				
				근로조건	근로자의 근로조건은 적법한가?				
					근로자와 근로계약서를 작성하고 최저임금 이상의 임금을 지불하고 있는가?				
					근무만족도 제고, 인력개발 등을 위한 교육 및 훈련 프로그램이 존재하는가?				
				다양성	전체 직원 중 여성과 장애인의 비율은 ?				
					차별받지 않을 권리가 보장되는가?				
				정보보안	회사의 데이터가 물리적 · 기술적 위험으로 부터 안전하게 관리되고 있는가?(예: Back up체계 구축 및 물리적 접근 차단)				
				보건안전	근로자의 보건 및 안전이 보장되는 근무환경인가?				
					작업장 위험요인을 파악하고 근로자의 보건 안전을 위한 노력을 하고 있는가?(예: 화재 대피 훈련, 업무 중 휴식 장려 등)				
				소비자보호	고객정보 보호를 위한 관리 체계를 갖추고 있는가?(예: 정보보안규정 수립, 정보보안담당자 확보, 정보보호 관련 인증 획득 등)				
					서비스 · 제품 디자인 시 고객의 건강과 안전을 고려하였는가?(예: 서비스 사용 시간 제한, 청소년 인지 영향 고려 등)				
				지역사회	사회적 책임을 실천하기 위한 내부 프로그램이 존재하는가?				
					지역사회 기여하는 활동을 하고 있는가?(예: 기부, 봉사활동 참여, 보유기술을 활용한 사회 활동 등)				

				공급망	공급망 선정 시 이에스지(ESG)를 고려하고 있는가?(예: 근로조건, 안전관리, 강제 노동 등)				
					이해관계인 등과 부당하거나 불공정한 거래가 존재하는가?				
지배구조 (Governance)	Level 1	Level 2	Level 3	창업자	창업자의 창업 배경과 비전에 환경과 사회에 대한 고려가 담겨 있는가?				
					창업자가 과거 비윤리적인 행동으로 문제된 적이 있는가?				
				자금 관리	자금 집행과 관리주체가 분리되어 있는가?				
				내부 감사	감사인의 독립성이 보장되어 있으며, 연 2회 이상 내부 감사를 실시하는가?				
				준법 경영/ 법률 준수	기업과 관련된 법률을 주기적으로 점검하고 이를 회사 구성원에게 알리는 프로세스가 있는가?				
					회사가 법률 위반으로 제제를 받거나 과징금을 부과받은 적이 있는가?				
				윤리 경영	윤리규범을 가지고 있고 직원들에게 이를 알리고 있는가?				
					부패방지를 위한 정책 또는 절차가 존재하는가?				
				이사회	이사회가 기업의 경영의사결정 기능과 경영감독 기능을 충족하고 있는가?				
					이사회는 대표로부터 독립적인가?				
					사외이사는 독립적인가?				
					이사회 개최 주기는 적정한가?				
				주주	투자자와의 사전협의와 투자계약서 상의 사전동의 항목을 위반한 사항이 있는가?				
					주주의 권리를 충분히 보장하고 있는가?				
					주주간담회를 연 2회 이상 주기적으로 개최하고 있는가?				
					회사의 정보를 주주에게 투명하게 공개하고 있는가?				

이에스지(ESG) 벤처투자 실사 점검표(체크리스트)의 경우, 운용사의 중점 투자 분야(기업 성장단계별·산업별)의 투자 검토기업 분류 기준 등을 고려하여 추가 또는 이에스지

(ESG) 영역별 50% 범위 내에서 수정하여 제안 가능하다.

6. 미국과 글로벌 ESG 동향

도널드 트럼프 대통령의 재집권은 미국의 ESG(환경·사회·지배구조) 경영 방향에 상당한 변화를 가져오고 있다. 이러한 변화는 바이든 정부 시절의 환경 규제를 철회하고 석유 및 가스 산업을 지원하는 정책 추진과 함께, 미국 내 ESG 이니셔티브에 대한 관심 감소와 기업들의 다양성, 형평성, 포용성(DEI) 프로그램 축소 또는 중단으로 이어지고 있다. 그러나 미국의 이러한 움직임에도 불구하고, 전 세계적인 ESG 경영의 흐름은 국제적인 규제 강화와 지지세력 확장에 힘입어 지속될 것으로 예상된다.

1) 트럼프 행정부의 ESG 정책 변화와 미국 내 영향

트럼프 재집권 이후 미국은 뚜렷하게 반(反) 지속가능한 분위기로 전환되고 있다.

(1) 정부 정책의 변화

트럼프 행정부는 바이든정부 시절의 환경 규제를 철회하고, 석유 및 가스 산업을 적극적으로 지원하는 정책을 추진하고 있다. 이는 청정에너지에 대한 막대한 투자를 촉발했던 인플레이션 억제법을 철회하겠다는 트럼프의 위협과도 일맥상통한다.

(2) ESG 이니셔티브 및 DEI 프로그램 축소

이러한 정책 변화는 미국 내에서 ESG 이니셔티브에 대한 관심 감소를 초래하며, 기업들이 다양성, 형평성, 포용성(DEI) 프로그램을 축소하거나 중단하는 결과로 이어지고 있다.

(3) 금융권의 태도 변화

새 행정부의 환심을 사거나 적어도 표적이 되지 않기를 바라는 미국 은행과 투자 운용사들은 탄소중립 동맹을 포기하고 있다.

최근 세계 최대 자산운용사인 블랙록은 기후 행동에 전념하는 그룹인 넷 제로 에셋 매니저스를 탈퇴한다고 발표했으며, 이는 회원 자격을 해외 자회사로 이전하는 형태를 취했다. 미국의 6대 은행 또한 최근 몇 주 동안 넷 제로 은행 연합을 탈퇴했다. 이처럼 트럼프 2기 행정부는 이미 지속가능한 투자에 대한 유럽과 미국 간의 태도 차이를 더욱 심화시키고 있다.

2) 글로벌 ESG 흐름의 지속과 유럽의 선도적 역할

미국의 정책 변화에도 불구하고 국제사회와 글로벌 금융계의 ESG 흐름은 지속될 것으로 전망된다.

(1) 국제사회의 친환경 정책 유지

미국의 정책 변화에도 불구하고 유럽연합(EU)을 비롯한 국제사회는 기존의 친환경 정책과 규제를 지속할 것으로 예상된다. 글로벌 기업들의 ESG 경영 역시 큰 변동 없이 이어질 것으로 전망된다.

(2) 유럽의 지속가능한 투자 지지

미국과 달리 영국과 유럽의 정치적 분위기는 여전히 지속가능한 투자를 지지하고 있다. 다만, 대중의 신뢰는 낮고 그린 워싱에 대한 우려는 여전히 높은 편이다.

(3) 유럽 자산운용사들의 행보

미국에 기반을 둔 스테이트 스트리트 글로벌 어드바이저, JP모건 자산운용, 핌코 등이 기후행동 100+ 그룹에서 탈퇴했음에도 불구하고, 아문디, UBS 자산운용, BNP 파리바 자산운용 등 유럽의 거대 투자사들은 탈퇴하지 않고 있다.

(4) ESG 펀드 규모 및 투자 중심지

모닝스타 데이터에 따르면, 유럽은 전 세계 지속가능 펀드의 84%를 차지하는 지속가능 투자의 중심지이며, 미국은 11%에 불과하다. ESG 펀드의 전체 규모는 EU가 미국 및 기타 지역보다 훨씬 큰 편이다. 또한 탄소 배출 제로를 달성하기 위해 전 세계적으로 노력하고 있고, 지속가능한 투자의 새로운 세계는 에너지 전환에 더 집중하고, 규제가 강화되며, 선의의 신호가 줄어드는 것이 특징이 될 것으로 전망된다.

3) ESG의 본질과 미래 전망

ESG 등급이 좋은 기업은 환경에 너무 많은 피해를 주지 않아야 하고, 근로자를 너무 심하게 대우하지 않아야 하며, 재무적 리스크가 될 수 있는 끔찍한 기업 구조를 가지고 있어서는 안 된다. 예를 들어, 환경을 고려하지 않더라도 기름 유출 사고로 소송을 당하는 것은 주주들에게 좋지 않다. 많은 전문 투자자들이 기업에 투자할 때 항상 ESG 요소를 고려한다고 말하는 것도 이러한 정신에서 비롯된 것이다.

ESG는 단순히 친환경적 또는 사회적 책임이 아닌, 장기적인 기업 가치와 리스크 관리 측면에서 필수적인 요소로 자리매김하고 있다. 글로벌 사회와 금융 시장의 근본적인 요구와 규제는 ESG의 발전을 계속해서 이끌어 나갈 것이다.

연습문제 EXERCISE

객관식 문제

01 다음 중 ESG의 정의로 가장 적절한 것은?

① 기업의 단기적 재무성과를 측정하는 세 가지 핵심 요소
② 환경(Environment), 사회(Social), 지배구조(Governance)의 첫 글자를 조합한 용어로, 기업이 지속가능성 실현을 위해 고려해야 할 세 가지 핵심 요소
③ 기업의 성장 가능성을 평가하기 위한 재무적 지표
④ 사회적 공헌 활동만을 목적으로 하는 기업의 비전
⑤ 정부 규제 준수 여부를 평가하는 단일 지표

02 과거에 기업 가치를 평가하는 데 주로 사용되었던 지표는 무엇인가?

① ESG
② 비재무적 가치
③ 환경(Environment) 지표
④ 재무제표와 같은 단기적·정량적 지표
⑤ 스튜어드십 코드

03 다음 중 ESG의 구성요소 중 환경(Environmental) 측면에서 전 세계적으로 이루어지고 있는 노력은 무엇인가?

① 스튜어드십 코드 강화
② 기업의 사회적 책임 강화
③ 탄소 배출을 줄이고 '넷제로(Net-Zero)'를 달성하려는 노력
④ 재무 정보 공개 의무 강화
⑤ 이사회 독립성 강화

04 탄소중립과 넷제로(Net-Zero)의 개념에 대한 설명으로 가장 정확한 것은?

① 탄소중립은 1997년 교토의정서에서 정의되었으며, 모든 온실가스 배출량을 상쇄하여 순배출량을 0으로 만드는 개념이다.

② 넷제로는 이산화탄소만을 대상으로 하며, 배출량과 흡수량을 같게 하여 순배출을 0으로 만든다.

③ 탄소중립은 이산화탄소와 메탄 등 주요 온실가스를 대상으로 하며, 넷제로는 이산화탄소만을 대상으로 하는 더 좁은 개념이다.

④ 넷제로는 이산화탄소뿐만 아니라 모든 온실가스의 배출량과 흡수량을 같게 하여 순배출을 0으로 만드는 개념으로, 탄소중립보다 포괄적이다.

⑤ 탄소중립과 넷제로는 동일한 개념으로, 기업이나 국가가 배출한 온실가스를 상쇄하는 것을 의미한다.

05 다음 중 ESG의 중요성을 부각시키는 이해관계자의 요구 증가에 해당하지 않는 것은?

① 기업의 단기적 재무성과만을 중시하는 투자자들의 요구

② 협력업체 선정에서 ESG가 주요 요소로 떠오르고 있음

③ MZ세대와 같은 젊은 세대의 ESG 요구가 증가하고 있음

④ 공급망 관리에서 ESG가 주요 요소로 떠오르고 있음

⑤ ESG 실천을 중시하는 젊은 세대의 특징

06 아마존, 페이스북, 구글과 같은 디지털 기업들이 환경에 큰 영향을 미치는 주요 원인은?

① 석탄과 석유 같은 전통적인 에너지원 사용

② 직접적인 환경 오염 물질 배출

③ 대규모 데이터 센터와 서버 운영을 통한 막대한 양의 탄소 배출

④ 사회적 책임(CSR) 활동의 부족

⑤ 지배구조의 문제

07 이해관계자 자본주의에 대한 설명으로 가장 적절한 것은?

① 전통적으로 주주만을 기업의 주요 이해관계자로 여기는 경영 방식

② 기업의 단기적 이익만을 추구하는 경영 패러다임

③ 기업의 성과에 영향을 주거나 영향을 받는 모든 집단(고객, 직원, 파트너, 지역사회, 투자자 등)의 요구에 부응하는 경영

④ 정부 정책에만 의존하여 기업을 운영하는 방식
⑤ 오직 환경 보호만을 목표로 하는 기업 경영

08 평판 경제에서 소셜미디어가 중요한 역할을 하는 이유 중 하나는 무엇인가?

① 기업에 대한 부정적 뉴스가 매우 빠르게 확산되는 경향이 있기 때문
② 기업의 기술 혁신을 주로 다루기 때문
③ 기업의 재무제표를 빠르게 공개하기 때문
④ 긍정적인 소식만 전달하기 때문
⑤ 오직 기성세대의 의견만을 반영하기 때문

09 UN의 지속가능발전목표(SDGs)가 제시하는 2030년까지 달성해야 할 17개 목표에 포함되지 않는 것은?

① 환경보호 ② 빈곤 감소 ③ 성평등
④ 건강 증진 ⑤ 기업의 단기적 이윤 극대화

10 비즈니스 라운드테이블(BRT) 이해관계자 자본주의 선언(2019)에서 기업이 직원에게 투자하는 것의 시작이라고 언급된 내용은 무엇인가?

① 단순히 높은 연봉을 지급하는 것
② 직원들에게 공정하게 보상하고 중요한 혜택을 제공하는 것
③ 교육과 훈련 지원 없이 새로운 기술을 요구하는 것
④ 다양성·포용·품격·존중을 강화하지 않는 것
⑤ 오직 단기적인 성과만을 요구하는 것

11 CSV(공유가치 창출)의 지향점으로 가장 적절한 것은?

① 주로 사회적 책임 이행(Value Transfer)에 중점을 둠
② 경제적 이익보다 사회적 책임을 우선시하는 "Good Company"
③ 가치 창출(Value Creation)을 통해 기업의 경제적 이익과 사회적 이익을 모두 증대시키는 "Smart Company"
④ 오직 기업의 이익만 높고 사회적 이익이 낮은 "이기적인 기업"
⑤ 사회적 이익만 높고 기업의 이익이 낮은 "착한 기업"

12 EU의 공급망 ESG 관리 의무화 법안이 중소기업에게 미치는 영향은 무엇인가?

① 중소기업의 ESG 관리 부담을 완전히 없앰
② 대기업과의 협력 관계를 단절시킴
③ 중소기업들이 ESG 관리 필요성을 인식하고 고객사의 ESG 평가에 대응할 수 있도록 기폭제 역할을 함
④ 오직 대기업에만 영향을 미침
⑤ 중소기업의 생산 단계 탄소 영향 감축 부담을 경감시킴

13 ESG 벤처투자 표준 가이드(2022)의 네거티브 스크리닝(투자배제 전략) 점검표에서 투자배제 항목으로 명시되지 않은 것은?

① 무기, 소형화기 및 탄약, 마약, 담배와 같은 비가치재 산업
② 도박, 성윤리 위반 엔터테인먼트와 같은 불건전한 서비스
③ 탄소 배출이 타 산업대비 높거나 환경을 파괴하는 산업
④ 노동조건이 열악하거나 인권 유린 발생 가능성이 높은 경우
⑤ 혁신적인 기술 개발을 하는 기업

14 ESG의 발전 과정 중 2000년대 이후의 주요 사건으로 옳지 않은 것은?

① 2000년 영국은 세계 최초로 연기금의 책임 투자 정보 공개를 법제화하였다.
② 2006년 UN은 책임 투자 원칙(PRI)을 발표하여 투자 결정에서 ESG 요소를 고려하도록 지침을 제시했다.
③ 2015년 파리기후협약과 UN의 지속가능발전목표(SDGs)가 제정되어 ESG의 중요성이 더욱 부각되었다.
④ 2017년 TCFD(기후변화 관련 재무 정보 공개 태스크포스) 권고안이 발표되어 기후변화로 인한 재무 정보 공개를 권고했다.
⑤ 2019년 세계경제포럼(WEF)에서 '이해관계자 자본주의' 개념이 재정립되었다.

15 CSR(기업의 사회적 책임)과 CSV(공유가치 창출)의 차이점에 대한 설명으로 옳은 것은?

① CSR은 주로 가치 창출(Value Creation)에 중점을 두며, 경제적 이익과 사회적 이익을 동시에 증대시키는 것을 추구한다.
② CSV는 주로 자선활동이나 기부와 같은 방식으로 기업의 사회적 책임 이행(Value Transfer)에 중점을 둔다.

③ CSR은 기업의 이익만 높고 사회적 이익이 낮은 "이기적인 기업"을 지향한다.
④ CSV는 기업의 경제적 가치와 사회적 가치를 동시에 창출하여 장기적이고 지속가능한 성장을 도모하는 접근방식이다.
⑤ ESG 시대는 사회적 이익만 높고 기업의 이익이 낮은 "착한 기업"을 바라는 것이 본질적인 목표이다.

주관식 문제

01 ESG의 구성 요소 중 사회적 측면(Social)에서 기업의 사회적 책임을 강화하고 지배구조를 개선하기 위해 강화되고 있는 코드는 무엇인가?

02 2020년 세계경제포럼(WEF)에서 재정립되었으며, 이후 많은 글로벌 기업들이 경영 지표로 도입하고 있는 개념으로 기업의 성과에 영향을 주거나 영향을 받는 모든 집단을 의미하며, 기업의 지속가능한 성장을 위해 이들의 가치를 존중하고 책임을 다하는 방향으로 경영 패러다임이 전환되는 것을 무엇이라고 하는가?

03 기업이나 국가가 배출한 이산화탄소를 상쇄하여 순배출량을 0으로 만드는 것을 의미하며, 이산화탄소와 메탄 등 주요 온실가스를 대상으로 하는 개념은 무엇인가?

04 기업의 경제적 가치와 사회적 가치를 동시에 창출하며, 기업이 장기적이고 지속가능한 성장을 도모하면서도 사회적 가치를 추구하는 접근방식의 개념은 무엇인가?

05 중소벤처기업부의 'ESG 벤처투자 표준 가이드(2022)'에 따라, 투자 검토기업의 ESG 실사 시 체크리스트 항목을 추가하거나 수정할 수 있는 최대 범위는 해당 ESG 영역별 몇 %인가?

CHAPTER 13

팀빌딩과 창업인력관리

학/습/내/용

1. 창업팀의 구성(팀빌딩)
2. 팀빌딩 시 고려사항
3. 리더십과 갈등관리

CHAPTER 13

팀빌딩과 창업인력관리

학습목표

1. 실제 창업과정에서 팀빌딩(Team Building) 방법에 대해 이해한다.
2. 팀빌딩 시 중점적으로 고려해야 할 사항에 대해 학습한다.
3. 팀빌딩 후 리더십과 구성원 간의 다양한 갈등을 관리하는 방법에 관하여 학습한다.

1. 창업팀의 구성(팀빌딩)

창업팀은 새로운 비즈니스를 공동으로 시작하기 위해 모인 두 명 이상의 개인들로 구성된 집단으로 창업 초기에는 1인창업으로도 시작할 수 있지만 어느 정도 규모가 되었을 때 창업팀의 구성(팀빌딩)은 창업에서 빼놓을 수 없는 요소이다.

핵심 내용

창업팀의 구성

1. 창업팀이 필요한 이유

창업팀의 중요성은 투자유치를 받고자 할 때 절실하게 대두된다. 창업 초기단계에 투자하는 액셀러레이터나 엔젤 투자자들은 사업 초기단계의 특성상 창업기업의 매출액이나 재무상태에 투자 판단의 중점을 두기보다는 창업팀의 구성에 초점을 맞출 수밖에 없다.

2. 창업 시 필요 인원 : 최소요건제품의 제작과 관련

팀 구성원의 적절한 수를 정하기 위해서 먼저 어떤 제품이나 서비스를 제공할지에 대한 설계가 필요하다. 최근 린 스타트업 방법론이 주목받고 있는데 군살을 빼고 빠르게 움직일 수 있는 조직 기준에 맞춰 팀빌딩을 해야 한다. 그 기준의 중심에는 최소한의 기능이 구현된 제품이나 서비스를 말하는 MVP(Minimum Viable Product, 최소요건제품)가 필요하다.

(1) 창업팀이 필요한 이유

창업을 준비 중인 예비 창업기업이나 이제 비즈니스를 갓 시작한 기업들은 기존 기업과 비교할 때 상대적으로 부족한 자원을 갖고 있다. 이와 같은 현상은 '신생기업의 한계(Liability of Newness)'라 불리기도 하는데, 초기 창업기업들은 태생적으로 자본, 인력, 네트워크 등의 보유 자원 부족에 따라 창업활동에 한계가 있음을 의미한다.

'신생기업의 한계'를 극복하기 위한 가장 좋은 방법은 '역량 있고 다양한 경험을 가진 사람들로 창업팀을 구성'하여 신생기업이 갖고 있는 부족한 부분을 채워가는 것이며, 이 같은 사례는 예부터 지금까지 많은 곳에서 찾아볼 수 있다. 에디슨이 발명한 것으로 알려져 있는 전구 등의 발명품은 에디슨을 비롯하여 찰스 배철러, 존 애덤스 등 14명이 동업한 결과였다. 최근의 사례를 살펴보면, 애플의 스티브 잡스와 스티브 워즈니악, 구글의 래리 페이지와 세르게이 브린 등 대표적인 세계적 기업의 창업가들은 자신의 약점을 보완하고 시너지효과를 낼 수 있는 파트너를 확보해 창업팀을 구성했기에 성공할 수 있었다. 또한, 완전한 창업팀을 꾸리기 어려운 기업은 외부전문가를 활용하여 부족한 기능을 보완하기도 한다.

창업팀을 구성하면 초기비용이 절약(인적 자본, 사회적 자본, 금융자본의 틈을 메울 수 있음)되지만 결속력, 지속성이 없으면 역효과가 날 수 있다. 노암 와서먼의 《창업자의 딜레마》(2013)에서는 1인창업을 할지 팀창업을 할지를 [그림 13-1]을 통해 결정할 것을 권유한다.

1인창업의 경우 상호보완 기업이나 파트너를 만들어 외부에 위탁하거나 경험 있는 조언자나 멘토를 구하고 필요시 창업 결정을 연기하고 부족한 부분을 더 준비하는 것이 좋다. 물론, 창업팀을 구성할 경우에는 가장 큰 고려 요소는 팀 구성원 간의 시너지효과를 어떻게 극대화하는가에 있다. 불필요한 인원을 넣지 않는 것 또한 중요하다.

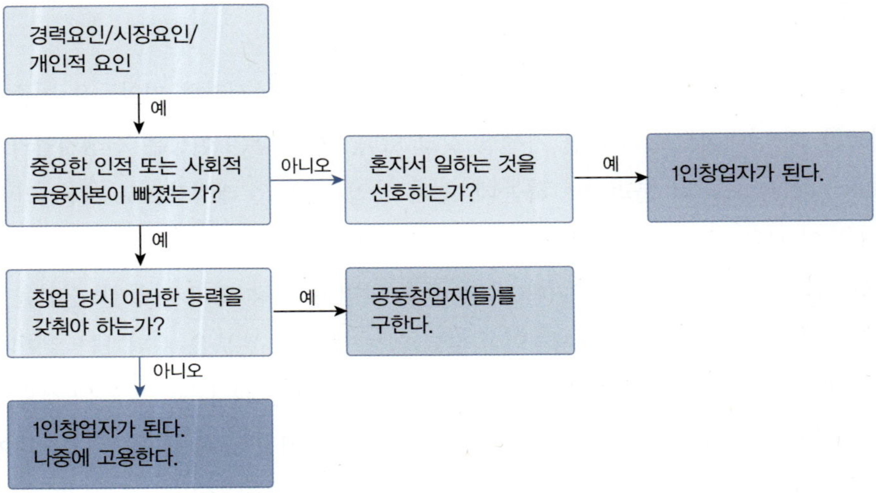

[그림 13-1] 창업자의 딜레마

출처: 노암 와서먼(2013).

공동창업자로서의 팀원은 창업기업이 위기에 닥쳤을 때 무보수로 함께 버텨줄 든든한 지원자가 되기도 한다. 이처럼 창업팀은 크고 작은 어려움이 있을 때 큰 힘이 된다. 또한 창업팀의 중요성은 투자유치를 받고자 할 때 절실하게 대두된다. 창업 초기단계에 투자하는 액셀러레이터나 엔젤투자자들은 사업 초기단계의 특성상 창업기업의 매출액이나 재무상태에 투자 판단의 중점을 두기보다는 창업팀의 구성에 초점을 맞출 수밖에 없다.

최근 우리나라에서도 미국 실리콘 밸리와 같이 창업 초기기업에 투자하는 액셀러레이터들이 많이 생겨나고 있다. 이들로부터 투자를 받기 원한다면 우선적으로 창업팀을 구성하는 것이 중요하다.

[그림 13-2]의 티몬스 모형에서는 자본시장의 측면에서 볼 때 기회가 창업의 원동력이며 창업팀이 성공의 핵심요소로 그려지고 있다. 이 책에서는 "지금은 기술과 사업가, 돈, 벤처캐피탈 회사가 넘쳐나는 시대이다. 단지 부족한 것은 훌륭한 팀이다. 창업자가 수행해야 할 가장 큰 도전은 훌륭한 팀을 구성하는 것이다."라고 팀의 중요성을 강조했다.

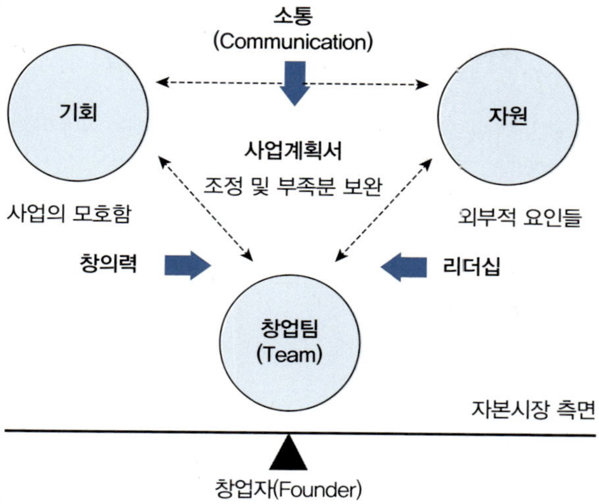

[그림 13-2] 티몬스의 창업과정 모델

출처: Timmons & Spinelli (2009).

(2) 창업 시 필요한 인원

온라인 혹은 모바일 서비스라면 3~4명 정도가 적당하다. 각 부분을 아웃소싱으로 돌릴 수도 있지만 신속한 서비스의 출시를 위해서는 기획, 개발, 디자인이 1명씩 있는 것이 좋다. 이들의 기본적인 역할은 명함상의 구분으로 중복 없는 업무영역을 가지는 것이 중요다. 실제로 일을 하게 되면 구분과 경계가 따로 없다. 개발자가 개발만, 디자이너가 디자인만해서는 힘들다. 기획, 홍보 마케팅 등 자신의 영역에 플러스 알파로 발품을 팔고 움직일 각오가 되어 있어야 한다. 처음 시작하는 단계에서는 "팀원들을 두 판의 피자로 만족시킬 수 없다면 팀이 너무 큰 것이다."라는 말을 한 아마존의 회장 제프 베조스의 조언이 매우 유효하다.

창업팀의 구성원 수를 정하기 위해서는 먼저 어떤 제품이나 서비스를 제공할지에 대한 설계가 필요하다. 최근 린 스타트업 방법론이 주목받고 있는데 군살을 빼고 빠르게 움직일 수 있는 조직 기준에 맞춰 팀빌딩을 해야 한다. 즉, 초기에는 최소한의 기능이 구현된 제품이나 서비스를 말하는 MVP(Minimum Viable Product, 최소가능제품)를 시장에 제공할 수 있으면 될 정도의 인원만이 필요하다는 것을 의미한다. 이에 따라 인원을 더 채용할지, 아웃소싱을 할지의 다양한 방법을 고려할 수 있게 된다.

참고 내용

시너지효과와 링겔만효과

시너지효과는 전체적 효과에 기여하는 각 기능의 공동작용 · 협동하여 발휘하는 기대 이상의 효과를 뜻하는 말로 '종합효과, 상승효과'로 볼 수 있다.
링겔만효과는 집단 속에 참여하는 개인의 수가 늘어날수록 성과에 대한 1인당 공헌도가 오히려 떨어지는 현상으로 사회적 태만(Social Loafing), 방관자효과를 낳는 책임감 분산현상이다.

시너지효과

링겔만효과

'백지장도 맞들면 낫다'라는 속담과 '사공이 많으면 배가 산으로 간다'라는 속담이 공존하듯이 창업팀에서는 시너지효과와 링겔만효과가 둘 다 나타난다. 프리라이더를 줄이고 시너지효과를 더 높이기 위해서는 개개인의 자부심을 살려주고 공정한 평가를 하고, 배려와 존중을 함으로써 링겔만효과를 줄여 나가야 한다.

2. 팀빌딩 시 고려사항

핵심 내용

팀빌딩 시 고려사항

1. 팀 구성원 채용 : 어떤 사람들로 팀을 구축할 것인가?
2. 팀 구성원 선발방법 : 팀 구성원을 어떻게 선발할 것인가?
3. 팀 구성원 간 직무 분담 : 어떤 일을 구체적으로 맡길 것인가?

1) 팀 구성원 채용

(1) 팀 구성원 채용 기준

팀빌딩의 첫 단계는 '어떤 사람들로 팀을 구성할 것인가?'이다. 창업자가 사업 기회를 포착하고 이에 대한 사업타당성까지 분석하였을 때에는 창업하기로 결정한 사업 분야에 대한 필요 인력을 파악할 수 있다.

사업 분야의 필요 인력을 결정하는 방법 중 하나는 사업 진행의 밸류 체인(Value Chain), 즉 연구개발에서부터 제조, 유통, 판매, 사후 서비스에 이르는 전 과정에서 필요 인력을 살펴보는 것이다. 예를 들어, 얼굴을 인식하고 그에게 어울리는 헤어스타일을 추천해 주는 스마트폰 어플리케이션을 개발하는 창업 기회를 포착하였다고 하자. 이때 사업 분야에 필요인력은 연구개발단계의 앱 기획자와 제조단계의 앱 개발자, 디자이너, 재무전문가, 그리고 유통, 판매, 사후 서비스단계의 마케팅 전문가가 필요하다.

또한, 스타트업에서는 나보다 나은 사람을 채용해야 한다는 것이 매우 중요하다. 우수한 팀이 아이템이 별로인데도 불구하고 성공으로 이끈 사례는 많이 있지만 좋지 않은 팀이 정말 좋은 아이템을 가지고 있다고 해서 성공한 사례는 찾아보기 어렵다. 액셀러레이터나 엔젤투자자의 입장에서 투자 판단의 기준으로 창업팀의 구성 여부 다음으로 두 번째는 창업팀의 자질 또는 특성이다.

(2) 성공 창업팀의 특성

성공하는 창업팀의 특성으로는 〈표 13-1〉에 나타나는 바와 같이 먼저 창업자가 리더십과 소통능력을 가지고 기업문화와 조직을 구축하며, 역경을 잘 이겨내고, 남보다 빠르게 잘 배우고, 도덕성, 신뢰성, 정직성을 갖추어야 한다는 것이다.

창업 초기 투자자들은 앞서 기술한 바와 같이 창업팀이 어떻게 구성되어 있는지 여부와 창업자와 그 팀원들이 성공하는 창업팀에게 요구되는 특성을 보유하고 있는지를 검증하고자 할 것이다.

〈표 13-1〉 창업팀에게 요구되는 특성

창업가형 리더의 특성	• 역경을 잘 이겨내고, 곧 회복한다. • 도덕성, 신뢰성, 정직성을 갖췄다. • 기업 문화와 조직을 구축한다. • 리더십을 가지고 팀원들을 잘 통솔한다. • 소통능력이 뛰어나다.
우수한 팀의 특성	• 관련 분야의 경험과 경력 보유 • 헌신적 태도, 결단력, 투지, 창의력 • 팀 중심의 사고방식, 적응력 • 남보다 뛰어나고자 하는 성취욕구 • 불확실성, 모호함, 위험에 대한 인내심 • 기회에 대한 강박관념을 가질 정도의 몰입

출처: Timmons & Spinelli (2009).

(3) 창업팀의 핵심 역량

창업기업의 구성원들은 비즈니스의 틀을 만들어 나가는 역할을 한다. 따라서 초기에 설정한 비즈니스 계획을 잘 수행해 나갈 수 있는 핵심인력과 그 역량을 갖추고 있지 않으면 순조로운 출발이 어려워진다. 창업기업은 현재 보유한 자산이나 매출액보다는 잠재력, 즉 성장가능성에 기초하여 평가를 받기 때문에 신생기업에게 가장 핵심적인 자원은 창업팀 구성원이 가지고 있는 역량으로 여겨진다. 그렇기 때문에 창업팀을 구성할 때는 창업팀의 규모와 더불어 신생기업으로서 부족한 자원을 보완할 수 있는 구성원의 핵심역량을 고려하여 선발하는 것이 매우 중요하다.

창업팀 구성원의 핵심역량은 '적격성'과 '적합성'으로 구분할 수 있으며, 각 영역별 주요 요인들은 〈표 13-2〉와 같다.

〈표 13-2〉 창업팀의 핵심 역량

적격성(Eligibility)	적합성(Suitability)
• 관련 자격증 및 경력 • 전문기술, 지식 • 특정 스킬의 보유 • 창업 경험 • 네트워크 • 자본투자 기여도	• 공유된 소셜미션, 비전, 목표, 가치, 신념 • 팀 구성원과의 개인적 적합성 • 상호 신뢰 • 융통성 • 학습 및 적응능력 • 리더십

출처: 김진수, 이창영(2014).

구성원의 '적격성'은 창업 아이디어와 비즈니스모델 개발에 필요한 전문적인 능력으로, 전문지식과 기술, 경험, 자본 등의 적격성 역량은 서로 다른 구성원이 다양하게 보유할 수 있기 때문에 개개인의 부족한 역량을 팀 구성원들이 서로 보완할 수 있도록 해야 한다. 그러나 서로 다른 배경을 가진 개인들이 한 조직 내에 있다 보면 업무방식, 위험감수 성향, 비즈니스에 대한 열정, 경영방식, 창업 아이디어 등에서 차이가 발생할 수밖에 없다. 이러한 차이는 비즈니스의 방향성을 형성해 가는 과정에서 구성원 간 의견차와 그에 따른 팀 내 부정적 갈등을 발생시킬 수 있다.

이런 경우에는 팀 구성원들 사이의 개인적인 '적합성', 즉 융통성, 학습과 변화에 대한 빠른 적응력 등과 같은 요인들이 팀의 조화에 중요한 기능을 하게 된다. 또한, 구성원 서로가 신뢰를 갖고 있고 소셜미션, 비전, 목표, 가치와 신념을 공유하고 있다면 창업팀의 결속력과 지속성은 더욱 증가하게 된다. 특출한 아이템이 아님에도 불구하고 우수한 팀이 성공으로 이끈 사례는 많다. 그러나 좋지 않은 팀이 정말 좋은 아이템을 가지고 있다고 해서 성공한 사례는 찾아보기 어렵다.

'누구와 함께 할 것인가'와 관련된 동기부여, 창업팀의 규모 및 핵심역량에 대한 검토가 이뤄졌다면 다음으로는 어떤 분야의 사람들을 선발할 것인가, 구체적으로 어떤 일을 맡길 것인가, 어떻게 선발할 것인가에 대한 내용을 결정하여야 한다.

[실무 필수 내용]

스티브 잡스의 인재 선발 기준

A급 인재는 A+급 인재와 함께 일하길 원하지만 B급 인재는 자신이 돋보이기 위해 C급 인재를 채용하고, C급 인재는 D급 인재를 채용한다.

2) 팀 구성원 선발 및 모집방법

(1) 소개를 통한 팀 구성원 선발

팀원을 선발하는 경로(Channel)은 여러 가지 방법이 있는데 실제 창업현장에서 가장 빈번한 경우는 주변의 소개로 선발하는 것이다. 그 이유는 특히 개발자나 디자이너 등 특별한 기능이나 기술이 필요한 분야의 사람은 선발할 때는 창업 초기 기업의 열악한 급여 조건과 복리후생 등을 이해하고 함께 기업을 만들어 나갈 수 있는 '의리형' 인재를 찾아야 하기 때문이다. 소개로 선발한 팀원은 소개한 사람과의 관계성 때문에 쉽게 이직을 생각하기 힘든 현실적 인간관계가 존재한다. 하지만 소개를 받은 상태에서 직접 면접으로 선발하는 경우가 가장 일반적이다.

(2) 면접을 통한 팀 구성원 선발

예나 지금이나 사람을 알아본다는 것은 매우 어려운 일이다. 더군다나 짧은 대화 속에서 상대방의 속마음과 생활 태도, 무엇보다도 창업기업을 위해 혼신을 다해서 몰입해 줄 것인지에 대한 것은 더더욱 알기 어렵다. 그래서 국내 굴지의 재벌회사의 창업주는 면접 시험장에 관상가를 두었다는 후문도 있다. 창업자는 만능이어야 한다. 인재를 알아보는 일에서도 전문가만큼이나 실력이 있어야 한다.

짧은 면접 시간 내에 인재를 알아보기 위해서는 준비된 면접 질문서가 필요하다. 면접을 통해 옥석을 가리는 경우에는 적절한 팀 구성원을 선발하기 위해 핵심적인 질문을 해야 하는데 〈표 13-3〉과 같은 핵심 질문들을 참고할 수 있다.

면접 대상자에게 '장점과 단점'에 대한 질문을 던져봄으로써 과연 단점을 어떻게 이야기하는지 자세히 살펴볼 수 있고, '향후 5년 후 후보자의 모습'에 대해 질문함으로써 어떤 방향의 목표와 꿈을 가지고 있는지 등을 알 수 있다.

〈표 13-3〉 면접 시 옥석을 가리는 핵심 질문 사례

- 커리어의 어느 지점에 위치하고 있으며, 5년 후 나의 모습은 무엇입니까?
- 커리어에서 가장 자랑스러웠던 순간은?
- 업무에서 가장 좋아하는 것과 싫어하는 것은?
- 잘못된 의사 결정을 내린 사례, 그 실수 후 무엇을 배웠고 어떻게 해결하였는가?
- 주위 사람들이 당신에 대해 잘못 알고 있는 부분이 있다면?
- 부하직원의 역량을 개발하고 향상할 수 있는 방법은?
- 장점과 단점
- 입사한다면 가장 먼저 해야 할 일은 무엇이고 어떤 점을 변화시키고 싶은가?

또한 〈표 13-4〉와 같이 면접 시 행동으로 보는 후보자의 평가 사례를 통해 보면, 면접 대상자는 무심코 습관대로 행동을 하지만 그것으로부터 평소의 태도와 생활습관을 엿볼 수 있다.

〈표 13-4〉 면접 시 행동으로 본 후보자의 평가 사례

구분	내용
언어적 행동	• 음성이 힘 있고 굵다. - 활동적, 도전적으로 일한다. • 언어가 간단명료하고 호감이 간다. - 대인능력이 뛰어나다. • 말의 핵심이 없다. - 요점파악 능력 부족, 생각이 체계적이지 못하다. • 수치를 자주 사용하고, 실적, 업적을 자주 언급한다. - 현실적, 결과 지향적이다. • 다른 사람을 칭찬하는 말을 자주 쓴다. - 사고가 긍정적이고 호인형이다. • 경청하는 반응을 보이지 않는다. - 일방적이다. • 결정적, 결론적, 단정적으로 말한다. - 자주독립성이 강하지만, 일방적일 수 있다.
신체적 언어	• 표정변화가 분명하고, 말과 표정, 몸짓이 일치한다. - 속마음을 숨기지 않는다. • 몸짓을 쓰지 않고 표정변화도 분명하지 않다. - 활동적이지 않고 속마음을 잘 드러내지 않는다. 진면목을 알기 위해 압박면접이 필요할 수 있다. • 눈을 바로 보지 않는다. - 자신감이 부족하고 뭔가 숨기고 있다. • 표정, 음성의 변화가 심하다. - 스트레스 내성이 약하다. • 매너리즘(손장난, 버릇)이 있다. - 산만하고 집중력이 약하다. • 첫인상은 좋지만, 마지막 인상은 첫인상보다 못하다. - 커뮤니케이션, 대인관계 역량을 제대로 개발하지 못하였다.

예를 들어 답변하는 말의 핵심이 없으면 '요점 파악 능력이 부족하다', '생각이 체계적이지 못하다'로 평가해 볼 수 있으며, 표정변화가 분명하고, 말과 표정, 몸짓이 일치하는 경우에는 '속마음을 숨기지 않는' 유형으로 평가해 볼 수 있다.

(3) 네트워크를 통한 팀 구성원 선발

대기업과 달리 공식적인 채용이 어려운 창업기업에서는 평소 네트워크가 매우 중요한 역할을 한다. 새로운 팀원이나 공동창업자를 만나기 위해 주변인에게 추천을 부탁하거나 여러 네트워크 행사에 참여하여 창업 팀원으로 활동해 보는 것도 필요한 팀 구성원을 선발하는 데 중요한 수단이 된다.

네트워크에 가입하는 것은 팀 구성원 선발뿐 아니라 추후에 경영활동에 있어 효과적인 정보나 자원에 접근을 쉽게 하며, 기술개발, 비용절감, 시장확대 등과 같은 기업의 전략적 목적 달성에 도움이 된다.

잡스는 고등학교 시절 전자관련 동아리에서 선배 워즈니악을 만났고 잡스가 HP에 다니는 워즈니악에게 회사를 그만두고 창업할 것을 제안하고 함께 역경을 이겨냈다. 잡스의 선경지명과 엔지니어 워즈니악의 개발 기술력이 애플 탄생의 기초가 되었다. 이처럼 공동의 창업목표를 가진 개인들이 만나는 계기가 필요하다.

이런 네트워크는 팀원 구성뿐만 아니라 추후에 효과적인 정보나 자원에 접근을 쉽게 하며, 기술개발, 비용절감, 시장확대 등과 같은 기업의 전략적 목적 달성에 도움이 된다.

3) 팀 구성원 간의 직무 분담

팀빌딩의 마지막 단계는 '어떤 일을 맡길 것인가?', 즉 직무 분담이다. 이 결정은 '어떤 분야 사람을 뽑을 것인가?'의 채용과 동시에 이루어진다. 창업자가 잘 알지 못하는 분야의 직무에 대해서는 현실적으로는 팀원 선발과정을 마친 후 해당 팀원이 작성하는 업무설명서(Job Description)로 직무 분담을 시작할 수 있다.

창업 초창기에는 모든 일을 창업자가 진행하여야 하나 창업자도 알지 못하는 분야의 직무에 대한 설계는 결국 해당 팀원으로 작성된 것이 창업기업의 첫 업무설계서가 될 수밖에 없다. 따라서 창업 초기에 창업 팀원을 구성한 이후에는 해당 팀원들에게 작업설명서를 작업 매뉴얼 수준으로 작성하도록 독려하는 것이 필요하다. 이렇게 작성된 업무 설명서는 나중에 갑작스런 직원의 퇴사 등에 슬기롭게 대처할 수 있는 좋은 사전 예방책이다.

3. 리더십과 갈등관리

1) 리더십

(1) 리더십의 정의

리더십이란 구성원에게 영향을 미칠 수 있는 리더의 성향, 행동, 상황과 관련된 제반특성들을 가리키는 개념으로 정의된다(노영현·이원기, 2012). 또한 조직의 공동 목표를 효과적으로 달성하기 위하여 조직구성원들의 자발적인 노력을 유인하고자 영향을 미치는 과정으로 정의되기도 한다(House, 1976; Yukl, 1998).

그럼 어떤 것이 리더를 리더답게 만드는가? 이에 대해 알리바바의 마윈은 《억만장자 알리바바 잭마의 8가지 스타트업을 위한 조언》에서 아래의 세 가지가 진정한 리더를 만드는데 필요하다고 주장하였다.

첫째, 리더는 비전을 제시해야 하고, 미래를 내다볼 줄 알아야 한다.

둘째, 리더는 직원이 버티지 못하는 것을 견딜 수 있는 투지와 끈기가 있어야 한다.

셋째, 리더는 강한 참을성과 받아들이는 역량과 실패를 받아들일 수 있어야 한다.

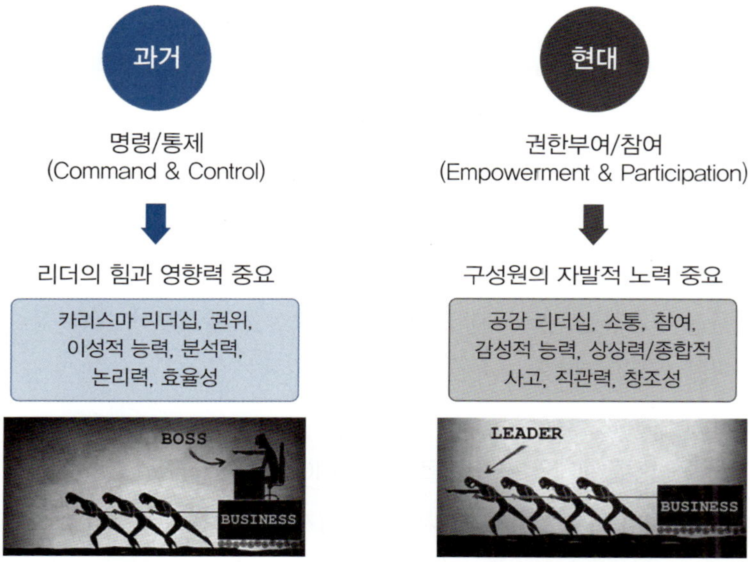

[그림 13-3] 리더(Leader)와 보스(Boss)의 차이

창업기업의 경우 사업 초기에는 창업자의 역량에 따라 기업의 성공과 실패가 좌우되는 정도가 매우 크다는 것이 일반적이다. 따라서 창업자의 리더십은 창업팀원들의 기업에 대한 몰입이나 직무 만족, 기업성과에 이르기까지 폭넓게 영향을 미치게 된다. 먼저 직무 몰입도를 높일 수 있는 방법을 살펴보고 그들을 적극적으로 움직이기 위한 것들은 어떤 것이 더 있는지 살펴보자.

(2) 직무 몰입도 향상(Employee Engagement)

'직원 몰입도'란 직원이 자신이 근무하는 기업의 성공을 위해, 시간, 두뇌, 에너지 등을 얼마나 자발적으로 투자하는가를 나타내는 것이다. 회사는 직원들과의 근로계약을 통해

주 40시간은 회사의 일에 집중하기를 바란다. 만약 직원들이 몸은 회사에 나와 있지만 마음은 다른 곳에 집중하고 있다면 회사로서는 큰 손해를 보고 있는 것이다. 직원들의 몰입도를 높이는 방법은 크게 다음의 세 가지로 정리된다.

① 직무관련 만족도를 높인다.

직원들의 직무관련 만족도를 높이기 위해서는 먼저 구성원이 일에서 재미와 성취감을 느끼도록 하여야 한다. 또한, 직원들이 자신의 일을 통해 기업이 성장하고 있다는 자부심을 갖도록 하여야 한다. 마지막으로, 직원들이 주인의식을 가지고 능동적으로 일에 흥미를 가지고 일할 수 있도록 하여야 한다.

② 공정한 평가와 보상체계를 갖추어야 한다.

직원의 직무 가치를 높이기 위해서 단순반복적인 행정업무를 줄이도록 하며, 성과에 대해서 공정하게 평가하는 시스템과 그에 합당한 보상을 제공하며, 높은 성과를 낸 사람에게는 파격적인 보상을 해줌으로써 차별을 두어야 한다.

③ 리더로서 구성원들에게 성장 비전을 제시하여야 한다.

직원들의 직무 몰입도를 높이기 위해서는 창업자가 구성원들에게 목표를 명확하게 표현하여야 하며, 구성원들에게 높은 기대감과 확신을 보임으로써 동기를 유발하고 직무교육 외에 회사의 인재상과 비전, 가치를 반영할 수 있는 다양한 학습과목을 선정하여 정기적으로 교육하여야 한다.

(3) 동기부여를 통한 내부결속

구성원의 자발적인 노력을 끌어내어 그들이 하나의 목표를 향해 정진하게 하는 것은 모든 창업자의 바람일 것이다. 어떻게 이것이 가능할 수 있을까? 과거에는 기계적인 일들이 많아 일의 양과 보상이 비례되어 누구에게나 공정한 기준을 만들 수 있었기에 금전적인 보상으로 동기부여가 가능했다. 하지만 지금은 인지적인 능력이 요구되는 복잡한 일들이 늘어나게 되면서 금전적인 보상을 강조할 경우 오히려 일을 망치기도 한다. 재능 있는 인재들을 실제로 수익이 날 때까지 머물게 하기 위해서는 스타트업의 어려움과 위험부담이 있음을 미리 알려야 한다.

그렇다면 돈보다 중요한 동기부여 요소는 무엇이 있을까?

① 스스로 일을 관리·감독하고 통제할 수 있는 자율성(Autonomy)

과거에는 리더의 힘과 영향력을 중심으로 명령과 통제로 기업이 움직였다면 현대에는 구성원의 자발적 노력이 중요하게 되었다. 창업자는 공감 리더십을 불러일으킬 수 있어야 하며 상호 소통하며 적극적인 참여를 유도할 수 있어야 한다.

② 자신만의 전문성(Mastery)을 최대화할 수 있도록 해주는 환경

주변에 보면 회사일로 바쁘고 벅찬데도 불구하고 자신의 비용을 지불해서 어학공부를 한다거나 악기를 배운다거나 하는 경우를 많이 보았을 것이다. 회사 구성원들의 전문성을 최대한 살릴 수 있는 환경을 제공함으로써 장기적으로 자신의 발전의 기회로 삼도록 하는 것이 중요하다.

또한, 이는 실질적으로 사업성과 도출에도 직결되는 문제다. 올리버 와이만과 EIU (Economist Intelligence Unit)가 17개 산업에 종사하는 기업 경영진 300명을 대상으로 실시한 조사와 인터뷰에서 이들의 가장 큰 도전 과제는 '혁신하기 좋은 분위기를 만드는 리더가 되는 것'으로 각자의 전문성을 인정하고 살릴 수 있는 환경이 필요함을 확인할 수 있다.

③ 분명한 목적(Purpose) 심기

목적의식은 개인적 강인함, 즉 자신의 신념을 굳게 믿고 그것을 계속 지켜나갈 수 있는 힘의 궁극적 원천이다. 목적을 심기 위해서는 무엇보다도 먼저 서로 일을 미루지 않고 경계를 긋지 않는 공유정신이 필요하다. 알리바바의 마윈 회장은 "모든 사람의 생각을 동시에 통일시킬 수 있을 거라 믿지 말라."고 한다. 그리고 창업자를 위해 일하는 것이 아니라 공동의 목표를 향해 일하게 하라고 한다.

2) 갈등관리

창업 초기 참여자와 중간 참여자와의 갈등이 발생한다. 창업 초기 참여자들은 스타트

업 시기의 어려움을 중간 참여자들이 알지 못할 것이라는 가정하에 미묘한 감정적 갈등이 상존하게 된다. 이러할 때 창업 초기 참여자와 중간 참여자들 사이에 화합이 이루어지도록 대표이사의 리더십이 절실하게 요구된다. 이러한 예상되는 갈등들에 대해서 사전에 방지할 수 있는 대비책을 알아두는 것이 필요하다.

(1) 리더와 팀원 간의 갈등 관리

스타트업이 아무리 서로 잘 알고 지내던 친한 사람들로 창업팀을 구성하였다고 하더라도 회사로서의 근무 규율을 유지할 필요가 있다. 예를 들어 상습적인 지각자와 무단결근자들에 대한 규율관리가 필요하다. 왜냐하면 상습적 지각자와 무단결근자가 구성원 중에 한 명이라도 발생하게 되면 남아 있는 다른 사람들에게도 영향을 미치게 되며, 회사의 분위기가 흐트러지게 된다. 따라서 상습지각자와 무단결근자 등에 관한 팀원들 간의 합의된 규칙을 유도해 내는 것이 필요하다.

(2) 공동 창업자들 간의 갈등관리

창업팀을 구성하여 회사를 운영해 나가는 과정에서 창업팀 간의 의견이 맞지 않거나 창업팀원의 개인적 사정으로 회사를 그만두는 경우가 발생하는 등 공동 창업자들 간의 갈등이 발생할 수 있다. 만일 이때 그만두는 팀원이 핵심적인 기술을 보유하고 있는 경우에는 회사 운영에 치명적인 문제가 된다. 따라서 이러한 경우를 대비하고 예측가능한 창업기업 경영을 위하여 사전에 팀원들 간의 계약을 하는 것이 필요하다.

창업기업의 팀원들은 대부분 초기 회사의 지분을 부분적으로 서로 소유하는 형태가 많고 주식회사의 경우 법적인 주주일 가능성이 높다. 따라서 팀원들 간의 계약이 곧 주주들 간의 계약이 되므로 '주주계약서'라고도 한다.

실리콘 밸리에서는 스타트업 창업 당시부터 변호사의 자문을 받아 창업자들 간 계약을 체결한다. 벤처캐피털들로부터 사업 초기 심사를 받을 때에서 반드시 변호사가 먼저 스타트업의 지분현황과 법률적 위험에 대한 분석을 한다. 하지만 한국의 대부분의 스타트업들은 회사 창업 시 창업자들 간 명확한 계약서조차 없는 경우가 허다하다. 그저 상호 간 지분이 얼마인지 정도만 합의한 후, '의리'로 함께 사업을 시작하는 것이다. 하지만 이러한 '의리'도 배고픈 스타트업 시기를 지나서 사업이 안정되고, 성공에 이르면 양상이 달라진다. 이러한 일련의 스타트업들의 시행착오를 알고 있는 벤처캐피털들은 '의리'로 뭉친 스타트업의 소유 및 운영구조를 매력적인 투자대상 기업으로 보지 않는다. 따라서 스타트업을 시작하면서 가장 필요한 것 중 하나는 바로 신뢰할 수 있는 사람들, 창업자들 간의 '계약'이다.

(3) 창업자들 간의 주주 간 계약

창업자들 간의 주주 간 계약(Shareholders Agreement)은 주식회사를 창업하고, 운영하면서 필요한 기본적인 사항들을 합의한 계약서를 말한다. 주주계약서에 작성하게 되는 내용은 주주 간의 역할과 책임, 창업자들 간의 지분율 확인 및 주권발행 여부 결정, 주주명부 발급, 회사의 자금관리에 관한 기본사항, 자금관리자가 이사회에 정기적으로 현황을 보고하고, 이사의 자필 승인 등이 있다. 주주 간 계약에는 위와 같은 사항들을 계약서 각 조항에 명시하면 된다. 그 중 이사회와 주주총회의 권한을 명확히 특정해서 회사 주주들의 동의를 받아야 할 부분을 미리 정할 필요가 있다.

또한 회사 설립 시 창업자들이 주로 놓치는 부분이 있는데 그것은 바로 정관 작성 시 주의해야 할 내용이 있다. 정관이란 주식회사의 조직과 활동에 대한 근본 규칙이다. 대부분의 사람들이 회사 설립 시 정관을 인터넷 등지에서 다운로드받은 일반적인 정관을 사용하고 있다. 하지만 회사 설립 정관으로 사용하기 전에 먼저 주의 깊게 보아야 할 내용으로 다음의 두 가지 규정이 있다.

① 주식양도제한 규정

주식회사에서는 원칙적으로 주식양도가 허용되지만, 소규모 회사에서는 회사 운영상 적합하지 않은 자가 주주가 되는 것을 원하지 않는 경우가 많다. 따라서 정관에 주식의 양도에 대해 이사회의 승인을 얻어야 하는 것으로 정할 수 있다(상법 제335조 제1항).

② 주식매수선택권(Stock Options) 부여에 관한 규정

스톡옵션은 회사의 설립과 경영, 기술혁신에 기여한 자에게 부여되는 권리이다. 하지만 주주나 임직원 이외에 제3자에게 스톡옵션을 부여하기 위해서는 정관에 근거를 두어야 한다. 통상 인터넷에서 다운로드 받는 표준 정관들에는 주식매수선택권에 관한 조항이 없는 경우가 있다.

지분으로 인한 여러 가지 갈등을 미리 대처하는 것이 좋다. 그렇다면 지분을 배분하는 시기는 언제가 좋을까? 사업이 자리를 잡기도 전에 누가 어떤 일을 얼마나 할지 명확하지 않은 상태의 지분배분은 오히려 프리라이더를 양산하기 쉽다. 전문가들은 지분배분은 MVP(Minimum Viable Product, 최소가능제품) 테스트 후 사업가능성이 확인될 때 하는 것이 좋다고 조언한다. 그 이유는 MVP 구축과정에서 각자의 실력이 드러나고, 누가 더 이 프로젝트에 헌신(Commitment)했으며 그런 것을 통해서 누가 지분을 더 많이 가져야 되는지 공감대도 형성할 수 있기 때문이다.

(4) 회사와 퇴직자 간의 갈등관리

창업기업의 경우 퇴직자의 관리도 중요하다. 대개의 퇴직자들은 퇴직하고자 하는 의사를 1, 2개월 전에 얘기하기보다는 퇴직이 임박할 때 통지해 오는 경우가 많다. 퇴직하기 일주일 전이나 임박해서 퇴직의사를 밝혀오면 대개 신입 대체 직원을 선발해서 업무 인수인계를 시킬 수 없는 경우가 많다. 이럴 때 창업자는 퇴직자가 야속해지지만 별다른 방법이 없다. 퇴직자가 나가고 나면 새로운 신입 직원이 채용되어서 업무 인수인계를 위해 회사를 방문해 달라고 요청해도 이미 다른 회사의 업무가 바쁘다는 이유로 업무 인수인계가 제대로 되지 않는 경우가 대부분이다.

이러한 일들은 사전에 예견할 수 있는 일들이다. 따라서 창업기업의 대표이사(CEO)는 평소에 이러한 퇴직자의 업무 인수인계의 어려움을 대비할 필요가 있다. 그 방법으로는 평소에 팀원과 관계가 좋을 때 담당 업무에 대한 자세한 업무설명서(Job Description)를 받아둘 필요가 있다. 심지어 담당 팀원이 나가면 대표이사인 창업자가 다 할 수 있을 정도로 자세한 업무설명서를 받아 둘 필요가 있다.

3) 창업 시 유의하여야 할 근로기준법 사항

실제 창업 현장에서 퇴직자들로 발생할 수 있는 대부분의 문제는 퇴직금과 연차수당에 관한 문제다. 2010년 12월 1일부터 근로기준법상 5명 미만의 근로자가 근무하는 사업장도 직원 한 명이라도 퇴직금을 지급하도록 규정하고 있다. 또한 상시근로자 5인 이상 사업장은 연차제도를 시행하여야 하며, 사용하지 않은 연차휴가에 대해서는 돈으로 보상해 주도록 되어 있다. 실제 창업에서 유의하여야 할 근로기준법 관련사항을 간략히 정리하면 다음과 같다.

(1) 취업관리와 근로계약의 체결

취업관리란 직원 선발 후 직원의 복무기준을 정하고 그 기준에 따라 직원의 출근, 퇴근, 결근, 휴가, 노동시간, 임금지불, 인사기록, 복무규율의 준수사항을 관리하는 것이다.

근로기준법 제2장에서는 근로계약의 체결에 관하여 구체적으로 규정하고 있다. 계약기간(법 제16조)은 '기간을 정하지 아니한 것과 일정한 사업의 완료에 필요한 기간을 정한 것 외에는 1년을 초과하지 못한다'고 규정하고 있다. 사용자는 근로계약 체결 시에 근로자에 대하여 임금(지급방법, 계산방법, 구성항목), 소정근로시간, 휴일, 연차유급·무급휴가, 취업장소와 종사업무, 취업규칙에 관한 사항을 명시(법 제17조)하도록 하고 있다. 노동법상 모든 입증 책임은 사업주에게 있다.

(2) 취업규칙

근로자가 취업하는 과정에서 준수해야 하는 복무규율은 물론, 임금, 근로시간, 기타 근로조건의 세부사항 등을 명확하게 한 것이다. 복무규율, 복무규정, 종업원 규정 또는 사규, 사칙 등의 이름으로 부르기도 한다.

취업규칙의 내용에 관하여 근로기준법은 상시 10인 이상의 근로자를 사용하는 사용인은 취업규칙을 작성하여 노동부장관에게 신고하고(법 제93조), 사업장이 여럿 있을 경우에는 사업장별로 작성하도록 규정(500만 원 이하 벌금)하고 있다.

(3) 연차유급휴가

근로기준법은 '1년간 8할 이상 출근한 근로자에게 15일의 유급휴가를 주어야(법 제60조 1항) 한다'고 규정하고 있다. 1년 초과 매 2년에 대해 1일 추가, 최대 25일이다(법 제60

조). 1년 미만 근로자에게는 1개월 개근 시 1일 유급휴가를 주어야 한다(법 제60조 2항). 연차유급휴가는 1년간 행사하지 아니하면 소멸한다. 단 사용자의 귀책사유인 경우는 그러하지 않다(법 제60조 7항).

연습문제 EXERCISE

객관식 문제

01 다음 중 인사관리 4대 영역이 아닌 것은?

① 선발 ② 훈련 ③ 승진
④ 평가 ⑤ 배치

02 면접의 목적에 적합하지 않은 것은?

① 지원자의 적합성을 평가하기 위해 대면기회를 갖는 것
② 회사에 관한 정보를 지원자에게 전달
③ 우수 지원자가 타사에 가지 않도록 유도
④ 지원서상의 불명확 부분의 명료한 작업
⑤ 자사 제품의 광고 홍보의 일환

03 다음 중 근로계약서 명시(근로기준법 제17조)의 사항이 아닌 것은?

① 임금의 지급방법 ② 임금의 계산방법 ③ 취업장소
④ 무급휴가에 대한 사항 ⑤ 종사업무

04 다음 중 팀창업보다 1인창업을 하는 상황으로 적합하지 않은 경우는?

① 창업할 산업과 관련해 창업자에게 인적자본과 사회적 자본이 풍부할 때
② 창업자가 모든 결정권을 보유하려는 성향이 강할 때
③ 산업의 변화 속도가 빠를 때
④ 창업자가 지원이나 검증의 필요성을 크게 원하지 않을 때
⑤ 사업규모가 작고 산업의 변화 속도가 느릴 때

05 창업팀이 필요한 이유가 아닌 것은?

① 무보수의 든든한 지원자 ② 투자 유치를 위해
③ 티몬스 창업과정모델에서 핵심요소 ④ 초기에 투자를 많이 받았을 때
⑤ 창업자가 모든 일을 할 수 없기에

06 티몬스 창업과정모델과 관련하여 옳지 않은 것은?

① 창업의 원동력은 자원 ② 자원은 외부적 요소로 구성
③ 자본시장의 측면에서 분석 ④ 소통, 창의력, 리더십이 필요
⑤ 기회는 사업의 모호함을 나타냄

07 팀창업 시 적정 인원과 관련 없는 것은?

① 온라인 또는 모바일 서비스인 경우 3~4명이 적당
② 신속한 서비스 출시를 위해 기능별 채용도 바람직
③ 처음에는 인원이 부족하니 중복해서 명함에 업무영역 구축
④ 아웃소싱도 고려해야 함
⑤ 업무상 다양한 일에 발품을 팔 각오가 있어야 함

08 시너지효과와 링겔만효과에 대해 틀린 설명은?

① 시너지효과는 책임감이 고조되는 효과이다.
② 링겔만효과는 집단 속 개인의 수가 증가할 때 발생할 수 있다.
③ 시너지효과는 '종합효과'라고도 불린다.
④ 링겔만효과는 '방관자효과'라고도 불린다.
⑤ 링겔만효과는 사회적 태만(Social Loafing)이다.

09 리더십에 관해서 다음 중 틀린 설명은?

① 리더십이란 구성원에게 영향을 미칠 수 있는 리더의 성향
② 조직의 공동된 목표를 효과적으로 달성하기 위하여 필요함
③ 사업 초기에는 창업자의 역량에 따라 기업의 성공과 실패가 좌우될 수 있음
④ 창업자의 리더십은 창업팀원들의 기업에 대한 몰입에 영향을 줌
⑤ 구성원의 자발적인 노력에는 영향을 못 미침

10 취업규칙의 내용에 관하여 근로기준법은 상시 (　　)인 이상의 근로자를 사용하는 사용인은 (　　　　　)을 작성하여 노동부장관에게 신고하고(법 제93조), 사업장이 여럿 있을 경우에는 사업장별로 작성하도록 규정(500만 원 이하 벌금)하고 있다. (　)에 적합한 말로 구성된 것은 다음 중 무엇인가?

① 10, 근무 규칙　② 10, 근로계약　③ 10, 취업규칙
④ 5, 취업규칙　⑤ 5, 근로계약

11 창업자들 간의 주식회사를 창업하고, 운영하면서 필요한 기본적인 사항들, 즉 예를 들면 주주 간의 역할과 책임, 창업자들 간의 지분율 확인 및 주권발행 여부 결정, 주주명부 발급, 회사의 자금관리에 관한 기본사항, 자금관리자가 이사회에 정기적으로 현황을 보고하고, 이사의 자필 승인 등에 관하여 합의한 계약서를 다음 중 무엇이라고 하는가?

① 창업자합의서　② 지분계약서　③ 근로계약서
④ 주주계약서　⑤ 동업계약서

12 창업자 간 지분을 배분하는 시기는 언제가 좋을까? 전문가들은 지분배분은 (　　　　　) 테스트 후 사업가능성이 확인될 때 하는 것이 좋다고 조언한다. 그 이유는 (　　　　　) 구축과정에서 각자의 실력이 드러나고, 누가 더 이 프로젝트에 헌신했으며 그런 것을 통해서 누가 지분을 더 많이 가져야 되는지 공감대도 형성할 수 있기 때문이다. (　)에 적합한 말은 무엇인가?

① MBO　② Lean Canvas　③ Business Model
④ MVP　⑤ CIP

13 2010년 12월 1일부터 근로기준법상 (　　)명 미만의 근로자가 근무하는 사업장도 직원 한 명이라도 퇴직금을 지급하도록 규정하고 있다. (　)에 적합한 것은?

① 10　② 15　③ 5
④ 4　⑤ 7

주관식 문제

01 직원들의 직무 몰입도를 높이기 위해서는 성과에 대해서는 공정한 (   )와 고성과자에 대한 (   ) 체계를 갖추어야 한다. ( )을 맞게 채우시오.

02 티몬스의 창업과정모델은 (   ), (   ), (   )의 3요소로 구성되어 있다.

03 근로기준법은 '1년간 8할 이상 출근한 근로자에게 (   )일의 유급휴가를 주어야(법 제60조 1항) 한다'고 규정하고 있다.

04 집단 속에 참여하는 개인의 수가 늘수록 성과에 대한 1인당 공헌도가 오히려 떨어지는 현상으로 사회적 태만(Social Loafing), 방관자효과를 낳는 책임감 분산현상을 (   )라 한다.

05 최근 창업트렌드에서 군살을 빼고 빠르게 움직일 수 있는 린 스타트업(Lean Start-up) 방법론이 주목받고 있는데 이의 성공은 최소한의 기능을 갖춘 제품이나 서비스를 말하는 (   )의 구현에 달려 있다.

CHAPTER 14

정부 창업지원 자금조달과 R&D 자금조달

학/습/내/용

1. 정부 지원사업의 이해
2. 정부 창업자금 및 R&D 자금지원 주요 사업 소개
3. 정부 창업지원 및 R&D 사업계획서 작성

CHAPTER

14 정부 창업지원 자금조달과 R&D 자금조달

학습목표

1. 창업 초기에 창업자들이 사업화하는 데 가장 필요한 사업 초기자금의 조달방법 중 정부가 지원하는 창업지원사업 및 R&D 지원사업에 대해 알아본다.
2. 창업성장단계별로 정부가 지원하는 창업지원사업의 지원전략을 알아본다.
3. 정부가 추진하는 창업지원사업의 수혜를 받기 위해 필요한 사업계획의 구성요소 및 제반 준비사항을 점검하게 할 수 있다.

1. 정부 지원사업의 이해

창업을 하는 대부분의 사람들은 꿈을 갖고 자신의 미래를 새롭게 설계하고 실행하기 위해 야심차게 준비한 창업의 아이디어를 사업화하기 위하여 노력한다. 그런 사업화를 현실화하기 위하여 가장 필요한 것이 바로 창업자금이다. 이에 정부는 창업자들의 새로운 기술개발 및 사업화를 장려하기 위하여 정부가 지원하는 사업을 운영하고 있다. 정부가 창업자들에게 지원하는 사업은 크게 나누어 창업지원사업과 R&D(연구개발) 지원사업으로 나눌 수 있다.

창업지원사업은 정부 각 부처 및 지자체에서 지원하고 있으나, 주로 중소벤처기업부 산하 창업진흥원이 담당하고 있으며, R&D 지원사업은 과학기술정보통신부(www.msit.go.kr), 산업통상자원부(www.motie.go.kr), 중소벤처기업부(www.mss.go.kr)가 사업분야별로 담당하고 있지만 3개 부처 외에도 농림축산식품부 및 해양수산부 등에서도 지원하고 있다.

창업진흥원(www.kised.or.kr)에서는 예비창업자를 포함하여 창업 7년 이내의 창업자들에게 각 창업단계별에 맞는 창업지원 프로그램을 운영하고 있으며, 해당 정보제공은 주로 창업지원 포털사이트인 케이스타트업(www.k-startup.go.kr)을 통해 운영되고 있다. 창업진흥원이 지원하는 창업지원 프로그램을 효율성을 제고하기 위하여 창업진흥원이 발주하는 창업지원사업은 주로 각 사업별로 주관기관을 별도로 선발하여 그 주관기관을 통해 창업자들을 발굴하고 지원하는 시스템으로 운영 중이다.

〈표 14-1〉 정부 창업지원사업 주요 전담기관

정부 창업지원사업		정부 R&D 지원사업	
관리기관	전담기관	정부 부처	전담기관
중소벤처기업부	창업진흥원 (www.kised.or.kr) (www.k-startup.go.kr)	중소벤처기업부	중소기업기술정보진흥원 (www.smtech.go.kr)
		과학기술정보통신부	정보통신기획평가원 (www.iitp.kr)
		산업통상자원부	한국산업기술평가관리원 (www.keit.re.kr)

중소벤처기업부에서는 상기 연구개발(R&D) 지원사업 외에도 금융, 인력, 판로, 수출, 컨설팅 등의 창업지원사업도 동시에 운영하고 있으므로, 창업자들은 반드시 창업 초기부터 전담기관인 창업진흥원에서 공고하여 지원하는 창업사업에 대한 정보를 주기적으로 확인하는 게 중요하다. 이들 기관들이 지원하는 사업의 기본적인 목록 등은 상기 홈페이지를 통해 확인할 수 있다.

[핵심 내용]

창업지원사업 및 R&D 지원사업의 정의

- 정부의 창업지원사업은 중소벤처기업부 산하 창업진흥원이 전담기관이 되어 각 프로그램별로 창업자들을 선발하는 주관기관을 선정하여 지원하고 있으며, 창업지원자금은 주로 상환조건 없이 무상으로 지원된다. 단, 프로그램별로 창업자들이 자부담하는 것에 대해서는 각 사업공고를 참조하면 된다.
- 정부 R&D 지원사업은 주로 중소벤처기업부, 과학기술정보통신부, 산업통상자원부(이상 3개 정부부처)가 지원하는 연구개발지원사업이며, 사업의 성격이나 사업 참여조건 등은 해당 전담기관 사이트를 통해 확인이 가능하다.

1) 정부 창업지원사업에 대한 이해

(1) 창업지원 개요

창업에 대한 정부의 지원정책은 성장 정체기를 극복하기 위한 범국가적인 차원에서도 아주 중요한 정책 중의 하나이다. 개인의 입장에서 시작하는 창업은 개인의 부를 축적하기 위한 아주 중요한 활동 중의 하나이지만, 국가적인 차원에서도 여러 가지 중요성을 가진다.

첫째, 기업을 창업하는 가장 중요한 목표는 수익을 추구하는 것으로써 결국, 부를 창출하는 것이다. 창업이 창출하는 부는 개인적으로도 소중하지만 사회적·국가적으로도 매우 유용한 것이다. 둘째, 기업을 창업하는 것은 일자리를 만들고 고용을 창출하여 사회적인 실업률 감소에 기여한다. 성장 침체기에 고용을 늘리는 방법 중의 하나가 바로 기업의 창업을 유도하는 것이다. 셋째, 기업을 창업하는 것은 자원을 활용하여 사회에서 필요한 재화 및 서비스를 생산하여 국가적으로 새로운 가치를 창출하게 된다. 넷째, 현대사회는 대부분 많은 시간을 직장에서 보내므로 인생의 질을 높인다. 다섯째, 창업을 하는 것도 기술을 통해 기업의 경쟁력을 강화하게 되고, 이러한 기술의 요구가 과학기술의 발달에 기여한다.

우리나라도 이러한 창업이 갖는 사회·국가적 중요성을 감안하여, 중소기업이 성장 발전하도록 벤처기업의 설립을 촉진하도록 지원하며, 건실한 산업구조를 구축하기 위한 창업지원정책으로써 1986년 창업지원법을 제정하였다. 창업지원법에서 의하면 "창업이라 함은 중소기업을 새로이 설립하는 것을 말한다."라고 정의하고 있다. 기업의 창업이란 재화나 서비스를 생산·판매하는 하나의 생산경제단위라는 시스템을 구축하는 일로서 일반적으로 사업을 새로이 개시(Start-Up)함을 의미한다.

정부는 청년 창업지원을 포함한 다양한 창업지원정책을 펼치고 있다. 특히 2017년 문재인 정부에서 새롭게 창업지원을 중점적으로 지원하기 위해 탄생한 "중소벤처기업부"를 중심으로 지방자치단체 등이 창업활성화 대책 등 다양한 제도를 마련하여 창업자금지원, 보육공간지원, 기술개발 및 인력자원지원 등 다양한 정책지원을 시행하고 있다.

「중소기업 창업지원법」은 청·장년층에서 중소기업의 설립을 촉진하고 중소기업이 성장하고 발전할 수 있도록 지원하는 법안이다.

(2) 창업자금지원 사업개요

정부에서는 벤처케피탈의 펀드 규모 확장은 물론, 2016년 11월 30일에 발효된 중소기업 창업지원법 일부 법률개정안 일명 "액셀러레이터 육성법"이 통과되어 시행됨에 따라, 국내 창업기업을 지원하는 또 하나의 전문기관이 설립되어 운영되는 등 창업자금지원에 대한 인프라는 점차 확대되는 양상이다. 2018년 12월 기준 약 130개의 액셀러레이터가 등록되어 Seed 투자는 물론 개인투자조합 결성을 하는 등 창업기업 투자 인프라의 한 축을 담당하고 있다.

창업을 지원하는 중심기관인 중소기업청이 2017년 중소벤처기업부로 승격되면서 정부 각 부처의 창업자금 지원사업이 중소벤처기업부를 중심으로 통합 운영되고 있으며 중소벤처기업부 등 정부의 주요 기관들이 지원하는 대표적인 창업지원금 프로그램은 다음과 같다.

① 예비창업 패키지

기술기반 창업을 준비 중인 예비창업자를 대상으로 예비창업자의 사업화를 위해 창업 교육, 전문가 멘토링, 시제품 개발 및 마케팅 등 창업 활동에 필요한 비용을 지원해주는 사업으로 일반분야(ICT, 바이오, 모빌리티, 로봇, 친환경/에너지, AI, 빅데이터 등)와 특화분야(소셜벤처, 여성)로 구분된다.

예비창업자의 경우, 창업기업 대응자금(자부담)이 없다.

② 초기창업 패키지

창업 3년 이내 기업을 대상으로 시제품 제작, 마케팅 등 창업 아이템을 사업화할 수 있는 자금과 투자 유치, 판로 개척, 아이템 시장검증 등 특화 프로그램을 지원하여 기업의 안정화 및 성장을 지원하는 사업이다.

사업비는 정부지원금(70% 이하)과 창업기업 대응자금(30% 이상)으로 구성되며, 창업기업 대응자금은 현금(10% 이상)과 현물(20% 이하)로 구성된다.

③ 창업성공 패키지(청년창업사관학교)

만 39세 이하인 자로서 창업 후 3년 이내 창업기업의 대표자를 대상으로 유망 창업 아이템 및 혁신기술을 보유한 우수 창업자를 발굴하여 창업 사업화 자금 및 정책자금 연계, 투자 연계 등 창업 전 단계를 패키지 방식으로 일괄지원하는 사업이며, 이 프로그램은 창업진흥원이 아닌 중소벤처기업진흥공단에서 전담한다.

사업비는 정부지원금(70% 이하)과 창업기업 대응자금(30% 이상)으로 구성되며, 창업기업 대응자금은 현금(10% 이상)과 현물(20% 이하)로 구성된다.

④ 창업도약 패키지

창업 3년 이상 7년 이내 기업을 대상으로 사업모델 및 제품서비스 고도화에 필요한 사업화 자금과 주관기관의 특화 프로그램 및 대기업 협업 프로그램을 지원하여 스케일업을 촉진하는 사업이다. 동 프로그램은 2024년부터 대기업이 동 프로그램에 참여하는 방식으로 변경되어 창업시장에 대기업의 참여를 유도하고 있다.

사업비는 정부지원금(70% 이하)과 창업기업 대응자금(30% 이상)으로 구성되며, 창업기업 대응자금은 현금(10% 이상)과 현물(20% 이하)로 구성된다.

⑤ 민관투자 주도형 기술창업 지원(TIPS)

세계시장을 선도할 기술 아이템을 보유한 유망한 창업팀을 민간 주도로 선발하여 엔젤투자에 정부 지원을 매칭하여 집중 육성하는 사업으로 TIPS, Pre-TIPS, Post-TIPS로 구분된다.

TIPS는 7년 미만 창업기업을 대상으로 팀당 R&D, 사업화, 해외 마케팅 등을 패키지 지원하고 Pre-TIPS는 3년 미만 창업기업을 대상으로 사업 아이템 구체화를 위한 사업화 자금을 지원하며 post-TIPS는 7년 미만 후속 투자를 유치한 팁스 성공기업을 대상으로 제품·서비스의 상용화 또는 국내외 마케팅 등 사업 고도화를 위한 자금을 지원한다.

또한 최근에는 민간투자의 참여를 유도하기 위하여 스케일업 Tips는 프로그램을 오픈하였다. 스케일업 Tips는 본격적인 성장단계의 중소·벤처기업을 지원하기 위해 운영사로부터 10억 원 이상의 투자를 유치하면 정부가 기술개발(R&D)을 3년간 최대 12억 원까지 지원하고, 후속투자 유치 등 성과를 창출한 기업에는 모태펀드에서 지분을 투자하는 방식으로 최대 20억 원의 자금을 지원하는 사업이다.

추가적으로 창업기업들의 글로벌 시장 진출에 대한 역량을 지원하기 위하여 글로벌 Tips 프로그램도 시행되고 있다. 글로벌 Tips에 선정되기 위해선 몇 가지 조건이 있다. 해외 벤처캐피탈로부터 3년 내 20만 달러(약 2억7500만 원) 이상 투자받았을 것, 그리고 기존의 다른 팁스 트랙에 선정된 이력이 있지 말아야 할 것 등이다.

⑥ 재도전 성공 패키지

폐업 이력이 있고 기술창업 아이템 및 사업계획을 보유한 예비 재창업자 또는 재창업 7년 이내 기업의 대표자를 대상으로 패키지식 사업화 지원을 통한 성공적인 기술기반 재창업을 지원하는 사업이다.

〈표 14-2〉 정부의 창업자금 주요 지원사업 요약

자금지원사업	모집구분		부처
	대상	주관(수행)기관	
데이터 활용 사업화 지원 (DATA-Stars)	데이터 기반 비즈니스 모델을 가진 7년 이내 창업기업	한국데이터 산업진흥원	과기부
관광벤처사업 공모전	관광분야 예비창업자, 초기기업(~3년), 성장기업(3~7년) 등	한국관광공사	문체부
예비창업패키지	예비창업자	창업진흥원	중기부
초기창업패키지	업력 3년 이내 창업기업	창업진흥원	중기부
창업성공패키지 (청년창업사관학교)	만 39세 이하, 창업 3년 이내 기업	중소벤처기업 진흥공단	중기부
창업도약패키지	업력 3~7년 이내 창업기업	창업진흥원	중기부
민관공동창업자 발굴육성사업(TIPS)	팁스(TIPS) R&D에 선정된 창업기업 중 업력 7년 이내 기업	창업진흥원	중기부
재도전 성공패키지	예비 또는 재창업 3년 이내 기업의 대표	창업진흥원	중기부
창업기업 지원 서비스 바우처 사업	만 39세 이하 청년으로 창업 후 3년 이내 중소기업	창업진흥원	중기부

상기 외에도 글로벌 창업지원 프로그램 등이 있으며, 각 지원 사업별 프로그램 내용은 케이스타트업(www.K-startup.go.kr)에서 확인이 가능하다.

2) 창업자금 외 기타 지원사업

(1) 창업교육지원

우리나라는 1986년 「중소기업창업지원법」이 제정되면서부터 창업교육에 중점을 두고 '창업'의 교과목을 정규과목으로 이수가 가능하도록 하고 있다. 그리고 정부의 지원에 의한 창업교육 프로그램이 대학차원에서 지속적으로 개발되면서 창업에 대한 관심이 상당히 높아지고 있다. 대학을 중심으로 보다 체계적인 창업교육이 1990년대부터 시작되었으며, 창업에 대한 과목을 개설하는 대학들의 강좌가 1990년 후반부터 급격히 증가하였다.

또한 중소기업청에서는 2004년부터 전국을 5개 권역으로 구분하여 창업대학원을 신설하였고, 창업대학원을 중심으로 기업가정신 및 창업실무교육을 이수하게 하는 등 창업교육지원을 강화하고 있으나, 2018년에 동 사업이 종료되어 2019년부터는 별도 지원정책이 없다.

상기 창업교육에 대한 창업자들의 지원프로그램도 청소년 비즈쿨, 혁신창업스쿨, 소상공인 등을 대상으로 신사업창업사관학교 등 다양한 프로그램들이 있으며, 각 프로그램별 자세한 공고내용도 케이스타트업(www.K-startup.go.kr)을 통해 확인할 수 있다.

① 청소년 비즈쿨

열정, 도전정신 등을 갖춘 융합형 창의인재 양성을 위해 초·중·고생을 대상으로 기업가정신 함양 및 창업교육, 창업동아리 활동, 전문가 특강, 모의 창업 등 체험을 통한 캠프 개최를 지원하는 사업이다.

② 혁신창업스쿨

혁신적인고 유망한 아이디어(비즈니스모델)를 보유한 (예비)창업자를 대상으로 온·오프라인 창업교육 및 멘토링을 통해 비즈니스모델 구체화 및 사업계획 수립을 지원하여 준비된 창업자를 양성하는 사업이다.

③ 신사업창업사관학교

신사업 등 유망 아이디어와 아이템으로 창업하려는 소상공인 예비창업자를 대상으로 창업교육, 온·오프라인 점포경영체험, 사업화 자금(매장 리모델링, 마케팅, 홍보비 등)을 지원하는 사업이다.

사업화 자금에 대한 자부담은 20%이다.

〈표 14-3〉 정부의 창업교육 주요 지원사업 요약

교육사업명칭	모집구분		부처
	대상	주관(수행)기관	
학생 창업유망팀 300	전국의 초 · 중 · 고등학생, 대학(원)생(휴학생 포함) 및 학교 밖 청소년 등	한국연구재단	중기부
공공기술기반 시장연계 창업탐색 지원	대학(원)생, 박사후연구원 등으로 구성된 (예비)실험실 창업팀	과학기술 일자리진흥원	중기부
스타트업 AI 기술인력 양성 (이어드림스쿨)	만 39세 이하의 청년	중소벤처기업진흥공단	교육부
신사업창업사관학교	예비 창업자	소상공인시장진흥공단	과기부
혁신창업스쿨	혁신적인 아이디어를 보유한 (예비)창업자	창업진흥원	중기부

청소년 비즈쿨	초등학교, 중학교 및 고등학교, 영재학교, 학교 밖 청소년 지원센터 및 대안교육 위탁교육기관	창업진흥원	중기부
지식재산기반 차세대영재기업인 육성사업	중학교 1~3학년 또는 그에 준하는 연령(만 13~15세)의 청소년	KAIST, POSTECH (한국발명진흥회 창의발명교육연구실)	중기부

(2) 네트워크 지원

창업 초기 기업의 안정적 성장을 가능토록 하는 마케팅의 지원은 매우 필요하다. 국내 마케팅에 대한 지원도 중요하지만 제한적인 국내시장은 물론 글로벌 경쟁력을 가진 창업기업을 육성하기 위해서는 글로벌에 대한 사업화 지원도 최근 들어 크게 늘고 있는 추세이다. 마케팅 역량이 부족한 창업기업을 지원하는 것은 사업화의 실패를 줄이는 대신에 경쟁력을 강화하여 창업기반을 조기에 구축하는 방향으로 지원정책이 실현되도록 하여야 한다.

특히 기술중심의 창업기업들에게는 글로벌 경쟁력을 키워주기 위해 TIPS(Tech Incubator Program for Startup) 프로그램을 통해 글로벌 사업화를 지원해 주는 방식도 매년 확대되는 양상이다. 창업자들을 위한 정부의 마케팅 지원사업도 케이스타트업의 포털사이트를 통해 확인이 가능하므로 창업자들은 2016년 이후부터 활성화되고 있는 글로벌 마케팅 지원사업을 포함한 다양한 마케팅 지원사업에 대한 관심을 갖는 게 중요하다.

상기 네트워크에 대한 창업자들의 지원프로그램도 도전! K-스타트업, 글로벌 스타트업 페스티벌, 여성 창업아이템 경진대회 등 다양한 프로그램들이 있으며, 각 프로그램별 자세한 공고내용도 케이스타트업(www.K-startup.go.kr)을 통해 확인할 수 있다.

① 도전! K-스타트업

예비창업자(팀) 또는 7년 이내 창업기업 대표자를 대상으로 중기부, 교육부, 과기정통부, 국방부 등 부처 합동으로 창업경진대회를 개최하여 유망한 (예비)창업자를 발굴하고 포상 및 창업 후속을 지원하는 사업이다.

② 글로벌 스타트업 페스티벌(COMEUP)

7년 이내 창업기업 중, 각 전시회별 지원요건을 충족하는 자를 대상으로 국내 스타트업 정책을 대표하는 'K-STARTUP' 브랜드를 활용하여 국가통합관 조성하여 전시회에 참여하는 혁신 스타트업의 브랜드 가치 제고 및 홍보를 지원하는 사업이다.

③ 여성 창업아이템 경진대회

여성 예비창업자 및 창업 후 5년 미만의 여성기업을 대상으로 창의적이고 우수한 창업 아이템을 조기에 발굴, 육성하고 여성의 창업 분위기를 조성하여 적극적인 창업을 지원하는 사업이다.

〈표 14-4〉 정부의 창업네트워크 주요 지원사업 요약

행사, 네트워크	모집구분		부처
	지원	주관(수행)기관	
대・스타 해결사 플랫폼	예비창업자(팀) 또는 7년 이내 창업기업	창업진흥원	중기부
도전! K-스타트업	예비창업자(팀) 또는 7년 이내 창업기업	창업진흥원	중기부
컴업(COMEUP)	국내외 스타트업 및 예비 창업기업	창업진흥원	중기부
환경창업대전	환경분야 예비창업자 및 창업기업(업력 7년 미만)	한국환경산업기술원	환경부
여성창업경진대회	여성 예비창업자 및 창업 후 5년 미만의 여성기업	(재)여성기업종합 지원센터	중기부

필수 내용

창업자금 지원사업 핵심요약

창업자들에게 지원하는 정부의 창업지원사업은 크게 자금지원, 교육지원, 마케팅지원으로 나누어진다. 창업자금지원은 대부분 지원사업에 공모해서 선발된 창업자들에게 무상으로 자금이 지원되며 상환의 의무는 없다. 따라서 각 창업자들은 자신의 사업화 지원조건에 맞는 창업자금 지원사업을 반드시 사전에 조사하여 선정가능성이 높은 프로그램에 지원하는 게 바람직하다.

3) 정부 R&D 지원사업에 대한 이해

(1) R&D 전담기관 역할

R&D 전담기관이란 정부부처를 대신하여 정부에서 지원하는 연구개발사업을 기획하고, 연구개발 수요를 조사하여 사업에 대한 세부 실행계획을 수립하며, 사업공고는 물론 사업

에 대한 평가를 통해 지원대상 창업기업을 선정하는 등의 역할을 담당한다. 따라서 아직 연구개발 전담기관의 사이트를 방문해 본 적이 없다면 이제부터라도 시간을 할애하여 해당 사이트의 구성내용 및 각 지원 프로그램별 정보제공 내용을 살펴보고 해당 사이트에 대해 익숙해지는 게 정부의 연구개발자금의 수혜를 받을 수 있는 기본적인 자세이다.

〈표 14-5〉 R&D 전담기관의 책임과 권한

구분	R&D 전담기관 업무내용
책임과 권한	• 연구개발계획 수립 및 정책연구 • 기술수요조사 및 경쟁력 분석 • 신청계획서 검토・조정, 수행결과보고서 검토, 수행결과의 평가 • 평가위원회를 통한 연구개발 대상기업의 선정 및 발표 • 사업수행 점검, 사업비 지급, 정산 • 연구개발자금(출연금)의 환수 및 제재 • 사업의 성과분석, 성과의 관리 및 활용 • 기술료의 징수, 사용에 대한 관리 • 기타 사업의 기획, 평가, 관리 등에 대한 업무 주관

(2) R&D 전담기관 특성

전담기관 혹은 전문기관의 역할과 특성을 이해하는 게 창업자들이 어떤 연구개발사업에 지원하느냐를 결정하는 중요한 근거가 된다. 중소벤처기업부, 산업통상자원부, 과학기술정보통신부에서 시행하는 R&D 지원사업은 대부분 전담기관을 통해서 이루어지기 때문에 각 전담기관에서 어떤 목적이나 어떤 내용으로 지원대상기업을 선정하는지 사전에 알아보는 게 매우 중요하다. 창업자의 입장이라면 아무래도 중소벤처기업부에서 지원하는 연구개발지원에 지원하는 게 유리하다. 과학기술정보통신부나 산업통상자원부에서는 창업기업들만을 위한 별도의 프로그램을 지원하기보다는 창업기업을 포함한 모든 기업들에게 연구개발 지원을 하게 되므로 창업기업이 기존 기업들과 경쟁을 하면 경험상 불리할 수가 있기 때문에 가능하면 창업기업들에게 지원하는 중소벤처기업부에서 공고하는 연구개발사업을 중심으로 이해하는 게 중요하다. 상기 3개 부처 의에 농수산식품부 및 해양수산부 등도 R&D 사업이 있다.

〈표 14-6〉 R&D 전담기관의 특징

전담기관	주요 핵심사업
정보통신기획평가원 (과학기술정보통신부)	ICT 기반의 R&D를 중심으로 정보통신기술 및 관련 분야의 연구개발 집중지원 (2018년에는 4차 산업혁명의 사업화 아이템도 육성 전망)
한국산업기술평가관리원 (산업통상자원부)	세계 최고의 산업기술을 선도하는 연구개발지원을 통해 글로벌 기술 경쟁력을 제고하는 연구개발
중소기업기술정보진흥원 (중소벤처기업부)	중소기업의 기술 경쟁력 강화를 통해 국내외 시장의 성장을 통한 국민경제에 기여할 수 있는 연구개발 지원

정보통신기획평가원에서는 특히 ICT 분야에 집중하는 게 특징인데 4차 산업혁명 시대에 국가 산업 패러다임을 전환할 미래 신성장분야 유망기업 육성 및 정책성과를 고려한 중소기업 혁신성장 지원을 더 확대해 나갈 것으로 전망된다. 따라서 창업자들의 사업화 아이템 중 ICT 분야에 해당되는 경우에는 반드시 독자적으로 연구개발사업에 참여하기보다는 관련 기술을 보유하고 있는 기술기업들과의 융합을 통해 R&D 지원사업에 참여하는 게 보다 유리하다. 특히 창업자들을 위한 독자적인 프로그램이 되어 있는 중소기업기술정보진흥원(www.tipa.or.kr)에서 시행하는 연구개발 프로그램에 다른 무엇보다도 관심을 기울이고 관련 정보 습득에 기울이지 않으면 안 된다.

따라서 창업 초기 기업 또는 기술력을 키워가는 중소·중견기업의 경우에는 반드시 중소벤처기업부 사업에는 주관기관으로 참여를 하는 게 좋으며, 산업통상자원부나 과학기술정보통신부의 연구개발사업은 지속적인 모니터링을 통해 자신의 기업 특성에 맞는 사업이 공고되면 주관기관보다는 참여기관 내지는 협력기관의 형태로 간접적인 사업 참여를 권장한다.

4) 중소기업기술정보진흥원 R&D 사업

중소벤처기업부 기술개발사업 종합관리시스템(www.smtech.go.kr)에서는 이러한 창업자들을 위한 연구개발과제에 대한 사업공고는 물론 관련사업의 정보를 공개하고 있다. 아울러, 해당 사업이 공고되었는지 확인을 하고 싶으면 사업공고 페이지에서 시행계획 공고문을 살펴보고, 필요한 경우에는 반드시 사업계획서 양식과 각종 준비서류를 다운받아 사전에 미리 준비해 보는 것이 중요하다. 특히 창업기업의 경우에는 창업성장기술개발사업에 대한 사전연구와 정보를 반드시 조사해 볼 필요가 있다.

〈표 14-7〉 중소벤처기업부 R&D 주요 사업 목록

R&D 지원사업	사업개요
창업성장기술개발사업	성장잠재역량을 보유한 창업기업의 기술개발 지원을 통해 기술창업 활성화 및 성장 촉진
중소기업 기술혁신개발사업	창업 이후 중소기업이 Scale-up할 수 있도록 시장검증 단계별 R&D 지원과 신속한 사업화를 통해 기업 성장 도모
디지털기반 중소제조 산재예방 기술개발	국내 중소기업들 대상으로 산재예방에 대한 디지털기반 기술개발 지원
산학연 콜라보 R&D	중소기업, 대학교, 연구소등의 기술개발 지원을 통하여 산학연 기술사업화 클러스터 구축 지원

[필수 내용]

창업기업의 R&D 핵심

정부부처(중소벤처기업부, 과학기술정보통신부, 산업통상자원부)에서 지원하는 R&D 지원사업 중 창업자들에게 가장 경쟁력이 있는 분야가 중소벤처기업부 산하기관인 중소기업기술정보진흥원(www.tipa.or.kr)에서 발주하는 연구개발과제이다. 따라서 창업자들은 동 기관에서 공고하는 연구개발지원사업에는 주관기관으로 참여하고, 나머지 2개 부처에서 지원하는 연구개발과제에는 참여기관으로 간접적인 참여를 하는 게 유리하다.

5) 정부 창업지원사업 공고의 이해

정부에서 지원하는 창업지원사업의 공고는 사업의 목적, 지원규모 및 기간, 사업지원에 필요한 신청자격, 지원대상 창업기업을 선발하기 위한 평가절차와 제출서류 등을 공지하고 있다. R&D 지원사업의 경우에는 지원하는 정부부처마다 약간 상이하지만 큰 범주 안에서 비슷한 공고 내용이다.

〈표 14-8〉 사업공고의 주요 내용 요약

사업공고 목차	주요 내용
사업개요	사업의 목적, 지원규모
지원금액 및 한도	정부지원금(R&D의 경우 정부출연금), 자부담금
신청자격 및 검토	신청자격, 지원분야
신청기간 및 방법	신청/접수기간, 신청방법
사업계획서 평가	서면평가, 발표평가, 현장평가

선정 및 협약	평가절차를 통한 지원대상 기업 선정 및 대상기업 간 협약절차
자부담금 납부	창업자들이 직접 부담하는 자부담금 납부 안내
문의처	사업지원사업관련 문의처 및 안내전화

(1) 지원사업의 목적

정부지원 사업의 목적을 정확히 이해해야 지원 성격에 맞는 사업계획서 준비가 다른 경쟁자들에 비해 완벽해질 수 있다. 따라서 창업자들은 무엇보다도 해당 창업지원 프로그램이 공고하는 사업의 목적을 포함하여 지원대상 분야, 사업비 지원규모 및 기간 등을 우선적으로 살펴보고 지원 여부를 결정해야 한다.

〈표 14-9〉 지원사업의 목적

사업공고의 목적	창업자가 이해해야 하는 의미
R&D 역량이 부족한 기업	지원대상 기업의 수준이 어떠한 사업환경에 있는 기업이 대상인지를 정의
중소기업, 중견기업, 창업기업	지원사업에 제안이 가능한 기업의 규모를 정확히 표현 (창업기업의 경우, 지원사업의 성격에 따라 예비창업자 및 7년 미만의 창업기업 등으로 표현)
제품경쟁력 강화 및 생산성 제고	R&D 지원사업의 목적과 기대효과를 정의
영업 및 마케팅 채널이 부족한	창업기업 중 마케팅 역량이 부족해서 마케팅지원 프로그램이 필요한 기업

(2) 지원사업의 성격 파악

사업목적뿐만 아니라 정부가 지원하는 사업의 성격이 기술개발인지, 서비스개발인지, 사업화 지원인지, 창업인력 지원사업인지, 마케팅 채널 지원사업인지 등 사업의 성격을 알아보고 사업계획서를 작성하고 제출해야 한다. 다른 여러 가지 성격의 사업이 많기 때문에 해당 사업의 성격에 맞는 내용으로 사업계획서가 작성되어야 함은 물론이다.

아무리 좋은 원천 핵심기술을 보유하고 있어도 서비스 개발 사업에 기술개발 계획서를 제안한다면 사업목적과 취지에 부합될 수 없으므로 당연히 서류평가에서 좋은 점수를 받을 수가 없다. 창업자들은 자신이 지원하는 사업의 성격을 자세히 사전에 파악하기 위해서는 직접 발로 뛰는 수밖에 없다. 해당 전담기관의 담당자 연락처를 찾아서 전화, 이메일 또는 직접 방문을 통해서라도 사업의 성격을 직접 확인하고 진행하는 게 최선의 방법이다.

특히 정부가 지원하는 것이 창업지원사업인지 R&D(기술개발) 지원사업인지 구분을 못하는 창업자들이 주변에 있다. 즉, 정부의 지원사업 성격이 사업화를 지원하는지 기술개발을 지원하는지를 명확히 이해하는 게 창업자들의 첫 번째 과제이다. 중소벤처기업부에서 시행하는 창업지원사업과 R&D 지원사업은 분명히 성격이나 목적이 다른데도 동일한 사업계획서를 제출하여 시간과 인력을 낭비하는 경우가 많다. 반드시 사업화를 추진하기 위한 사업계획서와 기술개발을 하기 위한 사업계획서의 목적이나 성격 그리고 제안서 내용등도 반드시 사전에 점검해야 한다.

(3) 지원대상기업 평가 및 선정절차

전담기관들에서는 제안 기업(융합과제의 경우 연구기관이나 대학 포함)들이 제출한 과제를 객관적인 기준으로 공정하게 평가를 진행하여 지원대상 기업을 선정하는 시스템을 갖추고 있다. 따라서 정부의 창업지원사업이나 R&D 지원사업에 도전하는 창업자들은 반드시 해당 사업의 평가 및 선정절차를 사업공고문에서 꼼꼼히 살펴보아야 한다. 통상적으로 중소벤처기업부에서 시행하는 창업지원사업은 [그림 14-1]의 절차에 따라 이루어진다.

[그림 14-1]에서 보는 바와 같이 창업지원사업의 프로그램을 통해 지원대상 창업기업을 선발할 경우에는 대동소이하게 모든 프로그램들이 상기와 같은 절차로 창업기업을 평가하고 선발한다. 일부 프로그램에 따라서는 3단계 서면평가를 통해 선발된 창업기업들을 대상으로 현장평가를 실시하기도 하며, 경우에 따라서는 평가의 이름만 다를 뿐 심층평가라는 단계를 거치기도 한다. 그렇지만 모든 창업지원 프로그램은 1차 서류평가를 통해 지원대상기업의 1.5~3배수를 우선 선발하고 2차 대면평가를 통해 최종 지원대상 창업기업을 선발한다. 프로그램에 따라 현장평가나 심층평가 점수가 반영되지 않고 사실 확인만 하는 경우가 많다.

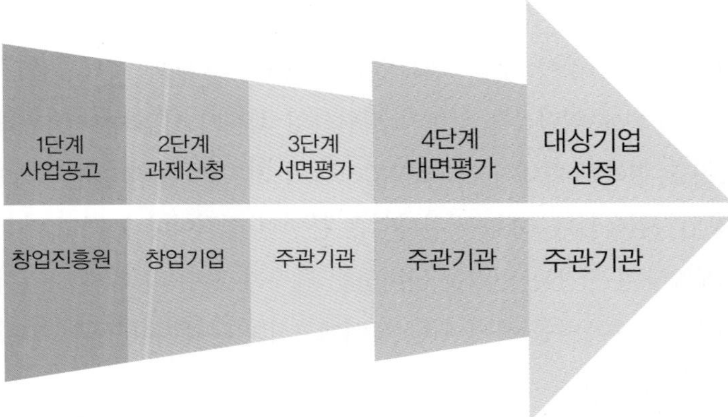

[그림 14-1] 창업기업 평가 및 선정절차

R&D 지원사업의 경우에도 창업지원사업과 동일한 절차를 거친다. 1차 서류평가와 2차 대면평가를 의무적으로 거치는 것이다. 따라서 연구개발지원사업에 지원하는 창업기업들도 창업지원사업과 마찬가지 평가와 선정절차를 거치게 되므로 이에 대한 동일한 절차의 준비를 하여야 한다. 명심할 부분은 정부의 창업지원사업과 R&D 지원사업은 사업의 목적과 성격이 분명히 다르므로 사업계획서 등에 대해서도 철저한 준비가 필요하다. 창업지원사업은 지원사업의 목적이 창업사업화에 필요한 자금지원(인건비, 외주용역비, 홍보비 등)이며, R&D 지원사업의 목적은 기술개발지원이 목적(기술개발에 필요한 자금지원으로 개발인건비, 연구비, 기자재 등)이므로 사업계획서의 내용도 달라야 한다.

(4) 사업신청에 필요한 항목

정부가 지원하는 창업지원 사업과 R&D 지원사업의 성격에 따라 참여조건 등이 같이 공지되므로 이를 잘 살펴보고 자격 조건에 맞는 사업을 선정하여 차질 없도록 준비하여야 한다.

〈표 14-10〉 사업신청에 필요한 항목

구분	기업규모	기업형태	여성기업	부설연구소	인증	재무상태
기업	중소기업 중견기업 대기업	개인사업자 법인사업자	여성CEO	유 무	이노비즈 벤처기업	부채비율 자본잠식

〈표 14-10〉과 같이 사업신청에 필요한 여러 가지 항목들이 있는데 창업자들은 자신의 창업기업이 어디에 해당하는지 반드시 알아야 하며, 사업지원에 필요한 기본적인 항목들은 물론 사업지원에 필요한 인증까지도 반드시 인지하고 있어야 한다. 상기 항목 외에도 개인사업자와 법인사업자의 형태까지도 본인이 알고 있어야 하며, 2018년부터는 1인창업자들에게 지원을 제한하는 프로그램도 있기 때문에 팀창업의 고민도 반드시 해보아야 한다.

(5) R&D 가점을 위한 인증

전담기관과 사업의 종류에 따라서 각각 가점과 감점제도를 운영하고 있다. 따라서 창업자는 본인의 사업아이템이 어느 항목에 해당되는지, 증빙에 필요한 서류가 무엇인지를 반드시 사전에 알아보아서 준비하고 있어야 한다. 정부의 창업지원사업의 경우에는 상대평가가 대부분이므로 총점 1점이 선정과 탈락을 좌우하는 기준이 되므로 반드시 가점항목에 대한 연구와 준비가 필요하다. 특히 R&D 지원사업의 경우에는 기술인증이나 사업의 인증이 가점항목에 해당되므로 창업자들은 반드시 가점항목에 대한 사전준비가 필요하다. 벤처기업인증, 이노비즈기업인증, 기업부설연구소의 설립 등이 당락을 좌우할 수도 있다. 특히 R&D 지원사업의 경우 창업지원사업의 경우처럼 총점의 1점이 아니라 0.1점에 따라 당락이 결정되는 경우가 있기 때문에 가점을 위한 인증에 소홀해서는 안 된다.

정부의 창업지원사업이나 R&D 지원사업의 경우에는 가점이나 감점항목에 대한 설명이 대부분 공고문에 나와 있으므로 단기간에 지원사업에 선정될 가능성보다는 중장기적으로 준비를 많이 한 창업자들에게 기회가 오기 때문에 사전에 준비가 당연히 필요하다. 따라서 창업기업의 해당 기술개발 지원과제 공고문에 게시되는 가점사항을 반드시 사전에 확인하여 준비해야 한다.

벤처기업인증의 심사주체인 기술보증기금은 「기술신용보증기금법」에 의해 설립된 공익기관이므로 기술보증기금을 통해 벤처기업인증을 받는 게 절차상으로 간단하고 시간을 단축할 수 있다. 기술보증기금은 벤처인(www.venturein.or.kr)을 통해 벤처확인/공시/투자/지원/뉴스자료 등의 서비스를 제공하고 있다. 창업자들은 해당 사이트를 통해 저렴한 평가비용으로 벤처확인 서비스를 업력 제한 없이 신청할 수 있다.

이노비즈 인증은 중소벤처기업부가 운영하는 이노비즈(www.innobiz.net)에서 평가를 신청할 수 있으며, 창업 3년 이상 중소기업이 대상이 된다. 벤처기업 인증과 더불어 각종 정부지원조건에 유리할 수 있으므로 이를 활용하도록 하는 게 좋다.

실무 필수 내용

창업사업공고의 핵심

창업지원사업 및 R&D 지원사업의 공고는 각 사업을 전담하는 기관들을 통해 일반에 공개된다. 따라서 창업기업은 동 지원사업의 프로그램 공고내용을 정확히 이해하고 사전에 사업지원에 필요한 제반 서류 및 가점항목들에 대한 사전준비가 필요하다. 특히, 사업의 목적, 성격에 부합하도록 사업계획서가 작성되어야 하고, 창업지원사업과 R&D 지원사업은 사업의 목적이나 성격이 다르므로 이에 적합한 사업계획서를 작성하여야 한다.

2. 정부 창업자금 및 R&D 자금지원 주요 사업 소개

정부가 창업의 활성화를 위해 지원하는 사업은 사업의 목적이나 성격에 따라 상당히 광범위하고 지원대상자가 제한되어 있는 경우가 많다. 따라서 창업자들은 자신의 창업단계에 따라 어느 지원사업에 도전할 것인가를 사전에 준비하지 않으면 안 된다. 이에 대한 정보를 취득하고 사업계획서를 준비하기 위해서는 창업자가 반드시 알아야 할 포털사이트가 바로 케이스타트업(www.k-startup.go.kr)이다. [그림 14-2]에서 보는 바와 같이 창업자들이 지원을 희망하는 정보가 모두 망라되어 있다. 창업사업화에 필요한 자금지원에 대한 프로그램 소개도 해당 사이트에 들어가 '사업화' 항목을 클릭하면 각 사업별로 프로그램 내용을 확인할 수가 있다. 동 사이트는 중소벤처기업부 산하 창업진흥원이 운영하고 있으므로, 사업화자금 지원뿐만 아니라 중소벤처기업부가 지원하는 R&D 지원사업까지 확인이 가능하다.

상기 포털 사이트에서 제공하는 창업자금지원 프로그램을 전부 설명하기보다는 창업자들에게 가장 보편적으로 지원하고 있는 창업지원 프로그램 2가지만 대표적으로 설명하고 나머지 지원 프로그램은 케이스타트업에 접속하면 자세히 설명되어 있다.

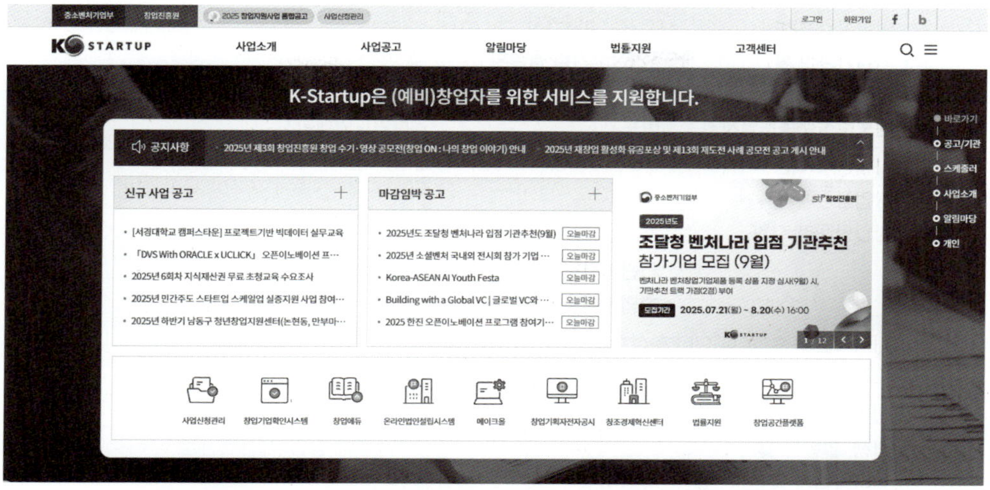

[그림 14-2] K-startup 포털 사이트

1) 정부 창업지원사업 프로그램

정부부처 중 창업지원사업에서 가장 중추적인 역할을 담당하고 있는 곳이 바로 중소벤처기업부이다. 중소벤처기업부 산하 창업진흥원이 창업활성화 프로그램을 성장단계별로 3단계로 나누어 분류하였다. 창업 준비단계는 사업자 등록을 하지 않은 기업, 창업 초기단계는 창업 후 3년 미만 창업기업, 창업 도약단계는 창업 후 3년 이상 7년 미만 기업으로 구분하여 예비부터 창업 후 7년 기업까지 창업단계별로 프로그램을 구성하여 지원하게 된다. 각 단계별 주요사업의 대표적인 지원사업으로 예비창업패키지(창업 준비단계), 초기창업패키지(창업 초기단계), 창업도약패키지(창업 도약단계)가 있다.

〈표 14-11〉 정부의 창업지원사업 프로그램

구분	창업 준비	창업 초기	창업 도약	혁신성장
정책 목적	• 창업저변 확대를 통한 창업 마인드 제고	• 우수 아이디어의 사업화 지원을 통한 창업 촉진	• 죽음의 계곡 극복	• 창업기업의 성장 지원을 통해 중기업으로 육성

<table>
<tr><td rowspan="4">주요
사업</td><td>• 예비창업패키지
• 기업가정신 확산
• 실전창업교육
• 멘토링플랫폼운영지원</td><td>• 초기창업패키지
• 1인창조기업 활성화
• 창업기업지원서비스 바우처</td><td rowspan="2">• 창업도약패키지</td><td rowspan="2">• 혁신분야 창업패키지
• 아기유니콘200</td></tr>
<tr><td colspan="2">• 사내벤처 육성
• 창업성공패키지
• 창업인프라 지원</td></tr>
<tr><td>-</td><td colspan="3">• 민관협력창업자육성
• 창업생태계 기반 구축</td></tr>
<tr><td colspan="3">• 지역기반 로컬크리에이터 활성화
• 도전 K-스타트업</td><td>-</td></tr>
<tr><td>지원
대상</td><td>• 창업에 관심을 가진 학생, 일반인 및 예비창업자 등</td><td>• 창업~3년 이내 창업 초기기업</td><td>• 7년 이내 창업기업</td><td>-</td></tr>
</table>

2) 정부 R&D 지원사업 프로그램

정부 R&D 지원사업은 중소기업들의 기술개발을 지원하는 사업이며, 사업의 목적에 따라 다양한 기술개발 과제가 있다. 중소기업기술혁신개발, 창업성장기술개발(3년 미만의 창업기업들에게 가장 최적화되어 있음), 디지털기반 중소제조 산재예방 기술개발, 산학연 콜라보 R&D, 지역혁신선도 기업육성 R&D, 중소기업 연구인력지원 등으로 구성되어 있는데, 최근에는 중소기업들의 수도권집중에 대한 문제점을 해결하기 위하여 지역기반의 혁신 R&D 기술개발도 중앙부처, 지자체 등을 중심으로 활발하게 이루어지고 있다.

〈표 14-12〉 중소기업 기술개발 R&D 지원사업 요약

<table>
<tr><th>세부사업명</th><th>내역사업명</th><th>중소벤처기업부</th><th>전문(관리)기관</th><th>연락처</th></tr>
<tr><td rowspan="3">중소기업 기술혁신개발</td><td>수출지향형</td><td rowspan="3">기술개발과</td><td rowspan="3">중소기업 기술정보진흥원
(기술혁신사업실)</td><td rowspan="4">중소기업
통합콜센터
1357</td></tr>
<tr><td>시장확대형</td></tr>
<tr><td>시장대응형</td></tr>
<tr><td rowspan="2">창업성장기술개발</td><td>디딤돌</td><td>기술개발과</td><td>(창업성장사업실)</td></tr>
<tr><td>TIPS</td><td>신산업기술창업과</td><td>한국엔젤투자협회</td><td>02-3440-7421</td></tr>
</table>

<table>
<tr><td>디지털기반 중소제조
산재예방기술개발</td><td colspan="2">디지털기반 중소제조 산재
예방기술개발</td><td>디지털혁신과</td><td>(창업성장사업실)</td><td rowspan="11">중소기업
통합콜센터
1357</td></tr>
<tr><td rowspan="4">산학연 Collabo R&D</td><td rowspan="2">산학협력</td><td>예비연구</td><td rowspan="4">기술개발과</td><td rowspan="4">전략협력사업실</td></tr>
<tr><td>사업화R&D</td></tr>
<tr><td rowspan="2">산연협력</td><td>예비연구</td></tr>
<tr><td>사업화R&D</td></tr>
<tr><td rowspan="2">지역혁신선도기업육성
R&D</td><td colspan="2">주력산업생태계구축</td><td rowspan="2">지역혁신정책과</td><td rowspan="2">지역특화사업실</td></tr>
<tr><td colspan="2">지역기업역량강화</td></tr>
<tr><td rowspan="4">중소기업연구인력지원</td><td colspan="2">신진연구인력 채용지원</td><td rowspan="4">인력정책과</td><td rowspan="4">지역정책기획실</td></tr>
<tr><td colspan="2">고경력연구인력 채용지원</td></tr>
<tr><td colspan="2">공공연 연구인력 파견지원</td></tr>
<tr><td colspan="2">중소기업연구인력
현장맞춤형 양성지원</td></tr>
</table>

* 담당부서 및 전문(관리)기관은 세부사업 공고 시 변경될 수 있음

[실무 필수 내용]

정부창업지원사업 및 R&D 지원사업 핵심

정부가 지원하는 창업지원사업은 예비창업자로부터 창업 7년 미만의 기업들까지 광범위하게 확대되어 있다. 대학생중심의 예비창업자의 경우에는 실전창업교육이 가장 최적화되어 있으며, 창업 3년 미만의 창업자들은 초기창업패키지, 창업성공패키지 등 사업목적이나 성격에 맞는 사업들이 다양하게 나와 있다. 3년 이상의 창업기업들은 창업도약패키지 지원사업에 지원하면 사업화 중간단계에서 점검이 필요한 제품개선아카데미 등 다양한 지원을 받을 수가 있다.

3. 정부 창업지원 및 R&D 사업계획서 작성

이 절에서는 사업계획서의 작성방법이나 구성요소에 대해서 구체적으로 다루지는 않는다. 창업실무론에서 사업계획서 작성방법에 대해서 세부적으로 다루고 있으며, 본서의 기업가정신과 창업과목에서도 직간접적으로 사업계획서에 대해 언급되고 있기 때문이다. 정부의 창업지원사업이나 R&D 지원사업에서도 당연히 사업계획서가 필요하다. 1차 서류평가가 바로 창업자의 사업계획서를 기본 바탕으로 하고 있기 때문이다. 따라서 이 절에서는 정부의 창업지원 사업계획서 작성 후 통과를 하기 위해서 필요한 정보를 언급하기로 한다. 정부의 창업지원사업 및 R&D 사업계획서 양식은 표준화되어 있으며 대

부분 사업공고문에서 다운받아 작성할 수 있게 되어 있다. 사업공고가 확인이 되면 사업계획서 양식에 맞게 작성하면 된다.

정부의 사업계획서는 PSST 방식으로 표준화되어 있다. PSST 방식이란 창업기업들이 성장할 수 있는 아이템을 개발/개선할 수 있는 방법으로 창업자 및 팀원들이 지원하는 아이템 개발/개선을 위해서 무엇이 필요한지를 인지하고, 해결방안을 제시한 후 본 아이템이 개발된 후 성장 가능성에 대하여 목표를 설정하며, 이를 실행할 수 있는 팀원이나 파트너들의 보유 역량과 필요 역량에 대하여 계획을 세우는 방식이다.

- Problem : 창업기업이 아이템을 개발하는 데 고객기반, 경쟁자기반 차별성 등의 차원에서 인지하고 있는 해결요소가 무엇인지를 파악한 단계
- Solution : 파악한 해결해야 할 요소들을 어떻게 해결할 것인지에 대한 방안을 도출하고 해결을 위한 자원과 프로세스를 작성하는 단계
- Scale up : 솔루션을 통해 만들게 된 사업 아이템을 통해 예상되는 매출은 얼마인지를 추정하고 이를 실현하기 위해 필요한 소요자금 내역과 자금조달 방안에 대하여 작성하는 단계
- Team : 추정된 매출액을 달성하기 위해서 필요한 인력(팀원과 파트너 등)에 대한 실행계획을 수립하는 단계

1) 사업계획서 중 사업아이템에 대한 작성

정부의 창업지원 사업계획서의 1차 관문이 바로 사업계획서의 서류평가이다. 따라서 사업아이템에 대한 시장성이나 경쟁력도 중요하지만 서류평가위원들에게 사업아이템에 대한 첫인상 또한 매우 중요하다. 따라서 아무리 사업아이디어가 우수하다고 하나 심사위원들에게 좋은 인상을 심어주기 위한 사업아이템에 대한 작명의 고민도 반드시 필요하다. 경쟁 창업자비율이 사업마다 차이는 있지만 기본적으로 10 : 1의 경쟁률을 기록하고 있는 상황에서 사업계획서의 첫 관문인 작명을 잘하는 것도 창업지원사업에 선정될 수 있는 요건 중의 하나이다. 따라서 사업계획서의 핵심은 제목, 창업자의 역량, 창업아이템의 사업성 및 기술경쟁력이다. 우리가 익히 알고 있는 5W1H의 형식을 잘 응용하여 사업명칭을 정하면 원하는 내용을 제목을 통해 잘 전달할 수 있지만 너무 복잡해서 필요 없는 내용도 포함될 가능성이 많다. 정부의 창업지원사업이 세계 기술 트렌드를 즉시 따라

잡아 어깨를 나란히 할 수 있도록 이를 사업추진방향에 반영하고 있으므로 이를 참조하여 작명하면 과제명 도출에 상당한 도움이 될 수 있다.

2) 사업계획서 작성 기본지침

사업계획서를 작성할 때는 무엇보다도 정부의 사업공고문에 첨부되어 있는 사업계획서 양식에 맞추어 작성되어야 한다. 사업계획서 작성원칙 또는 지침을 살펴보고 각 장과 절의 내용을 작성하는 가이드라인과 함께 살펴보는 것이 좋다. 정부창업지원사업의 경쟁은 양과 질적인 측면에서 매우 치열해지고 있으며, 이런 경쟁관계 속에서 각자 준비하고 제안한 사업계획서가 선정되기 위해서는 차별화되고 독창적인 콘텐츠와 전략이 반드시 필요하다.

〈표 14-11〉 사업계획서 작성 기본지침

양식에 충실하자	정부 창업지원 및 R&D 사업계획서는 주어진 양식에 맞게 적성한다.
당구장 표시의 작성 가이드에 주목	정부지원용 사업계획서는 양식에 포함된 내용 중에서 작성 가이드라인을 제시하고 있는데, 이 내용은 정독하고 이해한다.
새로운 장은 새 페이지	잘 정리 정돈된 사업계획서가 되기 위한 기본이지만 작성분량이 제한된 R&D 사업계획서는 참조만 하면 된다.
폰트와 글자크기	정부의 사업계획서에 정해진 폰트와 크기는 반드시 지킨다.
중요한 내용에 대한 강조	본인의 사업계획서 중에 심사위원들이 반드시 읽어야 하는 항목이나 내용에 대해서는 색깔, 박스, 폰트 서체/굵게/밑줄 등을 활용하여 최대한 강조해야 한다.
문장보다는 키워드 중심 요점정리	시각적인 효과를 나타내기 위한 중요한 내용을 기억하기 쉽도록 요약내용을 도식화하여 표현한다.
심사위원의 입장	역지사지의 입장(심사위원의 입장)에서 작성하는 자세가 필요하다. 특히 자신만의 기술만을 강조하는 것보다는 평범한 내용을 알기 쉽게 도식화하면 도움이 된다.
기술에 대한 설명	특히 R&D 사업계획서의 경우에는 특화된 기술과 방법, 보유기술, 알고리즘들을 설명하여 기술의 차별성이나 경쟁력을 부각시킨다.
공유하며 확장	사업계획서 작성은 여러 명이 공유하고 토론하여 작성하면 아이디어가 증폭된다.
인용자료의 출처	반드시 인용자료에 대한 출처가 필요하다. 자신의 생각으로 예상매출이나 시장규모를 제시하는 것보다는 객관적인 데이터를 제시하고 그 데이터의 출처를 밝히면 신뢰성이 쌓인다.
제안내용과 사업의 일치성	반드시 사업계획서의 제안내용이 정부의 창업지원 및 R&D 지원사업의 취지와 부합하도록 작성되어야 한다.
대표자가 작성	사업계획서는 동 사업을 추진하는 대표자가 작성하는 게 좋다. 부하직원이 작성할 경우에 1차 서류평가를 통과되었다고 하더라고 2차 대면평가에서 부정확한 답변이 될 수 있다.

실무 필수 내용

창업지원사업 및 R&D 사업계획서 작성

창업지원사업 및 R&D 지원사업의 사업계획서 작성 및 내용이 달라야 한다. 사업의 목적이나 성격에 맞게 기술적인 차별성이나 경쟁력 등을 언급하되, 가능하면 정부가 추진하고 있는 세계적인 기술트렌드에 맞도록 작성되어야 한다. 특히, 창업의 사업계획서는 무엇보다도 서류평가를 통과해야 하므로 사업계획서의 제목에 사업의 목적 등이 함축적으로 표현되도록 브레인스토밍을 하는 게 좋다.

연습문제 EXERCISE

객관식 문제

01 창업자들이 사업화 추진을 위해 자금을 조달하는 방법이 아닌 것은?

① 정부창업자금 ② 저축자금 ③ 외부의 직간접 투자
④ 금융권의 대출 ⑤ 사채의 발행

02 정부부처 중 창업자들에게 창업자금, 창업교육, 마케팅지원 등을 핵심사업 중의 하나로 하고 있는 기관은?

① 과학기술정보통신부 ② 행정안전부 ③ 교육부
④ 산업통상자원부 ⑤ 중소벤처기업부

03 중소벤처기업부 산하 창업전담기관인 창업진흥원에서 지원하는 창업지원의 분야가 아닌 것은?

① 자금지원 ② 교육지원 ③ 마케팅지원
④ 고용지원 ⑤ 글로벌지원

04 정부가 지원하는 창업지원사업 중 나이 제한이 있는 창업지원사업은?

① 창업도약패키지 지원사업 ② 예비창업패키지 지원사업
③ 창업성공패키지 지원사업 ④ 실전창업교육 지원사업
⑤ 초기창업패키지 지원사업

05 정부가 지원하는 창업지원사업 중 창업한 지 3년 이상 7년 미만의 창업자들에게 지원하는 사업의 명칭은?

① 창업도약패키지 지원사업 ② 초기창업패키지 지원사업
③ 스마트벤처캠퍼스 지원사업 ④ 스마트창작터 지원사업
⑤ 창업성공패키지 지원사업

06 정부가 지원하는 창업지원사업 중 주로 대학생 중심으로 최소가능제품(MVP) 제작비용을 지원하고 사업화를 액셀러레이터에게 연계 지원하는 사업은?

① 창업도약패키지 지원사업
② 초기창업패키지 지원사업
③ 스마트벤처캠퍼스 지원사업
④ 혁신창업스쿨 지원사업
⑤ 창업성공패키지 지원사업

07 중소벤처기업부 소속기관으로 창업기업의 R&D를 지원하는 기관은?

① 중소기업기술정보진흥원
② 중소벤처기업진흥공단
③ 한국산업기술평가관리원
④ 정보통신기획평가원
⑤ 정보통신산업진흥원

08 정부의 창업지원사업의 평가 및 선발과정이다. 아래에서 ( )에 들어가는 지원사업의 평가단계는 무엇인가?

① 사업공고	② 과제신청	③ ( )	④ 대면평가	⑤ 대상기업 선정

① 현장평가
② 서류평가
③ 심층평가
④ 재무평가
⑤ 등록평가

09 정부의 창업지원 및 R&D 지원사업에 반드시 필요한 사업계획서의 작성요령 중 틀린 것은?

① 당구장 표시가 있는 작성 가이드라인은 정독한다.
② 사업계획서 작성 시 해당 기관이 공고에 폰트와 글자크기를 정할 수 있다.
③ 사업계획서에는 자신이 강조하는 방식(색상, 밑줄 등)을 적용할 수 있다.
④ 사업계획서 작성은 자유양식이다.
⑤ 인용자료는 출처를 밝히는 게 좋다.

10 정부의 R&D 지원사업의 사업계획서 평가에서 가점이 되는 항목이 아닌 것은?

① 벤처기업인증
② 기업부설연구소의 보유
③ 이노비즈기업의 인증
④ 특허 등 지식재산권의 보유
⑤ 대표자의 기술 보유

11 세계 최고의 산업기술을 선도하는 연구개발지원을 통해 글로벌 기술 경쟁력을 제고해 주는 연구개발사업을 전담하는 기관은?

① 중소기업기술정보진흥원 ② 중소기업진흥공단
③ 한국산업기술평가관리원 ④ 정보통신기획평가원
⑤ 한국정보통신진흥원

12 기술혁신형 중소기업을 중심으로 구성된 개방형 R&D 협력체(산 · 연, 산 · 학, 산 · 산)의 이종 기술 간 융합을 통해 신기술, 신제품, 신시장 창출을 지원하는 사업은?

① 창업성장기술개발사업 ② 중소기업 기술혁신개발사업
③ 산학연 CollaboR&D사업 ④ 시장창출형 창조기술개발사업
⑤ 제품·공정개선 기술개발사업

13 정부의 창업지원 및 R&D 지원사업에서 사업공고에 포함되지 않는 내용은?

① 사업의 개요 ② 지원금액 및 한도
③ 신청자격 및 신청기간 ④ 사업융자 안내
⑤ 지원대상기업 선정 및 협약

14 정부의 창업지원 및 R&D 지원사업에서 지원대상 창업기업의 평가 및 선정에 대한 설명 중 틀린 것은?

① 1차 평가는 서류평가로 이루어진다.
② 창업전담기관에서 반드시 지원대상기업을 평가한다.
③ 심층평가나 현장평가가 있는 지원사업도 있다.
④ 2차 평가는 대면평가로 이루어진다.
⑤ 지원신청은 창업자(기업)이 직접 온라인을 통해 신청한다.

15 정부의 창업지원 및 R&D 지원사업의 사업계획서 작성지침에 대한 설명으로 틀린 것은?

① 폰트와 글자크기는 반드시 지침에 따라 작성한다.
② 문장보다는 키워드 중심으로 도식화한다.
③ 심사위원의 입장에서 비교적 이해도가 높게 작성한다.
④ 제안서 내용과 사업공고의 내용이 일치되도록 작성한다.
⑤ 지원대상기업의 누구나 작성해도 된다.

주관식 문제

01 정부의 창업지원사업의 정보를 일반 국민들에게 제공하는 공식적인 사이트의 명칭은?

02 중소기업창업지원법에 의하면 창업자란 중소기업을 창업하는 자와 중소기업을 창업하여 사업을 개시한 날부터 (　　)년이 지나지 아니한 자를 말한다. (　)에 적합한 숫자는 무엇인가?

03 기술개발에 성공한 벤처기업이 사업화 단계에서 겪는 고통의 과정을 일컫는 말을 무엇이라고 하는가?

04 정부부처인 중소벤처기업부 소속 전담기관으로 창업자를 발굴, 교육, 멘토링, 자금지원 등 국내 창업자 지원을 전문적으로 담당하는 전담기관은 창업진흥원이다. 그렇다면 전담기관의 감독을 받아서 창업기업을 직접 선발 · 육성하는 기관을 무엇이라고 하는가?

05 2016년 11월30일에 국회에서 관련 법안이 통과되었고, 주로 창업초기 기업들에게 Seed 자금을 투자하면서 창업기업의 성장을 지원하는 전문기관을 액셀러레이터라고 하는데, 이러한 액셀러레이터들이 49인 이하의 조합원을 모집하여 Seed 투자재원을 확보하는 형태를 무엇이라고 하는가?

CHAPTER

15

엘리베이터 피치와 효과적인 발표방법

학/습/내/용

1. 엘리베이터 피치

2. 효과적인 발표

CHAPTER

15 엘리베이터 피치와 효과적인 발표방법

학습목표

1. 엘리베이터 피치의 특징을 이해하고 실습할 수 있다.
2. 발표력은 미래 인재들이 갖추어야 할 핵심역량임을 이해할 수 있다.
3. 효과적인 발표를 이해하고, 설계하여 설득력 있는 프레젠테이션을 할 수 있다.
4. 사업계획서의 의미를 이해하고, 약식 사업계획서를 작성할 수 있다.

1. 엘리베이터 피치

엘리베이터 피치(Elevator Pitch)란 어떤 상품, 서비스 혹은 기업과 그 가치에 대한 빠르고 간단한 요약 설명서를 말한다. 로켓피치(Rocket Pitch)라고도 하는 엘리베이터 피치의 명칭은 엘리베이터에서 투자자 혹은 창업기업에 영향을 미칠 수 있는 주요 이해관계자를 만났을 때, 30초, 또는 1분, 3분이라는 짧은 시간에 사업 아이디어를 전달한다는 것이다. 엘리베이터를 타고부터 내릴 때까지 짧은 시간 안에 투자자의 마음을 사로잡을 수 있어야 함을 의미하는 것으로 할리우드 영화감독들 사이에서 비롯되었다고 한다.

[핵심 내용]

엘리베이터 피치의 정의

- 어떤 상품, 서비스 혹은 기업 가치를 짧은 시간 안에 전달하는 것으로 로켓피치(Rocket Pitch)라고도 함
- 비즈니스상에서 비롯된 용어로 짧은 시간 안에 투자자 또는 주요 이해관계자의 마음을 사로잡을 수 있도록 사업 아이디어를 전달하는 것

1) 엘리베이터 피치 구성하기

엘리베이터 피치(Elevator Pitch)는 주로 1분에서 3분 사이에 발표를 끝내야 하기 때문에 다음과 같은 핵심 내용이 시간에 맞게 포함되어야 한다.

(1) 엘리베이터 피치의 주요 내용

① 나는 누구이며, 우리 회사는 무엇인가

대부분의 투자자들이나 이해관계자들은 발표자의 이력 및 전문성 등을 매우 중요한 투자의 결정요인으로 여긴다. 아주 강력하게 자신의 장점, 특히 본 사업과 관련성이 높다고 생각되는 자신의 이력 중의 하나를 자기소개에 포함시키는 것이 바람직하다. 자신이 해당 산업 분야에 전문성이 부족하다면 창업팀의 이력을 소개 부문에 포함시키는 것이 좋다

② 문제제기

고객이 갖는 불편한 점은 무엇인가? 고객들이 그런 불편함을 갖게 되는 근본 원인은 무엇인가? 그러한 문제를 우리는 어떻게 해결하고자 하는가를 설명해야 한다. 문제를 정확하게 설명하는 것, 즉 고객의 불편함을 정의하고 그 해결책으로 우리의 제품이 등장하게 되었다는 점을 부각시켜 설명하여야 한다.

③ 제품 및 서비스 설명

제품의 주요 기능과 특징을 설명해야 한다. 짧은 시간에 효과적으로 설명하기 위해서는 기존의 제품들과 비교하여 설명하는 것이 좋으며, 우리 제품 및 서비스가 가지고 있는 주요 기능과 특징이 어떻게 기회로 작용되는지를 설명해야 한다. 제품 및 서비스의 특징을 설명한다는 것은 차별화 요소를 부각시키라는 말로, 우리의 제품 및 서비스가 다른 제품에 비해서 좀 더 저렴한지, 좀 더 나은 제품인지, 아니면 시장에 없는 최초의 제품인지 등을 설명하여야 한다. 엘리베이터 피치에서는 재무부문이 아주 자세하게 설명될 필요는 없지만 대략 언제부터 수익이 나기 시작하는지 매출과 비용에 대해 이해하고 있음을 보여주는 것이 좋다.

④ 고객과 시장에 대한 이해

제품 및 서비스가 좋다면 우리의 주요 고객은 누구인지, 고객의 특성을 명확하게 파악하고 있음을 보여주는 것이 바람직하다. 특히 고객과 더불어 시장(산업)의 트렌드와 성장가능성에 대해 설명하고, 주요 경쟁자에 대해 설명한다. 아울러 우리 제품 및 서비스가 경쟁자에 비해 어떤 부문에서 경쟁우위를 갖고 있는지를 비교 설명하는 것이 좋다.

⑤ 기타 보조자료의 활용

전문가의 인터뷰, 혹은 증거 자료들이 필요하다면 도식화하여 보여주거나, 인터뷰의 내용 일부를 발췌하여 제시하는 것이 필요하다.

(2) 효과적인 엘리베이터 피치

① 오프닝에 청중의 호기심 끌기

1분 정도의 짧은 시간 동안 이뤄지는 스피치에서 가장 중요한 것은 듣는 이의 관심을 끄는 것이다. 청중이 관심을 갖고 있는 시장문제나 규모에 대한 질문 또는 청중의 상식을 깨는 질문을 통해 청중을 발표자의 사고방식으로 끌어들인다.

② 문제가 해결된 세상을 상상하기

질문을 통해 고객이나 시장의 문제를 제기했다면 그 문제가 해결되었을 때의 상황을 청중들이 상상하도록 한다. 청중은 문제해결의 상황을 직접 상상하며 발표자의 아이디어가 무엇인지 촉각을 세운다.

③ 해결책 제시

해결책을 가지고 있거나 준비 중임을 알린다. 개발된 제품 또는 근거자료를 제시함으로써 풀고자 하는 시장의 문제, 시장의 규모, 해결되었을 때의 잠재가치, 실질적인 해결책을 발표한다.

실무 필수 내용

효과적인 엘리베이터 피치

고객이 갖는 불편함을 제시하고, 해결되었을 때의 좋은 점을 알려, 그에 대한 매력적이고 독창적인 해결책이 있음을 알려 우리 제품과 서비스의 잠재적인 성장가능성을 제시한다.

2) 엘리베이터 피치 시 주의사항

엘리베이터 피치는 매우 중요한 자리에서 아주 짧은 시간에 효과적으로 하고자 하는 내용을 잘 전달해야 하기 때문에 많은 준비가 필요하며, 효과적으로 시간을 활용하기 위해서는 다음과 같은 사항에 대해 준비를 철저히 해야 한다.

(1) 엘리베이터 피치 시 주요점

① 제품 및 서비스의 기회 강조

제품 및 서비스 설명을 하는 데 너무 지나치게 자세히 설명하는 것은 바람직하지 못하다. 기회가 있음을 설명하는 것이 중요한데, 제품 및 서비스의 기능 및 특징만을 부각시키는 것은 바람직하지 못하다.

② 기존 제품과의 차별성 부각

기존의 제품과 차별성은 엘리베이터 피치의 핵심부문이다. 대부분 발표자의 오류는 청중이 기존 제품을 모두 알고 있다고 가정하는 것부터 시작한다. 즉 발표자 자신과 같이 청중도 해당 분야에 전문지식이 많다고 가정하는 경우이다. 대부분 청중은 기존 제품에 대해서 모르며, 산업에 대한 어떤 전문지식도 가지고 있지 않다고 가정하고 제품을 설명하여야 한다. 이러한 설명을 한 후에 기존 제품과의 차별성을 부각시키는 것이 바람직하다.

③ 명확한 숫자로 근거 제시

고객이 누구인지, 시장규모가 얼마나 되는지 명확한 숫자로 설명을 해야 한다. 명확하지 않은 '고객규모의 추측, 그럴 것이다'라고 하는 발표자의 생각으로 시장규모를 설명하는 것은 명확하지 않다. 고객과 시장규모를 설명하는 데는 근거 있고 논리적인 자료를 바탕으로 설명하도록 준비해야 한다.

(2) 엘리베이터 피치 시 활용하면 좋은 것

① 표와 그래프

짧은 시간에 효과적으로 발표를 진행하기 위해서 표와 그래프 같은 시각적인 집중을 끌 수 있는 방법을 활용하는 것이 좋다.

② 고객 및 전문가의 의견

고객의 목소리를 담거나, 전문가 인터뷰 내용을 발췌하여 신뢰도를 높이는 것이 좋다.

③ 사진들

사진을 활용하면 설명력이 높아지고, 실제 현상을 전달하기에 신뢰성이 높아질 수 있다.

④ 다른 산업에서 우리와 비슷한 경우 소개

우리 제품 및 서비스의 성공가능성을 설명하기 위해서 다른 산업의 사례를 활용하는 것이 바람직하다.

(3) 엘리베이터 피치 시 피해야 할 사항

① 노트나 메모를 보고 읽는 경우

노트나 메모를 보고 읽는 것은 청중들의 신뢰감을 떨어뜨리는 대표적인 행위이다. 해당 제품이나 서비스가 무엇인지 발표자가 이해하고 있지 못하거나, 준비를 대충해 왔다는 이미지를 주기 때문이다. 전체 발표 자료의 구성을 암기하여, 설명 발표 자료가 없더라도 발표를 진행할 수 있을 정도로 준비를 해야 한다.

② 기술적이고 전문적인 용어를 너무 많이 사용하는 경우

기술기반의 창업 아이템을 가지고 있는 발표자의 경우는 특히 주의해야 할 부분이다. 청중들의 투자 및 기업가적 과정의 전문가들이지 해당 산업의 전문가가 아닌 경우가 많다. 본인이 발표하기 전에 이 분야에 전혀 전문지식이 없는 중·고등학생을 대상으로 혹은 본인의 부모님을 대상으로 사업 설명을 해보는 것이 좋다.

③ 파워포인트 및 컴퓨터 사용이 미숙한 경우

포인터 사용 혹은 페이지 넘기기 등 컴퓨터 사용 및 파워포인트 사용이 미숙한 경우에는 준비의 부족으로 간주되어 투자자에게 낮은 점수를 받을 수 있다. 투자자들은 사업성에 대한 평가도 하지만 얼마나 발표자가 성실하게 준비를 하고, 청중을 존중하는지에 대한 태도 또한 평가한다.

④ 너무 많은 정보를 주려고 하는 경우

엘리베이터 피치는 20분 동안의 사업설명회 혹은 투자유치설명회 발표가 아님을 기억해야만 한다. 너무 많은 정보를 주려다 보니 시간을 넘기거나 혹은 발표의 양 때문에 지나치게 발표 속도가 빠른 것은 감점의 요인이 될 수 있다. 정확한 시간에 맞추어 적절한 정보만을 전달해야 한다.

⑤ 고객을 잘 이해하지 못하는 경우

우리의 고객이 누구인지 명확하게 발표할 때 제시되지 않으면 청중을 설득할 수 없게 된다. 아무리 우수한 제품 및 서비스를 만들었다고 하더라도 고객이 누구인지 명확하게 한마디로 정의되지 않으면 투자자는 발표를 신뢰할 수 없다.

⑥ 경쟁자들을 무시하는 태도 및 발언을 하는 경우

본인의 제품 및 서비스의 우수성에 심취되어 있는 발표자는 경쟁자를 무시하는 발언을 하기도 한다. 경쟁제품에 대해 너무 과장되게 설명하는 것은 피해야 한다. 우리 제품의 차별성을 설명하는 것이 필요하다.

⑦ 지나친 과장이나 잘난 척을 하는 경우

시장의 성장률 혹은 제품의 차별성을 설명할 때 많은 발표자들이 지나친 과장을 하는 경우가 많다. 매출에 대해 낙관적으로 예측치를 보이거나 과장하는 것은 피해야 한다.

3) 효과적인 엘리베이터 피치를 위한 NABCD

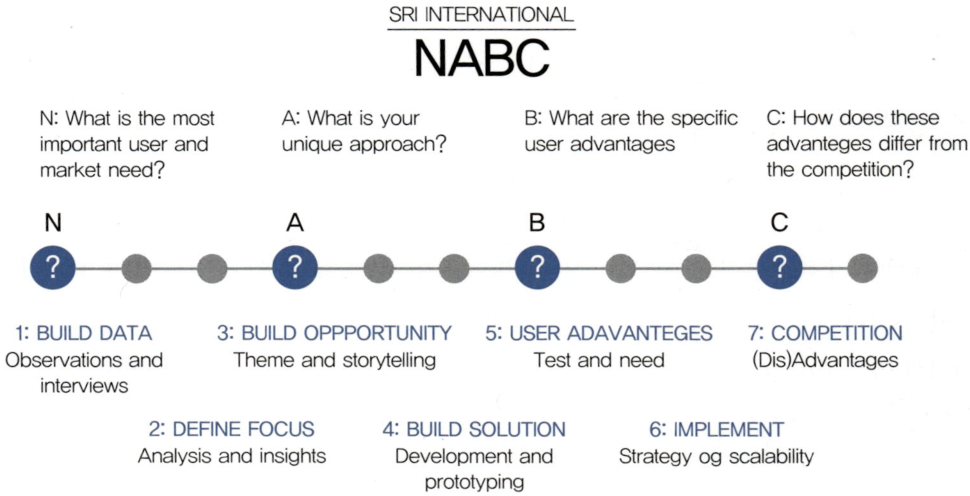

[그림 15-1] SRI NABC

출처: Carlson & Wilmot (2006). Innovation - The five disciplines for creating what customers want.

스탠포드 대학교에서 운영하는 SRI(Stanford Research Institute) International은 미국의 3대 싱크탱크의 하나로 'NABC(Need, Approach, Benefit, Competition)'를 통해 잠재적인 사업의 장점과 아이디어를 확인하고 있다. NABC는 경쟁업체 또는 대안업체와 비교했을 때, 중요한 고객이나 시장의 요구를 매력적인 이익과 독특한 접근방식으로 해결하는 것이다. 즉 고객에게 우리의 '가치제안'이 옳고, 최선임을 믿도록 하는 것이다. SRI에서는 경쟁력 있는 가치제안을 효율적으로 하기 위해 NABC를 활용하고 있다. 엘리베이터 피치는 성공적인 NABC의 첫 번째 테스트로, 엘리베이터를 이동하는 동안 고객에게 가치제안을 요약할 수 있을 때까지 반복적으로 진행한다.[1)]

핵심 내용

NABC의 정의

- 경쟁업체 또는 대안업체와 비교했을 때, 주요한 고객이나 시장의 요구를 매력적인 이익과 독특한 접근방식으로 해결하고 있음을 확인하고 알리는 수단
- 엘리베이터 피치에 NABC를 활용하며 반복 훈련을 통해 고객의 가치제안을 요약

1) Stanford University, SRI International Best Practice, EDUC303X-spring2006.

(1) 유통채널의 중요성

스탠포드 대학교에서 2006년 시작된 NABC를 지속적으로 실습하는 과정에서 실제 제품이나 서비스가 고객에게 전달되는 방법인 유통채널에 대한 중요성이 대두된다. 유통채널(Distribution Channel)은 과거와 달리 통신, 인터넷, 앱의 발달로 혁신적인 성장을 이루었고 비즈니스에 있어 제품과 서비스의 생산과 더불어 고객에게 어떻게 전달할 것인가도 매우 중요한 요소로 부각되었다. 따라서 가치제안 중심의 NABC의 요소에 유통채널의 특성을 강조한 가치전달 요소와 수익모델을 추가하도록 한다.

(2) NABCD의 기본 요소

[실무 필수 내용]

NABCD

- N : 고객의 니즈는 무엇인가?
- A : 고객의 불편이나 문제를 위한 우리의 매력적인 솔루션은 무엇인가?
- B : 우리의 해결책으로 고객이 얻는 이점은 무엇인가?
- C : 우리의 이익이 경쟁자보다 명확하게 좋은 이유는 무엇인가?
- D : 우리 제품이나 서비스를 고객에게 어떻게 전달할 것인가?

NABCD는 훌륭한 프레젠테이션의 수단이기도 하며, 아이디어를 구체화해 나가는 과정에 있어서 유용하고 필수적인 수단이다. 프로젝트 진행 시 NABCD를 순차적으로 적용하면 짧은 시간에 상대방에게 주요 쟁점에 대한 해결책을 제시할 때 유용하게 활용할 수 있으며, NABCD 접근법을 통해 얻어진 결과를 엘리베이터 피치(Elevator Pitch)로 변환하여 발표하면 매우 효과적인 결과를 얻을 수 있다.

① Need : 고객의 니즈는 무엇인가?

중요하고 명확한 고객과 시장기회를 인식하고, 시장규모와 최종 고객을 명확히 해야 한다. 이때 시장은 필요한 투자 및 개발이 가능한 만큼 커야 한다.

② Approach : 특정 고객의 니즈에 대한 우리의 강력한 매력적인 솔루션은 무엇인가?

해결책을 시뮬레이션하거나 모형을 만들거나, 그림을 통해 시각적으로 전달한다. 접근방식의 반복을 통해 시장 포지셔닝, 비용, 직원 배치, 파트너와의 관계, 산출물, 지적 재산 보호 등을 포함하는 사업제안 및 계획을 달성할 수 있다.

③ Benefit : 우리의 접근방법으로 고객이 얻는 이점은 무엇인가?

고객의 필요에 대한 다양한 접근방식은 저비용, 고성능, 고기능, 빠른 응답과 같은 고객의 독특한 이익을 제공한다. 이익은 다른 것이 아니라 정량적이고, 실질적으로 더 좋은 것을 말한다.

④ Competition/Alternative : 우리의 이익이 경쟁자보다 명확하게 좋은 이유는 무엇인가?

누구에게나 대안이 있지만 고객에게 우리의 해결책이 어떤 이유로 최상의 가치를 지니는지 말할 수 있다.

⑤ Distribution Channel : 우리의 제품이나 서비스를 고객에게 어떻게 전달할 것인가?

유통채널은 상품 또는 서비스가 최종 소비자에게 도달할 때까지 통과하는 비즈니스 또는 중개자 체인이다. 소비자가 제조사로부터 제품을 구입하는 직접 채널과 도매상이나 소매점에서 구입하는 간접채널로 크게 2가지로 나눌 수 있다. 아울러 이러한 전달방법들에서 수익모델, 즉 어떻게 고객으로부터 수입을 얻을 것인가도 언급할 필요가 있다.

⑥ 반복

NABCD 개발에 반복은 필수적이다. 고객의 니즈와 우리의 해결책과 경쟁자 또는 대안을 반복적으로 오가는 과정에서 고객의 이익을 쉽게 이해시킬 수 있고 발전될 수 있다.

[실무 사례 연구]

NABCD의 쉬운 예

존, 너도 나처럼 배가 고프지? [Need] 우리 점심 먹으러 맥도널드 대신 [Competition] 회사 카페에 가자. [Approach] 맥도널드도 괜찮지만, 회사 카페는 맥도널드와 비슷한 가격에 조용해서 계속 대화를 할 수 있어. [Benefit Per Cost] 직접 가서 먹으면서 이야기 하도록 해. [Distribution Channel]

2. 효과적인 발표

발표란 어떤 사실이나 결과, 작품 등을 세상에 널리 드러내어 알린다는 사전적 의미로 기본적으로 남들 앞에 혼자 서서 정보전달, 즉 언어로 표현하여 말하는 것이다. 정보화 시대 성공의 포인트는 발표력에 있으며, 비즈니스 세계에서 발표의 비중은 점점 늘어나고 있다. 발표를 통해 자신의 생각이나 의견을 효과적으로 표현한 만큼 자신을 알릴 수 있고, 새로운 기회를 얻기도 한다. 프레젠테이션이란 듣는 이에게 정보, 기획, 안건을 제시하고 설명하는 행위를 가리킨다. 즉 전반적인 발표를 의미하는 것으로 언어만을 활용한 발표 외에 시청각 자료를 활용한 효과적인 발표라고 할 수 있다. 실제 외국에서는 스피치와 같은 의미로 사용되고 있다.

핵심 내용

발표의 정의

- 청중을 대상으로 언어로 표현하는 것을 말하는 것으로 최근에는 시청각자료를 활용하여 정보, 기획, 안건을 효과적으로 전달하는 행위를 포괄적으로 일컫는다.
- 발표의 또 다른 표현으로는 연설, 스피치, 프레젠테이션, PT 등이 있다.

1) 발표의 이해

(1) 발표는 미래핵심역량

① 발표는 경쟁력이다.

기업에서 일상화된 커뮤니케이션 방식은 발표이다. 학교에서도 리포트를 작성하는 대신 발표할 기회가 점점 늘어나고 있으며, 취업에서도 면접의 비중이 확대되고 있다. 자신의 의견을 효과적으로 전달한다는 것은 정보나 지식을 얼마나 알고 있느냐 보다 내가 가진 정보나 지식을 목적과 상황에 맞게 얼마나 효과적으로 재구성하였느냐는 것에 있다. 또한 새로 구성한 정보를 얼마나 설득력 있게 전달하느냐가 중요한 경쟁력이 되었다. 상대방과의 소통이 중요해지는 사회에서 발표력은 경쟁력 있는 역량이다.

② 발표는 훈련할 수 있다.

남 앞에 서기를 두려워하는 사람은 타고난 성격 탓에 발표할 수 없다고 단정짓는다. 외향적이고 활달한 사람들만이 발표의 소질을 타고 난다고 생각한다. 그러나 말 잘하는 능력, 다른 사람 앞에서 떨지 않는 능력, 유머를 구사하는 능력, 핵심을 잘 전달하는 능력은 타고나는 것이 아니라 훈련되는 것이다. 프레젠테이션을 단순히 말을 잘 하는 능력과는 다르다. 프레젠테이션을 다양한 도구와 스킬을 활용하여 상대방이 이해하기 쉽도록 정보를 재구성하고 간결한 언어로 이야기하는 것이다. 프레젠테이션은 다른 사람의 발표를 보며 배우고, 실제 해보면서 훈련할 수 있는 능력이다.

(2) 발표 상황 이해하기

① 목적 구체화하기

프레젠테이션이란 말은 원래 광고 대리업자가 예상 광고주를 대상으로 광고계획서를 제출을 위해 진행한 발표를 가리켰지만 요즘에는 일반적으로 청중을 대상으로 보고하거나 발표하는 일련의 행위를 뜻하는 말로 사용하고 있다. 최종적인 의사결정과 판단을 내리는 과정에서 프레젠테이션이 이뤄지는 경우가 많은데, 이때 목적을 분명하게 설정하는 것이 중요하다. 발표의 목적이 '정보제공 위한 설명'인지, '설득'인지, '재미'를 위한 것인지 결정해야 한다.

② 청중 분석하기

발표의 실패 원인 중 한 가지는 청중을 고려하지 않은 준비에 있다. 즉 청중이 듣고 싶어 하는 이야기가 무엇인지 파악하여 청중이 이해할 수 있는 수준으로 기억할 수 있는 방식으로 전달하는 것이 중요하다. 좋은 시청각자료와 내용일지라도 자신이 하고 싶은 말만 하는 것은 청중이 무엇을 듣는지 고려하지 않는 실패한 프레젠테이션이 된다. 프레젠테이션 전에 성별, 연령, 교육수준, 종교, 직업, 지위 등의 수량적으로 파악할 수 있는 정보 수집부터 청중의 관심사, 지식 정도, 태도나 신념 등 지적·심리적 특성을 파악하는 것이 중요하다.

③ 장소와 시간 확인하기

청중과 소통을 원활하게 하기 위해서는 발표의 장소와 시간을 분석하는 것이 매우 중요하다. 발표장의 크기, 청중의 규모, 좌석 배치 상황, 스크린의 위치, 마이크, 빔프로젝트, 화이트보드 사용 유무 등 물리적 환경을 파악해야 한다. 프레젠테이션의 목적 달성을 위해 반드시 체크해야 하는 것은 시간 확인으로 예상 소요시간과 청중이 집중해서 들을 수 있는 효율적인 시간을 파악하는 것은 매우 중요하다. 또한 프레젠테이션이 열리는 시간대를 파악해서 청중의 생체리듬 및 집중력을 고려한 장치가 필요하다.

[실무 필수 내용]

발표 상황 이해하기

발표는 어떠한 목적으로 누구에게 어떠한 내용을 어느 곳에서 어느 때에 얼마의 시간 안에 진행해야 하는지 구체적으로 체크해야 한다.

〈표 15-1〉 발표 상황 체크리스트

상황	내 용	O, X
목적 구체화하기	'알리고, 설명하고, 보고하는' 등의 정보 제공이 목적이다.	
	'제안하고, 동의를 구하고, 행동을 촉구하는' 등의 설득이 목적이다.	
	'공감하고, 즐기고, 공유하는' 등의 재미가 목적이다.	
청중 분석하기	청중의 연령대를 알고 있다.	
	청중의 성별을 알고 있다.	
	청중의 교육수준을 알고 있다.	
	프레젠테이션 주제에 대한 청중의 관심 정도를 알고 있다.	
	발표자에 대한 청중의 태도를 알고 있다.	
	프레젠테이션 상황에 대한 청중의 태도를 알고 있다.	
장소 확인하기	발표장의 크기와 참석자 수를 알고 있다.	
	발표장의 좌석 배치를 파악하고 있다.	
	연단, 마이크, 칠판, 화이트보드, 마커 등이 구비되어 있다.	
	컴퓨터, 빔프로젝트, 리모컨 등이 구비되어 있다.	
시간 확인하기	프레젠테이션 제한시간을 알고 있다.	
	프레젠테이션 제한시간에 다룰 수 있는 주제이다.	
	프레젠테이션 하는 시간대가 청중이 잘 집중할 수 있는 시간이다.	

2) 발표 준비하기

발표는 진행하는 발표자, 발표를 듣는 청중, 전달하고자 하는 메시지, 발표가 이뤄지는 환경이 잘 구성되었을 때 훌륭한 발표라고 할 수 있다. 어려운 전문용어로 복잡하게 이야기하지 않고, 듣는 사람이 이해하기 쉽도록 전달해야 한다. 쉬운 이야기든 어려운 이야기든 발표를 다 듣고 나서 청중들은 명확한 메시지를 전달받아야 한다. 발표를 다 들은 후 사람들의 머릿속에 핵심적인 메시지가 떠올라야 하는 것으로, 초반에 강력하게 언급하고 마무리에 다시 강조하여 핵심 메시지가 전달되도록 해야 한다.

핵심 내용

발표를 위한 준비

발표를 진행하는 발표자, 발표를 듣는 청중, 전달하고자 하는 메시지, 발표가 이뤄지는 환경을 구성하여 쉬운 언어로 핵심 메시지가 전달되도록 하는 것이다.

(1) 발표 준비를 위한 방법

① 1단계 - 발표를 위한 기본 요소 분석, 3P분석

기획 전에 앞서 말한 발표 상황에 대한 기본 요소를 분석하는 과정이다. 발표를 위해서 가장 먼저 이루어져야 하는 것은 청중 분석으로, 현실적으로 청중의 입장을 이해하고 어떤 이익을 제시할 수 있는지에 따라 성공 여부가 판가름 난다. 또한 청중 분석만큼이나 중요한 것은 목적 분석이다. 목적을 제대로 분석하지 못했다면 발표가 산으로 가게 될 수 있다. 장소를 체크할 때는 기자재를 비롯하여, 좌석 및 냉·난방시설 등 다방면으로 체크해야 하며, 청중과 발표 당사자의 역할을 바꿔 청중의 입장에서 발표를 들어봐야 한다.

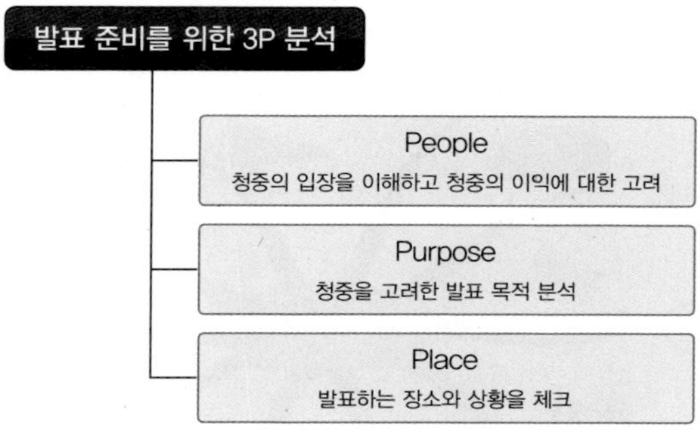

[그림 15-2] 발표 준비를 위한 3P 분석

② 2단계 - 발표의 목표와 주제 선정하기

- 발표의 목표 : 발표의 목표가 정보제공인지, 설득인지, 흥미전달인지 명확히 한다.
- 발표 주제 정하기 : 발표의 주제는 명확하게 선정하고, 주제를 풀어낼 논리적 구상을 한다. 그에 따른 자료를 조사하고, 발표의 전체 흐름을 구상해 본다. 발표의 주제는 개인적인 관심이나 전문성에 근거해 결정해야 하며, 청중의 관심과 수준도 고려하여야 한다.
- 발표계획서 작성하기 : 발표 주제가 정해졌다며 본격적인 발표 기획에 들어가기 전에 발표계획서를 작성해 본다. 개인 발표의 경우에는 발표의 목적, 주제, 일정, 계획을 스스로 세울 수 있으나 팀별 과제일 경우 발표의 과정을 서로 공유하고 역할을 분배할 수 있는 과정이다.

③ 3단계 - 발표 자료 조사와 정리하기

- 발표 자료 조사하기 : 발표 자료는 조사는 1차 자료 조사와 2차 자료 조사로 나눌 수 있다. 1차 자료는 설문지조사법, 면접조사법, 관찰법 등으로 직접 조사한 자료이고, 2차 자료는 인터넷 검색, 연구결과 자료, 통계자료 등 다른 연구자나 기관에서 발표한 이용가능한 것이다. 2차 자료를 활용할 경우는 정확한 출처를 밝히며, 자료가 최신 자료인지, 신뢰할 만한 기관과 연구자의 자료인지 확인해야 한다.
- 발표 자료 정리법(마인드맵) : 영국의 저명한 교육심리학자인 토니 부잔에 의해 계발된 두뇌개발 프로그램으로 머릿속에 지도를 그리듯이 이미지, 컬러, 핵심단어를 사용하여 재미있고, 효과적으로 이해하고 기억하는 방법이다.

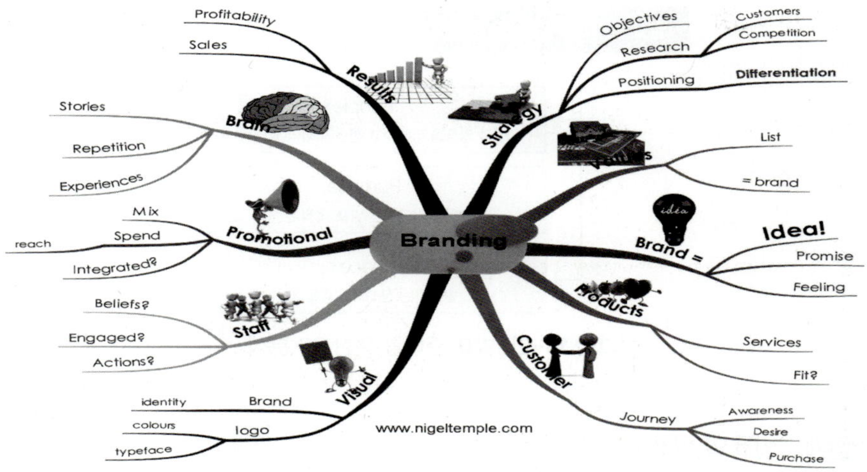

[그림 15-3] 마인드맵

출처: http://www.nigeltemple.com/2012/04/01/mind-mapping-software/

- SES : SES는 간단하게, 쉽게, 짧게 자료를 구성하라는 것이다. 자료는 복잡하게 만들면 만들수록 처치하기 곤란해지는 게 일반적이기 때문에 수많은 정보와 자료를 구성하고 발표할 때 필요한 것이 SES법칙이다.

④ 4단계 - 발표 내용 구성

- Why-What-How : 발표의 내용을 논리적으로 구성하기 위해 Why-What-How를 활용한다. 왜 이 발표를 하는지 목적을 명확하게 정리하고, 목적에 따라 무엇을 발표할 것인지 이야기하며, 구체적으로 어떤 수단과 방법으로 전개할 것인지 전체 흐름을 구상해 본다.

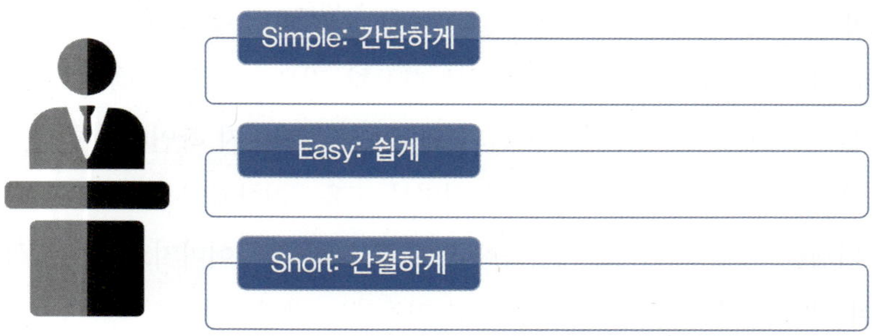

[그림 15-4] 발표 내용 구성

• 스토리보드 만들기[2] : 발표의 자료 정리, 논리적 구상이 되었다면 전달을 위한 파워포인트나 시청각 자료를 만들기 전 스토리보드를 만들어 본다. 스토리보드는 노트에 글과 그림으로 발표 자료를 표현해 보는 것으로 종이에 펜으로 직접 작업하며 수정해 본다.

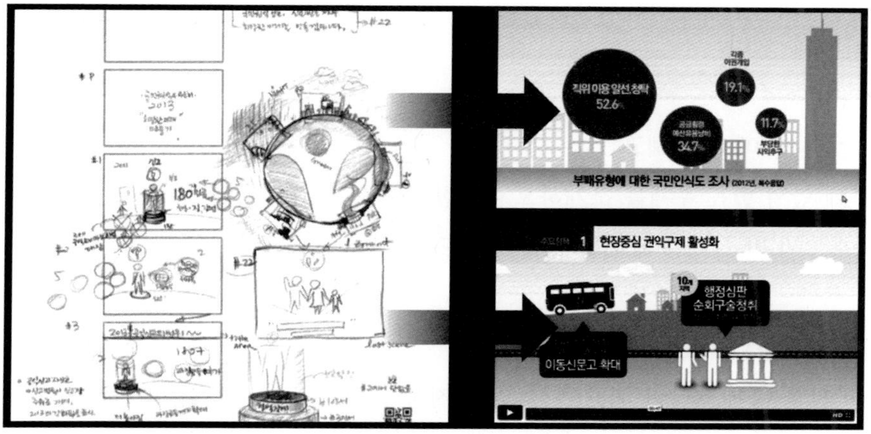

[그림 15-5] 스토리보드의 예

• 발표 내용 구성하기 : 청중이 발표 주제에 흥미를 느끼도록 발표 내용의 서론을 작성한다. 청중에게 꼭 설명해야 할 것들을 간단하게 기록한다. 구체적인 예, 기술적 설명, 문헌의 인용, 통계적 자료, 전문가의 견해 및 실제의 사례를 준비한다. 발표 내용의 결론을 작성한다.

⑤ 5단계 - 발표 연습

• 발표 대본 만들기 : 발표는 발표자가 이야기하는 동안 청중은 시선을 맞추어 고개를 끄덕이거나, 웃거나 내용에 공감하고 소통하는 대화라 할 수 있다. 발표하는 사람이 책을 읽듯 딱딱하게 하면 청중은 금방 지루해지고, 발표의 목적을 달성할 수 없다. 따라서 발표를 위해 말하듯 자연스러운 발표 대본을 만들어 연습하도록 한다.

2) http://www.ptwiz.com/?m=bbs&uid=23035

(2) 발표를 위한 스킬

① 호감을 사는 오프닝멘트

청중의 관심을 끌기 위해서는 먼저 상대방의 마음을 사야 한다. 오프닝멘트에서 칭찬이나 감사의 말로 청중의 자존감을 높여 주고, 청중과의 공통점을 언급함으로 공감대를 형성하도록 한다. 또한 청중의 관심을 끌기 위해 발표 내용과 관련된 쉬운 질문으로 발표를 시작할 수 있다.

② 발표 내용에 대한 예고

발표에 앞서 발표 주제를 소개하고 어떠한 방향으로 발표할 것인지 청중에게 밑그림을 그려줌으로써 발표 내용에 대한 이해를 돕도록 한다.

③ 2~3개의 핵심내용 전달

짧은 시간 내에 청중이 이해할 수 있는 지식의 내용은 많지 않다. 따라서 주요한 논점 2~3개를 중심으로 각각의 논거를 뒷받침하거나 부연설명해 주는 근거를 제시하도록 한다. 논점은 최대 5개를 넘지 않도록 한다. 설명은 정의, 묘사, 분석, 시연 등의 다양한 방법을 활용하여 효과적으로 전달되도록 한다. 논거를 위한 주장은 사례, 통계, 증언, 가치관을 활용하여 자신의 견해를 입증하도록 한다.

④ 인상적인 클로징멘트

발표에서 가장 중요한 것은 마무리이다. 클로징멘트는 절대로 길게 하지 않는 것이 중요한데, 총 시간의 5% 정도를 할애하는 것이 좋다. 시간의 길이보다 강렬하고 짧게 마무리하는 것이 중요하다. 반드시 주요 내용을 한번 요약하며 청중에게 메시지를 남기도록 한다. 또한 항상 긍정적인 마무리로 청중이 가치 있는 경험을 했다거나, 자신감을 얻었다거나, 유익한 정보를 얻었다는 느낌을 갖도록 한다.

(3) 프레젠테이션 자료 만들기

① 프레젠테이션

프레젠테이션은 청중을 설득시키는 데 그 목적이 있다. 일반적인 대화나 강연 연설은 청중에게 자료를 제공할 필요가 없지만, 프레젠테이션은 청중들의 이해를 돕기 위한 자료를 필요로 한다. 시각적인 보조자료로 사용하는 대표적인 소프트웨어가 파워포인트이다. 파워포인트는 프레젠테이션을 효과적으로 작성하고 발표할 수 있다는 장점이 있으며, 사진이나 이미지 등을 사용하여 발표를 극대화시킬 수 있으며 이때 깔끔하고 집중할 수 있는 이미지 사용이 중요하다.

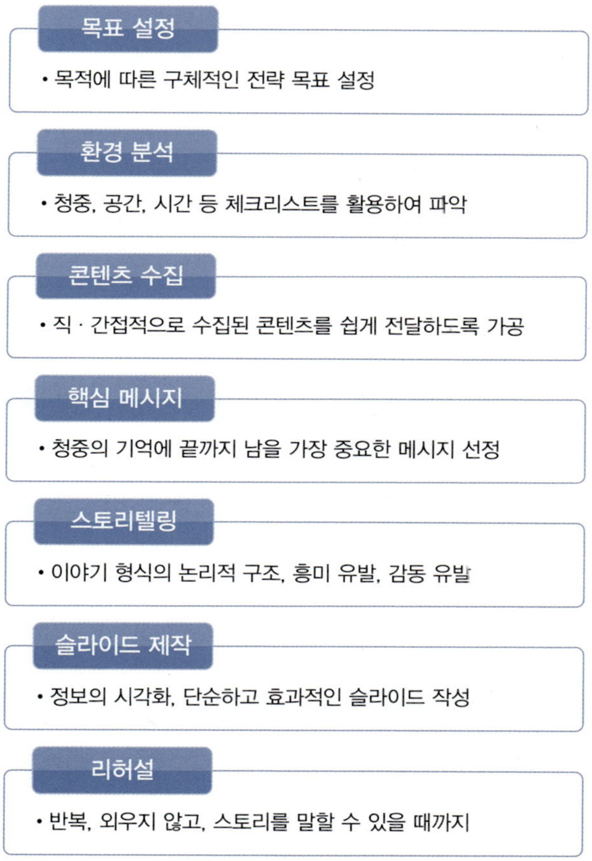

[그림 15-6] 프레젠테이션 7단계 프로세스

② 프레젠테이션의 7단계 프로세스

본격적인 발표 자료를 만들기 위해서 발표용 프로그램인 파워포인트를 활용한다. 먼저 템플릿으로 작업하는 전체 슬라이드의 화면 배경을 미리 지정하여 일관성 있게 작업할 수 있도록 한다. 이후 핵심 주제를 나타내는 제목을 정하고, 발표 내용을 알리는 목차를 만든다. 목차는 대주제와 소주제를 넣어 내용을 명확히 하고, 호기심을 자아내도록 한다. 발표 시간을 고려하여 쉼표와 간지를 넣어 주의를 환기하도록 하고, 보기 편하고 깔끔한 레이아웃으로 마무리한다.

실무 필수 내용

발표하기

- 발표는 타고나는 것이 아니라 훈련을 통해 기를 수 있는 능력이다.
- 발표의 목적을 정한 뒤, 발표 상황에 맞는 자료 준비 후 시청각 자료를 작성한다.
- 대본을 작성하되 외우지 말고 대화하듯 자연스럽게 훈련하여 발표한다.

3) 사업계획서

사업계획서(Business Plan)란 사업에 대한 밑그림으로 성공적인 사업 추진을 위해 사업의 내용이나 계획의 전반적인 내용을 문서로 나타낸 것이다. 사업의 목적 달성을 위해 기업이 제공하는 주요 가치, 활동 범위, 자원 활용방법, 경영전략 등 사업에 관한 제반사항을 체계적으로 작성한 문서이다. 주로 기업의 현황과 구조, 경영 전략, 마케팅, 창업 멤버, 재정 등을 기입한 것으로 사업의 기간에 따라 내용 구성이 크게 달라질 수 있다. 주로 사업의 인·허가, 사업 자금의 지원을 받아내는 것을 목표로 작성된다.

핵심 내용

사업계획서의 정의

- 성공적인 사업 추진을 위해 사업의 내용이나 계획의 전반적인 내용을 문서로 나타낸 것
- 사업의 목적 달성을 위해 기업의 주요 가치, 활동 범위, 자원 활용방법, 경영전략 등을 체계적으로 작성한 것

(1) 사업계획서 작성원칙[3)]

사업계획서를 작성할 때는 충분성, 신뢰성, 강조성, 이해성, 차별성이라는 작성원칙을

3) 중소기업청 창업진흥원(2015). 창업실무.

지켜야 한다. 기본적인 5가지의 작성원칙에 입각한 사업계획서 작성이 이루어졌을 때 설득력이 더욱 증가된다.

① 충분성 - 충분히 설명하기

사업계획서는 타인이 보더라도 설명 없이 사업계획서만으로도 이해할 수 있어야 하므로 구체적이고 충분한 설명이 있어야 한다.

② 신뢰성 - 믿음 주기

사업계획서는 허황된 꿈이나 희망 사항을 적은 것이 아니라 실현가능한 목표를 제시하여 타인에게 믿음을 보여 주는 것이다. 신뢰할 만한 데이터, 외부기관의 자문, 데이터에 근거한 수치화로 신뢰를 구축한다.

③ 강조성 - 핵심 강조

평범한 사업계획서는 매력적이지 않다. 훌륭한 아이템이라면 아이템을 부각시킬 수 있는 핵심 내용을 강조하도록 한다.

④ 이해성 - 쉽게 표현하기

사업계획서는 사업에 관심 있는 모든 이들이 보게 된다. 그러나 그들은 모두 전문가가 아닐 수 있으므로 전문적 용어를 쓴다고 훌륭한 사업계획서는 아니다. 보는 사람이 쉽게 이해할 수 있도록 시각적 자료를 적절하게 활용하도록 한다.

⑤ 차별성 - 경쟁자와 다른 매력

사업 아이템에 어떤 차별성이 있는지 나타내도록 한다. 기존 사업이나 경쟁자와 다른, 매력적인 점을 강조한다.

(2) 사업계획서 구성

사업계획서는 발표 목적과 대상에 따라 다양한 형식을 가진다. 다음은 약식 사업계획서로서 간단하게 사업계획 전반을 설명하기 위한 내용이다.

① 목차(Table of Contents)

목차는 계획서를 완성한 후 작성한다.

② 사업개요(Executive Summary)

계획서가 완성된 후에 작성하며, 계획의 주요 내용들을 요약한다.

- 제품/서비스의 간략한 설명, 경쟁 우위 요소, 시장 기회와 표적시장
- 창업자·운영팀 강점, 미래에의 비전

③ 사업·제품설명(Business/Product Description)

아이템의 독특성, 매력성, 차별점을 강조한다.

- 사업장 위치, 사업 소유 형태(개인 사업자, 주식회사 등)
- 제품 개발단계(콘셉트 단계, 계획, 초기 시작, 성장), 제품, 서비스 특색과 소비자 이점, 제품/서비스 법적 책임 혹은 한계, 주요 원재료 공급자 혹은 중간판매자

④ 운영·조직(Management and Organization Overview)

사업을 수행하는 핵심 인력들의 강점과 경영을 위한 팀워크의 탁월함을 강조한다.

- 핵심인력의 경험과 강점, 주요 직책, 역할과 책임
- 외부전문가와 자문위원, 사업 구조, 제품/서비스 생산방법의 개요

⑤ 마케팅 전략(Marketing Overview)

제품/서비스가 속한 산업의 발전단계 및 시장의 크기, 그에 따른 경쟁력 등을 요약한다.

- 산업에 대한 일반적인 설명, 표적시장
- 마케팅 목표(즉, 매출액, 주요 고객), 마케팅 활동(고객 접촉방법)
- 경쟁자 분석(경쟁자의 장단점), 가격전략, 유통과정

⑥ 재정계획(Financial Plan)

현재 재정 상황을 포함하여 앞으로의 재정 확보방안 및 장단기 현금 흐름을 요약한다.

- 초기 필요 자금, 판매량과 수익 전망, 창업 초기 자금과 지출계획
- 손익계산서(1차년도), 현금흐름표(필요시), 출구전략(Exit Plan)

(3) 사업계획서 작성단계

① 1단계 - 사업계획서 작성 목적 설정

사업계획의 구체화를 위한 것인가? 투자자로부터 자금을 유치하기 위한 것인가? 사업의 인허가를 위한 것인가? 등 사업계획서 작성 목적의 설정에 따라 방향과 내용이 달라진다.

② 2단계 - 사업계획서 양식 결정

작성하는 사업계획서를 어디에 제출할 것인지, 제출 기관에 따른 각 기관의 고유한 양식에 맞추어 작성한다. 특정 양식이 없다면 사업계획서 구성 요소에 따라 작성한다.

③ 3단계 - 작성계획 수립

대부분의 사업계획서는 일정한 기한 안에 작성해야 하는 경우가 많다. 사업계획서 작성이 지연되면 사업계획 추진에 영향을 미치므로 빠른 기간 내에 작성하도록 한다.

④ 4단계 - 각종 자료 및 첨부자료 준비

충분한 자료수집과 사업계획서에 알맞은 자료수집을 위해 사업계획서의 구성요소 파악 후 다양한 자료를 수집한다.

⑤ 5단계 - 사업계획서 작성 및 검토

사업계획서 작성 요령을 미리 숙지하여 목적에 따라 활용할 수 있도록 한다. 정해진 사업계획서 양식에 따라 순차적으로 작성하거나 재무적 기초자료가 되는 재정계획을 먼저 작성할 수도 있다. 작성 후 사업계획서 목적과 일치하는지 쉬운 내용인지 전문가나 타인을 통해 확인한다.

⑥ 6단계 - 편집 및 제출

사업계획서는 문서로 제출하므로 가독성을 높이기 위한 표지 등 편집도 중요하다. 제출 기관에 좋은 인상을 받을 수 있도록 마지막까지 신경 써야 하고, 제출 시에는 내용을 충분히 숙지하여 설명과 질의응답이 가능하도록 한다.

연습문제 EXERCISE

객관식 문제

01 엘리베이터 피치와 관련된 내용이 아닌 것은?

① 충분한 시간을 갖고 우리 회사의 투자를 받기 위한 계획을 알린다.
② 기업과 그 가치에 대한 빠르고 간단한 요약 설명을 말한다.
③ 3분 또는 1분의 짧은 시간 안에 투자자의 마음을 얻도록 한다.
④ 엘리베이터를 타고 내리는 만큼의 짧은 시간에 이뤄진다 하여 로켓피치라고도 한다.
⑤ 할리우드 영화감독들 사이에서 투자 유치를 위해 비롯되었다고 한다.

02 다음 중 효과적인 엘리베이터 피치로 맞지 않은 것은?

① 오프닝에 청중의 호기심을 끄는 이야기로 시작한다.
② 누구나가 알고 있는 상식적인 이야기로 모두의 공감을 얻는다.
③ 질문을 통해 고객의 문제를 일깨우고 함께 공감하고 있음을 알린다.
④ 문제가 해결된 세상을 상상하도록 한다.
⑤ 문제에 대한 해결책이 있으며 현재 준비 중으로 사업의 기회가 높음을 알린다.

03 엘리베이터 피치에서 주의 사항으로 옳은 것은?

① 엘리베이터 피치는 짧은 시간 진행하므로 짧은 시간 준비해야 한다.
② 제품 및 서비스의 설명을 지나치게 자세히 하는 것은 바람직하지 못하다.
③ 기존 제품의 이야기는 혼돈을 줄 수 있음으로 피하는 것이 좋다.
④ 투자자는 전문가이므로 전문적인 용어를 사용하여 설득력을 갖도록 한다.
⑤ 통계나 근거는 매번 바뀌는 것이므로 인용하는 것은 혼돈을 줄 수 있다.

04 엘리베이터 피치 시 피해야 할 사항이 아닌 것은?

① 노트나 메모를 읽는 경우는 피하도록 한다.
② 기술적이고 전문적인 용어를 너무 많이 사용하는 것은 피한다.
③ 파워포인트나 컴퓨터를 활용할 경우 충분한 연습을 하도록 한다.
④ 경쟁자들을 무시하는 태도나 발언은 주의하도록 한다.
⑤ 많은 정보를 주어 투자자가 취사선택하도록 한다.

05 엘리베이터 피치에 들어갈 주요 내용이 아닌 것은?

① 나는 누구이며, 우리 회사는 무엇인지를 알린다.
② 고객이 갖는 문제 또는 불편한 점을 무엇인지 알린다.
③ 고객의 문제를 해결하면 얻게 되는 회사의 이익을 알린다.
④ 문제를 해결한 제품과 서비스에 대해 설명한다.
⑤ 우리의 주요 고객이 누구인지, 고객의 특성을 파악하고 있음을 알린다.

06 엘리베이터 피치 시 주의 사항에 알맞지 않은 것은?

① 제품 및 서비스의 기회 강조
② 기존 제품과의 차별성 부각
③ 고객의 규모 추측하여 제시
④ 고객 및 전문가의 의견 활용
⑤ 다른 산업에서 우리와 비슷한 경우 소개

07 다음 중 NABCD에 대한 내용으로 알맞지 않은 것은?

① 충분한 자료를 바탕으로 1~2번 만에 완성한다.
② 잠재적인 사업의 장점과 아이디어를 확인하는 데 유용한 툴이다.
③ NABCD의 목적은 고객에게 우리의 가치제안이 옳고 최선임을 믿도록 하는 데 있다.
④ 고객의 니즈에 독특하고 매력적인 해결책이 있음을 알린다.
⑤ 고객에게 가치제안을 요약할 수 있을 때까지 반복적으로 진행한다.

08 NABCD의 기본 요소의 연결이 아닌 것은?

① N : 고객의 니즈는 무엇인가?
② A : 고객의 불편이나 문제를 위한 우리의 매력적인 솔루션은 무엇인가?
③ B : 해결책으로 회사가 얻는 이점은 무엇인가?
④ C : 우리의 이익이 경쟁자보다 명확하게 좋은 이유는 무엇인가?
⑤ D : 우리 제품이나 서비스를 고객에게 어떻게 전달할 것인가?

09 다음 중 발표에 대한 내용으로 알맞지 않은 것은?

① 영상 시대에 발표의 경쟁력은 줄어들고 있다.
② 발표는 훈련을 통해 역량개발이 가능하다.
③ 발표는 의사소통의 한 방법으로 화자와 청중의 공감이 중요하다.
④ 취업 현장에서 면접이 확대되면서 발표의 중요성이 강조되고 있다.
⑤ 프레젠테이션은 시청각 자료를 활용한 효과적인 발표라 할 수 있다.

10 다음 중 발표 상황 이해를 위해 체크해야 할 내용이 아닌 것은?

① 목적을 구체화한다. ② 청중을 분석한다.
③ 장소를 확인한다. ④ 시간을 확인한다.
⑤ 진행자를 확인한다.

11 다음 발표 준비를 위한 내용 중 알맞지 않은 것은?

① 발표는 나를 알리는 시간으로 전문적인 용어를 활용하여 나의 강점을 강조한다.
② 발표는 진행자, 청중, 메시지, 발표 환경이 조화로울 때 훌륭한 발표라 할 수 있다.
③ 핵심적인 메시지가 남거나 감동을 주는 발표는 좋은 발표라 할 수 있다.
④ 누구나 들었을 때 쉬운 이야기로 전달되어야 한다.
⑤ 발표는 혼자서 하지만 청중과 대화하듯 진행한다.

12 다음 중 발표 준비를 위한 과정이 아닌 것은?

① 발표 준비를 위해 청중, 목적, 장소의 3P 분석이 선행되어야 한다.
② 발표의 목적이 정보제공인지, 설득인지, 흥미 전달인지 명확하게 인지한다.
③ 발표 주제는 청중의 관심과 수준을 고려하여 조정한다.
④ 발표계획서는 각 팀원이 각자 작성하여 각자 조사하도록 한다.
⑤ 발표 자료는 1차의 직접조사와 2차 간 조사로 나눌 수 있다.

13 다음 중 발표 스킬에 대한 내용으로 알맞지 않은 것은?

① 오프닝멘트에서는 발표자의 권위를 위해 나의 이력과 경험을 자세히 설명한다.
② 청중에게 질문을 통해 의사소통하며 공감대를 형성한다.
③ 발표에 앞서 주제를 소개하고 어떤 방향으로 발표할지 이야기한다.
④ 많은 내용보다 2~3개의 핵심 내용을 전달한다.
⑤ 마무리 멘트에서 반드시 주요 내용을 한 번 더 요약한다.

14 다음 중 사업계획서에 대한 내용으로 알맞지 않은 것은?

① 사업계획서는 사업에 대한 밑그림을 나타내는 문서이다.
② 사업계획서는 그 목적에 따라 다양한 양식으로 작성한다.
③ 사업계획서를 작성할 때는 충분성, 신뢰성, 강조성, 이해성, 차별성의 원칙을 지키도록 한다.
④ 사업계획서는 정해진 양식이 있으므로 그에 맞는 내용을 충분히 숙지한다.
⑤ 사업계획서 작성 후 전문가나 타인을 통해 확인하는 과정을 거치도록 한다.

주관식 문제

01 다음은 무엇에 대한 설명인가?

- 어떤 상품, 서비스 혹은 기업 가치를 짧은 시간 안에 전달하는 것
- 비즈니즈상에서 비롯된 용어로 짧은 시간 안에 투자자 또는 주요 이해관계자의 마음을 사로잡는 것이 중요

02 아래의 예문은 엘리베이터 피치에 활용하는 NABCD 대한 설명이다. (　)에 들어갈 단어를 쓰시오.

- N : 고객의 (　　　　) 는 무엇인가?
- A : 고객의 불편이나 문제를 위한 우리의 매력적인 솔루션은 무엇인가?
- B : 우리의 해결책으로 고객이 얻는 (　　　　)은 무엇인가?
- C : 우리의 이익이 경쟁자보다 명확하게 좋은 이유는 무엇인가?
- D : 우리 제품이나 서비스를 고객에게 어떻게 전달할 것인가?

03 다음 (　) 안에 들어갈 말은 무엇인가?

NABCD는 고객의 니즈와 우리의 해결책과 경쟁자 또는 대안을 반복적으로 오가는 과정에서 고객의 이익을 쉽게 이해시킬 수 있고 발전될 수 있다. 그러므로 (　　　　)하여 생각하고 작성하여 제품과 서비스의 가치 제안을 명확히 할 필요가 있다.

04 발표의 자료 정리, 논리적 구상이 되었다면 전달을 위한 파워포인트나 시청각 자료를 만들기 전 다음을 작성한다. 이는 노트에 글과 그림으로 발표 자료를 표현해 보는 것으로 종이에 펜으로 직접 작업하며 수정한다. 이를 무엇이라 하는가?

05 발표의 오프닝멘트에 많이 활용하는 것으로 청중에 대한 칭찬이나 감사의 말 외에 청중의 호기심을 끌고, 반응을 유도함으로 발표 내용에 흥미를 갖도록 하는 대화기법은 무엇인가?

06 약식 사업계획서 내용 중 제일 앞장에 들어가는 것으로 사업계획서 제일 마지막에 완성하는 항목은 무엇인가?

연습문제 정답

1장 기업가정신의 정의와 필요성

객관식 문제

01 ③ 02 ⑤ 03 ② 04 ① 05 ① 06 ②
07 ⑤ 08 ⑤ 09 ④

주관식 문제

01 사회적 가치지향성
02 사내 기업가정신
03 기업가정신
04 슘페터
05 피터 드러커

2장 일자리의 변화와 진로

객관식 문제

01 ④ 02 ② 03 ① 04 ⑤ 05 ② 06 ③
07 ④ 08 ⑤ 09 ③ 10 ③ 11 ⑤ 12 ②
13 ⑤ 14 ④

주관식 문제

01 4차 산업혁명
02 제러미 리프킨
03 메이커 운동
04 메이커스페이스
05 오픈소스 하드웨어
06 창직, 창업

3장 기업가 마인드셋

객관식 문제

01 ⑤ 02 ① 03 ④ 04 ② 05 ④ 06 ①
07 ② 08 ③ 09 ④ 10 ⑤ 11 ④ 12 ③
13 ② 14 ④ 15 ③ 16 ② 17 ② 18 ⑤
19 ① 20 ③

주관식 문제

01 기업가 마인드셋
02 활동(Activity), 열망(Aspiration), 태도(Attitude)
03 기회
04 자기 효능감
05 가치적 자율성
06 기회 인지 능력
07 린 스타트업(Lean Startup) 접근법
08 가용자원 동원 능력
09 창의적 문제 해결 능력
10 기업가적 자세와 태도

4장 아이디어 발상과 창업 기회

객관식 문제

01 ① 02 ⑤ 03 ② 04 ③ 05 ④ 06 ⑤
07 ① 08 ③ 09 ② 10 ① 11 ③ 12 ④
13 ① 14 ⑤

주관식 문제

01 창의성

02 증명

03 오페라 회의 기법

04 여섯 색깔 모자 사고 기법

05 만다라트 발상법

5장 디자인경영과 디자인 씽킹

객관식 문제

01 ② 02 ①, ②, ④ 03 ④ 04 ④ 05 ⑤
06 ④ 07 ⑤ 08 ① 09 ③ 10 ① 11 ③
12 ⑤ 13 ① 14 ③

주관식 문제

01 디자인경영

02 어크날리지먼트(Acknowledgement)

03 M(Memory) 또는 C(Conviction)

04 칼 페이스 워지

05 가치부여의 원칙, 일관성의 원칙, 트렌드변화수용의 원칙

06 공감하기(Empathize), 문제 정의하기(Define), 해결점 도출하기(Ideate), 최종결과 확정하기(Confirm Result), 시제품 만들기(Prototype), 시장 테스트(Test)

6장 창업 기회 포착

객관식 문제

01 ④ 02 ③ 03 ④ 04 ⑤ 05 ③ 06 ③
07 ④ 08 ② 09 ① 10 ③ 11 ⑤ 12 ⑤
13 ⑤ 14 ④

주관식 문제

01 5년, 12년

02 큰 시장의 오류, 더 좋은 신기술의 오류

03 ① 기회(Opportunity), ② 자원(Resource), ③ 팀(Team)

04 산업 간 컨버전스

05 인구구조, 사회가치, 라이프스타일, 글로벌 환경

06 가격비탄력적 소비 패턴

7장 사업모델 실무

객관식 문제

01 ⑤ 02 ③ 03 ③ 04 ⑤ 05 ① 06 ⑤
07 ⑤ 08 ③ 09 ⑤ 10 ④ 11 ② 12 ⑤
13 ① 14 ①

주관식 문제

01 ① 가치 제안, ② 핵심 자원, ③ 핵심 파트너십

02 MVP(Minimum Viable Product)

03 구축(Build)

04 가설-검증-보완/개선

05 가정들

06 가치제안

8장 창업 타이밍 분석

객관식 문제

01 ⑤ 02 ④ 03 ⑤ 04 ⑤ 05 ⑤ 06 ⑤
07 ③ 08 ③ 09 ④ 10 ③ 11 ⑤

주관식 문제

01 구두조사

02 제품이나 서비스, 판매촉진방법, 특징과 이점, 가격

03 도입단계(Introduction Stage)

04 도입, 성장, 성숙, 하락(쇠퇴)

05 소비자시장(B TO C), 기업시장(B TO B)

9장 지식재산권 실무

객관식 문제

01 ⑤ 02 ⑤ 03 ④ 04 ④ 05 ④ 06 ③
07 ③ 08 ⑤ 09 ④ 10 ⑤ 11 ④ 12 ⑤
13 ③ 14 ④ 15 ③

주관식 문제

01 1년 6개월

02 특허청구범위

03 외관, 칭호, 관념

04 승낙

05 기술공개

06 거절결정불복심판

10장 창업마케팅

객관식 문제

01 ② 02 ③ 03 ③ 04 ① 05 ③ 06 ⑤
07 ④ 08 ⑤ 09 ④ 10 ④ 11 ② 12 ④
13 ② 14 ④ 15 ⑤ 16 ③ 17 ① 18 ②
19 ④ 20 ⑤ 21 ③ 22 ②

주관식 문제

01 Segmentation(시장세분화), Targeting(표적시장 선정), Positioning(포지셔닝)

02 ① 무차별 마케팅 전략, ② 차별 마케팅 전략, ③ 집중 마케팅 전략

03 고객 관계 마케팅

04 1 → 4 → 2 → 3 → 6 → 5

05 바이럴 마케팅(Viral Marketing)

06 관리

07 Expansion

08 마케팅

11장 소셜마케팅

객관식 문제

01 ③ 02 ② 03 ② 04 ③ 05 ③ 06 ⑤
07 ③ 08 ③ 09 ② 10 ② 11 ② 12 ①
13 ⑤ 14 ② 15 ④

주관식 문제

01 미쉐린 가이드(Michelin Guide)

02 콘텐츠 자산화

03 페르소나(Persona)

04 니치 마켓(Niche Market)

05 전환 중심 콘텐츠(Conversion-Oriented Content)

06 UGC(User Generated Content)

12장 창업절차와 인·허가

객관식 문제

01 ② 02 ④ 03 ③ 04 ④ 05 ① 06 ③

07 ③ **08** ① **09** ⑤ **10** ② **11** ③ **12** ③
13 ⑤ **14** ⑤ **15** ④

주관식 문제

01 스튜어드십 코드
02 이해관계자 자본주의
03 탄소중립
04 CSV
05 50%

13장 팀빌딩과 창업인력관리

객관식 문제

01 ③ **02** ⑤ **03** ④ **04** ③ **05** ④ **06** ①
07 ③ **08** ① **09** ⑤ **10** ③ **11** ④ **12** ④
13 ③

주관식 문제

01 평가, 보상
02 기회, 자원, 창업팀
03 15일
04 링겔만효과
05 최소가능제품(Minimum Viable Product)

14장 정부 창업지원 자금조달과 R&D 자금조달

객관식 문제

01 ⑤ **02** ⑤ **03** ④ **04** ③ **05** ① **06** ④
07 ① **08** ② **09** ④ **10** ⑤ **11** ③ **12** ③
13 ④ **14** ② **15** ⑤

주관식 문제

01 케이스타트업(www.K-startup.go.kr)
02 7
03 죽음의 계곡(Death Valley)
04 주관기관
05 개인투자조합

15장 엘리베이터 피치와 효과적인 발표방법

객관식 문제

01 ① **02** ② **03** ② **04** ⑤ **05** ③ **06** ③
07 ① **08** ③ **09** ① **10** ⑤ **11** ① **12** ④
13 ① **14** ④

주관식 문제

01 엘리베이터 피치
02 Need(니즈), Benefit(이점)
03 반복
04 스토리보드
05 질문
06 목차

참고문헌

강한수(2011). SERI 경영 노트 제108호 - 성공적인 비즈니스 모델의 조건. 삼성경제연구소.

공선표(2011). 멀티스페셜리스트. 서편출판사.

교육부, 한국연구재단, 청년기업가정신재단(2015). 손에 잡히는 기업가정신. 서울대학교 출판문화원.

김선걸, 이승훈, 강계만(2012). 위대한 결단의 순간. 와이즈베리.

김성수(2005). 제3섹터 사업성공의 결정요인에 관한 실증적 연구. 원광대학교 박사학위논문.

김종현(2003). 미래유망산업 발상법. 삼성경제연구소.

김진수, 이창영(2014). 기업가정신과 창업론. 문영사.

김진수, 최종인 외(2015). 기술창업론. 탑북스.

김태현(2014). 사회적 기업가정신이 사회복지조직 내의 협조적 행동과 성과에 미치는 영향-긍정심리자본과 가치일치의 매개효과를 중심으로-. 숭실대학교 대학원 박사학위논문.

나스미디어(2016). NPR 보고서.

노부호(2008). 기업가정신과 국가경쟁력. 기업가정신 국제컨퍼런스 발표 자료집.

노암 와서먼(2013). 창업자의 딜레마. 이형욱 역. 에코리브르.

노영현, 이원기(2012). 창업경영자의 리더십이 창업조직의 조직효과성에 미치는 영향. 한국경영교육학회, 27(6), 473-492.

문수영, 황보윤(2011). 청년창업가의 창업기회원천 분석 및 기회탐색에 관한 실증적 연구. 한국벤처창업학회 학술대회 논문집, 103-126.

문요한(2014). 스스로 살아가는 힘: 내가 선택하고 결정하는 인생법. 더난출판.

박기철(2017). PR생태학 의미 제안과 실천 가능성 모색. 한국광고홍보학보, 19(4), 144-181.

박상용(2003). 벤처기업 CEO의 기업가정신-구성원의 임파워먼트, 조직유효성의 관계에 대한 구성적 모형. 호서대학교 벤처전문대학원 박사학위논문.

박상용(2004). 벤처기업 CEO의 기업가정신, 구성원, 임파워먼트, 조직유효성의 관계에 대한 구조적 모형. 호서대학교 박사학위논문.

박선영(2015). 유럽연합의 기업가정신 함양교육 분석. 청소년문화포럼, 41, 65-84.

박성용, 오동연(2015). 광고매체로서 인터넷포털사업자의 광고법상 법적 책임에 관한 연구. 소비자문제연구, 46(1), 69-87.

박종복(2008). 미국의 기업가정신 현황과 시사점. 한국산업경제연구원 보고서, 54-55.

박현주(2007). 돈은 아름다운 꽃이다. 김영사.

빌게이츠(1999). 생각의 속도. 이규행 역. 청림출판.

서구원, 이두희, 이인호(2006). 광고 크리에이티비티 향상을 위한 브레인스토밍(brainstorming) 실증연구. 광고학연구, 17(1), 77-100.

서상혁(2010). 창업마케팅. 두남.

서상혁, 이소영, 김희진, 최병조, 이형곤(2015). 창업마케팅. 북코리아.

설광언(2008). 한국경제의 선진화를 위한 과제. K경영경제연구소 학술세미나 발표 자료집.

성상기(2016). 기업가정신 연구의 개념 틀에 대한 탐색적 연구. 숭실대학교 대학원 박사학위논문.

송영식, 이상정, 황종환(1999). 지적소유권법(하). 육법사.

안광호(2011). 행동경제학 관점에서 본 소비자 의사결정. 학현사.

알렉산더 오스터왈더. 예스 피그누어. 팀 클락(2011). Business Model Generation. 타임비즈.

애시 모리아(2012). Running Lean. 위선주 역. 한빛미디어.

유민형, 이준우, 송인암(2016). 특성화고등학생의 기업가정신 및 심리적 성장환경이 창업의지에 미치는 영향-성격 5 모델 요인의 조절효과를 중심으로. 사회과학논문집, 35(1).

유훈(2021.7). The Way to ESG: ESG에 대한 이해와 추진전략. 중견기업이슈리포트 Vol 4.

윤종록, 위홍복, 최광신(2003). 조직기업가정신이 조직유효성에 미치는 영향에 관한 실증연구-환경특성변수와 개인특수변수의 조절효과 검증을 중심으로. 대한경영학회지, 37, 869-888.

이광우(2008). 지속가능한 사회적 기업의 성공요인에 관한 연구. 숭실대학교 박사학위논문. 25-28.

이민화(2016). 기업가 정신 2.0. 창조경제연구회.

이투데이뉴스(2015.7.14.).

임진혁(2017). 기업가정신과 리더십이 인지적 성공에 미치는 영향에 관한 연구, -자기효능감의 매개효과와 성별의 조절효과를 중심으로-. 숭실대학교 박사학위논문.

장규순(2017). 디자인 크리에이터. 한국디자인크리에이터협회 출판부.

장지호, 이병헌, 김도형(2006). 중소기업의 혁신활동조사 및 평가지표에 관한 고찰., 한국공공관리학보, 20(2), 241-267.

정경택(2017). 창업과 중소기업을 위한 정부지원 사업계획서 작성법. 좋은땅.

정기한, 정지희, 신재익(2010). 기업의 SNS(Social Networking Service)활동이 브랜드 및 구전, 구매의도에 미치는 영향. 한국경영학회 통합학술발표논문집, 2010.8, 1-8.

정대용, 김민석(2010). 조직구성원의 사회적 가치추구와 경제적 가치추구가 사회적 기업의 발전에 미치는 영향에 관한 연구. 산업경제연구, 23(5), 2299-2321.

정대용, 양준환(2008). 중소기업의 핵심역량 및 네트워킹 활동이 기업성과에 미치는 영향-한국기업가와 중국기업가의 네트워킹 특성을 중심으로 한 비교연구. 한국창업학회지, 3(2), 43-69.

정민(2016). 경제번영, 노동생산성 향상 예상...일자리엔 위협. KDI 나라경제, 2016년 3월호, 30.

제러미 리프킨(2012). 3차 산업혁명. 민음사.

조영복(2009). 사회적 기업의 이해와 국내외 경영사례. 노동부·사회적 기업연구원, 16-17. 부산.

조영복, 곽선화 역(2007). 사회적 기업: 성공을 위한 전략. 사회적 기업연구원, 14. 부산.

조영복, 곽선화 옮김 (2008). 유럽 사회적 기업 부문의 사례 및 정책에 관한 연구. 사회적 기업연구원, 18.

조영탁(2009). eMBA-생생경영학(ver. 3.0). Hunet.

조용호(2013). 비즈니스모델의 정의와 종류.

중소기업청 창업진흥원(2015). 창업실무.

중소기업청(2001). 비즈니스모델과 사업계획서.

클라우스 슈밥(2016). 클라우스 슈밥의 제4차 산업혁명. 새로운 현재.

타워스 왓슨(2010). 컨설팅 기업, 글로벌 인적자원 보고서.

특허청(2007). 조문별 상표법해설.

피터 드러커(2002). 넥스트 소사이어티. 한국경제신문사.

하원규(2016). 제4차 산업혁명이 밀려온다. 서울경제신문 기획 연재. (2016.6.7.일자).

하원규(2016). 초연결성 초지능성 기반 맞춤형 생산체제로 전환. KDI 나라경제, 2016년 3월호. p.31.

하원규, 최남희(2015). 제4차 산업혁명. 콘텐츠하다.

홍익희(2012). 구글 창업자, 래리 페이지와 세르게이 브린. 교보문고 전자책.

Armstrong, G., Adam, S., Denize, S., & Kotler, P. (2014). *Principles of marketing*. Pearson Australia.

Bandura, A. (1977). Self-efficacy: Toward a unifying theory of behavioral change. *Psychological Review, 84*(2), 191-215.

Carlson, Curtis R. & Wilmot, William W. (2006). *Innovation-The five disciplines for creating what customers want*. Crown Publishing Group.

Csikszentmihalyi, M. (1988). Motivation and creativity: Toward a synthesis of structural and energistic approaches to cognition. *New ideas in Psychology, 6*(2), 159-176.

Dhilwayo, S., Van Vuuren, J. J. (2007). The strategic entrepreneurial thinking imperative. *Acta Commercii, 7*, 123-134.

Donald F. Kuratko (1993). "Intrapreneurship:Developing Innovation In The Corporation," *Advance In Global High Technology Management 3*, 3-14.

Drucker, P. F. (1977). People and Performance: *The Best of Peter Drucker on Management.*

Boston, Mass.: Harvard Business School Press.

Drucker, P. F. (1985). *Innovation & Entrepreneurship*. Practice & Principles. Harper.

Eric Ries (2011). *The Lean Startup*. Penguin Books Limited Minimum Viable Product.

Fine (2002). *The Clock Speed*. MIT Press.

French, W. L. (1994). *Human Resources Management*. Houghton Miffin Co.

GEM (2013). Global Entrepreneurship Monitor 2013 Global Report, Babson Universidad del Desarrolle, University Tun Abdul Razak.

Hauser, J. R., & Wernerfelt, B. (1990). An evaluation cost model of consideration sets. *Journal of consumer research*, *16*(4), 393-408.

House, R. J. (1976). A path-goal theory of leadership effectiveness. *Administrative Science Quarterly*, *16*, 321-338.

Ireland, R. D., Hitt, M. A., & Sirmon, D. G. (2003). A model of strategic entrepreneurship: the construct and its dimensions. *Journal of Management*, *29*, 963-990.

James Brian Quinn (1985). "Managing Innovation: Controlled Chaos," *Harvard Business Review*. May/June, pp.73-84.

Jeffry A. Timmons (2001). *New Venture Creation*, *1*, 5/e, McGraw-Hill.

Jeffry A. Timmons and Stephen Spinelli, Jr. (2009). *New Venture Creation: Entrepreneurship for the 21st Century*. McGraw-Hill International Edition.

Kotler, P. Keller. K. L. (2006). *Marketing management*, 12th Edition. Prentice Hall, Upper Saddle River, 181-183.

Laudon, Kenneth C & Laudon, Jane P. (2015). Management Information Systems 12/E: Managing the Digital Firm, Pearson Education Asia.

M. B. IZARD (2011). *BoomerPreneur* (은퇴자의 창업성공비결 16코스). 황보윤 역. 가리온.

McGrath, R. G., & MacMillan, I. C. (2000). *The Entrepreneurial Mindset*. MA: Harvard Business School Press.

Morris, M. H., Schindehutte, M., & LaForge, R. W. (2002). Entrepreneurial marketing: a construct for integrating emerging entrepreneurship and marketing perspectives. *Journal of marketing theory and practice*, *10*(4), 1-19.

OECD (2012). *OECD Economic Surveys*. United States, OECD.

Pramodita Sharma & James J. Chrisman (1999). "Toward a Reconciliation of the Definitional Issues in the Field of Corporate Entrepreneurship", *Entrepreneurship Theory & Practice Spring*, 11-28.

Schumpeter (1942). *Capitalism, Socialism, & Democracy*. Harper. New York.

Shane, S., & Venkataraman, S. (2000). The promise of entrepreneurship as a field of research. *Academy of Management Review, 25*(1), 217-226.

Stanford University, SRI International Best Practice, EDUC303X-spring2006.

Stel, & re Van, Martin Carree & Roy Thurik (2004). The Effect of Entrepreneurship on National Economic Growth: An Analysis using the GEM Database. SCALES paper N200320. EIM Business & Policy Research.

Teece, D. J. (2010), Business Models, Business Strategy and Innovation. *Long Range planning, 43*(2/3), 172-194.

Tim Brown(2008). Design Thinking. *Harvard Business Review*.

Toby Johnson & Roger Spear (2006). Social Enterprise An International Literature Review. *GHK*, 3.

Yukl, G. A. (1998). *Leadership in organizations, Englewood Cliffs*. NJ: Prentice-Hall.

과학기술정보통신부 (www.msit.go.kr)

민원24 (www.g4b.go.kr)

벤처인 (www.venturein.or.kr)

산업통상자원부 (www.motie.go.kr)

이희우. 린스타트업 이해와 Case Study (www.slideshare.net/MatthewLee/case-study-51449865)

중소기업기술정보진흥원 (www.tipa.or.kr)

중소벤처기업부 (www.mss.go.kr)

중소벤처기업부 기술개발사업 종합관리시스템 (www.smtech.go.kr)

중소벤처기업부 기업지원플러스 G4B (www.g4b.go.kr)

창업진흥원 (www.kised.or.kr)

케이스타트업 (www.k-startup.go.kr)

http://elab.businessinnovationfactory.com/elements/experiences-entrepreneurship-life-skill

http://story.pxd.co.kr/1065

http://www.nigeltemple.com/2012/04/01/mind-mapping-software/

http://www.ptwiz.com/?m=bbs&uid=23035

https://besuccess.com/2014/07/jackma-2/억만장자 알리바바 잭마의 8가지 스타트업을 위한 조언

https://canvanizer.com

저자소개

황보 윤 국민대학교 글로벌창업벤처대학원 교수
(사)한국벤처창업학회 편집위원
국무조정실 국정과제평가지원위원 역임

장규순 동서울대학교 시각디자인학과 교수, 디자인학 박사
동서울대학교 창업지원단장 역임
한국디자인크리에이터협회 회장

지상철 고려대학교 교수
(주)포엠데이타 대표이사 역임
(주)싸이월드 사업전략이사 역임

기업가정신과 창업(4판)

1판발행 2018년 2월 26일 **1판 1쇄 발행** | 2018년 7월 10일 **1판 2쇄 발행**
2판발행 2019년 7월 25일 **2판 1쇄 발행** | 2020년 9월 10일 **2판 2쇄 발행**
2021년 5월 25일 **2판 3쇄 발행**
3판발행 2022년 5월 25일 **3판 1쇄 발행** | 2022년 11월 10일 **3판 2쇄 발행**
2023년 10월 20일 **3판 3쇄 발행**
4판발행 2025년 10월 20일 **4판 1쇄 발행**

지은이 황보윤 장규순 지상철
펴낸이 최용구 | **펴낸곳** 도서출판 **이프레스**
주소 (04316) 서울시 용산구 원효로 89길 19(원효로1가)
전화 02) 537-1720(영업부), 537-1721(편집부), 537-1711(팩스)
이메일 epress01@naver.com | **홈페이지** www.epress1.com
등록 2009년 12월 10일 제16-2710호
기획마케팅 최용구 장만동 최충구 송대용 | **책임편집** 석기은 황가연 | **표지** SDY

ISBN 979-11-91348-81-1 93320
정가 34,000원